案例导读与法律适用e本通系列

案例导读

保险法
及配套规定

e本通

邹　涛　白海玉　费宏达 主编
赵　微　李艳文 副主编

法律出版社 LAW PRESS·CHINA

图书在版编目(CIP)数据

案例导读.保险法及配套规定 e 本通/邹涛,白海玉,费宏达主编.—北京:法律出版社,2017

(案例导读与法律适用 e 本通系列/韦钦平总主编)

ISBN 978-7-5197-0436-0

Ⅰ.①案… Ⅱ.①邹…②白…③费… Ⅲ.①保险法—法律解释—中国②保险法—案例—中国 Ⅳ.①D920.5②D922.284.5

中国版本图书馆 CIP 数据核字(2017)第 002885 号

案例导读:保险法及配套规定 e 本通
ANLI DAODU: BAOXIANFA JI PEITAO GUIDING e BENTONG

邹 涛
白海玉 主编
费宏达

责任编辑 朱海波
装帧设计 马 帅

出版 法律出版社
总发行 中国法律图书有限公司
经销 新华书店
印刷 固安华明印业有限公司
责任校对 郭艳萍
责任印制 吕亚莉

编辑统筹 法律应用·大众读物出版第二分社
开本 710 毫米×1000 毫米 1/16
印张 19.75
字数 363 千
版本 2017 年 9 月第 1 版
印次 2017 年 9 月第 1 次印刷

法律出版社/北京市丰台区莲花池西里 7 号(100073)
网址/www.lawpress.com.cn
投稿邮箱/info@lawpress.com.cn
举报维权邮箱/jbwq@lawpress.com.cn
销售热线/010-63939792
咨询电话/010-63939796

中国法律图书有限公司/北京市丰台区莲花池西里 7 号(100073)
全国各地中法图分、子公司销售电话:
统一销售客服/400-660-6393
第一法律书店/010-63939781/9782
西安分公司/029-85330678
重庆分公司/023-67453036
上海分公司/021-62071639/1636
深圳分公司/0755-83072995

书号:ISBN 978-7-5197-0436-0
定价:52.00 元

出 版 说 明

案件裁判离不开法律适用，如何将各种纷繁复杂的纠纷案件与抽象的法律条文相连接，使纠纷得到公正及时的处理，是法律职业人员与当事人共同关注的问题。我们从解决问题和解释法律的角度出发，规划设计了《案例导读与法律适用e本通系列》。一则，解释分析法条的立法精髓及其适用的条件、方式等；二则，明晰日常纠纷疑难、新型问题的法条依据。每册书均引用最高人民法院理解与适用以及全国人大法工委法律释义中的权威观点对法条进行解析，通过典型案例重点解读常用法条，并辅以力求全面又突出重点的配套规定，帮助读者迅速找到所需要的法律条文，理解法律的适用规则，同时，运用互联网思维，海量裁判文书和重点法条一扫即得，实现线上与线下有效链接。

丛书克服以往同类图书重法条内容释义而轻案例分析说理的缺点，突出案例与实践问题的结合，深刻领会最新的立法精神，收集全面的相关规定，为读者解决日常经济生活中的法律问题、办理相关法律事务提供切实的指导和帮助。丛书特点如下：

1. 全面权威的观点集成

丛书条文释义的核心观点都来源于全国人大法工委和最高人民法院对各个法条权威的解释，保证了条文释义的准确性和权威性。同时，尽量用通俗和简练的语言收集归纳观点，有利于读者快速、准确把握法条的立法本质并运用法条。

2. 重点解读的常用法条

丛书对重点法条及生活中涉及问题较多的法条结合最新的典型案例，进行了深入浅出的分析，通过案例解析生动阐释了常见实践问题的处理。

3. 典型新颖的案例解答

丛书法条下的案例均来源于权威部门公布的真实案例，而且多为近几年发生的典型案例。对案例的评析简洁明了，直指法律适用要点，使读者在轻松的阅读中学法、用法。

4. 全面重点的配套规定

条文的配套规定力求全面，但又突出重点，强调实用性，便于读者一目了然找到处理问题最相关的配套规定。

5. 线上线下的有效链接

每册书的主体法条和附录中所有的法条读者可通过扫描书中的二维码获得准确完整的电子文本，实现了纸质图书与电子文本的有效连接。另外，鉴于篇幅及突出法律适用问题的考虑，书中的案例均对判决书原文进行了适当删减，为了兼顾不同读者的需求，特别将裁判文书原文制作二维码置于书中，海量文书一扫即得。

鉴于编者水平有限，错漏在所难免，敬请读者批评指正，我们会在修订再版中予以完善更正。

编　者

2017 年 9 月

中华人民共和国保险法

1. 1995 年 6 月 30 日第八届全国人民代表大会常务委员会第十四次会议通过

2. 2002 年 10 月 28 日第九届全国人民代表大会常务委员会第三十次会议《关于修改〈中华人民共和国保险法〉的决定》修正

3. 2009 年 2 月 28 日第十一届全国人民代表大会常务委员会第七次会议修订,自 2009 年 10 月 1 日起施行

4. 2014 年 8 月 31 日第十二届全国人民代表大会常务委员会《关于修改保险法等五部法律的决定》修正

5. 2015 年 4 月 24 日第十二届全国人民代表大会常务委员会第十四次会议《关于修改〈中华人民共和国计量法〉等五部法律的决定》修正

目　　录

第一章　总　　则

第二章　保险合同

第一节　一般规定

第三章 保 险 公 司

第四章　保险经营规则

第五章 保险代理人和保险经纪人

第六章 保险业监督管理

第八章 附 则

附　　录

第一章 总 则

第一条 【立法目的】为了规范保险活动,保护保险活动当事人的合法权益,加强对保险业的监督管理,维护社会经济秩序和社会公共利益,促进保险事业的健康发展,制定本法。

【条文理解】

《保险法》的立法主旨如下。

1. 规范保险活动。制定保险法的基本目的,是要确立商业保险活动应遵守的基本规则,规范保险活动。本法集调整保险合同关系的法律规范和保险业管理的法律规范于一体,对从事保险合同活动应遵循的基本原则、保险合同当事人的权利义务、保险公司及保险中介机构的设立条件及基本行为规范、保险经营规则、对保险业的监督管理,以及违反本法行为的法律责任等作了明确规定,确立了从事保险活动和对保险业实施监督管理应遵循的基本法律规范。

2. 保护保险活动当事人的合法权益。本法对保险合同的订立、履行、变更、解除过程中当事人的权利义务作了明确规定,为公平保护投保人、被保险人和保险人等保险活动当事人的合法权益提供了法律保障。

3. 加强对保险业的监督管理。本法通过确立严格的商业保险行业准入条件,规范保险公司及保险中介机构的经营行为,强化对保险公司偿付能力监管等为主要内容的保险业监督管理的基本规则,规定了对保险业的监管原则、监管内容、监管机构和监管措施,为加强对保险业的监督管理提供了明确的法律依据。

4. 维护社会经济秩序和社会公共利益,促进保险事业的健康发展。随着保险业的不断发展、保险规模的不断扩大,保险公司集中了投保人以保险费形式交付的大量资金。保险资金运用不当,造成保险公司偿付不能,直接损害广大投保人、被保险人、受益人的利益,甚至引起社会动荡。同时,保险业作为金融业的重要组成部分,其健康发展直接影响我国金融业的稳健发展。制定保险法,依法规范保险活动,加强对保险业的监督管理,对于促进保险业健康发展、维护社会经济秩序和社会公共利益,都具有重要意义。[1]

---

〔1〕 安建主编:《中华人民共和国保险法(修订)释义》,法律出版社2009年版,第21~22页。

第二条 【保险的定义】本法所称保险,是指投保人根据合同约定,向保险人支付保险费,保险人对于合同约定的可能发生的事故因其发生所造成的财产损失承担赔偿保险金责任,或者当被保险人死亡、伤残、疾病或者达到合同约定的年龄、期限等条件时承担给付保险金责任的商业保险行为。

【条文理解】

保险是投保人与保险人在自愿的基础上,以保险合同的方式建立保险关系,以对特定的灾害事故造成的财产损失或人身伤亡提供资金补偿或保障的经济活动。本法所称的保险,是指商业保险,社会保险和政策性保险不适用本法规定。[1]

保险公司赔付保险金的前提条件是保险事故造成的财产损失或者人身伤亡。

第三条 【适用范围】在中华人民共和国境内从事保险活动,适用本法。

【条文理解】

凡在我国境内从事商业保险活动,包括保险合同的订立、履行、变更、解除,保险活动各方当事人权利义务的确定,保险公司的设立和保险经营规则,保险中介机构的行业规范,政府保险业监督管理机构对保险业的监督管理活动等,适用本法规定。我国香港和澳门两个特别行政区的保险活动,依照两个特别行政区基本法的相关规定进行适用,不适用本法。[2]

【配套规定】

《民法通则》

第八条 在中华人民共和国领域内的民事活动,适用中华人民共和国法律,法律另有规定的除外。

本法关于公民的规定,适用于在中华人民共和国领域内的外国人、无国籍人,法律另有规定的除外。

第四条 【合法原则】从事保险活动必须遵守法律、行政法规,尊重社会公德,不得损害社会公共利益。

---

〔1〕 安建主编:《中华人民共和国保险法(修订)释义》,法律出版社2009年版,第22~23页。

〔2〕 安建主编:《中华人民共和国保险法(修订)释义》,法律出版社2009年版,第23页。

【条文理解】

从事保险活动必须遵守法律、行政法规,这是对保险活动应当具有合法性的要求。保险当事人的投保行为或承担保险责任的行为,都必须是依法进行的合法行为。保险法是我国保险活动所依据的基本法律。同时,由于保险活动涉及的范围较广,保险活动除必须遵守本法及与本法配套的行政法规以外,还应当遵守《民法通则》《合同法》《公司法》等民商事和行政管理的法律、行政法规的相关规定。

从事保险活动必须尊重社会公德。社会公德,是指社会所公认的调整社会生活中人们之间的关系,维护社会公共生活秩序的行为规范。保险活动同其他市场活动一样,也应当遵守社会公德,不得损害社会公共利益。[1]

【案例导读】

保险合同条款违反合法性原则而无效

——某人寿保险公司与李某等保险合同纠纷案[2]

【案号】

江苏省南通市中级人民法院(2014)通中商终字第0415号

【案情】

2012年5月22日,李某作为投保人在某人寿保险公司购得意外伤害保险一份,保险责任约定:在本合同保险期间内,被保险人遭受意外伤害,本公司依下列约定给付保险金:“被保险人自意外伤害发生之日起一百八十日内因同一原因身故的,本公司按合同的保险金额给付身故保险金,本合同终止”。2012年9月26日,李某因交通事故受伤一直处于昏迷状态,经过几个月的努力治疗,2013年4月4日死亡。公安局交通巡逻警察大队专业人员对李某的死因进行了鉴定,结论是:李某符合头部遭受较大外力作用导致严重颅脑损伤合并肺部感染、褥疮等并发症死亡。李某继承人向保险公司索赔,保险公司认为:被保险人李某在意外伤害发生之日起180日以外意外死亡,不符合合同对给付身故保险金的约定,故不予赔偿。

法院认为,在保险合同案件中,近因原则是确定保险责任的一项基本原则。所谓近因是指造成损失的最直接、最有效、起主导性作用的原因。保险公司是否应该赔付,是由损失的原因决定的,它取决于在符合合同约定的后果的前提下,所要承保的风险和承保损失之间是否存在因果关系,即已发生的保险事故后果的近因必须是保险责任范围,保险公司才能理赔。本案中,从现有证据分析,李某的死亡原因是“头部遭受较大外力作用导致严重颅脑损伤合并肺部感染、褥疮等并发症死

---

[1] 安建主编:《中华人民共和国保险法(修订)释义》,法律出版社2009年版,第23~24页。

[2] 案例来源:北大法宝网,2016年2月2日访问,有删减。

亡”,造成该死亡原因的前因是李某遭受的交通事故,且后因是前因的必然结果,而交通事故属于案涉保险合同的保险风险,故保险公司理应承担赔付责任。现人寿保险公司在无证据证明李某的死亡与交通事故之间无因果关系的情况下,忽视近因原则,仅以被保险人身故时间与发生意外时间间隔大于 180 天,不满足“被保险人自意外伤害发生之日起一百八十日内因同一原因身故……”这一条款的理由而拒赔,与《保险法》第 4 条“从事保险活动必须遵守法律、行政法规,尊重社会公德,不得损害社会公共利益”的规定相背离,极易导致被保险人在遭受意外伤害后无法获得及时救治甚至被二次伤害等道德风险。

故判决:人寿保险公司给付李某等保险金 75,900 元。

【分析】

保险活动合法原则中的“法”,从效力层级上讲,是广义上的法,既包括成文的法律与行政法规,也包括社会公德与社会公共利益。本案中,保险合同约定被保险人身故时间与发生意外时间间隔仅在约定时间内才能获得赔偿,明显违反公序良俗,因而不具有合法性,不能作为拒绝赔付的依据。

【配套规定】

《民法通则》

第六条 民事活动必须遵守法律,法律没有规定的,应当遵守国家政策。

第七条 民事活动应当尊重社会公德,不得损害社会公共利益,破坏国家经济计划,扰乱社会经济秩序。

《合同法》

第七条 当事人订立、履行合同,应当遵守法律、行政法规,尊重社会公德,不得扰乱社会经济秩序,损害社会公共利益。

第五条 【诚实信用原则】保险活动当事人行使权利、履行义务应当遵循诚实信用原则。

【条文理解】

诚实信用原则,是指民事主体从事民事活动,行使民事权利和履行民事义务时,应本着真诚善意的态度,信守承诺,讲究信誉,意思表示真实、行为合法,做到不欺不诈,不损人利己,不坑蒙拐骗,不损害国家和他人的利益。在保险活动中,投保人应当遵守诚实信用原则,依法对其投保的标的按保险人的询问如实告知。发生保险事故,保险标的的危险程度增加,投保人应如实告知。保险人应当遵守诚实信用原则,在承保时将保险合同的条款明确告知投保人;在发生约定的保险事故时,应当及时查明和确定保险事故的性质、原因和保险标的的损失程度,及时赔付保险金,不得拖延或逃避承担保险责任。[1]

诚实信用原则是保险活动所应遵循的基本原则之一,贯穿于保险活动全过程,对保险活动的各方参与者都有约束力。

【案例导读】

保险活动当事人行使权利、履行义务都应当遵循诚实信用原则

——某保险公司与某公司责任保险合同纠纷案[2]

【案号】

广东省潮州市中级人民法院(2014)潮中法民二终字第62号

【案情】

2012年11月,某公司同某财险公司签订了《危险化学品企业安全生产责任保险投保单》,其中约定生产安全事故责任每人死亡责任限额为人民币600,000元,被保险人为所聘用200名员工。《危险化学品企业安全生产责任保险条款》第十条规定被保险人向保险人请求赔偿时,包括应提交安全生产监督管理部门出具的事故证明、保险人指定或认可的医疗机构或司法机关出具的的死亡证明、有关的法律文书或和解协议以及其他投保人、被保险人所能提供的与确认保险事故的性质、原因、损失程度等有关的证明和资料。投保人、被保险人未履行前款约定的单证提供义务,导致保险人无法核实损失的,保险人对无法核实部分不承担赔偿责任。

2013年8月,某公司的职工李某在清洗抛光机器时突然倒地,公司当即报警并拨打120,急救医生到达现场检查之后宣布李某已死亡。2013年9月2日,某公司与李某双亲达成《工伤死亡赔偿协议书》。该公司向保险公司要求赔偿,遭到拒绝,故起诉至法院。

法院认为,本案的焦点在于,根据其与某公司保险条款中的约定,某公司未提供安全生产监督管理部门出具的事故证明,保险公司是否不具赔付责任。根据《保险法》第22条第一款的规定,本案中,某公司提供市公安局出具的《证明》确认李某意外触电死亡、市公安司法鉴定中心出具的《法医学尸体检验鉴定书》鉴定认为李某符合遭电击死亡以及《李某工伤死亡赔偿协议书》、收据等证明李某死亡造成的实际损失。可见,该公司已在其能力范围内提交了确认保险事故的性质、原因、损失程度等有关的证明资料。根据《保险法》第5条的规定,投保人与保险人在保险合同履行过程中,都必须善意行使权利、忠诚履行义务,恪守信用,不允许保险人以合同条款的方式予以限制和免除。故某财险公司以某公司未提供安全生产监督管理部门出具的事故证明为由免除自身的全部责任,违反公平原则、诚实信用原则

---

[1] 安建主编:《中华人民共和国保险法(修订)释义》,法律出版社2009年版,第24页。

[2] 案例来源:北大法宝网,2016年2月16日访问,有删减。

和保险法的规定，仍应对该公司因本案保险事故造成的损失承担赔偿责任。

故判决：保险公司应赔偿该公司保险金人民币 508，002 元。

【分析】

诚实信用原则贯穿于保险活动的全过程，保险活动的各方当事人都应当遵守。本案中，保险人在出现保险事故后，以没有收到保险条款规定的证明为由规避保险公司的赔偿责任，有悖于诚实信用原则，不能得到支持。

【配套规定】

《民法通则》

第四条　民事活动应当遵循自愿、公平、等价有偿、诚实信用的原则。

《合同法》

第六条　当事人行使权利、履行义务应当遵循诚实信用原则。

第六条　【经营主体】 保险业务由依照本法设立的保险公司以及法律、行政法规规定的其他保险组织经营，其他单位和个人不得经营保险业务。

【条文理解】

商业保险业务专业性很强，需要精通保险专业知识的经营人才、严密的企业组织形式和严格的管理制度，还需要有雄厚的资本。因此，从事商业保险业务只能由符合法律规定条件的特定商业组织进行经营。本法借鉴其他国家保险业监督管理的有益经验，结合我国实际情况，将商业保险业务的经营主体限定为依照本法设立的保险公司或有关法律、行政法规规定的其他保险组织，禁止其他单位和个人经营商业保险业务。

根据本条的规定，依照本法设立的保险公司，包括依照公司法规定采取股份有限公司形式的保险公司和采取有限责任公司形式的保险公司，其可以经营商业保险业务。此外，为给一些依法设立的政策性保险公司、保险合作社、相互保险组织经营商业保险业务留有余地，本条还规定，法律、行政法规规定的其他保险组织也可以经营商业保险业务。[1]

第七条　【境内投保】 在中华人民共和国境内的法人和其他组织需要办理境内保险的，应当向中华人民共和国境内的保险公司投保。

---

〔1〕　安建主编：《中华人民共和国保险法（修订）释义》，法律出版社 2009 年版，第 24～25 页。

【条文理解】

本条规定的“境内的法人”,包括依照我国法律设立的具有法人资格的公司、企事业单位、机关和社会团体;“其他组织”,是指依法成立的不具备法人资格的各类组织,包括合伙企业、个人独资企业、未取得法人资格的联营企业等;“境内的保险公司”,是指依照我国法律在我国境内设立的内资保险公司、中外合资保险公司以及外国保险公司的分公司。上述境内的法人和其他组织在我国境内从事生产经营或其他活动,需要办理境内保险,应当按照本条的规定向我国境内的保险公司投保。规定我国境内的法人和其他组织办理境内保险应向我国境内的保险公司投保,具有操作上的便利性。它便于保险人及时对保险事故进行勘验理赔,有利于被保险人及时获得补偿。这是一项维护保险当事人权益的措施。[1]

【配套规定】

中国保险监督管理委员会办公厅《关于〈保险法〉第七条理解的复函》(保监厅函〔2009〕124号)

国外法人与其在中国境内的子公司属于相互独立的法人。《关于对新〈保险法〉第七条释义的复函》(保监办函〔2003〕19号)中针对国外法人在中国的分公司、办事处的投保问题作出的答复,并不适用于国外法人在中国的子公司。

同时,根据《关于〈保险法〉有关条文理解的复函》(保监办函〔2002〕112号),《保险法》要求应当向境内的保险公司投保的情况包含两个条件:第一,投保人或被保险人是境内的法人或组织;第二,办理境内保险,主要指保险标的在境内的保险。对于符合上述条件的,应当向中华人民共和国境内的保险公司投保。

第八条　【分业经营】保险业和银行业、证券业、信托业实行分业经营、分业管理,保险公司与银行、证券、信托业务机构分别设立。国家另有规定的除外。

【条文理解】

保险业是金融业的重要组成部分。金融分业经营是指银行、证券、保险、信托等项金融业务实行相互分离经营。金融混业经营是指金融业的混合、交叉经营。本条规定了我国金融业分业经营的原则,即在金融业内部实行专业化经营。严格的分业经营模式可以简单概括为一个法人,一个执照,一类业务。

我国在改革开放初期出现过银行、证券、保险业的混业经营。由于缺乏经验,

---

〔1〕　安建主编:《中华人民共和国保险法(修订)释义》,法律出版社2009年版,第25～26页。

曾出现了金融秩序混乱的现象。20 世纪 90 年代以后,国家整顿金融秩序,提出了银行、证券、保险、信托分业经营的要求,并分别由中国人民银行、银监会、证监会、保监会进行分业监管。由于我国金融业发展还处于市场化改革的进程中,分业经营、分业管理有利于提高经营水平,有利于监督管理和控制风险,有利于经济的稳定发展。同时,随着我国金融体制改革不断深化和金融市场逐步对外开放,也要避免分业经营带来的市场管理高成本、低效率的不足,以满足客户对金融产品的多元化需求,增强我国包括保险业在内的金融业在国际上的竞争力。近年来,在严格建立防火墙隔离机制的前提下,银行业、保险业也进行了建立金融控股集团的试点。为了有效防范金融风险,同时为有利于金融创新,这次修订保险法,根据实践发展的需要,在对保险业与其他金融业继续实行分业经营、分业管理的同时,增加"国家另有规定的除外"的规定,以法律的形式为我国金融体制的进一步改革和保险市场的发展留有余地。[1]

【配套规定】

《证券法》

第六条　证券业和银行业、信托业、保险业实行分业经营、分业管理,证券公司与银行、信托、保险业务机构分别设立。国家另有规定的除外。

第九条　【监管机构】国务院保险监督管理机构依法对保险业实施监督管理。

国务院保险监督管理机构根据履行职责的需要设立派出机构。派出机构按照国务院保险监督管理机构的授权履行监督管理职责。

【条文理解】

保险业是国民经济的重要组成部分,是重要的金融服务行业。国家必须对保险业实施严格的监督管理,以规范保险活动,保护保险活动当事人的合法权益,保护合法经营,制止违法经营,维护公平竞争的保险市场秩序。目前市场经济发达的国家一般对保险业都采取实体性监管原则,即通过法律授予政府中的专门机构对保险业进行实体性监督和管理的权利,政府主管部门不仅依法律规定的条件对保险公司的设立进行审批,而且对成立后的保险公司的市场行为和偿付能力进行监管。

我国对保险业一直实行严格的监督管理,早在 1985 年国务院发布的《保险企业管理暂行条例》中就明确规定,国家保险管理机关是中国人民银行。1995 年制

---

〔1〕 安建主编:《中华人民共和国保险法(修订)释义》,法律出版社 2009 年版,第 26～27 页。

定的《保险法》中进一步规定，国务院金融监督管理部门依照本法负责对保险业实施监督管理。当时的《保险法》中所称的"金融监督管理部门"，是指当时履行保险监管职责的中国人民银行。随着我国金融市场的细分和银行、证券、保险实行分业经营，国家确立了分业监管的金融监管体制。1998 年国务院成立了中国保险业监督管理委员会，作为独立的专业监管机构，履行对商业保险市场的监管职责，中国人民银行不再行使保险监管的职能。据此，2002 年修改《保险法》时将"金融监督管理部门"修改为"保险监督管理机构"。

按照本条的规定，国务院保险监督管理机构依法对保险业实施监督管理。这里讲的"国务院保险监督管理机构"，即指中国保险监督管理委员会。中国保监会作为全国保险业的监督管理机构，依照本法和国务院的规定对保险业实施监督管理。中国保监会可以设立派出机构，派出机构根据中国保监会的授权履行保险监管职责。目前保监会已设立 35 个派出机构。[1]

---

〔1〕 安建主编：《中华人民共和国保险法（修订）释义》，法律出版社 2009 年版，第 27～28 页。

第二章 保险合同

第一节 一般规定

第十条 【保险合同、投保人和保险人】保险合同是投保人与保险人约定保险权利义务关系的协议。

投保人是指与保险人订立保险合同，并按照合同约定负有支付保险费义务的人。

保险人是指与投保人订立保险合同，并按照合同约定承担赔偿或者给付保险金责任的保险公司。

【条文理解】

保险合同属于合同的一种，具有合同的一般属性，如当事人的法律地位平等，应当遵循公平互利、协商一致、自愿订立的原则，合同的内容应当合法，当事人应当自觉履行合同。除此之外，保险合同还具有其自身特征。第一，保险合同是双务合同，即合同的双方当事人相互享有权利，又相互负有义务。第二，保险合同是射幸合同，即合同的效果在订立时是不确定的，保险人赔偿义务的实际履行带有偶然性。第三，多数保险合同是附合合同，即在订立合同时，由保险人提出合同的内容，投保人只能作出同意或者不同意的选择，因此也称为格式合同或标准合同。第四，保险合同是最大诚信合同。诚信是一般合同的基本要求，而保险合同所要求的不是一般的相对的诚实守信，而是最大限度地诚实守信。第五，保险合同是诺成合同、不要式合同。本法第13条规定，投保人提出保险要求，经保险人同意承保，保险合同成立。可见，只要双方当事人意思表示一致，保险合同即告成立，并不以做成特定的形式为要件，保险单或者其他保险凭证等书面形式只是载明合同内容的凭证，因此保险合同是不要式合同。第六，财产保险合同是补偿性合同，即只要是保险金额范围内的损失，损失多少，补偿多少，保险金的给付和保险费的交付之间没有严格的对比或等价关系。而人身保险合同是给付性合同，即根据投保人的实际需要和支付保险费的能力确定一个保险金额，当保险事故发生时，由保险人按照事先约定的保险金额承担给付保险金责任。

所谓投保人，又称要保人，是指与保险人订立保险合同并按照保险合同约定负有支付保险费义务的人。投保人是任何保险合同不可或缺的当事人之一，既可以是自然人也可以是法人。投保人应当具备以下两个条件:第一,投保人必须具有相应的权利能力和行为能力,否则所订立的保险合同不发生法律效力;第二,投保人应承担支付保险费的义务,不论投保人为自己利益还是为他人利益订立保险合同,均应承担支付保险费的义务。此外,人身保险合同的投保人在投保时必须对保险标的具有保险利益。

所谓保险人,又称承保人,是指与投保人订立保险合同,并承担赔偿或者给付保险金责任的保险公司。如同投保人一样,保险人也是保险合同的一方当事人,具有以下三个法律特征。第一,保险人是保险基金的组织、管理和使用人,通过收取保险费而建立保险基金来经营保险业务,在保险事故发生时依保险合同承担赔偿或者给付保险金责任。第二,保险人是履行赔偿损失或者给付保险金义务的人,该义务是依据法律规定或者保险合同所确定的。第三,保险人应当主要是依法成立并允许经营保险业务的保险公司。由于保险事业涉及社会公众利益,因此设立保险公司经营保险业务必须符合法定条件,得到国家保险监督管理机构的批准,取得经营保险业务许可证,并向工商行政管理部门办理登记,领取营业执照。法律、行政法规规定的其他保险组织也可以经营商业保险业务,并适用本法关于保险公司的规定。[1]

【配套规定】

最高人民法院《关于适用〈中华人民共和国保险法〉若干问题的解释(三)》

第七条　当事人以被保险人、受益人或者他人已经代为支付保险费为由,主张投保人对应的交费义务已经履行的,人民法院应予支持。

第十一条　【合同订立的原则】订立保险合同,应当协商一致,遵循公平原则确定各方的权利和义务。

除法律、行政法规规定必须保险的外,保险合同自愿订立。

【条文理解】

当事人订立保险合同是一种民事法律行为。我国民事法律中有关民事活动的基本原则的规定都应适用于订立保险合同的活动,如合法性原则和诚实信用原则。除此之外,根据保险合同的特点,为充分保障保险活动当事人的合法权益,本条特别对订立保险合同还应当遵循的协商一致原则、公平原则、自愿订立原则作出明确规定。

根据自愿原则参加的保险也称为自愿保险。除自愿保险以外还有一类保险是根据法律、行政法规规定必须参加的保险,也即法定保险。目前现行法律规定必须

---

〔1〕 安建主编:《中华人民共和国保险法(修订)释义》,法律出版社2009年版,第30~31页。

保险的主要有:《煤炭法》第 44 条规定的煤矿企业必须为煤矿井下职工办理意外伤害保险;《建筑法》第 48 条规定的建筑施工企业必须为从事危险作业的职工办理意外伤害保险;《海洋环境保护法》第 66 条规定的船舶油污责任保险;《公证法》第 15 条规定的公证执业责任保险;《企业破产法》第 24 条规定的个人担任破产管理人应当参加执业责任保险;《合伙企业法》第 59 条规定的特殊普通合伙企业应当办理职业保险;《道路交通安全法》第 17 条规定的行机动车第三者责任保险;《突发事件应对法》第 27 条规定的国务院有关部门、县级以上地方各级人民政府及其有关部门、有关单位应当为专业应急救援人员购买人身意外伤害保险。目前由行政法规规定的必须参加的保险主要有:《内河交通安全管理条例》第 67 条规定的船舶污染损害责任保险、沉船打捞责任保险;《旅行社管理条例》第 22 条规定的旅客旅游意外险;《防治海洋工程建设项目污染损害海洋环境管理条例》第 27 条规定的污染损害民事责任保险;《道路运输条例》第 36 条规定的旅客或者危险货物承运人责任险;国务院《关于通用航空管理的暂行规定》第 7 条规定的强制机身险和第三者责任险。除法律、行政法规规定必须保险的以外,都应是自愿保险,由投保人自行决定是否参加,保险公司和其他单位不得强制他人订立保险合同。[1]

关于强制保险,如交强险,法律一般都规定了法定的解除情形,但较少明确规定非法定情形解除该保险合同的退保行为是否当然无效。对此,司法实践中存在分歧。有观点认为,根据《保险法》确立的保险自愿原则,应承认投保人与保险公司经合意达成的退保行为因符合民事法律行为的要件而生效,并发生退保后保险公司不承担赔偿责任的法律效果。另一种观点认为,应当根据强制保险设立目的和强制保险条款作为法律规范所具有的义务性、强行性性质,从而确认非因法定情形退保行为为当然无效,保险公司不得据此免除法定的赔偿义务。[2]

【案例导读】

订立保险合同,应当协商一致,遵循公平原则

——王某与某保险公司保险纠纷案[3]

【案号】

山西省沁源县人民法院(2015)沁民初字第 357 号

【案情】

1997 年 11 月 28 日,王某在保险公司为其儿子史某投保了一份独生子女及少儿安康婚嫁金保险。投保人为王某,被保险人及受益人为史某。保险期及缴费期

---

〔1〕 安建主编:《中华人民共和国保险法(修订)释义》,法律出版社 2009 年版,第 32~33 页。

〔2〕 翟进荣、王加冠:"非法定退保情形下保险公司依然承担保险责任",载江苏法院网 http://www.jsfy.gov.cn/alpx/msal/2012/10/11154416140.html,2012 年 12 月 30 日访问。

〔3〕 案例来源:中国裁判文书网,2016 年 2 月 22 日访问,有删减。

均为 15 年，即 1997 年 11 月 28 日至 2012 年 10 月 20 日。原告的儿子史某 1990 年出生，投保时 7 周岁。

保险公司当时的保单均由业务员用笔填写。保险公司留存的原始保单中的保险金额为 6592. 7 元。由于业务人员的疏忽，给原告的保单中的保险金额错写为 13, 858. 2 元。按照王某儿子史某 7 周岁投保，领取的保险金额应当为 6592. 7 元。双方就保险金的数额发生争议，故诉至法院。

本院认为，王某要求保险公司支付的保险金及逾期利息，是否有事实依据和法律依据。《保险法》第 11 条："订立保险合同，应当协商一致，遵循公平原则确定各方的权利和义务。"王某与保险依法签订的保险合同真实有效，本院予以认可。保险公司应当支付王某保险金额 6592. 7 元。王某主张保险公司给付其预逾期利息，没有事实依据和法律依据，本院不予认可。保险公司由于自身的疏忽造成王某的认知错误，导致王某直到 2012 年领取保险金的时候才知道保险单中填写的保险金额与实际应当领取的保险金额不相符。本院认为，保险公司应当对其自身的错误给予王某一定的经济补偿。本院酌情认定保险公司补偿王某 3000 元。

依据《民事诉讼法》第 142 条、《保险法》第 11 条之规定，判决如下：1. 保险公司给付王某保险金 6592. 7 元、补偿金 3000 元，共计 9592. 7 元。2. 驳回王某其他诉讼请求。

【分析】

保险活动根据是否由投保人自行决定参加与否，可分为自愿保险和强制保险。强制保险是根据法律、行政法规规定必须参加的保险，也即法定保险。强制保险必须订立，且非有法定事由并经法定程序不得解除。本案中，虽然涉案交强险已由投保人和保险人"自愿"协商解除，但这种解除违反了法律的强制规定，所以是无效的，保险人依然需要承担相应的保险责任。

第十二条 【保险利益】人身保险的投保人在保险合同订立时，对被保险人应当具有保险利益。

财产保险的被保险人在保险事故发生时，对保险标的应当具有保险利益。

人身保险是以人的寿命和身体为保险标的的保险。

财产保险是以财产及其有关利益为保险标的的保险。

被保险人是指其财产或者人身受保险合同保障，享有保险金请求权的人。投保人可以为被保险人。

保险利益是指投保人或者被保险人对保险标的具有的法律上承认的利益。

【条文理解】

所谓保险利益,又称可保利益,按照本条第6款的规定,是指投保人或者被保险人对保险标的具有的法律上承认的利益。具体而言,这种利益关系体现在两个方面:一是保险事故发生,投保人或者被保险人因保险标的遭受损失或伤害而受到损害;二是保险事故未发生,投保人或者被保险人因保险标的的安全而受益。确立保险利益原则有着重要意义:一是遏制赌博行为的发生;二是防止道德危险的发生。

根据保险标的不同,保险合同分为人身保险合同和财产保险合同。人身保险合同除具有保险合同的一般属性外,还具有以下特点。第一,人身保险合同中的被保险人仅限于有生命的自然人,法人或未出生的胎儿以及死者都不能作为保险对象。第二,人身保险合同中的保险金额,是由保险合同当事人根据被保险人的需要和投保人支付保险费的能力约定的。由于作为保险标的的人的寿命和身体难以用金钱计算价值,所以在人身保险中不存在保险价值,不会出现保险金额超过保险价值,或者保险金额低于保险价值的情形,也不适用按实际损失承担赔偿责任的原则。

财产保险是指以财产及其有关利益为保险标的的保险。财产保险合同具有以下主要特征。第一,财产保险合同的保险标的是财产以及由财产所产生的有关利益。具体可以分为三个方面:一是有形的物质财产,如房屋、汽车、机器设备;二是无形财产,主要包括由财产所产生的各种财产权利,如财产使用权;三是损害赔偿责任,是指被保险人在因过失行为对他人造成损害、使他人财产遭受损失时,依法应当承担的民事赔偿责任。第二,财产保险合同是一种补偿性合同。第三,财产保险合同是以赔偿实际损失为原则的保险合同。在财产保险合同中,应记载保险金额,这是根据保险标的的价值所确定的赔偿保险金的最高限额。当发生保险事故时,保险人应当以保险金额为限,按照保险标的的实际损失进行赔偿。

根据本条的规定,人身保险的投保人在保险合同订立时,对被保险人应当具有保险利益。财产保险的被保险人在保险事故发生时,对保险标的应当具有保险利益。人身保险合同中的保险利益,其中投保人以自己为被保险人进行投保时,其对自身具有保险利益毋庸置疑。对于"投保人以他人的身体或寿命为标的进行投保"的情形,各国确认的标准不一。我国采用利益和同意兼顾原则,即当投保人和被保险人之间有经济利益或其他利害关系时,投保人对被保险人有保险利益;当投保人和被保险人之间没有经济利益或其他利害关系时,如果投保人征得被保险人同意,投保人对被保险人有保险利益。人身保险的投保人在保险合同订立时,对被保险人应当具有保险利益,至于在发生保险事故时,投保人是否对被保险人具有保险利益,对于保险合同的效力没有影响。这是因为,要求投保人在订立合同时对被保险人具有保险利益,可以避免发生道德危险;同时由于人身保险合同保险期限较长(如寿险)并具有储蓄性,因此只强调在订立合同时投保人必须具有保险利益,而在给付保险金时并不追究有无保险利益,即使投保人对被保险人因离婚、雇佣合同解除或者其他原因丧失保险利益,也不影响保险合同的效力,保险人仍应承担给付保险金的责任。正是因为人身保险利益具有这种时间上的特点,人寿保险单才具有了有价证券的性质,可以转让、出售或抵押。

财产保险的被保险人在保险事故发生时,对保险标的应当具有保险利益。财产保险合同中的保险利益,是指投保人或被保险人对保险标的物所具有的某种合法的经济利益。其应当符合以下条件:合法性、经济性、确定性。财产保险利益主要包括现有利益、期待利益和责任利益三种。现有利益是保险合同订立时已经存在、保险事故发生时丧失的利益,主要包括对保险标的的所有权利益、占有利益、用益物权利益以及担保物权利益等。期待利益是保险合同订立时不存在但基于现有权利而未来可能获得的利益,比如企业因经营可能获得的利润,因合同而产生的利益。责任利益是保险合同订立时不存在,保险事故发生时依法产生的被保险人应当承担的责任,如被保险人的侵权责任。随着现代保险业的发展,一方面考虑到要防止道德风险;另一方面也要适应保险实务多样性的需要,应允许投保人为他人投保。因此,此次《保险法》的修订,对财产保险合同没有要求在合同订立时投保人对保险标的必须具有保险利益,但要求在发生保险事故时,被保险人对保险标的必须具有保险利益。根据本法第 48 条的规定,保险事故发生时,被保险人对保险标的没有保险利益的,不得向保险人请求赔偿保险金。保险人不予赔偿。

所谓被保险人,按照本条第 5 款的规定,是指其财产或者人身受保险合同保障,享有保险金请求权的人。投保人可以为被保险人。也就是说,首先被保险人是受保险合同保障的人,即保险事故发生时遭受损失的人。具体来讲,财产保险的被保险人是对保险财产具有保险利益的人,如所有权人、经营管理人、使用权人、抵押权人,人身保险的被保险人是对其自身的生命及身体取得保险保障的人。其次被保险人是享有保险金请求权的人。由于被保险人是因保险事故而遭受损失的人,保险人的赔偿自然应当以被保险人为给付对象。之所以不讲投保人是享有保险金赔偿请求权的人,是因为有的保险合同是为他人的利益而订立的,投保人在这种情况下就无保险赔偿金的请求权,只有请求保险人向被保险人或者受益人给付保险赔偿金的权利。

保险的投保人与被保险人在保险合同订立、履行过程中依其不同的法律地位,给予不同的称谓,不可混为一谈。特别是在保险合同关系未成立之前,提出投保申请的人只能称为投保人,而不能称为被保险人。但是由于财产保险的投保人与被保险人往往为同一人,当他们为自己的利益而订立财产保险合同时,他们既是投保人,也是被保险人。但是在订立保险合同时,其身份只能称投保人,合同成立后才能称为被保险人。[1]

【案例导读】

套用对被保险人不具有保险利益的单位名义投保的，保险合同无效

——张某诉某人寿保险公司保险合同纠纷案[2]

【案号】

湖南省祁东县人民法院(2012)祁民二初字第11号

【案情】

2011年1月10日，某保险公司业务员周某受张某委托为其代为办理了“建筑工程团体人身意外伤害保险投保单”，保单载明：投保人为祁东县鼎山建筑工程公司，投保人数20人，联系人张某，建筑项目名称为“祁东县洪桥镇黄山小区”。2012年2月25日，张某承建的祁东县洪桥镇黄山小区建筑工地发生事故致林某死亡。

张某对死者家属一次性赔偿了54万元后即要求保险公司履行保险合同给付20万元保险金。保险公司以保险合同的投保人是祁东县鼎山建筑工程公司而不是张某，且张某也不是受益人，不享有保险金的赔付请求权等为由拒绝赔付。

法院经审理认为，《中国人寿保险股份有限公司国寿建筑工程团体意外伤害保险条款》第2条规定：“凡在建筑工程施工现场从事施工作业与工程管理，并与施工企业建立劳动关系的人员均可作为被保险人，由所在施工企业或对被保险人具有保险利益的团体作为投保人，向中国人寿保险股份有限公司投保本保险。”张某是自然人，不符合投保条件，保险公司业务员为拉保险业务的需要，套用“祁东县鼎山建筑工程公司”单位作为投保人，但祁东县鼎山建筑工程公司与张某及被保险人均不存在保险利益关系。保险公司与实际投保人张某以祁东县鼎山建筑工程公司的名义签订保险合同，违反了《保险法》第10条和第12条的规定，根据《合同法》第52条的规定，系无效合同，自始没有法律约束力，双方因该合同取得的财产应当予以返还，有过错的一方应当赔偿对方因此所受到的损失，双方都有过错的，应当各自承担相应的责任。

故法院判决保险合同无效，保险公司依该合同所取得的保险费17,250元及同期利息返还给张某，驳回张某要求赔偿保险金20万元的诉讼请求。

【分析】

人身保险的投保人在保险合同订立时，对被保险人应当具有保险利益。本案

---

〔1〕 安建主编：《中华人民共和国保险法（修订）释义》，法律出版社2009年版，第33～37页。
〔2〕 案例来源：中国法院网，2012年11月9日访问，有删减。

中，依据合同约定，投保人是与被保险人没有保险利益关系的某单位，故保险合同本身即被认定为无效合同，实际投保人张某不能依据保险合同主张权利。

第十三条 【保险合同的成立和生效】投保人提出保险要求，经保险人同意承保，保险合同成立。保险人应当及时向投保人签发保险单或者其他保险凭证。

保险单或者其他保险凭证应当载明当事人双方约定的合同内容。当事人也可以约定采用其他书面形式载明合同内容。

依法成立的保险合同，自成立时生效。投保人和保险人可以对合同的效力约定附条件或者附期限。

【条文理解】

订立保险合同与其他合同一样要经过要约和承诺两个步骤。依据合同法的有关规定，要约是希望与他人订立合同的意思表示，该意思表示应当内容具体确定并表明经受要约人承诺，要约人即受该意思表示的约束。承诺是受要约人同意要约的意思表示，承诺的内容应当与要约的内容一致。承诺生效时合同成立。由于保险活动与保险合同的特殊性，在订立保险合同的过程中，要约通常由投保人提出，而由保险人承诺给予保险保障。由于保险合同是诺成合同、非要式合同，在保险实务中，投保人可以书面方式或口头方式向保险人提出要约；保险人表示承诺的方式可以是口头同意承保，也可以是签字盖章或者采取表明其承保的其他方式。总之，只要双方当事人协商一致，保险合同即告成立，不能仅以保险单等保险凭证的出具与否来衡量和判断合同是否成立。保险合同的这一特点，有利于使被保险人在保险合同成立后，保险单等保险凭证签发前的这段时间内能够获得保险保障。

保险合同成立后，保险人应当及时向投保人签发保险单或者其他保险凭证，并在保险单或者其他保险凭证中载明当事人双方约定的合同内容。这是保险人在保险合同成立后所应履行的法定义务。保险合同的有效期往往比较长，而且内容比较复杂，因此保险合同成立后，保险人应当及时向投保人签发保险单或者其他保险凭证，以载明当事人双方约定的合同内容。载明合同内容的凭证主要有以下几种：保险单、保险凭证、投保单、暂保单。在订立保险合同的过程中，由于保险标的的特殊性不能采用标准的保险单时，投保人与保险人需要就保险标的及保险保障的一些问题进行具体协商，经双方同意形成合同内容。所以，本条第 2 款规定，当事人可以采用其他书面协议的形式载明合同内容。

保险合同的生效是指保险合同对当事人双方发生约束力，即合同条款产生法律效力。一般而言，合同一经依法成立即发生法律效力。依据本条的规定，投保人和保险人可以对合同的效力约定附条件或者附期限。[1]

【案例导读】

仅签订保险合同意向并不能认定保险合同已经成立

——某财产保险公司与某集团公司保险合同纠纷案[2]

【案号】

湖南省长沙市芙蓉区人民法院(2012)芙民初字第1162号

【案情】

某集团公司承接了"广东怀集县公路局2010年度路面维修工程C合同段"工程项目。为了安全起见,该公司准备为该工程项目投保。某保险公司提交的《建筑工程一切险投保单》及《建筑工程一切险保险单》两份证据显示,《建筑工程一切险投保单》投保人签章处盖有某集团公司合同专用章,但保险公司填写核保人栏目中没有保险公司盖章确认,第三者责任险保费、保险期限、投保日期等基本事项在投保单未明确,投保单只是约定了总保险费109,747.14元。《建筑工程一切险保险单》中在首页规定:"鉴于本保险单明细表中列明的被保险人向保险公司提交书面投保申请和相关资料,并向本公司缴付了本保险单明细中列明的保险费,本公司同意按本保单的规定负责在本保险单明细表中列明的保险期限内被保险人的被保险财产遭受的损坏或灭失,并特立本保险单为凭。"第6页第38条规定:"投保人应按约定缴纳保险费。约定一次性缴纳保险费的,投保人在约定缴费日后缴纳保险费的,保险人对缴费之前发生的保险事故不承担保险责任。"

庭审中法院查明保险公司没有证据证明将上述两份投保单及保险单送达某公司,也没有证据证明向某公司催收过保险费。

法院经审理认为,保险公司提供证据投保单只是反映了原被告双方初步具有签订保险合同的意向,保险合同的主要条款尚未明确,特别是投保单中核保人栏目中保险公司未加盖公章同意保险。再者,从原告提供的保险单中可以看出,此保险合同是缴纳保险费才生效的合同。参照保监会"见费出单"制度的相关规定,本案中某公司没有缴纳保费,其实是以自己的行为表明不同意投保,故双方的保险合同未正式成立生效。另外,保险公司没有证据证明保险单交由某公司以及向该公司书面催收保费,故保险公司要求某公司按投保单支付保费的诉讼请求法院不予支持。故法院判决驳回某财产保险公司要求某集团公司支付保险费的诉讼请求。

【分析】

保险合同成立是保险合同生效的前提条件,如果保险合同没有成立,那么,

---

〔1〕 安建主编:《中华人民共和国保险法(修订)释义》,法律出版社2009年版,第37~40页。

〔2〕 案例来源:中国法院网,2012年11月15日访问,有删减。

保险合同的履行、变更、解除等一系列问题都无从谈起。判断保险合同是否成立时解决保险合同纠纷的关键和首要环节。保险合同的订立和其他合同订立的基本步骤都一样,即要约和承诺。其中发出要约的是投保人,接受要约表示承诺的是保险人,二者缺一则合同未成立。本案中,虽投保人已发出要约,但保险人并未发出接受要约的表示,且双方没有进一步履约的行动,保险合同显然尚未成立。保险公司仅以投保人的要约主张合同已成立并要求投保人缴纳保险费没有法律依据。

【配套规定】

最高人民法院《关于适用〈中华人民共和国保险法〉若干问题的解释(二)》

第三条 投保人或者投保人的代理人订立保险合同时没有亲自签字或者盖章,而由保险人或者保险人的代理人代为签字或者盖章的,对投保人不生效。但投保人已经交纳保险费的,视为其对代签字或者盖章行为的追认。

保险人或者保险人的代理人代为填写保险单证后经投保人签字或者盖章确认的,代为填写的内容视为投保人的真实意思表示。但有证据证明保险人或者保险人的代理人存在保险法第一百一十六条、第一百三十一条相关规定情形的除外。

《合同法》

第十条 当事人订立合同,有书面形式、口头形式和其他形式。

法律、行政法规规定采用书面形式的,应当采用书面形式。当事人约定采用书面形式的,应当采用书面形式。

第十一条 书面形式是指合同书、信件和数据电文(包括电报、电传、传真、电子数据交换和电子邮件)等可以有形地表现所载内容的形式。

第十三条 当事人订立合同,采取要约、承诺方式。

第十四条 要约是希望和他人订立合同的意思表示,该意思表示应当符合下列规定:

(一)内容具体确定;

(二)表明经受要约人承诺,要约人即受该意思表示约束。

第十六条 要约到达受要约人时生效。

采用数据电文形式订立合同,收件人指定特定系统接收数据电文的,该数据电文进入该特定系统的时间,视为到达时间;未指定特定系统的,该数据电文进入收件人的任何系统的首次时间,视为到达时间。

第二十一条 承诺是受要约人同意要约的意思表示。

第二十五条 承诺生效时合同成立。

第二十六条 承诺通知到达要约人时生效。承诺不需要通知的,根据交易习惯或者要约的要求作出承诺的行为时生效。

采用数据电文形式订立合同的,承诺到达的时间适用本法第十六条第二款的规定。

第二十七条 承诺可以撤回。撤回承诺的通知应当在承诺通知到达要约人之前或者与承诺通知同时到达要约人。

第二十八条 受要约人超过承诺期限发出承诺的,除要约人及时通知受要约人该承诺有效的以外，为新要约。

第三十条 承诺的内容应当与要约的内容一致。受要约人对要约的内容作出实质性变更的，为新要约。有关合同标的、数量、质量、价款或者报酬、履行期限、履行地点和方式、违约责任和解决争议方法等的变更，是对要约内容的实质性变更。

第三十一条 承诺对要约的内容作出非实质性变更的，除要约人及时表示反对或者要约表明承诺不得对要约的内容作出任何变更的以外，该承诺有效，合同的内容以承诺的内容为准。

第三十二条 当事人采用合同书形式订立合同的，自双方当事人签字或者盖章时合同成立。

第十四条 【保险合同的效力】保险合同成立后，投保人按照约定交付保险费，保险人按照约定的时间开始承担保险责任。

【条文理解】

有约束力的合同必须包括合法的对价。所谓对价，是指合同一方当事人作为交换给予另一方当事人的有价值商品、服务或承诺。保险合同与其他合同一样要求有价值的对价。依照本条的规定，保险合同成立后，投保人按照约定交付保险费；保险人按照约定的时间开始承担保险责任。这是对保险合同对价的规定。投保人给予保险人的对价是投保人按照约定交付保险费；保险人给予投保人的对价是保险人按照约定的时间开始承担保险责任。

保险费是投保人向保险人所支付的费用。作为保险人根据保险合同承担赔偿或者给付保险金责任的对价，投保人支付或者承诺支付保险费是保险合同生效的必要条件。如果保险合同规定保险费分期支付，并把按期支付作为保险人履行保险责任的条件，则投保人必须履行按期支付到期保险费的义务，保险合同才能继续有效。

保险人给予投保人的对价是保险人按照约定的时间开始承担保险责任，也就是保险人对于保险标的发生保险事故时按保险合同规定履行赔偿或者给付保险金责任的承诺。在财产保险中，支付保险费一般并不是合同生效的前提条件，因此在保险期间开始时投保人没有交付保险费的，通常不能构成保险人以缺乏对价为由的有效抗辩。在人身保险中，由于本法规定保险人对人寿保险的保险费不得用诉讼方式要求投保人支付，所以保险合同约定分期支付保险费的，保险单一般都明确规定首期保险费足额支付后人身保险合同才生效。投保人应当于合同成立时支付首期保险费，并应当按期支付其余各期的保险费。保险合同生效后，投保人可以享有支付保险费的宽限期，但是投保人在宽限期内仍未支付当期保险费的，保险人有权中止合同或者按照合同约定的条件减少保险金额。如果在规定的期限内投保人交付了欠交的保险费及利息，合同的效力恢复，否则合同自中止之日丧失法律约束力。[1]

【案例导读】

投保人按照约定交付保险费，保险人需按照约定承担保险责任
——某保险公司与韩某等机动车交通事故责任纠纷案[2]

【案号】

河南省漯河市中级人民法院(2015)漯民终字第53号

【案情】

2013年4月23日，某公交公司为其公司车辆在某保险公司投有交强险和理赔限额为30万元的第三者责任保险。后该车出租给张某，2014年4月7日，张某驾驶该车先后与李某的车辆以及柴某驾驶的无牌三轮摩托车发生碰撞，造成三方车损、柴某当场死亡、韩某等多名乘坐人受伤的交通事故。交警大队认定张某负全部责任，柴某、李某等不负责任。事后，保险公司认为其不应当承担赔偿责任。

法院认为：《保险法》第14条规定：保险合同成立后，投保人按照约定交付保险费，保险人按照约定的时间开始承担保险责任。该车在保险公司投有交强险和理赔限额为30万元的第三者责任保险且不计免赔，该事故发生在保险期限内，保险公司应在其保险范围内对韩某等的损失承担赔偿责任。损失包括丧葬费、死亡赔偿金、精神损害抚慰金、交通费、被抚养人生活费、财产损失。保险公司应在其交强险和30万元第三者责任保险理赔限额内予以赔付。

故判决：保险公司赔偿韩某等各项费用共计391,560.98元。

【分析】

保险合同中，投保人交付保险费后即获得了保险公司需按约承担保险责任的对价。本案中，公交公司按照约定支付了保险费，投保车辆发生的事故在保险责任期间，保险公司依约应当承担赔偿责任的权利。

【配套规定】

最高人民法院关于适用《中华人民共和国保险法》若干问题的解释(二)

第四条　保险人接受了投保人提交的投保单并收取了保险费，尚未作出是否承保的意思表示，发生保险事故，被保险人或者受益人请求保险人按照保险合同承担赔偿或者给付保险金责任，符合承保条件的，人民法院应予支持；不符合承保条件的，保险人不承担保险责任，但应当退还已经收取的保险费。

保险人主张不符合承保条件的，应承担举证责任。

---

〔1〕安建主编：《中华人民共和国保险法(修订)释义》，法律出版社2009年版，第40～41页。

〔2〕案例来源：北大法宝网，2016年2月11日访问，有删减。

最高人民法院《关于适用〈中华人民共和国保险法〉若干问题的解释(三)》

第七条　当事人以被保险人、受益人或者他人已经代为支付保险费为由,主张投保人对应的交费义务已经履行的,人民法院应予支持。

《合同法》

第六十条　当事人应当按照约定全面履行自己的义务。

当事人应当遵循诚实信用原则,根据合同的性质、目的和交易习惯履行通知、协助、保密等义务。

第十五条　【保险合同的解除之一】除本法另有规定或者保险合同另有约定外,保险合同成立后,投保人可以解除合同,保险人不得解除合同。

【条文理解】

保险合同是一种保障合同。投保人为保障自己的保险利益而与保险人订立保险合同,保险利益又基于投保人对保险标的的权利而产生,投保人有权在法律规定的范围内处分自己的民事权利。本条的规定既赋予了投保人解除保险合同的权利,同时又对投保人解除保险合同作出了一定限制,即本法另有规定或者保险合同另有约定的除外。如本法第50条规定,货物运输保险合同和运输工具航程保险合同,保险责任开始后,合同当事人不得解除合同。另外,如果保险合同已明确约定某些特殊情况下不得解除保险合同,在出现约定的这些情况时,投保人也不得任意解除合同。

为了保护投保人的利益,保险人不得任意解除保险合同,这是许多国家保险法规定的原则,我国保险法也采用了这一原则。只有在发生本法规定的下列情形或者保险合同另有约定时,保险人才有权解除保险合同。

1. 投保人故意或者因重大过失未履行如实告知义务,足以影响保险人决定是否同意承保或者提高保险费率的,保险人有权解除合同。但是,自保险人知道有解除事由之日起超过30日不行使解除权消灭;自合同成立之日起超过2年的,保险人不得解除合同;保险人在合同订立时已经知道投保人未如实告知的情况的,保险人不得解除合同。

2. 未发生保险事故,被保险人或者受益人谎称发生了保险事故,向保险人提出赔偿或者给付保险金的请求的,保险人有权解除合同,并不退还保险费。

3. 投保人、被保险人故意制造保险事故的,保险人有权解除合同,不承担赔偿或者给付保险金的责任。

4. 投保人申报的被保险人年龄不真实,并且其真实年龄不符合合同约定的年龄限制的,保险人可以解除合同,并在扣除手续费后,向投保人退还保险单的现金价值。但是,自保险人知道有解除事由之日起超过30日不行使解除权消灭;自合同成立之日起超过2年的,保险人不得解除合同;保险人在合同订立时已经知道投保人未如实告知的情况的,保险人不得解除合同。

5. 人身保险合同效力依照本法第 36 条的规定中止,自合同效力中止之日起满 2 年双方未达成协议的,保险人有权解除合同,应当按照合同的约定退还保险单的现金价值。

6. 因保险标的转让导致危险程度显著增加的,保险人自接到被保险人或者保险标的受让人的通知之日起 30 日内,可以按照合同约定调整保险费或者解除合同。保险人解除合同的,应当将已收取的保险费,按照合同约定扣除自保险责任开始之日起至合同解除之日止应收的部分后,退还投保人。

7. 投保人、被保险人未按照约定履行其对保险标的的安全应尽责任的,保险人有权要求增加保险费或者解除合同。

8. 在合同有效期内,保险标的的危险程度显著增加的,被保险人应当按照合同约定及时通知保险人,保险人有权要求增加保险费或者解除合同。保险人解除合同的,应当将已收取的保险费,按照合同约定扣除自保险责任开始之日起至合同解除之日止应收的部分后,退还投保人。

9. 保险标的发生部分损失的,除合同约定不得解除合同的外,保险人可以解除合同,将保险标的未受损失部分的保险费,扣除自保险责任开始之日起至合同终止之日止期间的应收部分后,退还投保人。[1]

【案例导读】

投保人解除保险合同应当符合合同的约定

——于某与某保险公司保险费纠纷案[2]

【案号】

乌鲁木齐铁路运输中级法院(2015)乌中民终字第 9 号

【案情】

2009 年 6 月 1 日,于某与某保险公司分别签订了两份《金泰人生(B 款)终身寿险(分红型)》及一份《小康之家・鸿福年年两全保险(分红型)》保险合同,附加了《金泰人身重大疾病保险》、《安心住院费用医疗保险(A 款)》及《悠然人生意外伤害保险》。双方当事人签订的保险合同均明确约定了“减额缴清:在本合同有效期内累积有现金价值的情况下,投保人可提出书面申请,经本公司审核同意后,将本合同变更为减额缴清保险,变更减额缴清保险后的基本保险金额不得低于本合同当时规定的最低金额。减额缴清是将保险单现金价值扣除各项欠款及利息后的余额作为一次性缴清的保险费,以变更当时的合同条件,减少本合同基本保险金

---

〔1〕 安建主编:《中华人民共和国保险法(修订)释义》,法律出版社 2009 年版,第 41 ~43 页。

〔2〕 案例来源:北大法宝网,2016 年 2 月 7 日访问,有删减。

额”的合同条款内容。合同解除条款均约定:自保险人收到解除合同申请书时起,合同终止。并自接到解除合同申请书之日起三十日内向投保人退还合同现金价值。《人身保险投保友情提示》中载明:退保有损失,请慎重考虑。于某在该提示的投保人签字处签字确认。

于某因患癌症,2011 年 1 月 19 日,劳动鉴定委员会认定于某完全丧失劳动能力。于某向保险公司索要保险费遭拒绝后,起诉至法院,请求解除保险合同;保险公司全额退还缴纳的 113, 326 元保费。

法院认为:根据《保险法》第 15 条、第 47 条的规定,保险合同解除后,保险人所承担的保险责任自保险合同解除之日起消灭,投保人自然享有要求保险人返还已收取的保险费的权利,但上述两条规定虽然赋予了投保人依法享有随时解除保险合同的权利,同时亦规定了该权利的行使事实上是以保险费的减少为代价的。投保人不能要求保险公司返还已缴纳的保险费的全部,而应当是在扣除相应手续费后的剩余部分。一般来讲,保险人所扣除的手续费是其自保险合同生效起至保险合同解除止向保险人提供保险保障已支出的成本,即每张保险单平均承担的保险公司营业费用、佣金以及保险公司对该保险单所承担的保险责任所收取的费用三项之和。针对于某提出的自己因突发癌症导致丧失劳动能力,要求按照减额清缴的形式履行完毕合同的主张,因双方当事人在保险合同中明确约定,投保人于某如要按照减额清缴的形式履行完毕合同,应向保险人提出书面的申请,经该公司的审核同意后,才能将合同变更为减额缴清保险形式。本案审理中于某均未向法院提供证据证明其向保险公司提出过要求按照减额清缴的形式履行完毕合同的申请。据此,于某提出的保险公司应全额退还其已缴纳的 113, 326 元保险费的主张既无事实基础亦于法相悖,法院不予支持。

判决:1. 解除于某与保险公司之间的三份人身保险合同;2. 保险公司向于某退还保单现金价值 36, 260. 70 元。

【分析】

保险合同成立后,投保人可以解除合同,保险人一般不得解除合同,除非法律另有规定或者保险合同另有约定。本案中,投保人和保险人在保险合同中对合同的解除以及减额缴清保险的变更作了明确规定,投保人没有按照合同约定履行合同义务,从而没有使自己的利益得到保护。

第十六条　【如实告知义务】订立保险合同,保险人就保险标的或者被保险人的有关情况提出询问的,投保人应当如实告知。

投保人故意或者因重大过失未履行前款规定的如实告知义务,足以影响保险人决定是否同意承保或者提高保险费率的,保险人有权解除合同。

前款规定的合同解除权,自保险人知道有解除事由之日起,超过三十日不行使而消灭。自合同成立之日起超过二年的,保险人不得解除合同;发生保险事故的,保险人应当承担赔偿或者给付保险金的责任。

投保人故意不履行如实告知义务的,保险人对于合同解除前发生的保险事故,不承担赔偿或者给付保险金的责任,并不退还保险费。

投保人因重大过失未履行如实告知义务,对保险事故的发生有严重影响的,保险人对于合同解除前发生的保险事故,不承担赔偿或者给付保险金的责任,但应当退还保险费。

保险人在合同订立时已经知道投保人未如实告知的情况的,保险人不得解除合同;发生保险事故的,保险人应当承担赔偿或者给付保险金的责任。

保险事故是指保险合同约定的保险责任范围内的事故。

【条文理解】

告知,是指投保人或者被保险人在签订和履行保险合同的过程中,将其知道或者应当知道的有关保险标的的重要情况如实地向保险人进行说明。告知义务的法理依据在于保险合同是最大诚信合同,投保人远比保险人更了解保险标的的情况,履行告知义务是投保人的法定义务。各国保险立法上,告知范围的确定有两种形式,即无限告知主义和询问告知主义。无限告知主义,是指法律对告知的内容没有确定性的规定,只要事实上存在与保险标的的危险有关的重要事实,投保人都要向保险人进行说明。询问告知主义即投保人对保险人询问的问题必须如实告知,而对保险人没有询问的问题,投保人没有告知义务,不告知不构成告知义务的违反。多数国家立法采用询问告知主义,本条规定采取的也是询问告知主义。保险人可以就保险标的或者被保险人的有关情况向投保人提出询问,投保人应当就知道和应当知道的情况如实回答保险人提出的询问,以便保险人测定危险和厘定保险费率。

投保人未依法履行如实告知义务的,依照本条第 2 款、第 4 款、第 5 款的规定,有以下法律后果。

1. 投保人故意或者因重大过失未履行如实告知义务,足以影响保险人决定是否同意承保或者提高保险费率的,保险人有权解除合同。

2. 投保人故意不履行如实告知义务的,保险人对于合同解除前发生的保险事故,不承担赔偿或者给付保险金的责任,并不退还保险费。

3. 投保人因重大过失未履行如实告知义务,对保险事故的发生有严重影响的,保险人对于合同解除前发生的保险事故,不承担赔偿或者给付保险金的责任,但应当退还保险费。

本条对保险人因投保人未依法履行如实告知义务而解除合同的权利规定了除斥期间、不可抗辩期间和禁止反言的限制。

1. 除斥期间，是指法律预定某种权利于存续期间届满当然消灭的期间。除斥期间的规定有利于督促保险人及时行使自己的权利，也防止有些保险人知道解除的事由后采取“静观其变”的态度，即如果发生了保险事故，就采取解除合同的方式保护自己的利益，如果不发生保险事故就获得了收取保险费的利益。依据本条的规定，保险人解除合同的权利，自保险人知道有解除事由之日起，超过30日不行使而消灭。

2. 不可抗辩期间也称为不可争期间，是指自保险合同成立之日起满一定时期后，保险合同就成为不可争议的法律文件，进入不可争辩期间，保险人不得以投保人在订立合同时不履行如实告知义务为由主张解除合同。法律设定解除权的目的是抑制投保人投机取巧，防止其故意隐瞒危险情况，从而使保险人乃至所有诚信的投保人的利益受到损害。但是，若允许保险人无限期地享有解除权，亦可能对其他保险活动当事人产生损害：一是如果时间过久，被保险的财产或者人身都有可能发生变化，很难核实投保人当时的告知是否属实；二是如果人身保险合同的被保险人死亡，受益人也不一定知道当时的告知是否属实；三是规定了不可抗辩期间，有利于督促保险人在订立保险合同时认真审查保险标的的情况，防止发生纠纷。依据本条的规定，自合同成立之日起超过2年的，保险人不得解除合同。当除斥期间和不可抗辩期间竞合的时候，优先适用不可抗辩期间的规定，例如，自合同成立之日起差20日满2年的时候保险人才知道有解除事由的，保险人的解除权必须在20日内行使，超过20日保险合同即不可争辩。

3. 禁止反言又称不得自食其言，即合同一方已经以明示或者默示放弃在合同中可以主张的某种权利，日后不得再向对方主张该项权利。由于保险代理人的行为视为保险人的行为，所以如果保险代理人在合同订立时已经知道投保人未如实告知的情况，并且和投保人签订保险合同的，保险人也不能解除合同。

本条第7款是对保险事故定义的规定。按照此款的规定，保险事故是指保险合同约定的保险责任范围内的事故，也就是造成保险人承担保险责任的事故。例如财产保险中的火灾，海上货物运输险中的触礁、沉没，人身保险中的意外伤害、死亡、疾病。投保人要求保险人承保的事故项目在保险合同中应当列明，从而确定保险人的责任范围。并不是任何事故均可成为保险人承保的事故。构成保险事故应具备以下要件：一是事故须有发生的可能；二是事故的发生须不确定；三是事故的发生须属将来，也就是说其发生须在保险合同订立以后，才可作为保险事故。[1]

---

〔1〕 安建主编：《中华人民共和国保险法（修订）释义》，法律出版社2009年版，第43～46页。

【案例导读】

保险人在合同订立时已经知道投保人未如实告知情况的，不得解除合同

——某人寿保险股份公司与余某人身保险合同纠纷案[1]

【案号】

湖南省长沙市中级人民法院(2012)长中民未终字第2459号

【案情】

余某与龙某同居生活，2009年4月13日至4月24日，余某在中南大学湘雅医院住院治疗，出院诊断为支气管肺炎、肿瘤待删。2009年5月26日至6月2日，余某在中南大学湘雅三医院住院治疗，出院诊断为鼻咽癌、中度贫血。2009年6月2日至6月19日，余某在湖南省肿瘤医院住院治疗，出院诊断为鼻咽癌骨转移。2010年4月10日，余某因鼻咽癌致呼吸、循环衰竭在湖南省中医药研究院附属医院死亡。

2009年5月中旬，经保险公司业务员易某介绍，余某签署了一份《人身保险投保书》。余某签署上述投保书时，还有其同居女友龙某在场。在开庭审理时，龙某出庭证实如下事实：余某在签署上述投保书时，投保书需填写的部分包括投保人基本情况、所有询问事项的选择均由保险公司业务员易某填好后交给余某，只告诉余某要交多少保费、出了保险事故怎么赔，余某只是填写了自己的银行账号及在投保书的“投保人”、“被保险人”处签名。在签名前，保险公司业务员口头询问余某是否在此之前住过院，余某回答为前不久住过院，是肺部感染。余某签署上述投保书及确认书后，支付了首期保险费6000元。2009年6月2日，保险公司正式签发“平安智盈人生终身寿险(万能型)”保险合同书。

余某于2010年4月10日死亡后，余某同居女友龙某就向保险公司业务员易某报案，但一直未获理赔。2012年2月7日，余某提起诉讼，保险公司称被保险人余某与被告签订保险合同时未履行如实告知病情的义务，要求解除涉案保险合同，并请求驳回余某的诉讼请求。

法院认为，关于余某在投保前是否履行了如实告知义务的问题，根据查明的事实，涉案投保书系保险公司业务员易某全部填好后再交由余某签名，保险公司业务员易某事前并未对照投保书所列询问事项对余某一一询问，也未告知余某对询问事项的回答所产生的法律后果，且在余某回答投保之前已住院治疗的情况下，并未对投保书相关选项的回答作出修改。所以认定余某并无隐瞒病情的故意行为，保险公司在已知余某曾住院治疗的情况下对投保书相关内容不作修改且仍然承保，

---

[1] 案例来源：中国法院网，2012年11月15日访问，有删减。

属《保险法》第16条第6款规定的情形，保险公司不得解除涉案保险合同。

故法院判决保险公司支付余某保险金120,000元。

【分析】

禁止反言是保险法的一个重要原则，实践中主要用于约束保险人。本案中，投保人如实告知了自己的有关情况，保险人明知其不符合投保条件而依然与其订立保险合同，就是放弃了因投保人未如实履行告知义务而产生的解除权，不得再以此为由要求解除合同，发生保险事故后，要依法承担赔偿或者给付保险金的责任。

【配套规定】

最高人民法院《关于适用〈中华人民共和国保险法〉若干问题的解释(一)》

第五条　保险法施行前成立的保险合同，下列情形下的期间自2009年10月1日起计算：

……

（二）保险法施行前，保险人知道解除事由，保险法施行后，按照保险法第十六条、第三十二条的规定行使解除权，适用保险法第十六条规定的三十日的；

（三）保险法施行后，保险人按照保险法第十六条第二款的规定请求解除合同，适用保险法第十六条规定的二年的；

……

最高人民法院《关于适用〈中华人民共和国保险法〉若干问题的解释(二)》

第五条　保险合同订立时，投保人明知的与保险标的或者被保险人有关的情况，属于保险法第十六条第一款规定的投保人"应当如实告知"的内容。

第六条　投保人的告知义务限于保险人询问的范围和内容。当事人对询问范围及内容有争议的，保险人负举证责任。

保险人以投保人违反了对投保单询问表中所列概括性条款的如实告知义务为由请求解除合同的，人民法院不予支持。但该概括性条款有具体内容的除外。

第七条　保险人在保险合同成立后知道或者应当知道投保人未履行如实告知义务，仍然收取保险费，又依照保险法第十六条第二款的规定主张解除合同的，人民法院不予支持。

第八条　保险人未行使合同解除权，直接以存在保险法第十六条第四款、第五款规定的情形为由拒绝赔偿的，人民法院不予支持。但当事人就拒绝赔偿事宜及保险合同存续另行达成一致的情况除外。

最高人民法院《关于适用〈中华人民共和国保险法〉若干问题的解释(三)》

第五条　保险人在合同订立时指定医疗机构对被保险人体检，当事人主张投保人如实告知义务免除的，人民法院不予支持。

保险人知道被保险人的体检结果，仍以投保人未就相关情况履行如实告知义务为由要求解除合同的，人民法院不予支持。

《合同法》

第九十五条　法律规定或者当事人约定解除权行使期限，期限届满当事人不行使的，该权利消灭。

法律没有规定或者当事人没有约定解除权行使期限，经对方催告后在合理期限内不行使的，该权利消灭。

第十七条 【格式条款提示与说明义务】订立保险合同，采用保险人提供的格式条款的，保险人向投保人提供的投保单应当附格式条款，保险人应当向投保人说明合同的内容。

对保险合同中免除保险人责任的条款，保险人在订立合同时应当在投保单、保险单或者其他保险凭证上作出足以引起投保人注意的提示，并对该条款的内容以书面或者口头的形式向投保人作出明确说明；未作提示或者明确说明的，该条款不产生效力。

【条文理解】

保险人的订约说明义务，是指保险人在订立保险合同之前，应向投保人说明保险合同格式条款的真实含义。由于保险业务具有高度的专业性和技术性，一般投保人对于保险合同中的保险术语的含义不甚了解。加之保险合同多以保险人提供的格式条款订立，投保人对于保险合同条款内容的理解可能存在偏差、误解，导致被保险人、受益人在保险事故发生后得不到预期的保险保障。基于公平原则和最大诚信原则，拥有专业技术优势的保险人应当对涉及对方当事人重大利益的条款进行说明，以使最终成立的保险合同建立在双方充分理解合同条款含义的基础之上。依据本条的规定，保险人的说明义务有以下特点：一是法定性，即说明义务是保险人的法定义务，保险人不得以合同条款等形式予以限制或者免除；二是先合同性，即说明义务的履行时间是在订立保险合同之前，在双方当事人对合同磋商的阶段；三是主动性，即不以投保人的询问为条件，采用保险人提供的格式条款的，保险人向投保人提供的投保单应当附格式条款，保险人应当主动向投保人说明合同的内容。

保险人对保险合同中免除保险人责任的条款的提示和说明义务。根据保险业的惯例，保险合同中一般都有在特定情况下免除保险人责任的条款。这在不违反公平原则的前提下，是为法律所允许的。鉴于保险合同多为格式合同，为了让投保人充分了解他所购买的保险服务能否提供给他需要的保险保障，更重要的是，要赋予其充分的知情权。按照本条的规定，保险合同中规定有关于保险人责任免除条款的，保险人在订立合同时应当在投保单、保险单或者其他保险凭证上作出足以引起投保人注意的提示，并对该条款的内容以书面或者口头的形式向投保人作出明确说明；未作提示或者明确说明的，该条款不产生效力。所谓“保险人责任免除条款”，是指保险合同中载明的保险人不负赔偿或者给付保险金责任的范围的条款。免责条款主要体现在保险单责任免除一栏。除此之外，散见在保险单其他条款中的涉及部分免除保险人责任的条款等也属于本条所规定的“免除保险人责任的条款”,保险人应当对此作出提示并明确说明。未尽提示和说明义务的,保险合同中上述条款将不产生法律效力。[1]

【案例导读】

保险人免责条款,明确说明则产生效力

——郑某与某财产保险公司汽车被盗保险合同纠纷案[2]

【案号】

四川省都江堰市人民法院(2015)都江民初字第1174号

【案情】

2014年5月1日,郑某在某汽车销售有限公司购买汽车一辆,同时在某财产保险公司购买机动车强制保险和相关的商业保险。2014年5月1日正值法定假期,郑某因此没能及时到车管所办理汽车牌照。2014年5月5日凌晨,该车被盗,此后,经公安机关调查,该车至今下落不明。2014年5月5日,郑某向某保险公司索赔,遭拒绝,遂提起诉讼。

法院认为,郑某与某保险公司签订的《机动车保险条款》用黑体字载明汽车被盗的赔偿责任免除事由,即发生保险事故时无公安机关交通管理部门核发的合法有效的行驶证、号牌,保险车辆全车被盗窃保险人不负保险责任。某保险公司同时提供《机动车辆保险投保单》上载明郑某作为投保人签名确认其对特别条款已完全理解,也就是证明被告某保险公司已经就免责事由向原告履行提示义务。根据《保险法》第17条规定,《最高人民法院关于适用〈中华人民共和国保险法〉若干问题的解释(二)》第11条的规定,某保险公司已经履行盗抢险免责条款的说明和提示义务,该免责条款已经发生法律效力。若出现被保险车辆未到公安机关交通管理部门办理行驶证、号牌的情形,保险公司对被盗车辆免于赔偿。2014年5月4日不是法定假日,郑某完全可以到公安机关交通管理部门办理汽车牌照,因其怠于办理,该车又于2014年5月5日凌晨被盗,郑某对此应当承担相应的风险。

判决:驳回郑某的诉讼请求。

【分析】

对保险合同中免除保险人责任的条款,保险人负有法定的提示和说明义务,如未履行该义务,则该免责条款不产生效力,如果尽到了提示和说明的义务,则免责条款产生效力。本案中,保险公司对免责条款履行了说明义务,则该免责条款产生效力,保险公司按照保险合同的约定,不负赔付责任。

需要注意的几个问题:(1)保险人明确说明义务应当在合同成立前履行,此为

---

〔1〕 安建主编:《中华人民共和国保险法(修订)释义》,法律出版社2009年版,第46~48页。

〔2〕 案例来源:中国裁判文书网,2016年2月4日访问,有删减。

法定的先合同义务。(2)保险人的明确说明义务应当主动履行,无须对方询问。(3)保险人明确说明义务的履行对象是投保人。

【配套规定】

最高人民法院《关于适用〈中华人民共和国保险法〉若干问题的解释(二)》

第九条　保险人提供的格式合同文本中的责任免除条款、免赔额、免赔率、比例赔付或者给付等免除或者减轻保险人责任的条款,可以认定为保险法第十七条第二款规定的"免除保险人责任的条款"。

保险人因投保人、被保险人违反法定或者约定义务,享有解除合同权利的条款,不属于保险法第十七条第二款规定的"免除保险人责任的条款"。

第十条　保险人将法律、行政法规中的禁止性规定情形作为保险合同免责条款的免责事由,保险人对该条款作出提示后,投保人、被保险人或者受益人以保险人未履行明确说明义务为由主张该条款不生效的,人民法院不予支持。

第十一条　保险合同订立时,保险人在投保单或者保险单等其他保险凭证上,对保险合同中免除保险人责任的条款,以足以引起投保人注意的文字、字体、符号或者其他明显标志作出提示的,人民法院应当认定其履行了保险法第十七条第二款规定的提示义务。

保险人对保险合同中有关免除保险人责任条款的概念、内容及其法律后果以书面或者口头形式向投保人作出常人能够理解的解释说明的,人民法院应当认定保险人履行了保险法第十七条第二款规定的明确说明义务。

第十二条　通过网络、电话等方式订立的保险合同,保险人以网页、音频、视频等形式对免除保险人责任条款予以提示和明确说明的,人民法院可以认定其履行了提示和明确说明义务。

第十三条　保险人对其履行了明确说明义务负举证责任。

投保人对保险人履行了符合本解释第十一条第二款要求的明确说明义务在相关文书上签字、盖章或者以其他形式予以确认的,应当认定保险人履行了该项义务。但另有证据证明保险人未履行明确说明义务的除外。

《合同法》

第三十九条　采用格式条款订立合同的,提供格式条款的一方应当遵循公平原则确定当事人之间的权利和义务,并采取合理的方式提请对方注意免除或者限制其责任的条款,按照对方的要求,对该条款予以说明。

格式条款是当事人为了重复使用而预先拟定,并在订立合同时未与对方协商的条款。

第四十一条　对格式条款的理解发生争议的,应当按照通常理解予以解释。对格式条款有两种以上解释的,应当作出不利于提供格式条款一方的解释。格式条款和非格式条款不一致的,应当采用非格式条款。

最高人民法院研究室《关于对〈保险法〉第十七条规定的"明确说明"应如何理解的问题的答复》(法研〔2000〕5号)

《中华人民共和国保险法》第十七条规定:"保险合同中规定有保险责任免除条款的,保险人应当向投保人明确说明,未明确说明的,该条款不发生法律效力。"这里所规定的"明确说明",是指保险人在与投保人签订保险合同之前或者签订保险合同之时,对于保险合同中所约定的免责条款,除了在保险单上提示投保人注意外,还应当对有关免责条款的概念、内容及其法律后果等,以书面或者口头形式向投保人或其代理人作出解释,以使投保人明了该条款的真实含义和法律后果。

第十八条 【保险合同的内容】保险合同应当包括下列事项:

(一)保险人的名称和住所;

(二)投保人、被保险人的姓名或者名称、住所,以及人身保险的受益人的姓名或者名称、住所;

(三)保险标的;

(四)保险责任和责任免除;

(五)保险期间和保险责任开始时间;

(六)保险金额;

(七)保险费以及支付办法;

(八)保险金赔偿或者给付办法;

(九)违约责任和争议处理;

(十)订立合同的年、月、日。

投保人和保险人可以约定与保险有关的其他事项。

受益人是指人身保险合同中由被保险人或者投保人指定的享有保险金请求权的人。投保人、被保险人可以为受益人。

保险金额是指保险人承担赔偿或者给付保险金责任的最高限额。

【条文理解】

保险合同当事人的权利和义务关系作为保险合同的内容,是以保险合同条款的形式表现的。本条第1款是关于保险合同法定记载事项的规定,其中第1~3项是必要记载事项,第4~10项是重要记载事项。对于必要记载事项,如果合同中缺少,那么该合同将不成立;对于重要记载事项,如果缺少,该合同仍然可以成立,对于缺少的事项可以依据合同法与保险法的相关规定予以解决。

保险人的名称和住所应当使用经过工商行政管理机关核准登记的名称,并以其主要办事机构所在地为住所。

投保人、被保险人、受益人为自然人的,应当使用身份证或者户口簿所记载的姓名,并以其户籍所在地为住所;经常居住地与住所不一致的,以经常居住地为住所。

订立保险合同时,保险标的必须明确记载于保险合同中。这样一方面可以认定投保人是否具有保险利益,另一方面可以确定保险人对哪些承保对象承担保险责任。

保险费是根据保险金额与保险费率计算出来的，是保险基金的来源，缴纳保险费是投保人应尽的基本义务，对此保险合同应当载明。保险费支付办法，是指采用现金支付还是转账支付，使用人民币还是外币，一次付清还是分期付款以及具体支付的时间，这些也需要在合同中明确规定。

保险金赔偿或者给付办法，是指保险人在保险事故发生造成保险标的损失时，向被保险人或受益人赔偿或者给付保险金的方式和时间等，应由投保人和保险人依法约定，并在保险合同中载明。一般情况下，保险金的赔偿或者给付办法，在财产保险合同中按照合同约定的方式计算赔偿金额，在人身保险合同中按照合同约定的保险金额定额给付。

保险合同除法定记载事项外，投保人和保险人还可以就与保险有关的其他事项作出约定。

受益人是人身保险特有的概念。例如，投保人以被保险人的身体或者生命为保险标的，约定在保险事故发生后，由保险人向被保险人的亲属支付保险金，该亲属即该保险的受益人。当然，投保人和被保险人也可以投保以自己为受益人的保险。受益人具有以下法律地位和特征：第一，受益人应当由被保险人或者投保人在投保时指定，并在保险合同中载明；第二，受益人是享有保险金请求权的人，如果发生给付纠纷，受益人可以独立行使诉讼权利，请求得到给付；第三，受益人无偿享受保险利益，受益人不负交付保险费的义务，保险人也无权向受益人追索保险费；第四，受益人权利的行使时间必须在保险事故发生后，如果受益人在保险事故发生前死亡，受益权随之消灭，如果受益人为牟取保险金而杀害被保险人，其受益权即被剥夺。[1]

第十九条　【无效的格式条款】采用保险人提供的格式条款订立的保险合同中的下列条款无效：

（一）免除保险人依法应承担的义务或者加重投保人、被保险人责任的；

（二）排除投保人、被保险人或者受益人依法享有的权利的。

【条文理解】

格式条款，又称为标准条款，是当事人为了重复使用而预先拟定并在订立合同时未与对方协商的条款。格式条款的特点是要约对象具有广泛性、条款内容具有持久性且由商品或者服务的提供者提出。使用格式条款的好处是简捷、省时、方便、降低交易成本。但其弊端在于，提供商品或者服务的一方往往利用其优势地

---

〔1〕 安建主编：《中华人民共和国保险法（修订）释义》，法律出版社2009年版，第48～51页。

位，制定有利于自己而不利于交易对方的条款。因此，必须在立法上予以限制。

在合同关系中，双方的权利义务应当是平等的。但在有些情况下，格式条款使用方基于对自己利益的保护，利用格式条款不公平地限制对方的某些权利或者减轻、免除自己的部分义务，这有违公平原则。依据本条规定，采用保险人提供的格式条款订立的保险合同中的下列条款无效：(1)免除保险人依法应承担的义务或者加重投保人、被保险人责任的条款；(2)排除投保人、被保险人或者受益人依法享有的权利的条款。

合同无效为自始无效。这次修改《保险法》，增加这一内容，与合同法的有关规定相衔接，有利于督促保险人公平、合理地制定保险合同格式条款，进一步保护投保人、被保险人的利益。[1]

【案例导读】

车损险合同中“按责赔付”条款应认定为无效

——薛某与某财产保险公司保险合同纠纷案[2]

【案号】

内蒙古自治区呼伦贝尔市中级人民法院(2014)呼商终字第20号

【案情】

2013年2月27日，薛某为其轿车在保险公司投保了机动车保险。保险合同约定：对于机动车损失险的保险责任，保险人依据被保险机动车驾驶人在事故中所负的责任比例，承担相应的赔偿责任。2013年7月15日，薛某驾驶该投保车辆与他人驾驶的车辆相撞，发生交通事故，双方车辆不同程度受损。经公安局交通警察大队认定，对方驾驶人对本起交通事故负全部责任，薛某无责任。事故发生后，薛某向保险公司申请理赔，保险公司以薛某在此次交通事故中无责任为由，拒绝赔付，双方发生纠纷，薛某诉至法院。

法院认为，保险合同中的“按责赔付”条款，即被保险机动车驾驶人有责任，保险公司进行赔偿；被保险机动车驾驶人无责任，保险公司不承担赔偿责任。根据《保险法》第19条的规定，上述“按责赔付”格式条款，保险公司按照驾驶人所负的责任比例，承担相应的赔偿责任，实际是减免了保险人的赔付责任，这与投保人的投保目的相违背，不符合诚信原则，故该格式条款应为无效条款。保险公司据此认为被保险机动车驾驶人在保险事故中无责任时，可以不承担责任的理由不能成立，法院不予支持。投保人投保机动车辆损失险的目的是投保的车辆遭受损失时，保险公司对其损失能够理赔。根据《保险法》第2条的规定，因薛某发生了保险事

---

[1] 安建主编：《中华人民共和国保险法(修订)释义》，法律出版社2009年版，第51～52页。

[2] 案例来源：北大法宝网，2016年2月10日访问，有删减。

故，且造成车辆损失，故保险公司应当在保险范围内予以赔偿。

法院判决：保险公司给付薛某车辆损失102,766元、鉴定费6000元、拆解费3000元、拖车费3500元及交通费950元。

【分析】

为了维护投保人、被保险人的利益，法律规定保险人利用格式条款不公平地限制投保人、被保险人的某些权利或者减轻、免除自己的部分义务的具体规定无效。本案中的“按责赔付”条款混淆了财产损失险和责任保险适用的不同规则，限制投保人的权利免除自己的义务，属于《保险法》第19条规定的不当保险格式条款，应认定为无效。最高人民法院也认为此类条款属于无效保险格式条款，对于机动车辆损失险，只要被保险人的车辆遭受损失，保险公司就应当赔偿，这才能符合投保人投保的目的。保险格式条款如此约定，实际上是将适用于责任保险的按责赔付条款嫁接于车辆损失险中，不符合损失保险的特点，也不利于被保险人利益的保护。法院未依据此类条款支持保险公司的主张是正确的。[1]

【配套规定】

《合同法》

第四十条　格式条款具有本法第五十二条和第五十三条规定情形的，或者提供格式条款一方免除其责任、加重对方责任、排除对方主要权利的，该条款无效。

第五十二条　有下列情形之一的，合同无效：

(一)一方以欺诈、胁迫的手段订立合同，损害国家利益；

(二)恶意串通，损害国家、集体或者第三人利益；

(三)以合法形式掩盖非法目的；

(四)损害社会公共利益；

(五)违反法律、行政法规的强制性规定。

第五十三条　合同中的下列免责条款无效：

(一)造成对方人身伤害的；

(二)因故意或者重大过失造成对方财产损失的。

第二十条　【保险合同的变更】投保人和保险人可以协商变更合同内容。

变更保险合同的，应当由保险人在保险单或者其他保险凭证上批注或者附贴批单，或者由投保人和保险人订立变更的书面协议。

---

〔1〕 最高人民法院民事审判第二庭编著：《最高人民法院关于保险法司法解释(二)理解与适用》，人民法院出版社2013年版，第244页。

【条文理解】

合同的变更有广义和狭义之分。狭义的合同变更是指合同法律关系客体和内容的变更；广义的合同变更是指合同法律关系主体、客体和内容三要素中任何一个要素的变更。本条主要是关于保险合同内容变更的规定。

保险合同内容的变更会影响到保险合同当事人的权益及保险风险的大小，因此，保险合同的变更应当采用法定形式。依照本条第2款的规定，变更保险合同的，应当由保险人在保险单或者其他保险凭证上批注或者附贴批单，或者由投保人和保险人订立变更的书面协议。批单是变更保险合同时使用的一种保险单证，上面列明变更的条款内容一般附贴在原保单或保险凭证之上，批单需由保险人签署。[1]

【案例导读】

保险合同的变更，须符合合同的约定

——王某与某保险公司保险合同纠纷案[2]

【案号】

江苏省南通市中级人民法院（2014）通中商终字第0499号

【案情】

2012年4月28日，某公司向某保险公司投保团体人身意外伤害保险，保险期间自2012年5月5日0时起至2013年5月4日24时止。2013年1月9日，王某与案涉投保人某公司签订劳动合同书。2013年1月10日14时31分左右，保险公司根据某公司申请，将案涉保险的原被保险人之一张某变更为王某，并出具人身保险业务批单，批单上载明修改内容自2013年1月11日零时生效，直至保险期满。

2013年1月10日13时30分左右，王某在公司车台上操作过程中遭受意外伤害，随后其被送到医院手术，共发生医疗费用合计4217.4元，其伤势评定为工伤十级伤残。王某请求保险公司赔偿，遭到拒绝，遂起诉至法院。

法院认为，本案争议焦点是：王某受伤的事故是否发生在保险期内，保险公司是否应当赔偿？

王某受伤的事故发生在2013年1月10日，保险公司团体人身意外伤害险涉及王某的部分批单载明保险期间开始时间为2013年1月11日零时，显然王某所受伤害事故不是发生在保险期内，其损失不属于保险理赔范围。

---

〔1〕 安建主编：《中华人民共和国保险法（修订）释义》，法律出版社2009年版，第52～53页。

〔2〕 案例来源：北大法宝网，2016年2月11日访问，有删减。

根据《保险法》第 20 条之规定，投保人和保险人可以协商变更合同内容。变更保险合同的，应当由保险人在保险单或者其他保险凭证上批注或者附贴批单，或者由投保人和保险人订立变更的书面协议。本案中，王某所在单位申请变更被保险人为王某，显然系对保险合同的变更。保险单附后的《团体人身意外伤害保险条款》第 19 条规定：保险期间投保人增、减被保险人的，应当以书面形式向保险人提出申请，保险人同意后出具批单，并在本保险合同中批注。增加被保险人的，保险人在审核同意后，于收到申请之日的次日零时开始承担保险责任；减少被保险人的，保险人审核同意后，于收到申请之日的次日零时起对减少的被保险人终止保险责任。该条款是关于合同被保险人增、减的约定，本案中变更被保险人张某为王某就是减少被保险人张某、同时增加被保险人王某，其变更方式、流程应当根据该保险条款约定进行。保险公司同意被保险人减少张某、增加王某，对王某的保险责任期间从收到申请的 1 月 10 日次日即 1 月 11 日零时开始，符合该保险条款的约定。

综上所述，王某向保险公司主张保险理赔款并无合同和法律依据，其要求支付保险金的诉讼请求法院不予支持。

故法院判决驳回王某的诉讼请求。

【分析】

保险合同的变更需要合同订立双方的一致合意，并采取法定的方式，即由保险人在保险单或者其他保险凭证上批注或者附贴批单，或者由投保人和保险人订立变更的书面协议。本案中，保险合同的变更须符合合同的约定和法律的规定，因而王某的主张得不到支持。

第二十一条　【出险后的通知义务】投保人、被保险人或者受益人知道保险事故发生后，应当及时通知保险人。故意或者因重大过失未及时通知，致使保险事故的性质、原因、损失程度等难以确定的，保险人对无法确定的部分，不承担赔偿或者给付保险金的责任，但保险人通过其他途径已经及时知道或者应当及时知道保险事故发生的除外。

【条文理解】

投保人、被保险人或者受益人的出险通知义务，是指在保险合同有效期内，投保人、被保险人或者受益人知道保险事故发生后，应当及时通知保险人。法律规定此项通知义务的主要目的是使保险人在出险时能立即展开对损失的调查，不致因调查的迟延而丧失证据，影响责任的确定。投保人、被保险人或者受益人作为法定的通知义务人，必须严格履行出险通知义务。

依据本条的规定，出险通知的义务人在财产保险合同中为投保人和被保险人，在人身保险合同中为投保人、被保险人或者受益人。通知的事项是保险人承担保险责任范围内的保险事故,具体包括出险时间、地点、原因、受损标的的种类、范围及损失程度等。为有利于保险人及时查勘现场、核定损失和确定责任,法律要求及时通知。法律没有规定通知的时限,主要是考虑到实际情况比较复杂,不同类型的保险事故、不同险种所需要的通知时间不尽一致,在法律中难以对通知的具体时间作统一规定,可以由保险合同当事人依据法律的基本要求在保险合同中自行约定通知的具体时间。

未通知或者通知迟延的,通知义务人应承受一定的法律后果,即"故意或者因重大过失未及时通知,致使保险事故的性质、原因、损失程度等难以确定的,保险人对无法确定的部分,不承担赔偿或者给付保险金的责任",这是此次修订《保险法》的新增内容。同时,为了更充分地保障被保险人的利益,本条还规定,虽然通知义务人未尽及时履行通知义务,"但保险人通过其他途径已经及时知道或者应当及时知道保险事故发生的",保险人不得以当事人未履行通知义务为理由不承担赔偿责任。[1]

【案例导读】

保险事故的性质、原因等难以确定,保险公司不负赔偿责任

——薛某与某保险合同纠纷案[2]

【案号】

贵州省六盘水市中级人民法院(2014)黔六中民商终字第00060号

【案情】

2012年12月15日,薛某在保险公司为登记李某为所有人的车投保了交强险、第三责任险、车上人员险、车损险、车身划痕险、不计免赔险等保险。2013年2月11日薛某先后两次报案,但是,给交警部门报案的情况与给保险公司报案的情况不相符,其报案的陈述和现场查勘情况不符,导致其驾驶车辆所发生的事故是在南环路上与道路边的隔离护板发生剐擦还是在建设路小区碰撞石头所造成,无法确定事故的性质、原因,薛某索赔未果,故诉至本院。

法院认为,薛某未提交公安交警部门对交通事故作出的责任认定书,故薛某要求保险公司赔偿损失的证据不足,其诉讼请求应不予支持。现场查勘与报案情况不符,无法确定事故的性质、原因,依照《保险法》第21条,判决如下:驳回薛某的诉讼请求。

---

〔1〕 安建主编:《中华人民共和国保险法(修订)释义》,法律出版社2009年版,第53~54页。

〔2〕 案例来源:北大法宝网,2016年2月14日访问,有删减。

【分析】

投保人、被保险人或者受益人未按规定履行及时通知义务的，故意或者因重大过失未及时通知，致使保险事故的性质、原因、损失程度等难以确定的，保险人对无法确定的部分，不承担赔偿或者给付保险金的责任，但保险人通过其他途径已经及时知道或者应当及时知道保险事故发生的除外。本案中，投保人未履行及时通知义务，现场查勘与报案情况不符，交通事故责任认定也无法确定，致使保险事故的性质、原因、损失程度等难以确定，所以保险人无须承担赔付责任。

【配套规定】

最高人民法院《关于适用〈中华人民共和国保险法〉若干问题的解释（三）》

第二十五条 被保险人的损失系由承保事故或者非承保事故、免责事由造成难以确定，当事人请求保险人给付保险金的，人民法院可以按照相应比例予以支持。

第二十二条 【提供资料义务】保险事故发生后，按照保险合同请求保险人赔偿或者给付保险金时，投保人、被保险人或者受益人应当向保险人提供其所能提供的与确认保险事故的性质、原因、损失程度等有关的证明和资料。

保险人按照合同的约定，认为有关的证明和资料不完整的，应当及时一次性通知投保人、被保险人或者受益人补充提供。

【条文理解】

保险索赔，是指保险事故发生后，根据保险合同的约定向保险人要求履行赔偿或者给付保险金的行为，保险事故的发生是提出保险索赔的前提。按照本条第1款的规定，保险事故发生后，依据保险合同请求保险人赔偿或者给付保险金时，投保人、被保险人或者受益人应当向保险人提供其所能提供的与确认保险事故的性质、原因、损失程度等有关的证明和资料。比如，出险证明、损害鉴定、被保险人死亡证明或者伤害程度鉴定。按照本条第2款的规定，保险人依照保险合同的约定，认为投保人、被保险人或者受益人提供的有关证明和资料不完整的，应当及时一次性通知投保人、被保险人或者受益人补充提供。“及时一次性通知”是这次修改《保险法》对保险人增加的义务性规定，目的是防止保险人拖延时间，不合理地反复要求投保人、被保险人或者受益人补充提供有关证明和资料。[1]

---

〔1〕 安建主编：《中华人民共和国保险法（修订）释义》，法律出版社2009年版，第54～55页。

【案例导读】

保险索赔时,投保人等应当提供有关的证明和资料

——上海某公司诉某保险公司财产保险合同纠纷案[1]

【案号】

上海市黄浦区人民法院(2014)黄浦民五(商)初字第9480号

【案情】

2013年12月14日,上海某公司与某物流公司签订运输合同,约定上海某公司委托该物流公司承运货物。2012年12月18日,上海某公司与保险公司订立货物运输保险框架协议。2013年11月12日,上海某公司将货物交付给该物流公司。次日,上海某公司向保险公司投保了国内水路、陆路货物运输综合险,保险公司对承运的货物在运输途中发生的包括自然灾害等原因所致的货损承担保险责任。2014年6月4日,上海某公司向保险公司报案,表示本案货物在运输途中灭失。2014年6月16日,买方出具证明,说明涉案的货物未收到。上海某公司的索赔遭到拒绝,故诉至法院。

法院认为,保险事故发生后,按照保险合同请求保险人赔偿或者给付保险金时,投保人、被保险人或者受益人应当向保险人提供其所能提供的与确认保险事故的性质、原因、损失程度等有关的证明和资料。本案水路、陆路货物运输保险条款约定,保险公司对在途货物发生的货损依约承担保险责任,上海某公司作为被保险人应首先举证说明投保的货物是在运输途中灭失,但是,上海某公司所提交的收货方出具的证明等不足以说明上述事实。此外,上海某公司在事故发生后半年余才向保险公司报案声称发生保险事故,导致保险公司无法查明事故真相,对此,上海某公司亦应承担不利的法律后果。因此,本院难以采信其主张,对其诉讼请求无法支持。

依据《保险法》第2条、第22条第一款、《合同法》第288条之规定,判决如下:上海某公司关于保险公司赔偿保险金人民币55,000元的诉讼请求,本院不予支持。

【分析】

保险事故发生后,按照保险合同请求保险人赔偿或者给付保险金时,投保人、被保险人或者受益人应当向保险人提供其所能提供的与确认保险事故的性质、原因、损失程度等有关的证明和资料。本案中,投保人提供的材料不足以证明其保险事故的性质、原因和损失,故其索赔的主张得不到支持。

---

〔1〕 案例来源:北大法宝网,2016年2月14日访问,有删减。

【配套规定】

最高人民法院《关于适用〈中华人民共和国保险法〉若干问题的解释(二)》

第十八条 行政管理部门依据法律规定制作的交通事故认定书、火灾事故认定书等,人民法院应当依法审查并确认其相应的证明力,但有相反证据能够推翻的除外。

第二十三条 【事故保险责任的核定赔偿】保险人收到被保险人或者受益人的赔偿或者给付保险金的请求后,应当及时作出核定;情形复杂的,应当在三十日内作出核定,但合同另有约定的除外。保险人应当将核定结果通知被保险人或者受益人;对属于保险责任的,在与被保险人或者受益人达成赔偿或者给付保险金的协议后十日内,履行赔偿或者给付保险金义务。保险合同对赔偿或者给付保险金的期限有约定的,保险人应当按照约定履行赔偿或者给付保险金义务。

保险人未及时履行前款规定义务的,除支付保险金外,应当赔偿被保险人或者受益人因此受到的损失。

任何单位和个人不得非法干预保险人履行赔偿或者给付保险金的义务,也不得限制被保险人或者受益人取得保险金的权利。

【条文理解】

保险人在收到被保险人或者受益人的赔偿或者给付保险金的请求后,应当立即派人查验,了解事故情况及原因,对事故及时作出核定。对情形复杂的,应当在30日内作出核定。同时,考虑到实践中的情况差别很大,有的事故可能在30日内难以作出核定,所以本条在对法定的核定时间作出规定的同时,又规定保险合同对核定期限可以另作约定。在根据上述规定"及时"、"三十日内"或者"依照约定"对事故作出核定后,保险人应当将核定结果通知被保险人或者受益人。

保险人对事故进行核定后,对属于保险合同约定的保险责任的,应当与被保险人或者受益人就赔偿或者给付保险金的数额进行协商,并在达成协议后10日内履行赔偿或者给付保险金的责任。同时,考虑到实践中的情况各不相同,本条在对赔偿或者给付保险金的期限作出规定的同时,允许当事人对合同另行约定。如果合同对此有约定,保险人应当按照合同约定履行赔偿或者给付保险金的义务。

依照本条第2款的规定,保险人未依照法定时间或者合同约定的时间履行赔偿或者给付保险金义务的,除应当支付保险金外,还应赔偿被保险人或者受益人因此受到的损失,比如保险人应当支付相应的利息。

为了保证保险人依法履行赔付义务,同时保护被保险人或者受益人的合法权益,本条第3款规定,任何单位或者个人都不得非法干预保险人履行赔偿或者给付保险金的义务,也不得限制被保险人或者受益人取得保险金的权利。[1]

【案例导读】

保险人超出核定期间,构成违约
——某保险公司与韩某财产保险合同纠纷上诉案[2]

【案号】

内蒙古自治区赤峰市中级人民法院(2014)赤商终字第83号

【案情】

2010年3月19日,韩某向某保险公司投保了险种为财产保险综合险以及附加第三者责任保险。后保险物于2012年4月14日发生保险事故,韩某当天报险,保险公司当天出险查勘现场,取得了保险事故的相关资料及保险物的损失情况,并制作了“财产保险出险通知(索赔申请)书”。保险公司于2013年5月31日完成定损,2013年7月23日,保险公司赔付韩某保险金724,483.70元。韩某起诉要求某财险公司承担逾期赔付的违约责任。保险公司主张其并不存在迟延赔付的情况,理由是韩某在2013年7月2日才将理赔的证明和材料提交齐全,保险公司并不构成违约。

法院认为:

1.“核定期间”的起算点。保险物发生事故后,韩某按理赔流程立即报险,报险亦同时含有向保险公司索赔之意,应认定韩某于2012年4月14日向保险公司提出索赔申请。事故发生后,受损的挖掘机在事故现场,韩某报险后,保险公司亦于2012年4月14日出险并查勘现场,取得了保险事故的相关资料及保险物的损失情况,该受损的挖掘机及事故现场应为被保险人韩某提供的与确认保险事故的性质、原因、损失程度等有关的证明和资料,且保险公司制作的出险通知书全称为“财产保险出险通知(索赔申请)书”,依据该通知书名称,出险即含有被保险人提出索赔申请之意。综上,韩某于2012年4月14日提出了索赔申请并提供了确认保险事故的性质、原因、损失程度等有关的证明,故2012年4月14日应为“核定期间”的起算时间点。

在财产保险事故发生后,对于保险人而言,核实财产损失额是保险人应当承担的重点工作任务之一。保险事故发生后,保险人应当在第一时间赶赴现场,协助被保险人消除、减轻灾害损失,并及时采取有效措施保护事故现场,对保险事故作勘查、核定和定性,为下一步核实财产损失做好准备。本案中,韩某与保险公司之间的约定适用的《财产综合险条款》第二十七条第(一)项属于保险公司为重复使用预先拟定的格式条款,该条款将提供技术鉴定证明、事故报告书等义务均归于被保

---

〔1〕 安建主编:《中华人民共和国保险法(修订)释义》,法律出版社2009年版,第55~56页。

〔2〕 案例来源:北大法宝网,2016年2月6日访问,有删减。

险人,无疑加重了被保险人的义务,有违公平原则。且保险公司在保险事故发生后,已经进行现场查勘并估损800,000元,而后的车损评估定损亦是由保险公司委托。《保险法》第17条规定,订立保险合同,采用保险人提供的格式条款的,保险人向投保人提供的投保单应当附格式条款,保险人应当向投保人说明合同的内容。本案中,保险公司无证据证明其已就保险合同中的格式条款部分对韩某履行了告知义务,由此保险公司辩称依据双方之间的约定适用的《财产综合险条款》第二十七条第(一)项的规定,以韩某提交索赔资料的时间即2013年7月2日开始计算赔付保险金义务期间的主张,法院不予采信。

2. 期间是否应当扣除。依据《保险法》第22条第2款和最高人民法院《关于适用〈中华人民共和国保险法〉若干问题的解释(二)》第15条第2款的规定,保险人认为被保险人提交的有关证明和资料不完整的,保险人应当及时一次性通知被保险人补充提供,扣除期间自通知到达被保险人之日起计算。如果被保险人未履行通知义务,被保险人提交的有关证明和资料期间不应自核定期间内扣除。本案中,韩某于2012年4月14日提出了索赔申请并提供了受损车辆情况和现场的证明,保险公司如果认为证明和资料不完整,应当及时一次性通知被保险人韩某补充提供。现保险公司所提交的证据不能证明其已经履行通知义务,故韩某提交索赔资料的时间不应在核定期间内扣除。

3. 保险公司是否构成迟延定损

《保险法》第23条第1款规定,保险人收到被保险人或者受益人的赔偿或者给付保险金的请求后,应当及时作出核定;情形复杂的,应当在三十日内作出核定,但合同另有约定的除外。本案中,即便保险车辆的情况特殊,参照上述保险法之规定,保险公司亦应当在最长合理期限30天内完成定损。2012年4月14日为"核定期间"的起算时间点,保险公司应于2012年5月14日之前完成定损。但保险公司直到2013年5月31日(期限为412天)才定损完成,且自2012年5月15日起直至2013年5月31日期间内亦未通知被保险人补充提供有关证明和资料,不构成最高人民法院《关于适用〈中华人民共和国保险法〉若干问题的解释(二)》第15条第2款规定的扣除情形。综上,保险公司定损明显超过合理期限,构成迟延定损。

4. 保险公司应如何赔偿因迟延定损造成韩某的损失。《保险法》第23条第2款规定,保险人未及时履行前款规定义务的,除支付保险金外,应当赔偿被保险人或者受益人因此受到的损失。本案中,保险公司无正当理由超过保险合同约定的保险人30天定损期限,存在迟延定损的违约行为,其除支付保险金外,还应当赔偿被保险人因此受到的损失。法院酌定保险公司按照中国人民银行同期贷款利率计算赔偿被保险人韩某利息损失51,193.8元。

【分析】

保险作为一种救济手段,应当能够及时弥补当事人遭受的损失。法律也特别规定了保险人应核保和赔付的期间，如果超出期间则要承担赔偿责任，因此，核定期间的起点的确定非常关键。本案中，保险公司在收到索赔请求后，未能及时核定，超出核定期限，构成违约，应当依法承担赔偿责任。

【配套规定】

最高人民法院《关于适用〈中华人民共和国保险法〉若干问题的解释(一)》

第五条　保险法施行前成立的保险合同，下列情形下的期间自2009年10月1日起计算：

(一)保险法施行前，保险人收到赔偿或者给付保险金的请求，保险法施行后，适用保险法第二十三条规定的三十日的；

……

最高人民法院《关于适用〈中华人民共和国保险法〉若干问题的解释(二)》

第十五条　保险法第二十三条规定的三十日核定期间，应自保险人初次收到索赔请求及投保人、被保险人或者受益人提供的有关证明和资料之日起算。

保险人主张扣除投保人、被保险人或者受益人补充提供有关证明和资料期间的，人民法院应予支持。扣除期间自保险人根据保险法第二十二条规定作出的通知到达投保人、被保险人或者受益人之日起，至投保人、被保险人或者受益人按照通知要求补充提供的有关证明和资料到达保险人之日止。

第二十四条　【拒绝赔付】保险人依照本法第二十三条的规定作出核定后，对不属于保险责任的，应当自作出核定之日起三日内向被保险人或者受益人发出拒绝赔偿或者拒绝给付保险金通知书，并说明理由。

【条文理解】

本条是对保险人就事故进行核定后，对不属于保险责任的，应当向被保险人或者受益人发出拒绝赔偿或者拒绝给付保险金通知书的规定。

保险人依照本法第23条的规定，对被保险人或者受益人的赔偿或者给付保险金的请求作出核定后，认为不属于保险责任的，应按照本条的规定，自作出核定之日起3日内向被保险人或者受益人发出拒绝赔偿或者拒绝给付保险金通知书，并说明理由。“三日内”、“并说明理由”是这次修改《保险法》增加的规定，目的是让保险人及时通知被保险人或者受益人，使被保险人或者受益人了解保险人不承担保险责任的理由，以便分析该理由是否符合保险法的规定或者保险合同的约定，从而更好地保护自己的合法权益。[1]

---

〔1〕 安建主编：《中华人民共和国保险法(修订)释义》，法律出版社2009年版，第56～57页。

【案例导读】

保险人对不属于保险责任的可以拒绝赔偿或者拒绝给付保险金

——某公司与某保险公司保险合同纠纷案[1]

【案号】

广东省汕头市中级人民法院(2014)汕中法民二终字第71号

【案情】

吴某系某公司聘用的员工。2013年3月11日,某公司为其聘用的员工向保险公司投保了雇主责任险。雇主责任保险条款第四条对保险责任规定:凡被保险人所聘用的员工,于本保险有效期内,在受雇过程中(包括上下班途中),从事与本保险单所载明的被保险人的业务工作而遭受意外或患与业务有关的国家规定的职业性疾病,所致伤、残或死亡,对被保险人根据劳动合同和中华人民共和国法律、法规,须承担的医疗费及经济赔偿责任,保险人依据本保险单的规定,在约定的赔偿限额内予以赔付。2013年7月9日12时许,某公司的员工吴某被发现倒在公司员工宿舍中,经医院抢救无效死亡,死亡原因为颅脑外伤。某公司向保险公司提出索赔,被拒绝,遂提起诉讼。

法院认为,根据本案查明事实,可确认吴某是某公司员工及在某公司员工宿舍因颅脑外伤致死,但吴某死亡时并非从事公司业务工作而遭受意外死亡,某公司也没有证据证明吴某患有与其公司业务有关的职业性疾病致死,吴某的死亡原因不属于保险责任范围,不符合雇主责任保险合同应由保险公司承担保险责任的约定,故该公司请求保险公司按雇主责任保险合同约定赔付保险金,缺乏事实和法律依据,应不予支持。

【分析】

发生保险事故后,投保人从自身利益角度出发,往往主张更多的赔付。但保险责任范围应依据保险合同的约定和法律规定来认定,超出合同约定范围和法律规定的,保险人可以拒绝赔付。本案中,保险合同明确约定了承保范围,故保险公司有权对不属于保险事项的雇主责任拒绝赔偿。但应当注意,保险公司发出拒绝赔偿或者拒绝给付保险金通知书时,需说明理由。

第二十五条　【先行赔付】保险人自收到赔偿或者给付保险金的请求和有关证明、资料之日起六十日内,对其赔偿或者给付保险金的数额不能确定的,应当根据已有证明和资料可以确定的数额先予支付;保险人最终确定赔偿或者给付保险金的数额后,应当支付相应的差额。

---

[1] 案例来源:北大法宝网,2016年2月6日访问,有删减。

【条文理解】

在保险理赔过程中,对于一些虽然已经确定属于保险责任范围内的理赔请求,但由于与被保险人或者受益人不能就赔偿或者给付保险金的数额达成协议,或者因保险事故复杂、损失较大等原因,保险人对其赔偿或者给付保险金的数额难以确定等情况,使得保险金不能及时给付。为了保护被保险人或者受益人的合法权益,使其在遭受损失或者损害后能够及时获得一定的补偿,本条规定了保险人先予支付保险金的制度。按照本条的规定,保险人自收到赔偿或者给付保险金的请求和有关证明、资料之日起60日内,对其赔偿或者给付保险金的数额不能确定的,应当根据已有的证明和资料可以确定的数额先予支付;保险人最终确定赔偿或者给付保险金的数额后,应当支付相应的差额。这次修改前的《保险法》规定先予支付的数额是"可以确定的最低数额",此次修改后将其规定为"可以确定的数额",目的是更好地保护被保险人、受益人的利益。[1]

【案例导读】

赔偿或者给付保险金的数额不能确定的,应当先予支付

——保险公司与梁某等人身保险合同纠纷案[2]

【案号】

广东省广州市中级人民法院(2014)穗中法金民终字第1143号

【案情】

2012年1月14日,某镇人民政府(投保人)和保险公司签订了《保险合作协议》。保险期限为2012年1月14日零时至2012年12月31日24时止。该协议的主要内容有:投保人向保险人投保"农村基本医疗补充方案",本保险方案适用条款为《团体意外伤害保险2009》、《附加疾病身故保险条款(2009)》、《附加重大疾病保险条款(2009)》;其中每位被保险人的保险金额及保险责任:3. 附加重大疾病保险的保险金额为50,000元,不设等待期,在本附加合同保险期间内,被保险人初次发生并经我公司指定医疗机构的专科医生明确诊断患本附加合同所指重大疾病,本公司按该被保险人的保险金额给付重大疾病保险金,本附加合同对该被保险人的保险责任终止。对于被保险人本次投保前已患的重大疾病属于本保险责任免除范围。在该《保险合作协议》中约定了30种重大疾病包括:(1)恶性肿瘤、(6)终末期肾病;还约定有重大疾病保险金申请人提出申请时,医疗方面因特殊情况未能提供病理报告的就以合同双方认可的医院医生出具的重疾诊断证明为准,且保

---

[1] 安建主编:《中华人民共和国保险法(修订)释义》,法律出版社2009年版,第57页。

[2] 案例来源:北大法宝网,2016年2月6日访问,有删减。

险公司具有30天的勘察时间。在《保险合同协议》明细表中显示：某镇政府为该镇居（村）民共计440,118人投保了该农村基本医疗保险方案。赖某为该镇村民。

2012年6月11日，被保险人赖某住院，诊断为：“考虑肾癌可能性大、多发性转移瘤可能性大”。2012年9月7日赖某提供上述出院记录等医院证明材料曾向保险公司申请理赔，保险出具了书面的审核表，其内容为“欠病理检查报告，请提供病理检查报告后审核”。

2014年2月21日赖某再次住院，医院出具住院诊断证明书诊断为“肾透明细胞癌肺转移”。同年4月1日保险公司再次出具责任险伤病医疗费用审核表，其内容为“患者于2014年3月2日出具的病理报告病理诊断：（肺穿刺活检组织）透明细胞肿瘤，结合临床，考虑为转移性肾透明细胞癌。但是这个病理报告出具的时间不在保险期内”。保险公司拒绝赖某的理赔请求。赖某于同年4月8日因晚期肾癌而去世，其继承人提起诉讼。

法院认为，结合上述证据及事实，能够认定赖某于2012年6月11日至20日住院期间所诊断的疾病属于保险协议所承保的恶性肿瘤和终末期肾病的重大疾病范围。

作为普通自然人，被保险人出现疾病以后，提交了相应的医院诊断证明及材料已履行了其告知义务。保险公司在被上诉人材料缺少病理报告时仅告知其补充该报告，却未明确告知被保险人具体何时提交及逾期提交的不利后果，对被上诉人所提交的医院诊断证明也未尽到严格审查、实地勘察、明确说明等义务。与作为普通自然人的被保险人相比，保险公司应承担较多的明确说明、告知等注意义务。依照《保险法》第24条之规定，保险公司未妥善履行上述通知、说明理由等注意义务。依照《保险法》第25条之规定，保险公司未履行相应的明确说明和提示义务。《保险法》第22条并未规定有关的证明和资料不完整时将会产生相应的法律后果，且被保险人赖某所患疾病属于承保范围，该疾病发生保险期间内，故保险公司应当按照保险协议的约定支付相应的重大疾病保险赔偿金50,000元。

【分析】

为了充分保护被保险人或者受益人的合法权益，使其在遭受损失或者损害后能够及时获得一定的补偿，法律特别规定了保险人先予支付保险金的制度。本案中，保险人在法定时间内未能及时核定保险损失，也未根据已有证明和资料可以确定的数额先予支付保险金，构成违法，应当依法赔偿。

第二十六条　【诉讼时效】人寿保险以外的其他保险的被保险人或者受益人，向保险人请求赔偿或者给付保险金的诉讼时效期间为二年，自其知道或者应当知道保险事故发生之日起计算。

人寿保险的被保险人或者受益人向保险人请求给付保险金的诉讼时效期间为五年，自其知道或者应当知道保险事故发生之日起计算。

【条文理解】

保险金请求权是被保险人、受益人的一项财产权利。为促使被保险人、受益人及时行使权利,本条规定了保险金请求权的诉讼时效。本条区分人寿保险及人寿保险以外的保险,对诉讼时效期间作了不同规定。

本条对人寿保险诉讼时效期间的规定长于其他保险,这主要是因为,人寿保险在多数情况下的受益人不是被保险人,其可能不能及时知道保险事故的发生。为了更好地保护受益人的利益,本条对其行使请求给付保险金的诉讼时效期间规定为5年。而人寿保险以外的其他保险,比如财产保险,被保险人就是享有保险金请求权的人,其能够及时知道保险事故的发生。因此,本条将其行使请求赔偿保险金的诉讼时效期间规定为2年。[1]

【案例导读】

保险法上诉讼时效的计算

——某保险公司与王某等意外伤害保险合同纠纷案[2]

【案号】

江苏省南通市中级人民法院(2014)通中商终字第0218号

【案情】

2010年1月17日,某公司为出国至安哥拉务工人员在保险公司投保出境人员人身意外伤害保险,每人保险金额20万元,被保险人包括孙某等共72人,被保险人均未指定受益人。该保险合同保险条款第五条保险责任第一项身故保险责任约定:"在保险期间内,被保险人遭受意外伤害事故,并自事故发生之日起180日内因该事故身故的,保险人按保险金额给付身故保险金,对该被保险人的保险责任终止。"孙某在安哥拉务工期间于2010年7月25日,因车祸意外身亡,并葬在安哥拉境内的公墓,遗体至今尚未遣返。

2010年8月3日,证人李某(系孙某外甥)的私人电子邮箱接收到包含案涉保单及名单的邮件。李某于2012年10月才将保险合同等事项告知孙某的妻子王某。本案争议焦点为,王某等诉保险公司要求支付保险理赔款是否超过诉讼时效。

法院认为,第一,案涉保险合同系某公司为孙某等出境劳务人员向保险公司所投保险,并无证据证明王某等在事故发生前即知道该情况的存在;第二,案涉保险合同虽于2010年8月即被发送至李某的邮箱,但邮件发送至邮箱并不一定产生收件人打开并阅读该邮件的结果,也并无直接证据证明李某于2010年8月阅读了该

---

〔1〕 安建主编:《中华人民共和国保险法(修订)释义》,法律出版社2009年版,第58页。
〔2〕 案例来源:北大法宝网,2016年2月11日访问,有删减。

邮件;第三,李某虽系孙某的亲戚,但并非其遗产继承人,其行为对王某等遗产继承人不产生法律效力。保险公司也未能证明其获得王某等人授权处理孙某意外死亡的事故,故即便李某于2010年8月已获知该保险合同,因其没有向王某等人转达的义务,在其否认的情况下,不能推定王某等获知了保险合同的存在。

综上所述,保险公司主张王某等于2010年8月已获知中实劳务公司为孙某投保了案涉保险一事,依据不足,本院碍难支持。案涉保险合同系意外伤害保险,其诉讼时效应适用《保险法》第26条第1款的规定。王某等人于2012年10月知悉中实劳务公司为孙某在保险公司投保了人身意外伤害保险,至其2013年9月向法院起诉主张权利并未超出二年的诉讼时效。

因孙某生前未指定受益人,王某作为孙某第一顺序遗产继承人要求保险公司给付保险理赔款20万元的请求,法院予以支持。

判决:保险公司给付王某等人保险理赔款20万元。

【分析】

《保险法》对诉讼时效起算点的规定是"自其知道或者应当知道保险事故发生之日起计算",但实践中存在受益人虽知道保险事故的发生但并不知道保险合同存在的可能,本案即属这种情况在此情形下,确定诉讼时效的起算点极其重要。本案法院依据上位法《民法通则》"诉讼时效期间从知道或应当知道权利被侵害之日起计算"的规定判定诉讼时效的起算,可以较好地保护投保人和受益人的利益,使得判决更加合法合理。

【配套规定】

《民法通则》

第一百三十七条　诉讼时效期间从知道或者应当知道权利被侵害时起计算。但是,从权利被侵害之日起超过二十年的,人民法院不予保护。有特殊情况的,人民法院可以延长诉讼时效期间。

第一百三十八条　超过诉讼时效期间,当事人自愿履行的,不受诉讼时效限制。

第一百三十九条　在诉讼时效期间的最后六个月内,因不可抗力或者其他障碍不能行使请求权的,诉讼时效中止。从中止时效的原因消除之日起,诉讼时效期间继续计算。

第一百四十条　诉讼时效因提起诉讼、当事人一方提出要求或者同意履行义务而中断。从中断时起,诉讼时效期间重新计算。

第一百四十一条　法律对诉讼时效另有规定的,依照法律规定。

最高人民法院《关于审理民事案件适用诉讼时效制度若干问题的规定》

第二条　当事人违反法律规定,约定延长或者缩短诉讼时效期间、预先放弃诉讼时效利益的,人民法院不予认可。

第三条　当事人未提出诉讼时效抗辩,人民法院不应对诉讼时效问题进行释明及主动适用诉讼时效的规定进行裁判。

第四条　当事人在一审期间未提出诉讼时效抗辩,在二审期间提出的,人民法院不予支持,但其基于新的证据能够证明对方当事人的请求权已过诉讼时效期间的情形除外。

当事人未按照前款规定提出诉讼时效抗辩,以诉讼时效期间届满为由申请再审或者提出再审抗辩的,人民法院不予支持。

第五条 当事人约定同一债务分期履行的,诉讼时效期间从最后一期履行期限届满之日起计算。

第二十七条 【保险合同的解除之二】未发生保险事故,被保险人或者受益人谎称发生了保险事故,向保险人提出赔偿或者给付保险金请求的,保险人有权解除合同,并不退还保险费。

投保人、被保险人故意制造保险事故的,保险人有权解除合同,不承担赔偿或者给付保险金的责任;除本法第四十三条规定外,不退还保险费。

保险事故发生后,投保人、被保险人或者受益人以伪造、变造的有关证明、资料或者其他证据,编造虚假的事故原因或者夸大损失程度的,保险人对其虚报的部分不承担赔偿或者给付保险金的责任。

投保人、被保险人或者受益人有前三款规定行为之一,致使保险人支付保险金或者支出费用的,应当退回或者赔偿。

【条文理解】

未发生保险事故,被保险人或者受益人谎称发生了保险事故而向保险人提出索赔请求的,属于保险诈骗行为,保险人不承担保险责任,并有权依照本条的规定解除合同,也不退还保险费。

投保人、被保险人故意制造保险事故,比如财产保险合同的被保险人纵火烧毁保险财产。在这种情形下,虽然发生了事故,但事故是投保人、被保险人为获取保险金而故意制造的,不属于合同约定的保险事故。因为从保险原理来讲,保险事故的发生是或然性的,是意料之外偶然发生的,而不是故意造成或者必然发生的。因此,本条规定,投保人、被保险人故意制造保险事故的,保险人有权解除合同,不承担赔偿或者给付保险金的责任。对于保险人因此是否应当退还保险费,本条区分财产保险和人身保险作了不同规定,即对于财产保险,保险人不退还保险费;对于人身保险,则应当依照本法第 43 条的规定办理,即人身保险的投保人故意制造保险事故的,保险人不承担给付保险金的责任,投保人已缴足 2 年以上保险费的,保险人应当按照合同的约定退还保险单的现金价值。

保险事故发生后,投保人、被保险人或者受益人以伪造、变造的有关证明、资料或者其他证据,编造虚假的事故原因或者夸大损失程度,这种情形是指确实有保险事故发生,但投保人、被保险人或者受益人并不是根据保险事故实际所造成的人身损害或者财产损失情况提出赔偿或者给付保险金的请求,而是弄虚作假,伪造证据，夸大人身损害程度或者财产损失程度，企图得到超额赔付。保险的功能在于补偿，因赔偿或者给付保险金而使被保险人、受益人额外受益，有违保险的基本原则。因此，本条规定，保险人对投保人、被保险人、受益人虚报的部分不承担赔偿或者给付保险金的责任。

本条前三款规定，投保人、被保险人、受益人有上述行为的，保险人不承担赔偿或者给付保险金的责任。第4款则是在此基础上规定，投保人、被保险人、受益人有上述行为之一，致使保险人支付保险金或者支出费用的，应当退回或者赔偿。〔1〕

第二十八条 【再保险】保险人将其承担的保险业务，以分保形式部分转移给其他保险人的，为再保险。

应再保险接受人的要求，再保险分出人应当将其自负责任及原保险的有关情况书面告知再保险接受人。

【条文理解】

再保险也叫分保，是指保险人将其承担的保险业务部分转移给其他保险人。进行再保险，可以分散保险人的风险，有利于其控制损失，稳定经营。再保险是在原保险合同的基础上建立的。在再保险关系中，直接接受保险业务的保险人称为原保险人，也叫再保险分出人；接受分出保险责任的保险人称为再保险接受人，也叫再保险人。再保险的权利义务关系是由再保险分出人与再保险接受人通过订立再保险合同确立的。再保险合同的存在虽然是以原保险合同的存在为前提，但两者在法律上是各自独立存在的合同，再保险的权利义务关系与原保险的权利义务关系是相互独立的法律关系。

再保险接受人是再保险分出人的保险人，有权利了解原保险的有关事项。因此，本条规定，应再保险接受人的要求，再保险分出人应当书面告知有关情况。如果再保险接受人未提要求，则再保险分出人不必主动告知。告知的内容主要包括再保险分出人自负责任的情况和原保险的有关情况。〔2〕

【配套规定】

《再保险业务管理规定》

第二条 本规定所称再保险，是指保险人将其承担的保险业务，部分转移给其他保险人的经营行为。

本规定所称直接保险，也称原保险，是相对再保险而言的保险，由投保人与保险人直接订立

---

〔1〕 安建主编：《中华人民共和国保险法（修订）释义》，法律出版社2009年版，第59～60页。

〔2〕 安建主编：《中华人民共和国保险法（修订）释义》，法律出版社2009年版，第60～61页。

保险合同的保险业务。

本规定所称转分保,是指再保险接受人将其分入的保险业务,转移给其他保险人的经营行为。

本规定所称合约分保,是指保险人与其他保险人预先订立合同,约定将一定时期内其承担的保险业务,部分向其他保险人办理再保险的经营行为。

本规定所称临时分保,是指保险人临时与其他保险人约定,将其承担的保险业务,部分向其他保险人办理再保险的经营行为。

本规定所称比例再保险,是指以保险金额为基础确定再保险分出人自留额和再保险接受人分保额的再保险方式。

本规定所称非比例再保险,是指以赔款金额为基础确定再保险分出人自负责任和再保险接受人分保责任的再保险方式。

第三条　本规定所称再保险分出人,是指将其承担的保险业务,部分转移给其他保险人的保险人;本规定所称再保险接受人,是指承接其他保险人转移的保险业务的保险人。

本规定所称分出业务,是指再保险分出人转移出的保险业务;本规定所称分入业务,是指再保险接受人接受分入的保险业务。

本规定所称直接保险公司,也称原保险公司,是相对再保险人而言,是指直接与投保人订立保险合同的保险人。

本规定所称保险联合体,是指为了处理单个保险人无法承担的特殊风险或者巨额保险业务,或者按照国际惯例,由两个或两个以上保险人联合组成、按照其章程约定共同经营保险业务的组织。

本规定所称保险经纪人,是指接受再保险分出人委托,基于再保险分出人利益,为再保险分出人与再保险接受人办理再保险业务提供中介服务,并按约定收取佣金的保险经纪机构。

第二十九条　【再保险与原保险的独立性】再保险接受人不得向原保险的投保人要求支付保险费。

原保险的被保险人或者受益人不得向再保险接受人提出赔偿或者给付保险金的请求。

再保险分出人不得以再保险接受人未履行再保险责任为由,拒绝履行或者迟延履行其原保险责任。

【条文理解】

再保险合同与原保险合同是相互独立的两个合同,再保险接受人与原保险的投保人、被保险人、受益人之间,不存在直接的权利义务关系。投保人是向原保险人提出保险要求的,由原保险人承担保险责任并收取保险费;而再保险接受人所承担的是对原保险人的保险责任,其不对投保人承担责任。因此,本条第1款规定,再保险接受人不能向投保人提出支付保险费的要求,其只能向原保险人收取再保险费。基于同样的道理,本条第2款规定,原保险的被保险人或者受益人不得向再保险接受人提出赔偿或者给付保险金的请求,其只能按照保险合同的约定,向原保险的保险人提出赔偿或者给付保险金的请求。

原保险责任是原保险人对原保险合同中的被保险人、受益人承担的保障责任,原保险人必须按照原保险合同的约定履行赔偿或者给付保险金的责任。在原保险合同订立和履行的过程中,再保险接受人既不与原保险的被保险人、受益人发生直接关系,又不是原保险人承担保险责任的前提条件,因此,本法第3款规定,原保险人即再保险分出人不得以再保险接受人未履行再保险责任为由,拒绝履行或者迟延履行其原保险责任。[1]

第三十条　【格式条款的解释】采用保险人提供的格式条款订立的保险合同,保险人与投保人、被保险人或者受益人对合同条款有争议的,应当按照通常理解予以解释。对合同条款有两种以上解释的,人民法院或者仲裁机构应当作出有利于被保险人和受益人的解释。

【条文理解】

根据《合同法》的规定,格式条款是当事人为了重复使用而预先拟订的并在订立合同时未与对方协商的条款。格式条款简洁、方便、省时;但另一方面,提供格式条款的一方往往利用其优势地位,制定有利于自己而不利于对方的条款。为此,《合同法》规定,提供格式条款的一方应当遵循公平原则确定双方的权利义务。同时规定,对格式条款的理解发生争议的,应当按照通常理解予以解释。对格式条款有两种以上解释的,应当作出不利于提供格式条款一方的解释。

实践中,多数保险合同采取保险人提供的格式条款订立。依照《合同法》对格式条款的解释原则,本条规定了对采用格式条款订立的保险合同的解释原则:保险人与投保人、被保险人、受益人对合同条款有争议的,应当按照通常理解予以解释。如果对合同条款有两种以上通常解释的,人民法院或者仲裁机构应当作出有利于被保险人和受益人的解释。需要注意的是,首先,对合同解释原则的规定仅适用于采用保险人提供的格式条款订立的合同。如果是保险人与投保人充分协商形成的条款,其解释不适用第30条规定。其次,采用保险人提供的格式条款订立的合同,双方对条款的理解有争议时,不是当然适用有利于被保险人、受益人解释的原则,而是首先按照通常的理解予以解释。只是在有两种以上通常理解的,才适用有利于被保险人、受益人的解释。这样规定更加公平,有利于保险双方的利益。[2]

---

〔1〕 安建主编:《中华人民共和国保险法(修订)释义》,法律出版社2009年版,第61～62页。
〔2〕 安建主编:《中华人民共和国保险法(修订)释义》,法律出版社2009年版,第62～63页。

【配套规定】

最高人民法院《关于适用〈中华人民共和国保险法〉若干问题的解释(二)》

第十七条 保险人在其提供的保险合同格式条款中对非保险术语所作的解释符合专业意义,或者虽不符合专业意义,但有利于投保人、被保险人或者受益人的,人民法院应予认可。

第二节 人身保险合同

第三十一条 【保险利益范围、不具有保险利益的法律后果】投保人对下列人员具有保险利益:

(一)本人;

(二)配偶、子女、父母;

(三)前项以外与投保人有抚养、赡养或者扶养关系的家庭其他成员、近亲属;

(四)与投保人有劳动关系的劳动者。

除前款规定外,被保险人同意投保人为其订立合同的,视为投保人对被保险人具有保险利益。

订立合同时,投保人对被保险人不具有保险利益的,合同无效。

【条文理解】

根据本法的规定,保险利益是指投保人或者被保险人对保险标的具有的法律上承认的利益。依照本条的规定,人身保险的投保人对下列人员具有保险利益。

1. 本人。投保人与自己的生命和健康有最大的利害关系,当然具有保险利益。

2. 配偶、子女、父母。这些人是投保人的直系亲属,这些人的生老病死以及发生意外,对投保人的经济、生活都会发生直接影响。因此,投保人对他们具有保险利益。

3. 第2项以外的与投保人有抚养、赡养或者扶养关系的家庭其他成员、近亲属。抚养指家庭成员间长辈对晚辈生活来源的供给;赡养是晚辈对长辈生活来源的供给;扶养是同辈人如兄弟姐妹之间对生活来源的供给。根据本项的规定,如果投保人与配偶、子女、父母以外的家庭其他成员、近亲属之间形成了抚养、赡养、扶养的关系,投保人对他们就具有保险利益。如果没有形成抚养、赡养、扶养关系,则投保人对他们不具有保险利益。

4. 与投保人有劳动关系的劳动者。这项规定是这次修改《保险法》增加的内容。在没有本项规定前,企业为其职工投保,必须依照本条第2款的规定经过职工本人同意,企业对其职工才具有保险利益,才可以为其职工投保。根据本项的规定,企业对其职工具有保险利益,企业可以直接为其职工投保,而不需要依照本条第 2 款的规定经过职工本人同意,给企业为其职工投保提供了便利。

此外,本条第 2 款还规定,除前四种情形外,被保险人同意投保人为其订立保险合同的,视为投保人对被保险人具有保险利益。

依照本条第 3 款的规定,即订立人身保险合同时,投保人对被保险人不具有保险利益的,合同无效。这样规定的目的是防止道德危险。需要说明的是,本法对人身保险中保险利益的要求限于投保人在订立合同时对被保险人具有保险利益。如果合同订立后、发生保险事故时投保人对被保险人不具有保险利益,不影响合同的效力。比如丈夫为妻子投保人身险,符合本法关于保险利益的规定。发生保险事故时,如果夫妻已经离婚,他们之间虽已不具有保险利益,但不影响该人身保险合同的效力,保险人应当按照合同约定承担保险责任。[1]

【案例导读】

投保人对其配偶具有保险利益
——某保险公司与向某人身保险合同纠纷案[2]

【案号】

湖南省怀化市中级人民法院(2015)怀中民三终字第 86 号

【案情】

2012 年 8 月 27 日,向某为其私有小型客车购买了交强险、车上人员责任险及平安驾驶人意外伤害保险。根据短期健康保险和意外保险单约定,该保险合同投保了驾驶人意外伤害保险,保险期限为 12 个月。在购买驾驶人意外伤害保险时,向某尚未取得机动车驾驶证,按照保险条款的规定,根据保险公司的要求,向某将具有有效机动车驾驶证的丈夫罗某作为该保险的被保险人。电话营销专用机动车辆保险单约定车上人员责任险(司机)保险赔偿金额为 10,000 元。

2013 年 2 月 16 日,向某丈夫罗某驾驶该与湘大型普通客车发生碰撞,造成驾驶人罗某及向某女儿罗某、外甥刘某死亡、向某重伤并构成五级伤残的重大交通事故。在事故中驾驶人罗某因操作不当,承担主要责任。后向某按照保险合同的约定和保险法的规定,就此事向保险公司索赔,保险公司向向某口头明确表示拒赔,以致发生纠纷。

本院认为:双方当事人的争议焦点是驾驶人意外伤害保险的被保险人为向某还是死者罗某。根据《保险法》第 31 条的规定,向某与罗某系配偶关系,双方具有法定的保险利益,该事故车辆所登记的户主为向某,由向某作为投保人一并购买车

---

〔1〕 安建主编:《中华人民共和国保险法(修订)释义》,法律出版社 2009 年版,第 63 ~ 65 页。

〔2〕 案例来源:中国裁判文书网,2016 年 2 月 22 日访问,有删减。

辆各种保险,在购买驾驶人险种时,《驾驶人意外伤害保险条款(A款)》第二条保险对象注明:“凡持有中华人民共和国公安机关交通管理部门核发的有效机动车驾驶证的中国居民(不含香港、澳门、中国台湾地区)均可作为本保险的被保险人。”向某本人没有取得驾驶证因此没有被保险人资格,作为罗某的保险利益人,其指定罗某为被保险人,且将罗某的驾驶证复印件交上诉人平安财险溆浦服务部,该主张符合常理。同时,罗某驾驶证交由向某复印再交保险人存档,证明罗某对自己作为该被保险人的认可。因此法院认定被保险人为罗某。

保险车辆发生交通事故,导致被保险人罗某死亡,属于驾驶人意外伤害保险合同约定的保险事故发生,故保险公司应当依保险合同约定承担保险责任。

判决:保险公司支付向某被保险人罗某意外身故保险金100,000元、车上人员责任赔偿金9000元,共计109,000元。

【分析】

有无保险利益是判断保险合同效力的一个重要依据。本案中投保人向某是被保险人罗某的配偶,对罗某具有保险利益,保险合同有效,发生保险事故,保险公司应当予以赔偿。

【配套规定】

最高人民法院《关于适用〈中华人民共和国保险法〉若干问题的解释(二)》

第二条　人身保险中,因投保人对被保险人不具有保险利益导致保险合同无效,投保人主张保险人退还扣减相应手续费后的保险费的,人民法院应予支持。

最高人民法院《关于适用〈中华人民共和国保险法〉若干问题的解释(三)》

第四条　保险合同订立后,因投保人丧失对被保险人的保险利益,当事人主张保险合同无效的,人民法院不予支持。

第三十二条　【申报年龄不实的后果】投保人申报的被保险人年龄不真实,并且其真实年龄不符合合同约定的年龄限制的,保险人可以解除合同,并按照合同约定退还保险单的现金价值。保险人行使合同解除权,适用本法第十六条第三款、第六款的规定。

投保人申报的被保险人年龄不真实,致使投保人支付的保险费少于应付保险费的,保险人有权更正并要求投保人补交保险费,或者在给付保险金时按照实付保险费与应付保险费的比例支付。

投保人申报的被保险人年龄不真实,致使投保人支付的保险费多于应付保险费的,保险人应当将多收的保险费退还投保人。

【条文理解】

本法第 16 条规定,订立保险合同,保险人就保险标的或者被保险人的有关情况提出询问的,投保人应当如实告知。《保险法》对投保人不履行如实告知义务的法律后果作了规定。本条既是对这一规定的具体体现,又是针对人身保险合同的特点作出的特别规定。

保险公司根据人身保险的特点,按照概率计算,确定了承保年龄的最高上限,对超过这一年龄的,不予承保。同时,保险公司要以被保险人的年龄为参照值,根据生命表等计算出死亡概率,确定被保险人在不同年龄段投保时应缴纳保险费的费率。因此,人身保险合同中被保险人的年龄对保险人决定是否承保、确定保险费率的高低有重大影响。本条对投保人不如实申报被保险人年龄的法律后果作了规定,具体有如下几点。

1. 被保险人的真实年龄不符合合同约定的年龄限制,保险人有权解除合同。比如,合同约定被保险人的年龄超过 70 岁的,保险人不予承保。如果被保险人的实际年龄超过 70 岁,即使因为投保人谎报被保险人的年龄而签订了合同,保险人也有权解除合同。同时,为了保证合同的相对稳定性,本条第 1 款对保险人解除合同的时限作了规定。适用本法第 16 条第 3 款关于自合同成立之日起超过 2 年的,保险人不得解除合同,发生保险事故的,保险人应当承担给付保险金责任的规定。此外,为了更好地保护被保险人、受益人的利益,这一款还规定,保险人行使合同解除权,适用本法第 16 条第 6 款关于"禁止反言原则"的规定,即保险人在合同订立时已经知道被保险人的实际年龄超过了合同约定的年龄限制而仍与投保人签订合同的,保险人不得解除合同。发生保险事故的,保险人应当承担给付保险金的责任。

此外,本条在赋予保险人合同解除权的同时,本着公平原则,规定保险人应当按照合同约定退还保险单的现金价值。

2. 被保险人的真实年龄并未超过合同约定的年龄限制,但是投保人申报的被保险人的年龄比被保险人的真实年龄小。根据保险原理,人身保险中被保险人的年龄越大,投保人交纳的保险费就越多。投保人申报的被保险人的年龄比被保险人的真实年龄小,会使投保人少交保险费。对于这种情形,本条规定,保险人有权更正,并要求投保人按被保险人的真实年龄补交保险费,或者在给付保险金时按照实付保险费与应付保险费的比例支付。

3. 被保险人的真实年龄并未超过合同约定的年龄限制,但是投保人申报的被保险人的年龄比被保险人的真实年龄要大,使投保人多交了保险费。对于这种情形,本条规定,保险人应当将多收的保险费退还投保人。[1]

---

〔1〕 安建主编:《中华人民共和国保险法(修订)释义》,法律出版社 2009 年版,第 65 ~ 67 页。

【案例导读】

被保险人年龄填写错误,应当按实际年龄计收保费

——陈某与某保险公司人身保险合同纠纷案[1]

【案号】

上海市第二中级人民法院(2014)沪二中民六(商)终字第121号

【案情】

1996年12月22日,陈某之母缪某以陈某为被保险人向保险公司投保少儿终身幸福平安保险,约定合同生效日1996年12月23日,生存保险金受益人为陈某。《少儿终身幸福平安保险条款》约定:"本保险的交费期从第一次交纳保险费时起至年满十四周岁的首个保单周年日止。"被保险人依照年龄不同,顺次享有如下保险利益,直至身故或保单效力终止(具体标准见附表)。陈某出生于1989年11月29日,投保书记载的陈某出生日期是1989年12月29日。陈某称,缪某于1996年11月22日首次缴纳保费。

2012年,陈某年满22周岁时申领生存金,保险公司称其填写的出生日期与实际出生日期不符,要求退还一期保险费并少付生存金,陈某未予同意。现陈某起诉至法院,请求判令保险公司按6周岁投保的计算方式支付保险金5200元。

法院认为,陈某无法提供证据证明投保日为1996年11月22日及保险公司业务员故意将相关信息记载错误的事实。依照《保险法》第32条的规定,投保人申报的被保险人年龄不真实,致使投保人支付的保险费多于应付保险费的,保险人应当将多收的保险费退还投保人。保险合同生效的日期应为1996年12月23日,被保险人当时确已年满7岁。保险公司应依照保险条款附表所记载的7周岁投保的标准支付陈某保险金,并将投保人缪某多交的保费返还,而不能因为投保书上日期填写错误,采纳6周岁投保的支付标准。

判决:保险公司支付陈某保险金4400元。

【分析】

人身保险合同中被保险人的年龄对保险费金额、保险金等问题有重大影响,错误申报年龄会导致保险合同对价严重失衡。《保险法》第32条未就投保人错误申报的心态和保险人核保过失作出规定,可见双方的过错并非该条的适用要件。投保人与保险人分担错报风险符合最大诚信原则,《保险法》第32条的规定既不是对投保人法人制裁,也不是对保险人的处罚,而是让合同回归到真实的状态,避免任何一方获得不正当利益。因此,本案中,陈某年龄不能"将错就错",应当按照实际

---

[1] 案例来源:上海第二中级人民法院,2016年2月22日访问,有删减。

年龄计算保险金。[1]

第三十三条 【死亡保险的限制】投保人不得为无民事行为能力人投保以死亡为给付保险金条件的人身保险,保险人也不得承保。

父母为其未成年子女投保的人身保险,不受前款规定限制。但是,因被保险人死亡给付的保险金总和不得超过国务院保险监督管理机构规定的限额。

【条文理解】

本条是对禁止为无民事行为能力人投保死亡险的规定。一方面,本法第31条规定了投保人对哪些人具有保险利益,即对投保人可以为哪些人投保人身保险作了严格限定。本条又对人身保险的特定险种即以死亡为给付保险金条件的保险作了专门规定,投保人不得为无民事行为能力人投保以死亡为给付保险金条件的人身保险,保险人也不得承保。以死亡为给付保险金条件的保险是以被保险人的死亡作为保险事故,在事故发生时由保险人向受益人支付保险金的人身保险。根据我国《民法通则》的规定,无民事行为能力人是指不满10周岁的未成年人和不能辨认自己行为的精神病人。无民事行为能力人缺乏自我保护能力,本身很容易遭受危险。为他们投死亡保险,可能导致有人故意制造使他们的保险事故来赚取保险金。所以本条第1款规定,禁止为无民事行为能力人投保和承保以死亡为给付保险金条件的人身保险。

另一方面,本条第2款规定,父母为未成年子女投保的人身保险,不受第1款规定的限制,但是因被保险人死亡给付的保险金总和不得超过国务院保险监督管理机构规定的限额。通常情况下,父母不会为赚取保险金而有意制造自己未成年子女死亡的保险事故,所以本条规定父母可以为其未成年子女投保以死亡为给付保险金的保险。但为了以防万一,本条仍然从保险金的约定上作了限制性规定,即保险金总和不得超过保险监督管理机构规定的限额,避免父母为其未成年子女投保巨额保险。[2]

---

〔1〕 贾林青主编:《法院审理保险案件观点集成》,中国法制出版社2016年版,第171页。

〔2〕 安建主编:《中华人民共和国保险法(修订)释义》,法律出版社2009年版,第67~68页。

【案例导读】

死亡给付的保险金总和限额以合同成立时的规定为准
——吴某、杨某与某保险公司意外伤害保险合同纠纷案[1]

【案号】

湖南省怀化市鹤城区人民法院(2012)怀鹤民二初字第271号

【案情】

吴某与杨某系夫妻,于2008年11月5日生育一子吴甲。2010年5月2日,吴某在某保险公司为吴甲投保吉星高照A款两全保险(分红型)及附加08定期重大疾病保险,特别约定:父母为其未满18周岁的子女投保以死亡为给付保险金条件的人身保险,因被保险人18周岁以前死亡给付的保险金综合(不计累计红利保险金额)不得超过50,000元。2011年12月25日,被保险人吴甲因意外事故身亡,被告支付了原告50,000元保险金。原告认为被告应再支付50,000元保险金,双方因此产生争议,原告遂诉至法院,请求依法判决。

另查明,中国保险监督管理委员会于1999年3月22日发布保监发〔1999〕43号通知规定父母为其未成年子女投保的人身保险,死亡保险金额总额不得超过人民币50,000元;2010年11月15日发布保监发〔2010〕95号《关于父母为其未成年子女投保以死亡为给付保险金条件人身保险有关问题的通知》规定父母为其未成年子女投保的人身保险,在被保险人成年之前,各保险合同约定的被保险人死亡给付的保险金额总和、被保险人死亡时各保险公司实际给付的保险金总和均不得超过人民币100,000元。同时规定该通知自2011年4月1日起执行,保监发〔1999〕43号同时废止。

法院经审理认为,保险金额的确定除符合法律规定以外,主要取决于双方当事人的约定。本案双方当事人在保险单的特别约定上明确载明:父母以未满18周岁的子女为被保险人投保含有死亡责任的保险,被保险人18周岁以前的身故保险金额累计不超过50,000元。此时保监发〔2010〕95号通知尚未出台,当时的约定符合保监发〔1999〕43号通知的要求,也符合《保险法》第33条第2款之规定。保监发〔2010〕95号通知适用于2011年4月1日起成立并生效的相关合同,对以往已经成立并生效的合同并无溯及力。故判决驳回原告吴某、杨某的诉讼请求。

【分析】

为防止道德风险,保护未成年人,法律规定父母为其未成年子女投保的人身保险,因被保险人死亡给付的保险金总和不得超过国务院保险监督管理机构规定的限额。截至目前,保监会对此限额共有两个版本的规定,一是1999年发布的限额

---

〔1〕 案例来源:中国法院网,2012年11月15日访问,有删减。

50,000 元,二是2010 年发布的限额100,000 元,但2010 年的规定自2011 年4 月1 日起执行。本案中保险合同订立于2010 年,且在合同中载明了限额50,000 元,所以不能适用保监会2010 年的新规定。

【配套规定】

中国保监会关于《父母为其未成年子女投保以死亡为给付保险金条件人身保险有关问题的通知》(保监发〔2015〕90 号)

一、对于父母为其未成年子女投保的人身保险,在被保险人成年之前,各保险合同约定的被保险人死亡给付的保险金额总和、被保险人死亡时各保险公司实际给付的保险金总和按以下限额执行:

(一)对于被保险人不满10 周岁的,不得超过人民币20 万元。

(二)对于被保险人已满10 周岁但未满18 周岁的,不得超过人民币50 万元。

二、对于投保人为其未成年子女投保以死亡为给付保险金条件的每一份保险合同,以下三项可以不计算在前款规定限额之中:

(一)投保人已交保险费或被保险人死亡时合同的现金价值;对于投资连结保险合同、万能保险合同,该项为投保人已交保险费或被保险人死亡时合同的账户价值。

(二)合同约定的航空意外死亡保险金额。此处航空意外死亡保险金额是指航空意外伤害保险合同约定的死亡保险金额,或其他人身保险合同约定的航空意外身故责任对应的死亡保险金额。

(三)合同约定的重大自然灾害意外死亡保险金额。此处重大自然灾害意外死亡保险金额是指重大自然灾害意外伤害保险合同约定的死亡保险金额,或其他人身保险合同约定的重大自然灾害意外身故责任对应的死亡保险金额。

最高人民法院《关于适用〈中华人民共和国保险法〉若干问题的解释(三)》

第六条　未成年人父母之外的其他履行监护职责的人为未成年人订立以死亡为给付保险金条件的合同,当事人主张参照保险法第三十三条第二款、第三十四条第三款的规定认定该合同有效的,人民法院不予支持,但经未成年人父母同意的除外。

第三十四条　【死亡保险合同的订立和转让】以死亡为给付保险金条件的合同,未经被保险人同意并认可保险金额的,合同无效。

按照以死亡为给付保险金条件的合同所签发的保险单,未经被保险人书面同意,不得转让或者质押。

父母为其未成年子女投保的人身保险,不受本条第一款规定限制。

【条文理解】

以被保险人死亡为给付保险金条件的人身保险,被保险人不可能是受益人,这就有可能发生为赚取保险金故意谋害被保险人的危险。因此,本条第1 款规定以死亡为给付保险金条件的合同,必须经被保险人同意并认可保险金额,否则保险合同无效。

本条第3款规定父母为其未成年子女投保的人身保险,不受上述规定的限制,即父母为其18周岁以下的子女投保的以死亡为给付保险金条件的合同,不必经其子女同意并认可保险金额。

由于人身保险的保险单具有现金价值,因此,它与其他有价证券一样可以转让或者质押。在转让或者实现质权时,会发生投保人的变更。根据本条第1款的规定,以死亡为给付保险金条件的合同,未经被保险人同意并认可保险金额的,合同无效。因此,以死亡为给付保险金条件的合同变更投保人的,也应当经被保险人同意。鉴于此,本条第2款规定,按照以死亡为给付保险金条件的合同所签发的保险单,未经被保险人书面同意,不得转让或者质押。[1]

【案例导读】

以死亡为给付保险金条件的合同,未经被保险人同意并认可保险金额的,合同无效

——王某、周某与某保险公司保险合同纠纷案[2]

【案号】

新疆维吾尔自治区和田地区中级人民法院(2014)和中民二终字第48号

【案情】

2012年6月12日,王某(投保人)向某保险公司投保了"终身重大疾病保险"。2012年6月12日王某在电子投保确认单上签字。2012年6月13日,双方签订了保险合同,投保人为王某,被保险人为周某。同日王某交纳了一年的保险费2800元。2013年5月11日周某以自己毫不知情及无力支付保险费为由向保险公司提出退保申请。保险公司拒绝,遂诉至法院。法院查明该电子投保确认单上被保险人处周某的署名系王某所签。该案的争议焦点为,2012年6月12日王某与保险公司签订的以周某为被保险人的重大疾病保险合同是否有效。

法院认为,首先,以死亡为给付保险金条件的保险不仅包括单纯的死亡保险,即仅以死亡为保险事故的人寿保险,还包括包含死亡为给付保险金条件的保险条款的其他险种。不管是在单纯的以死亡为给付保险金条件的人寿保险,还是包含以死亡为给付保险金条件的生死两全险、意外伤害险等险种,都需要被保险人的同意并认可保险金额,否则无效。本案王某与保险公司签订保险合同为终身重大疾病保险合同,该合同中涉及被保险人身故的保险金给付条件,根据《保险法》第34条"以死亡为给付保险金条件的合同,未经被保险人同意并认可保险金额的,合同

---

〔1〕 安建主编:《中华人民共和国保险法(修订)释义》,法律出版社2009年版,第68~69页。

〔2〕 案例来源:北大法宝网,2016年2月10日访问,有删减。

无效"的规定,王某与保险公司签订包含以死亡为给付保险金条件的保险合同过程中,未征得成年人周某的同意并认可保险金额,将其列为被保险人。周某本人也未在保险合同上签字,该保险合同无效,保险公司因此取得的2800元保险费应当予以返还。投保人王某未经周某同意订立保险合同,其对合同无效应承担一定的过错,故本院不予支持其要求保险公司支付保险费利息的诉讼请求。

故法院判决,王某与某保险公司签订的保险合同无效,某保险公司返还保险费2800元。

【分析】

以死亡为给付保险金条件的合同,未经被保险人同意并认可保险金额的,合同无效。《保险法》对此的规定肯定而且明确。假冒他人签名是违反诚实信用的不法行为,假冒人应当对自己违反诚实信用产生的不利后果承担过错责任。根据我国《合同法》的规定,合同被认定无效后,双方应返还因合同取得的财产,当事人按照各自过错分担损失。保险公司依据无效合同取得的保费均应予以返还,不能扣除成本、解约手续费后返还现金价值。同样的,被保险人、受益人因保险合同履行取得的保险赔偿金,也应当返还。

【配套规定】

最高人民法院《关于适用〈中华人民共和国保险法〉若干问题的解释(三)》

第一条 当事人订立以死亡为给付保险金条件的合同,根据保险法第三十四条的规定,"被保险人同意并认可保险金额"可以采取书面形式、口头形式或者其他形式;可以在合同订立时作出,也可以在合同订立后追认。

有下列情形之一的,应认定为被保险人同意投保人为其订立保险合同并认可保险金额:

(一)被保险人明知他人代其签名同意而未表示异议的;

(二)被保险人同意投保人指定的受益人的;

(三)有证据足以认定被保险人同意投保人为其投保的其他情形。

第二条 被保险人以书面形式通知保险人和投保人撤销其依据保险法第三十四条第一款规定所作出的同意意思表示的,可认定为保险合同解除。

第三条 人民法院审理人身保险合同纠纷案件时,应主动审查投保人订立保险合同时是否具有保险利益,以及以死亡为给付保险金条件的合同是否经过被保险人同意并认可保险金额。

第六条 未成年人父母之外的其他履行监护职责的人为未成年人订立以死亡为给付保险金条件的合同,当事人主张参照保险法第三十三条第二款、第三十四条第三款的规定认定该合同有效的,人民法院不予支持,但经未成年人父母同意的除外。

第三十五条 【保险费的支付】投保人可以按照合同约定向保险人一次支付全部保险费或者分期支付保险费。

【条文理解】

在保险合同关系中,投保人的主要义务是支付保险费。由于人身保险合同有其自身的特点,所以本条对人身保险合同保险费的支付方式作了专门规定。人身保险合同是以人的寿命和身体作为保险标的的保险合同,主要包括人寿保险、健康保险、意外伤害保险等。在人身保险中,有的是短期保险,如健康保险,其保险费的支付方式类似于财产保险,一般在签订保险合同时一次付清保险费。除此之外,人身保险中大多数是长期保险,如人寿保险。人寿保险是以人的生命作为保险标的的保险,即约定在一定期限内以被保险人的死亡或者生存作为给付保险金的条件。人寿保险合同的保险期比较长,因而保险费金额比较高,如果一次性支付,会给投保人带来困难。为了照顾投保人的经济承受能力,也为了人身保险事业的顺利发展,本条规定人身保险合同的投保人可以按照合同约定采取一次性支付全部保险费的方式,也可以按照合同约定分期支付保险费。[1]

第三十六条 【逾期支付当期保险费的后果】合同约定分期支付保险费,投保人支付首期保险费后,除合同另有约定外,投保人自保险人催告之日起超过三十日未支付当期保险费,或者超过约定的期限六十日未支付当期保险费的,合同效力中止,或者由保险人按照合同约定的条件减少保险金额。

被保险人在前款规定期限内发生保险事故的,保险人应当按照合同约定给付保险金,但可以扣减欠交的保险费。

【条文理解】

人身保险合同中约定分期支付保险费的合同,一般是长达几年或者几十年的长期合同。因此,合同双方必须在合同中订明分期支付保险费的具体办法,如支付保险费的周期、每期支付的时间和数额。投保人应当按照合同的约定如期支付保险费。本条规定的投保人支付首期保险费后,超过合同约定期限未支付当期保险费的法律后果如下。

1. 合同效力中止,即投保人自保险人催告之日起超过30日未支付当期保险费,或者超过约定的期限60日未支付当期保险费的,合同效力中止。"合同效力中止"是指合同暂时失去效力,当满足一定条件后,合同效力还可以恢复,与"合同效力终止"不同。根据本条的规定,投保人未按照合同约定期限支付当期保险费,合同效力并不立即中止,而是在一定期限内继续有效。这一期限被称为宽限期,即投

---

〔1〕 安建主编:《中华人民共和国保险法(修订)释义》,法律出版社2009年版,第69页。

保人只要在宽限期届满前支付当期保险费,保险合同就继续有效,否则,将导致合同效力中止。本条规定宽限期,是为了避免在合同生效后,因投保人一时不能按照合同约定的期限支付当期保险费而影响合同的效力,实际上是适当延长了投保人的交费期限。从另一方面讲,这一规定也有利于保险人,保险人因此可以稳定保费来源。本条对宽限期的具体规定如下:投保人自保险人催告之日起 30 日内,或者在合同规定的交费日起 60 日内。需要说明的是,如果保险合同对效力中止问题作了约定,应当适用合同的约定,不适用本条的规定。

2. 由保险人按照合同约定的条件减少保险金额,即宽限期届满后投保人仍未交纳保险费的,保险人用减少保险金额的办法来折抵投保人未交的保险费。因为保险金额的大小与交纳保险费的多少是成正比的,所以本条规定保险人可以减少保险金额以折抵投保人未按规定交纳的保险费,从而继续维持合同的效力。根据本条的规定,如果采用这种办法,保险人应当按照合同约定的条件减少保险金额,而不能随意减少。

3. 如前所述,在宽限期内保险合同的效力依然存在。因此本条第 2 款规定,对在此期间发生的保险事故,保险人应当按照合同的约定给付保险金。由于投保人未交纳这一期间的保险费,本着公平的原则,本条第 2 款规定,保险人在给付保险金时可以扣减欠交的保险费。[1]

第三十七条　【合同效力的恢复】合同效力依照本法第三十六条规定中止的,经保险人与投保人协商并达成协议,在投保人补交保险费后,合同效力恢复。但是,自合同效力中止之日起满二年双方未达成协议的,保险人有权解除合同。

保险人依照前款规定解除合同的,应当按照合同约定退还保险单的现金价值。

【条文理解】

根据本法第 36 条的规定,投保人在本法规定的宽限期届满后未交纳保险费的,合同效力中止。本条在此基础上规定了合同效力的恢复,目的是保护投保人、被保险人的利益。因为人身保险合同,特别是寿险合同,投保时被保险人的年龄越大,需要交纳的保险费就越多。在合同效力中止后,如果被保险人继续寻求保险保障,申请恢复合同效力较之重新订立保险合同,前者更为有利。特别是在合同效力中止后,被保险人的年龄如果已经超过合同规定的年龄限制,则不能重新订立保险

〔1〕 安建主编:《中华人民共和国保险法(修订)释义》,法律出版社 2009 年版,第 69 ~71 页。

合同。为此，本条规定了合同效力的恢复制度，为被保险人继续享受原合同的保障提供了途径。合同效力恢复的具体途径是保险人与投保人在合同效力中止之日起2年内协商并达成协议、投保人补交保险费。

为了防止保险人与投保人对合同效力恢复问题的协商久拖不决，使保险合同效力处于不确定状态，本条规定，自合同效力中止之日起满2年双方未达成协议的，保险人有权解除合同。

因为人身保险特别是寿险的保险单具有现金价值，保险人依法解除合同，合同效力虽不存在，但是在投保人长期支付保险费基础上积累起来的现金价值不因此而消失，保险人不能将其据为己有，应当退还投保人。[1]

【案例导读】

合同效力中止后双方协商恢复合同效力

——袁某与保险公司人身保险合同纠纷案[2]

【案号】

江苏省宿迁市中级人民法院(2014)宿中商终字第0300号

【案情】

2008年8月6日袁某与保险公司订立保险合同一份，约定被保险人为刘某，保费缴付渠道为自动转账，账户持有人为投保人，开户银行为工商银行，存折号为11××× 96*，同时注明如因该账户终止或余额不足以缴纳保险费的，由此所产生的保险合同中止或终止的任何责任将由投保人承担。

保险合同条款4.2宽限期：在缴付首期保险费后，如果投保人没有在保险费到期日或之前缴纳分期保险费，自每次保险费到期日当日二十四时起的60天为宽限期。在宽限期内本合同仍然有效，如果被保险人在宽限期内发生保险事故，保险人仍承担保险责任，但在给付保险金时需要先行扣除任何欠缴的保险费。除本合同其他条款另有约定，如果超过宽限期投保人仍然未缴付保险费，本合同自宽限期满当日二十四时起效力中止。第5章合同效力的中止和恢复（下称“复效”）：在本合同效力中止期间，如果被保险人发生保险事故，保险人将不承担保险责任。自本合同效力中止后，且在本保单满期日前投保人可以书面形式向保险人提出复效申请。如果保险人审核并接受复效申请，将出具批单或在本合同上进行批注，本合同从出具批单或进行批注当日二十四时起恢复效力。

2012年8月31日，袁某作为投保人向中英保险公司提交保险计划变更申请书，申请事项为复效。2013年9月3日，刘某因病住院，但经抢救无效于当日去

---

〔1〕 安建主编：《中华人民共和国保险法(修订)释义》，法律出版社2009年版，第71~72页。

〔2〕 案例来源：北大法宝网，2016年2月23日访问，有删减。

世。袁某向保险公司理赔,双方就保险公司应否给付刘某住院费用医疗保险金产生争议,协商不成诉至法院。

法院审理认为:袁某在2010年其存折余额不足支付保险费,故保险公司未进行扣划,视为其未缴纳当期保险费。根据保险合同的约定,其未缴纳当期保险费,且超过宽限期仍然未缴纳保险费,导致保险合同自宽限期满当日二十四起效力中止。因此,涉案合同的效力在2010年缴纳保险费的宽限期满当日二十四起即中止。袁某辩称费率表及合同效力中止条款因保险公司未对其进行提示和说明、严重侵害了袁某的合法权益而无效,无合同和法律依据,对其该主张,不予支持。但因2012年8月31日,袁某向保险公司提出复效申请且保险公司也接受其申请,并扣划了相应的保险费,因此双方之间的合同效力已恢复,袁某和保险公司均应按合同约定享有权利、履行义务。

判决:保险公司给付袁某因其亲属刘某患病住院产生的住院费用医疗保险金843.49元。

【分析】

保险费是保险人承担保险责任的对价,也是保险合同成立后,投保人的主要义务。人身保险合同通常延续多年,投保人的财力状况难免发生变化,且《保险法》第38条明确规定,保险人对人寿保险的保险法,不得用诉讼方式要求投保人支付,所以,《保险法》规定了人身保险合同的停效及解除制度作为投保人不缴费情形下保险人的救济途径。

本案中投保人员袁某某在合同效力中止后两年内与保险人达成协议,双方的保险合同的效力恢复,保险公司应当按照保险合同的规定承担保险责任。[1]

【配套规定】

最高人民法院《关于适用〈中华人民共和国保险法〉若干问题的解释(三)》

第八条 保险合同效力依照保险法第三十六条规定中止,投保人提出恢复效力申请并同意补交保险费的,除被保险人的危险程度在中止期间显著增加外,保险人拒绝恢复效力的,人民法院不予支持。

保险人在收到恢复效力申请后,三十日内未明确拒绝的,应认定为同意恢复效力。

保险合同自投保人补交保险费之日恢复效力。保险人要求投保人补交相应利息的,人民法院应予支持。

第三十八条 【诉讼方式的例外】保险人对人寿保险的保险费,不得用诉讼方式要求投保人支付。

---

〔1〕 王静:《保险案件司法观点集成》,法律出版社2016年版,第289页。

【条文理解】

保险合同中的保险费，在财产保险合同和人身保险合同中有所不同。财产保险合同中，投保人支付保险费不是合同生效的前提条件。保险合同生效后，保险人按照合同的约定承担保险责任，而无论投保人是否交纳保险费。因此，在财产保险合同中保险费成为保险人的既得债权。在投保人没有按约定支付保险费的情况下，保险人可以通过诉讼的方式请求被保险人支付。人身保险合同特别是寿险合同则与此不同。第一，对于人身保险合同，本法规定投保人于合同成立后，可以向保险人一次性支付保险费，也可以按照合同的约定分期支付保险费。合同约定分期支付保险费的，投保人应当支付首期保险费，并应当按期支付其余各期的保险费。支付首期保险费一般被认为是人身保险合同的生效条件，人身保险合同的保险人于投保人支付首期保险费后承担保险责任。第二，寿险合同具有储蓄性质，投保寿险只是投保人的一种投资选择，也应当允许投保人放弃这种投资方式，即保险费支付与否，只影响保险合同的效力，最终结果只能导致保险合同的解除，保险人不再承担保险责任，而不会在投保人与保险人之间形成债权债务关系。基于以上两点，本条规定，保险人对人寿保险的保险费，不得用诉讼方式要求投保人支付。〔1〕

第三十九条　【受益人的指定】人身保险的受益人由被保险人或者投保人指定。

投保人指定受益人时须经被保险人同意。投保人为与其有劳动关系的劳动者投保人身保险，不得指定被保险人及其近亲属以外的人为受益人。

被保险人为无民事行为能力人或者限制民事行为能力人的，可以由其监护人指定受益人。

【条文理解】

财产保险合同中，保险标的是被保险人的财产及其有关利益，发生保险事故后，受领保险赔偿金的是被保险人。人身保险的保险标的是人的寿命或者身体。在死亡保险中，保险事故的发生即被保险人的死亡，而被保险人已经死亡，自然无法受领保险金。因此，在人身保险合同中，受益人即享有保险金请求权的人是重要的合同关系人。为此本条规定了谁有权指定人身保险的受益人，具体有以下两类。

1. 被保险人。因为人身保险是以被保险人的生命或者身体作为保险标的的，

〔1〕 安建主编：《中华人民共和国保险法（修订）释义》，法律出版社2009年版，第73页。

其应当具有指定受益人的权利。同时,由于指定受益人是一种民事行为,必须由具有民事行为能力的人行使。而在人身保险合同中,被保险人可以是限制民事行为能力人或者是无民事行为能力人。根据《民法通则》的规定,无民事行为能力人的活动由其法定代理人代理;限制民事行为能力人可以进行与他的年龄、智力或者精神健康状况相适应的民事活动,其他民事活动由他的法定代理人代理,或者需征得他的法定代理人的同意。无民事行为能力人、限制民事行为能力人的监护人是他的法定代理人。因此,本条规定,被保险人为无民事行为能力人或者限制民事行为能力人的,可以由其监护人指定受益人,以保护被保险人的利益。

2. 投保人。投保人作为保险合同的一方当事人,负有支付保险费的义务。因此,也应当有权指定受益人。但是,在投保人与被保险人不是同一人的情况下,由于受益权的实现涉及被保险人的身体或者生命,为了防止出现谋害被保险人以取得保险金的道德危险,保护被保险人的利益,本条在规定投保人有权指定受益人的同时,又规定这种指定必须经被保险人同意。此外,对投保人为与其有劳动关系的劳动者投保时指定受益人又作了进一步的限制,即企业为其职工投保时,其指定的受益人不仅要经过职工本人同意,而且其不得指定职工及职工近亲属以外的人为受益人。虽然企业因本法第31条的规定可以直接为职工投保人身险,但其指定的受益人只能是职工或者职工的近亲属。这样规定可以更好地保护职工利益。[1]

【案例导读】

投保人为与其有劳动关系的劳动者投保人身保险,不得指定被保险人及其近亲属以外的人为受益人

——姚某与某保险公司保险合同纠纷案[2]

【案号】

广东省阳江市中级人民法院(2014)阳中法民二终字第115号

【案情】

2011年1月5日,姚某以雇主身份,分别为雇员谭某等五人向保险公司投保意外伤害保险附加意外伤害医疗保险,投保单上载明投保人为姚某,被保险人为谭某等五人,保险期间自2011年1月7日0时起至2012年1月6日24时止,同时均特别约定第一受益人为姚某。同年1月6日,保险公司开具了五份号码相连的保险单及保险费发票,保险单载明投保人为谭某等五人。2011年4月3日,谭某驾驶车辆发生交通事故,导致死亡。经调查认定:谭某负次要责任。事故发生后,姚某认为其应当得到保险赔偿。

---

〔1〕 安建主编:《中华人民共和国保险法(修订)释义》,法律出版社2009年版,第74~75页。

〔2〕 案例来源:北大法宝网,2016年2月10日访问,有删减。

法院认为,本案争议的焦点是姚某是否符合谭某《意外伤害保险》合同的第一受益人的身份,要解决这个问题,认定该合同的投保人是关键。从投保单来分析,投保单上记载的投保人是姚某,而保险单上载明的投保人是谭某,根据《最高人民法院关于适用〈中华人民共和国保险法〉若干问题的解释(二)》第14条第(一)项的规定,投保单与保险单或者其他保险凭证不一致的,以投保单为准。另外,结合本案查明的事实,谭某等五人原来都是姚某雇请的司机,都在同一天(即2011年1月6日)向保险公司投保了意外伤害保险,缴付保险费的方式都是转账,投保单载明的投保人都是姚某,保险单载明的第一受益人也都是姚某。作为人身保险合同,是以人的寿命和身体为保险标的的保险合同,谭某等五人投保意外伤害险的时候,在选定受益人时都没有选择自己的近亲属为受益人,而无一例外地指定姚某为受益人,因此,根据查明的事实也足以认定姚某才是《意外伤害保险》的投保人。根据《保险法》第39条规定:"人身保险的受益人由被保险人或者投保人指定。投保人指定受益人时须经被保险人同意。投保人为与其有劳动关系的劳动者投保人身保险,不得指定被保险人及其近亲属以外的人为受益人。被保险人为无民事行为能力人或者限制民事行为能力人的,可以由其监护人指定受益人。"因此,本案谭某的意外伤害保险合同中指定姚某为第一受益人的条款无效,姚某不能据此要求保险公司理赔。

故驳回姚某的诉讼请求。

【分析】

企业可以直接为其职工投保人身险,但为了更好地保护职工利益,法律规定,其指定的受益人只能是职工或者职工的近亲属。保险金的给付对象是法定的,在保险合同未依法变更受益人的情况下,企业不可以直接向保险公司主张自己职工人身保险的保险金。本案中,冶建公司并不是合格的受益人,不能直接向保险公司主张其职工的人身保险金。

【配套规定】

最高人民法院《关于适用〈中华人民共和国保险法〉若干问题的解释(三)》

第九条　投保人指定受益人未经被保险人同意的,人民法院应认定指定行为无效。

当事人对保险合同约定的受益人存在争议,除投保人、被保险人在保险合同之外另有约定外,按以下情形分别处理:

(一)受益人约定为"法定"或者"法定继承人"的,以继承法规定的法定继承人为受益人;

(二)受益人仅约定为身份关系的,投保人与被保险人为同一主体时,根据保险事故发生时与被保险人的身份关系确定受益人;投保人与被保险人为不同主体时,根据保险合同成立时与被保险人的身份关系确定受益人;

(三)约定的受益人包括姓名和身份关系,保险事故发生时身份关系发生变化的,认定为未指定受益人。

第四十条　【受益人的顺序及份额】被保险人或者投保人可以指定一人或者数人为受益人。

受益人为数人的，被保险人或者投保人可以确定受益顺序和受益份额；未确定受益份额的，受益人按照相等份额享有受益权。

【条文理解】

本法第39条规定，被保险人或者投保人可以指定受益人。本条第1款则进一步规定，被保险人或者投保人可以指定一人或者数人为受益人。对受益人的人数，法律未作任何限制，由被保险人或者投保人自主决定。

在被保险人或者投保人指定的受益人为数人时，就产生了受益顺序和受益份额的问题。指定谁为受益人和指定多少受益人是本法赋予被保险人和投保人的权利，被保险人、投保人对于受益人的受益顺序和受益份额也应当有决定权。本条第2款规定，受益人为数人时，被保险人或者投保人可以确定受益顺序和受益份额。同时，针对实践中可能出现被保险人或者投保人对指定的受益人未确定受益份额的情况，为了减少由此可能产生的纠纷，本条第2款规定了公平的解决办法，即所有受益人按照相等的份额享有受益权，实际上使受益人处于同一受益顺序等额享有受益权。[1]

【配套规定】

最高人民法院《关于适用〈中华人民共和国保险法〉若干问题的解释（三）》

第十二条　投保人或者被保险人指定数人为受益人，部分受益人在保险事故发生前死亡、放弃受益权或者依法丧失受益权的，该受益人应得的受益份额按照保险合同的约定处理；保险合同没有约定或者约定不明的，该受益人应得的受益份额按照以下情形分别处理：

（一）未约定受益顺序及受益份额的，由其他受益人平均享有；

（二）未约定受益顺序但约定受益份额的，由其他受益人按照相应比例享有；

（三）约定受益顺序但未约定受益份额的，由同顺序的其他受益人平均享有；同一顺序没有其他受益人的，由后一顺序的受益人平均享有；

（四）约定受益顺序及受益份额的，由同顺序的其他受益人按照相应比例享有；同一顺序没有其他受益人的，由后一顺序的受益人按照相应比例享有。

第四十一条　【受益人的变更】被保险人或者投保人可以变更受益人并书面通知保险人。保险人收到变更受益人的书面通知后，应当在保险单或者其他保险凭证上批注或者附贴批单。

投保人变更受益人时须经被保险人同意。

---

〔1〕安建主编：《中华人民共和国保险法（修订）释义》，法律出版社2009年版，第75～76页。

【条文理解】

由于人身保险合同的期限一般较长,在保险期间可能会出现一些事先无法预料的情况,而这些情况往往会影响到被保险人或者投保人在指定受益人问题上所作的决定。如果被保险人或者投保人在指定受益人之后,因为情况发生变化或者自己改变主意想变更受益人,应当被允许,这是被保险人或者投保人行使本法赋予的指定受益人这一权利的延续。因此,本条规定,被保险人或者投保人可以变更受益人。由于受益权的实现涉及被保险人的身体或者生命,为了防止出现谋害被保险人以取得保险金的道德危险,保护被保险人的利益,本法规定投保人指定受益人时必须经被保险人同意。基于同样道理,本条第2款规定,投保人变更受益人时也必须经被保险人同意。

为了避免产生纠纷,本条规定了变更程序,即由被保险人或者投保人书面通知保险人。保险人收到变更受益人的书面通知后,应当在保险单或者其他保险凭证上批注或者贴附批单。被保险人或者投保人必须遵守这一规定,以免其变更受益人的意思表示因缺少法定形式要件而不具有法律效力。对保险人来讲,其收到被保险人或者投保人变更受益人的通知后,应当履行在保险单或者其他保险凭证上批注或者贴附批单的义务,以便将来在给付保险金时有据可查。[1]

【案例导读】

变更受益人须经法定程序

——王某与某保险公司、孙某人身保险合同纠纷案[2]

【案号】

辽宁省葫芦岛市中级人民法院(2014)葫民终字第01234号

【案情】

王某与王某某系父女关系。王某某与孙某系夫妻关系。1999年6月10日,王某某在投保了88鸿利保险,未填写受益人,王某某按期进行缴费。2010年1月27日,孙某携带王某某的身份证件向保险公司提出保险合同变更申请,保险公司将王某某1999年6月10日投保的保险受益人变更指定为孙某。2012年12月12日,王某某因病去世。2013年1月5日,孙某作为申请人向保险公司提出理赔申请,保险公司经审核后作出“被保险人肺癌身故,根据保险条款规定给付身故保险金人民币50,000.00元,并无息返还所交保险费人民币

---

〔1〕 安建主编:《中华人民共和国保险法(修订)释义》,法律出版社2009年版,第76~77页。

〔2〕 案例来源:中国裁判文书网,2016年2月22日访问,有删减。

69,930.00 元,合同终止”的处理意见。现已将上述款项支付给保险指定受益人孙某。

经司法鉴定所鉴定,人寿保险投保单投保人及被保险人王某某签名与提交王某某样本签名笔迹不是同一人所写。

法院认为,王某某与保险公司在保险合同中是否明确约定了受益人为王某,是本案的焦点问题。王某主张王某某与保险公司签订的人寿保险合同中已明确约定了受益人为王某,但王某并未向人民法院提供证据证明其主张,而从保险公司提供的投保单等证据看,受益人处为空白,并未填写受益人,故王某主张原投保单填写的受益人是王某,缺乏事实依据,本院不予支持。王某依据司法鉴定所出具的鉴定意见即“投保单上的投保人及被保险人王某某签名与提交王某某样本签名笔迹不是同一人所写”认为投保单是伪造的,证据不足,本院不予支持。《保险法》第 41 条规定“被保险人或者投保人可以变更受益人并书面通知保险人。保险人收到变更受益人的书面通知后,应当在保险单或者其他保险凭证上批注或者附贴批单投保人。”2010 年 1 月 27 日,孙某持有关证件到保险公司办理变更保险合同,明确约定本案的保险受益人为孙某,而后保险公司按照变更后的保险合同向孙某支付了保险理赔款并无不当。

故王某主张王某某在与保险公司签订的保险合同中约定了受益人为王某,请求保险公司向其支付保险理赔款,没有事实依据,本院不予支持。

【分析】

被保险人或者投保人可以变更受益人,但法律对此规定了严格的程序要求。首先,由被保险人或者投保人书面通知保险人。其次,保险人收到变更受益人的书面通知后,应当在保险单或者其他保险凭证上批注或者附贴批单。最后,投保人变更受益人时须经被保险人同意。此种规定的目的是为了避免道德风险的产生。本案中,孙某代理王某某变更保险受益人,按照法定程序办理,并无不当,法院予以支持。

【配套规定】

最高人民法院《关于适用〈中华人民共和国保险法〉若干问题的解释(三)》

第十条 投保人或者被保险人变更受益人,当事人主张变更行为自变更意思表示发出时生效的,人民法院应予支持。

投保人或者被保险人变更受益人未通知保险人,保险人主张变更对其不发生效力的,人民法院应予支持。

投保人变更受益人未经被保险人同意,人民法院应认定变更行为无效。

第十一条 投保人或者被保险人在保险事故发生后变更受益人,变更后的受益人请求保险人给付保险金的,人民法院不予支持。

第四十二条 【保险金作为遗产的情形】被保险人死亡后,有下列情形之一的,保险金作为被保险人的遗产,由保险人依照《中华人民共和国继承法》的规定履行给付保险金的义务:

(一)没有指定受益人,或者受益人指定不明无法确定的;

(二)受益人先于被保险人死亡,没有其他受益人的;

(三)受益人依法丧失受益权或者放弃受益权,没有其他受益人的。

受益人与被保险人在同一事件中死亡,且不能确定死亡先后顺序的,推定受益人死亡在先。

【条文理解】

被保险人死亡后,保险人应当依照合同的约定将保险金给付受益人。本条对因各种原因而没有受益人的情况下,该保险金如何处理作了规定,包括以下三点。(1)没有指定受益人,或者受益人指定不明无法确定的。没有指定受益人,主要是指被保险人生前未指定,投保人指定后被保险人生前未同意等情形。(2)受益人先于被保险人死亡,没有其他受益人的。(3)受益人依法丧失受益权或者放弃受益权,没有其他受益人的。受益人依法丧失受益权是指本法规定的受益人故意造成被保险人死亡或者伤残,或者故意杀害被保险人未遂的情况。受益人主动放弃受益权是受益人在享有受益权的前提下主动放弃这种权利。受益权作为一种民事权利,受益人可以放弃。本条对没有受益人的情况下如何处理保险金作了规定,即将保险金作为被保险人的遗产,由保险人依照《继承法》的规定,向被保险人的继承人履行给付保险金的义务。

本条第2款对不能确定被保险人与受益人死亡的先后顺序问题作了规定。受益人与被保险人在同一事件中死亡,且不能确定先后顺序的,推定受益人死亡在先。[1]

【案例导读】

被保险人死亡,没有指定受益人的,保险金作为被保险人的遗产

——人寿保险公司与王某等保险合同纠纷案[2]

【案号】

山西省朔州市中级人民法院(2014)朔中民终字第325号

---

〔1〕 安建主编:《中华人民共和国保险法(修订)释义》,法律出版社2009年版,第77~78页。

〔2〕 案例来源:北大法宝网,2016年2月19日访问,有删减。

【案情】

2012 年,区委组织部以投保人的名义为王某在内的 125 人与人寿保险公司投保国寿团体重大疾病保险等四种险种的保险。2013 年 4 月 14 日,该合同期满,王某于 2012 年 4 月 13 日诊断为恶性肿瘤,之后王某作为主被保险人向保险公司申请,要求支付保险赔偿金,但被告拒绝赔付。2013 年,区委组织部以投保人的名义再次为王某在内的 123 人与人寿保险公司投保国寿团体重大疾病保险等四种险种的保险。2014 年 3 月 25 日该合同期满,王某于 2013 年 6 月 13 日诊断为:右乳腺浸润性导管癌术后、化疗后、肺转移、颈部淋巴结转移。之后王某又多次医院进行治疗。为此,王某作为主被保险人向人寿保险公司申请,要求支付保险赔偿金,但保险公司以不符合理赔条件而拒赔。王某遂向法院提起诉讼。

法院认为,王某 2012 年与人寿保险公司签订《国寿团体重大疾病保险合同》,同年身患重病,在与人寿保险公司协商理赔事宜未果后,人寿保险公司于 2013 年又与王某签订同样的保险合同。即人寿保险公司在明知王某身体不符合被保险人条件之情形下,而与其继续签订保险合同。后在合同履行期间,人寿保险公司亦未按法律规定及保险合同之约定,行使合同解除权,而在保险合同期满王某要求理赔时,人寿保险公司以王某既不符合被保险人的条件又不符合理赔条件为由不承担给付保险金责任显属不当,且于法无据。故对人寿保险公司所提按《国寿团体重大疾病保险条款》第 2 条、第 6 条之规定,王某不符合被保险人条件、不应享受理赔待遇之请求,不予支持。鉴于王某在诉讼中因病死亡,故本案应依照双方签订的保险合同之约定及《继承法》之相关规定,王某无配偶和子女,在王某身故后,该保险金应作为被保险人王某的遗产由王某父亲、母亲继承。

故依据《保险法》第 42 条,《继承法》第 3 条第(七)项、第 5 条、第 10 条第 1 款,判决如下:人寿保险公司给付王某父母保险赔偿金 300,000 元。

【分析】

被保险人死亡后,若存在法定条件,则保险金作为被保险人的遗产,由保险人依照《继承法》的规定履行给付保险金的义务。本案中,保险金作为王某的遗产,应当由王某的继承人即其父母继承。

【配套规定】

最高人民法院《关于适用〈中华人民共和国保险法〉若干问题的解释(三)》

第十四条 保险金根据保险法第四十二条规定作为被保险人遗产,被保险人的继承人要求保险人给付保险金,保险人以其已向持有保险单的被保险人的其他继承人给付保险金为由抗辩的,人民法院应予支持。

第十五条 受益人与被保险人存在继承关系,在同一事件中死亡且不能确定死亡先后顺序的,人民法院应依据保险法第四十二条第二款推定受益人死亡在先,并按照保险法及本解释的相关规定确定保险金归属。

第二十四条　投保人为被保险人订立以死亡为给付保险金条件的人身保险合同,被保险人被宣告死亡后,当事人要求保险人按照保险合同约定给付保险金的,人民法院应予支持。

被保险人被宣告死亡之日在保险责任期间之外,但有证据证明下落不明之日在保险责任期间之内,当事人要求保险人按照保险合同约定给付保险金的,人民法院应予支持。

《继承法》

第十条　遗产按照下列顺序继承:

第一顺序:配偶、子女、父母。

第二顺序:兄弟姐妹、祖父母、外祖父母。

继承开始后,由第一顺序继承人继承,第二顺序继承人不继承。没有第一顺序继承人继承的,由第二顺序继承人继承。

本法所说的子女,包括婚生子女、非婚生子女、养子女和有扶养关系的继子女。

本法所说的父母,包括生父母、养父母和有扶养关系的继父母。

本法所说的兄弟姐妹,包括同父母的兄弟姐妹、同父异母或者同母异父的兄弟姐妹、养兄弟姐妹、有扶养关系的继兄弟姐妹。

最高人民法院《关于贯彻执行〈中华人民共和国民法通则〉若干问题的意见(试行)》

89. 共同共有人对共有财产享有共同的权利,承担共同的义务。在共同共有关系存续期间,部分共有人擅自处分共有财产的,一般认定无效。但第三人善意、有偿取得该财产的,应当维护第三人的合法权益,对其他共有人的损失,由擅自处分共有财产的人赔偿。

最高人民法院《关于贯彻执行〈中华人民共和国继承法〉若干问题的意见》

2. 相互有继承关系的几个人在同一事件中死亡,如不能确定死亡先后时间的,推定没有继承人的人先死亡。死亡人各自都有继承人的,如几个死亡人辈份不同,推定长辈先死亡;几个死亡人辈份相同,推定同时死亡,彼此不发生继承,由他们各自的继承人分别继承。

第四十三条　【不承担给付保险金责任之一】投保人故意造成被保险人死亡、伤残或者疾病的,保险人不承担给付保险金的责任。投保人已交足二年以上保险费的,保险人应当按照合同约定向其他权利人退还保险单的现金价值。

受益人故意造成被保险人死亡、伤残、疾病的,或者故意杀害被保险人未遂的,该受益人丧失受益权。

【条文理解】

在人身保险中,由被保险人或者投保人指定的受益人依法享有受益权。但是受益人的这种受益权只是一种期待权,即这种权利虽然经过被保险人或者投保人的指定而产生,但它并不是立即就能实现的权利,必须要等到保险合同约定的保险事故发生时才能主张。为了防止道德危险,本条对投保人、受益人故意造成被保险人死亡、伤残或者疾病的行为规定了法律后果,包括以下两点。

1. 投保人故意造成被保险人死亡、伤残或者疾病,保险人不承担给付保险金的责任。同时,由于投保人故意制造了保险事故,保险单的现金价值也不应当退还给投保人。本条规定,投保人已交足2年以上保险费的,保险人应当按照合同的约定向其他权利人退还保险单的现金价值。

2. 受益人故意造成被保险人死亡、伤残、疾病的,或者故意杀害被保险人未遂的,该受益人丧失受益权。受益人的上述行为是危害被保险人的身体或者生命的违法行为,不仅应当依法受到制裁,而且也应当剥夺其享有的受益权,不能使受益人因违法行为而得到经济上的利益。因此,本条规定,受益人故意造成被保险人死亡、伤残、疾病的,或者故意杀害被保险人未遂的,该受益人丧失受益权。在受益人为数人时,其他未实施上述行为的受益人仍然享有受益权,保险人应当按照合同约定对这些受益人承担给付保险金的责任。[1]

【案例导读】

投保人故意造成被保险人死亡的,保险人不承担给付保险金的责任

——赵某与保险公司保险合同纠纷案[2]

【案号】

河北省承德市中级人民法院(2015)承民终字第00454号

【案情】

2013年5月13日,赵某的丈夫史某(已故),为其女儿史某投保国寿学生定期寿险(A款)保险,赵某为身故被保险人的受益人。2013年12月5日,被保险人因注射胰岛素致低血糖休克或中毒死亡。2013年4月4日,保险公司作出拒绝给付保险金并解除合同决定。公安局刑事侦查大队于2014年10月29日作出了关于史某被致死原因的说明,认定犯罪嫌疑人史某用注射胰岛素方式将两个女儿致低血糖休克或中毒死亡后自杀。

法院认为:投保人对被保险人的故意杀害,导致被保险人身故的,保险公司不应当承担给付保险金的责任。本案中,投保人史某故意将被保险人杀害致死的事实清楚,证据充分,可以认定。赵某要求保险公司给付保险金的诉讼请求,不应支持。

依照《保险法》第43条之规定,判决如下:驳回赵某诉讼请求。

【分析】

《保险法》对投保人和受益人故意造成被保险人死亡、伤残或者疾病的处理规定不同。对于投保人,规定保险人不承担给付保险金的责任,但投保人已交足2年以上保险费的,保险人应当按照合同的约定向其他权利人退还保险单的现金价值。对于受益人,规定该受益人丧失受益权。本案中,史某作为投保人,故意造成被保险人史某的女儿死亡,故保险公司无须承担给付保险金的责任,因此,赵某作为受

〔1〕 安建主编:《中华人民共和国保险法(修订)释义》,法律出版社2009年版,第78~79页。
〔2〕 案例来源:中国裁判文书网,2016年2月22日访问,有删减。

益人也就得不到保险赔偿。

【配套规定】

最高人民法院《关于适用〈中华人民共和国保险法〉若干问题的解释(三)》

第十六条第二款　投保人故意造成被保险人死亡、伤残或者疾病,保险人依照保险法第四十三条规定退还保险单的现金价值的,其他权利人按照被保险人、被保险人的继承人的顺序确定。

第四十四条　【不承担给付保险金责任之二】以被保险人死亡为给付保险金条件的合同,自合同成立或者合同效力恢复之日起二年内,被保险人自杀的,保险人不承担给付保险金的责任,但被保险人自杀时为无民事行为能力人的除外。

保险人依照前款规定不承担给付保险金责任的,应当按照合同约定退还保险单的现金价值。

【条文理解】

保险合同的一个明显特征是保险事故发生的不确定性,而被保险人自杀在一定意义上不是不确定的事件,而是被保险人故意造成的。如果被保险人在签订合同时已有自杀意图更是如此。在这种情况下,如果被保险人与投保人为同一人,则不排除投保人有以自杀来获取保险金的意图,实际上是一种骗取保险金的行为。因此,本条规定,以死亡为给付保险金条件的保险合同,被保险人自杀的,保险人不承担给付保险金的责任。同时,本条还规定了例外情形,即被保险人自杀时为无民事行为能力人的,保险人应当承担给付保险金的责任。这是因为,无民事行为能力人不能辨认自己的行为,不能判断自己行为的后果。对于这种情形,保险人应当承担保险责任。在签订保险合同之后经过较长时间而被保险人自杀的,多数已经不是在签订合同时可以预见的行为。因为按照常理,自杀一般是在一时想不开的情况下发生的,很难设想一个想要自杀的人会将自杀行为拖到几年之后才付诸实施。因此,在签订合同之后间隔一定时间发生的自杀,符合保险事故具有不确定性的特征。

为此,本条规定,以死亡为给付保险金条件的合同,自合同成立或者合同效力恢复之日起2年后,如果被保险人自杀的,保险人应当承担给付保险金的责任。此外,由于保险单的现金价值不属于保险人所有,本着公平的原则,本条第2款规定,保险人依照第1款的规定不承担保险责任的,应当按照合同的约定退还保险单的现金价值。[1]

---

〔1〕 安建主编:《中华人民共和国保险法(修订)释义》,法律出版社2009年版,第79~80页。

【案例导读】

被保险人在保险合同生效满两年后自杀身故的，不适用自杀条款
——某人寿保险公司与王某人身保险合同纠纷案[1]

【案号】

河南省南阳市中级人民法院(2011)南民一终字第404号

【案情】

2008年1月16日，投保人韩某以自己为被保险人、以王某为身故保险受益人，与某人寿保险公司签订了国寿鸿福两全保险(分红型)合同，保险期间为6年，合同生效日期为2008年1月19日。

投保人、被保险人韩某于2010年12月17日因故自杀身亡。王某申请理赔，保险公司以被保险人属自然疾病死亡为由拒绝赔付，王某遂向法院提起诉讼。

法院经审理认为，王某之母韩某与保险公司签订的人身保险合同属实，该合同是双方当事人的真实意思表示，并不违反法律、行政法规的强制性规定，故该合同合法有效，合同双方当事人应按合同的约定行使权利和履行义务。投保人依合同的约定向保险人交纳了保险费，已履行了合同的约定。王某之母韩某在合同生效后的第三年自杀身故，属承保范围。自杀条款，是指人身保险合同的被保险人在保险合同成立或有效后一定期限内自杀的，保险人不承担给付保险金的义务；但是，经过法定期限后自杀的，保险人应当承担给付保险金的义务。《保险法》第44条规定：以被保险人死亡为给付保险金条件的合同，自合同成立或者合同效力恢复之日起2年内，被保险人自杀的，保险人不承担给付保险金的责任。由此被保险人在合同生效后第三年自杀，保险人并不能免除给付保险金的义务。故判决保险公司给付王某保险金127,080元及应分红利。

【分析】

保险人因被保险人自杀而不承担给付保险金责任的前提是被保险人自杀的时间是在合同成立或者合同效力恢复之日起2年内，且被保险人自杀时为无民事行为能力人的除外。本案中，被保险人韩某在保险合同生效后第三年自杀身故，不符合适用自杀条款的前提条件，所以保险人有义务向合同中约定的身故受益人王某支付相应的保险金。

【配套规定】

最高人民法院《关于适用〈中华人民共和国保险法〉若干问题的解释(三)》

第二十一条　保险人以被保险人自杀为由拒绝承担给付保险金责任的，由保险人承担举证责任。

---

[1] 案例来源：河南法院裁判文书网，2013年2月26日访问，有删减。

受益人或者被保险人的继承人以被保险人自杀时无民事行为能力为由抗辩的,由其承担举证责任。

最高人民法院关于如何理解《中华人民共和国保险法》"自杀"含义的请示的答复

(2002年3月6日发布〔2001〕民二他字第18号)

被保险人在投保后两年内因患精神病,在不能控制自己行为的情况下溺水身亡,不属于主动剥夺自己生命的行为,亦不具有骗取保险金的目的,故保险人应按合同约定承担保险责任。

第四十五条 【不承担给付保险金责任之三】因被保险人故意犯罪或者抗拒依法采取的刑事强制措施导致其伤残或者死亡的,保险人不承担给付保险金的责任。投保人已交足二年以上保险费的,保险人应当按照合同约定退还保险单的现金价值。

【条文理解】

按照保险原理,保险人所承保的是由于外来因素造成的保险事故。被保险人因故意犯罪或者抗拒依法采取的刑事强制措施导致发生保险事故,不属于这种情况。因此,保险人不应当承担给付保险金的责任。由于人身保险的保险单具有现金价值,本条规定,有上述情形的,如果投保人已交足2年以上保险费的,保险人应当按照合同的约定退还保险单的现金价值。[1]

【案例导读】

被保险人的一般违法行为并不当然导致保险人免除给付保险金的责任

——某财产保险公司与李某、陆甲、陆乙意外伤害保险合同纠纷案[2]

【案号】

湖南省衡阳市中级人民法院(2012)衡中法民二终字第42号

【案情】

2010年4月6日,作为投保人及被保险人的陆某(系李某之夫,陆甲、陆乙之父)向保险人某保险公司投保个人意外伤害保险《四季无忧保险单(统颁)》二份。2011年1月7日,陆某因交通事故意外身亡后,其法定继承人李某、陆甲、陆乙向保险公司理赔,保险公司以陆某出交通事故系无证驾驶等属免责范围为由不予赔付,李某等遂诉至法院。

法院经审理认为:《保险法》第45条规定,被保险人故意犯罪或者抗拒依法采

〔1〕 安建主编:《中华人民共和国保险法(修订)释义》,法律出版社2009年版,第80页。

〔2〕 案例来源:中国法院网,2012年12月13日访问,有删减。

取的刑事强制措施导致其伤残或者死亡的,保险人不承担给付保险金的责任。陆某虽然存在“无证驾驶”的情形,但该行为属于违反《道路交通安全法》的一般违法行为,不属于法律规定的保险公司可以免除赔偿责任的情形。

保险条款是格式条款,保险术语具有很强的专业性,一般人不易理解。法律之所以强制保险人在缔约时要履行说明义务,其立法本意是让投保人、被保险人充分理解保险条款,特别是免责条款的具体内容,对免责条款中规定的行为的法律后果和责任有充分的认识和预期,从而选择是否投保、投保的具体险种并按约定履行合同义务。《保险法》第 17 条规定,保险人在订立合同时对责任免除条款未作提示或者明确说明的,该条款不产生效力。本案中,陆某虽然存在“无证驾驶”的情形,但“无证驾驶”是四季无忧保险中的免责条款之一,该条款是否生效取决于保险公司是否就该免责条款的概念、内容及法律后果向陆某尽到了解释说明义务,并不因“无证驾驶”属于违法行为而免除保险人的解释说明义务。保险公司未履行对四季无忧保险免责条款的说明义务,该免责条款不产生效力,保险公司应承担给付保险金的责任。

故法院判决保险公司向李某、陆甲、陆乙赔付保险金 120, 000 元。

【分析】

除保险人不承担给付保险金责任的法定情形之外的保险人免责情形需在保险条款中具体约定,且该保险人对该约定必须尽到解释说明义务,否则该免责条款不产生效力。本案中,“无证驾驶”行为并不能归为“故意犯罪或者抗拒依法采取的刑事强制措施”,保险人不能因此而当然免责,若其对保险合同中的相关免责条款未尽到解释说明义务,则需依法依约给付保险金。

【配套规定】

最高人民法院《关于适用〈中华人民共和国保险法〉若干问题的解释(三)》

第二十二条 保险法第四十五条规定的“被保险人故意犯罪”的认定,应当以刑事侦查机关、检察机关和审判机关的生效法律文书或者其他结论性意见为依据。

第二十三条 保险人主张根据保险法第四十五条的规定不承担给付保险金责任的,应当证明被保险人的死亡、伤残结果与其实施的故意犯罪或者抗拒依法采取的刑事强制措施的行为之间存在因果关系。

被保险人在羁押、服刑期间因意外或者疾病造成伤残或者死亡,保险人主张根据保险法第四十五条的规定不承担给付保险金责任的,人民法院不予支持。

第四十六条 【保险人无代位求偿权】被保险人因第三者的行为而发生死亡、伤残或者疾病等保险事故的,保险人向被保险人或者受益人给付保险金后,不享有向第三者追偿的权利,但被保险人或者受益人仍有权向第三者请求赔偿。

【条文理解】

在财产保险中,由于第三者的原因致使保险标的发生保险责任范围内的损失的,保险人履行了合同规定的赔偿责任,向被保险人赔偿保险金后,在其赔偿限度内取代了被保险人对该项财产的权利,有权向造成损失的第三者提出赔偿请求。保险人的这种权利就是代位求偿权。

代位求偿权只存在于财产保险中,人身保险中无代位求偿权,这是人身保险与财产保险的显著区别之一,这种区别是由于财产保险与人身保险保险标的的不同而产生的。财产保险的标的价值是可以确定的,在发生保险事故后,赔偿数额也是可以确定的。因此,财产保险适用补偿原则,在保险人赔偿被保险人因保险事故所受到的损失后,就在赔偿限额内取得了对该保险标的的权利。而人身保险合同的保险标的是人的生命或者身体,是无法确定其价值的。人身保险适用定额保险原则,由投保人与保险人约定保险金额,但这一金额并不代表被保险人的价值,只是双方约定的一个数额,发生保险事故后,保险人按照约定的保险金额进行赔偿。同时,人的生命或者身体与财产不一样,是不可能发生权利转移的,保险人在给付保险金后,并不能由此而取得任何权利。因此,本条规定人身保险的保险人不享有代位求偿权,保险人向被保险人或者受益人给付保险金后,被保险人或者受益人仍有权向第三者请求赔偿。因为人的生命或者身体是无价的,不能以金钱来衡量。所以,人身保险不适用财产保险的补偿原则,即使被保险人或者受益人从保险人处获得保险金,也不妨碍其依法向侵权人请求赔偿。所以在人身保险中,被保险人或者受益人享有侵权赔偿请求权和保险金请求权两项权利。[1]

【案例导读】

人身保险的保险人不能以被保险人已经获得赔偿为由拒绝理赔

——某保险公司与蒋某意外伤害保险合同纠纷上诉案[2]

【案号】

江苏省常州市中级人民法院(2014)常商终字第375号

【案情】

2011年12月8日,蒋某向某保险公司投保了意外伤害保险和意外费用补偿医疗保险。合同约定,被保险人遭受意外伤害,被保险人的医疗费首先在意外伤害医疗保险限额内赔偿,超出部分在意外费用补偿医疗保险限额内赔偿。保险条款的保险责任栏内载明,被保险人遭受意外伤害,保险公司在扣除当地公费医疗、社会医疗保

〔1〕 安建主编:《中华人民共和国保险法(修订)释义》,法律出版社2009年版,第81~82页。
〔2〕 案例来源:北大法宝网,2016年2月7日访问,有删减。

险及其他途径已经补偿或给付的部分及合同约定的免赔额后，按合同约定的给付比例给付意外医疗保险金。该条款系保险公司提供的格式条款，与其他条款一样，没有采用足以引起投保人注意的文字、符号、字体等特别标识区别于其他条款。蒋某在投保单上签名，声明保险公司对责任免除条款的真实含义和法律后果进行了明确说明。

2012 年 3 月 31 日，蒋某因交通事故受伤，身体两处构成十级伤残。蒋某治疗的医疗费已经由其他保险公司和肇事司机予以赔偿。蒋某向保险公司请求赔偿，保险公司拒绝，理由是蒋某的医疗费已获得足额赔偿，保险公司不需要支付医疗保险金。

法院经审理认为，保险公司与蒋某签订的保险合同中，虽然蒋某在保险公司提供的格式声明条款中签名，但保险公司对自己在保险中的具体免除责任条款内容并没有向投保人蒋某进行足以引起其注意的文字、字体、符号或者其他明显标识作出特别提示。根据《保险法》第 17 条规定，本案中保险公司的相关免责条款对蒋某不发生法律效力。因蒋某在保险公司所投保的是意外伤害医疗保险，根据《保险法》第 46 条的规定内容，意外伤害医疗保险不适用损失补偿原则，被保险人的医疗费损失既可以依法获得侵权人的赔偿，同时也可以要求保险人按保险合同支付医疗保险金。因此，保险公司不给付医疗保险金的意见不成立，不予采纳。

故法院判决：保险公司给付蒋某保险金人民币 12, 200 元。

【分析】

在人身保险中，被保险人或者受益人享有侵权赔偿请求权和保险金请求权两项权利。因为人的生命或者身体是无价的，不能以金钱来衡量。所以，人身保险不适用财产保险的补偿原则，即使被保险人或者受益人从保险人处获得保险金，也不妨碍其依法向侵权人请求赔偿，反之亦然。

【配套规定】

最高人民法院《关于适用〈中华人民共和国保险法〉若干问题的解释(三)》

第十三条　保险事故发生后，受益人将与本次保险事故相对应的全部或者部分保险金请求权转让给第三人，当事人主张该转让行为有效的，人民法院应予支持，但根据合同性质、当事人约定或者法律规定不得转让的除外。

第四十七条　【因投保人解除合同的退费】投保人解除合同的，保险人应当自收到解除合同通知之日起三十日内，按照合同约定退还保险单的现金价值。

【条文理解】

本法第 15 条规定，除本法另有规定或者保险合同另有约定外，保险合同成立后，投保人可以解除保险合同。依照本条的规定，投保人解除保险合同时，保险人应当按照合同的约定退还保险单的现金价值。为了防止保险人在退还保险单的现金价值时发生拖延,本条规定了退还期限,即自保险人接到投保人解除合同的通知之日起30日内退还。[1]

【案例导读】

关于退还保险单的现金价值约定不明的,应按有利于投保人的理解来解释

——某保险公司与张某保险合同纠纷案[2]

【案号】

湖南省长沙市中级人民法院(2012)长中民二终字第1214号

【案情】

2010年3月25日,张某在某保险公司的保险代理机构某银行处投保了"某某B款年金保险(分红型)"。2010年4月1日,张某收到了某保险公司保险单,某保险公司另在"某某B款年金保险(分红型)"保险合同书中添加了"现金价值金额表",该"现金价值金额表"未在张某投保时向张某出示。

截至2011年12月1日,张某未发生"某某B款年金保险(分红型)"保险合同约定的保险事故。2011年5月,张某向保险公司提出解除保险合同的申请,但双方因对"现金价值"的计算标准理解不同而发生争议,张某遂诉至法院。

法院经审理认为:双方争议的焦点在于张某解除合同后保险公司应退还的现金价值是什么。某保险公司主张在张某签收的保险合同中载明了保单的现金价值表,在投保人要求解除保险合同时保险人只退还保单的现金价值而非全部保险费。经查,某保险公司所出具的现金价值表在签发保险合同时才交付给张某,张某虽予以签收,但对于何为现金价值并不理解,以至于出现张某在提出解除合同后要求保险公司退还全部保险费的情形。而根据《保险法》第17条的规定,对保险合同中免除保险人责任的条款,保险人在订立合同时应当在投保单、保险单或者其他保险凭证上作出足以引起投保人注意的提示,并对该条款的内容以书面或者口头的形式向投保人作出明确说明;未作提示或者明确说明的,该条款不产生效力。现某保险公司未能举证证明其就现金价值表向张某作出提示或者明确说明,因此,该现金价值表对张某不产生效力。对某保险公司要求按照现金价值表退还张某现金价值的请求法院不予支持。本案中,"现金价值"一词系专业术语,对于不具备保险知识的一般消费者而言容易产生歧义,即理解为所交纳的保险费。因此,某保险公司作为具备专业知识的保险人应尽到而未尽到法定的说明义务,对张某要求解除合

---

〔1〕 安建主编:《中华人民共和国保险法(修订)释义》,法律出版社2009年版,第82页。

〔2〕 案例来源:中国法院网,2012年12月12日访问,有删减。

同并退还其所缴纳的保险费的诉讼请求予以支持。法院判决解除张某与保险公司之间的保险合同,由保险公司返还张某保险费 20 万元。

【分析】

投保人解除保险合同时,保险人应当按照合同的约定退还保险单的现金价值。但现金价值具体数额多少、如何计算,需在保险合同中具体约定。实践中保险公司一般会提供现金价值表,但该现金价值表在性质上属于保险合同中的格式条款,保险人如未尽到解释说明义务则该条款不生效。此时关于现金价值具体数额的解释,保险人与被保险人等若存在争议,依本法第 30 条之规定,应当按照通常理解予以解释;如有两种以上解释的,人民法院或者仲裁机构应当作出有利于被保险人和受益人的解释。

【配套规定】

最高人民法院《关于适用〈中华人民共和国保险法〉若干问题的解释(三)》

第十六条第一款　人身保险合同解除时,投保人与被保险人、受益人为不同主体,被保险人或者受益人要求退还保险单的现金价值的,人民法院不予支持,但保险合同另有约定的除外。

第十七条　投保人解除保险合同,当事人以其解除合同未经被保险人或者受益人同意为由主张解除行为无效的,人民法院不予支持,但被保险人或者受益人已向投保人支付相当于保险单现金价值的款项并通知保险人的除外。

第三节　财产保险合同

第四十八条　【不具有保险利益的法律后果】保险事故发生时,被保险人对保险标的不具有保险利益的,不得向保险人请求赔偿保险金。

【条文理解】

本法第 12 条对保险利益原则作了规定,但没有规定不具有保险利益的法律后果。依据本条的规定,财产保险的被保险人在保险事故发生时,对保险标的不具有保险利益的,由于其并没有因为保险事故的发生而产生经济利益损失,因此保险人不承担赔偿保险金的责任,被保险人不得向保险人请求赔偿。[1]

【配套规定】

最高人民法院《关于适用〈中华人民共和国保险法〉若干问题的解释(二)》

第一条　财产保险中,不同投保人就同一保险标的分别投保,保险事故发生后,被保险人在

〔1〕 安建主编:《中华人民共和国保险法(修订)释义》,法律出版社 2009 年版,第 82 ~ 83 页。

其保险利益范围内依据保险合同主张保险赔偿的,人民法院应予支持。

第四十九条 【保险标的的转让】保险标的转让的,保险标的的受让人承继被保险人的权利和义务。

保险标的转让的,被保险人或者受让人应当及时通知保险人,但货物运输保险合同和另有约定的合同除外。

因保险标的转让导致危险程度显著增加的,保险人自收到前款规定的通知之日起三十日内,可以按照合同约定增加保险费或者解除合同。保险人解除合同的,应当将已收取的保险费,按照合同的约定扣除自保险责任开始之日起至合同解除之日止应收的部分后,退还投保人。

被保险人、受让人未履行本条第二款规定的通知义务的,因转让导致保险标的危险程度显著增加而发生的保险事故,保险人不承担赔偿保险金的责任。

【条文理解】

财产保险的保险标的转让,是指保险合同生效后,作为保险标的的保险财产及有关利益,因为买卖、赠与、继承等情况发生的转移。因保险标的的转让而发生的保险合同变更,从一些国家立法例看,有两种处理方式。一是通知变更,即保险标的转让的,投保人或者被保险人应当通知保险人,经保险人同意继续承保后,变更保险合同。二是自动变更,即保险标的转让的,保险合同自动变更,保险标的的受让人自然承继被保险人的权利和义务。本次修改前的《保险法》对因保险标的转让而发生的保险合同变更采用的是通知变更的处理方式,这次修改《保险法》将通知变更修改为自动变更。本条第1款明确规定,保险标的转让的,保险标的的受让人承继被保险人的权利和义务。这样的修改可以避免产生保险合同的"空白期",减少争议。

保险标的转让会使当初保险合同订立时所依据的客观情况发生变化。在有些情况下,转让还会导致危险程度的增加,加大保险事故发生的可能性。以车辆险为例,在保险合同订立时被保险人的车辆以自用为主,当其将保险车辆转移给出租车公司时,该车辆将会作为出租车投入商业运营,增加车辆行驶时间,随之车辆发生碰撞、剐蹭等保险事故的可能性也会增加。虽然本条第1款规定保险标的转让的,保险合同自动变更,但从公平的角度出发,也应该给保险人一定的选择和补救的权利,以免单方面加重保险人的负担。因此,本条对保险标的转让时有关当事人的权利义务也进行了规定,主要包括三方面的内容。

1. 保险标的转让的,被保险人或者受让人应当及时通知保险人,以便保险人对保险标的的受让人的情况进行调查,以决定是否提高保险费或者解除合同。但上述规定对货物运输保险合同的保险标的转让不适用。也就是说,除合同另有约定外,货物运输保险合同保险标的的转让,受让人自然承继被保险人的权利和义务,并且不必通知保险人。此外,如果保险合同明确约定保险标的的转让而变更合同主体的不必通知保险人,被保险人或者受让人也不必履行上述通知义务。

2. 因保险标的的转让而导致危险程度显著增加的,保险人有权按照合同的约定增加保险费或者解除合同。但是,保险人的上述权利只限于在其收到被保险人或者受让人的通知后30日内行使;超出上述时限的,保险人不得增加保险费或者解除合同。同时,保险人解除合同的,应当将已收取的保险费按照合同约定扣除自保险责任开始之日起至合同解除之日止应收的部分后,退还投保人。

3. 被保险人或者受让人没有履行本条规定的及时通知义务的,应当承担相应的法律后果。反之,如果保险标的的转让未导致危险程度显著增加,即使被保险人或者受让人未及时通知,发生了保险事故,或者保险事故的发生与保险标的的转让导致危险程度增加没有关系的,保险人仍然应承担赔偿责任。[1]

【案例导读】

保险标的的转让的,保险标的的受让人承继被保险人的权利和义务

——朱某与保险公司财产保险合同纠纷案[2]

【案号】

广东省恩平市人民法院(2015)江恩法民三初字第11号

【案情】

2014年10月18日,刘某驾驶豫PC××××重型半挂牵引车与朱某某驾驶普通货车(搭载朱某)发生碰撞,造成朱甲、朱乙受伤及两车不同程度损坏的交通事故。事故发生后,刘某驾车逃逸。公安交通管理大队认定刘某承担此事故的主要责任,朱甲承担此事故的次要责任,朱乙无责任。事故发生后,朱某支付了拖车费2142、鉴定费2100元、修理费43, 615元。

案涉朱某粤JT×××3号车原号牌号码是粤JT×××0,杨某为粤JT×××0号车在保险公司购买了交强险和商业险,商业险包含有机动车损失保险、第三者责任保险等险种及不计免赔,保险期间自2014年2月4日0时起至2015年2月3日24时止,其中机动车损失保险责任限额为79, 000元。投保时杨某已在交强险和商业险投保单上投保人声明事项签名确认。粤JT×××0号车于2014年4月11日经公安局交通警察支队批准变更为粤JT×××3,所有人是朱乙。朱某于本次事故发生后的2014年10月20日在保险公司将车辆保险信息变更为:因过户,号牌号码由粤JT×××0变更为粤JT×××3,客户名称为朱乙。

---

[1] 安建主编:《中华人民共和国保险法(修订)释义》,法律出版社2009年版,第83~85页。

[2] 案例来源:中国裁判文书网,2016年2月22日访问,有删减。

朱乙与保险公司对赔偿数额发生争议，故诉至法院。

法院认为，杨某与保险公司订立的车辆损失保险合同是双方的真实意思表示，杨某已经按照合同约定向保险公司交纳了相应的保险费用，保险公司亦向杨某出具了机动车辆保险单，因此双方之间的车辆损失保险合同成立且有效。粤JT×××0号牌于2014年4月11日变更为粤JT×××3，所有人是朱乙，根据《保险法》第49条第1款"保险标的转让的，保险标的的受让人承继被保险人的权利和义务"的规定，朱乙依法承继被保险人杨某的权利和义务。投保机动车发生保险事故后，经鉴定，投保机动车的损失为43，615元，并且朱乙已经提供了相应的维修费发票予以印证。保险公司应当按照车辆损失保险合同的约定赔偿粤JT3663号车车辆损失43，615元。关于拖车费2142元、鉴定费2100元，属于为查明和确定保险事故的性质、原因和保险标的的损失程度所支付的必要的、合理的费用，依据《保险法》第64条"保险人、被保险人为查明和确定保险事故的性质、原因和保险标的的损失程度所支付的必要的、合理的费用，由保险人承担"的规定，应由保险公司承担。本案中，朱某具有向事故侵权人或保险合同保险人主张权利的选择权，鉴于本案朱某并对刘某车辆所投保交强险的保险公司主张权利，而选择依据保险合同以财产保险合同纠纷向保险人主张权利，保险人保险公司应承担赔偿责任。

依据《合同法》第107条、《保险法》第11条、第49条之规定，判决如下：

保险公司在机动车损失险保险金额内赔偿47，857元给朱某。

【分析】

对因保险标的的转让而发生的保险合同变更，我国《保险法》采用的是自动变更模式，即保险标的转让的，保险合同自动变更，保险标的的受让人自然承继被保险人的权利和义务。本案中，作为保险标的的车辆转让后，其受让人朱某自然继承被保险人的权利，在发生保险事故后，保险公司须按约赔付。

【配套规定】

最高人民法院《关于适用〈中华人民共和国保险法〉若干问题的解释(一)》

第五条　保险法施行前成立的保险合同，下列情形下的期间自2009年10月1日起计算：

……

(四)保险法施行前，保险人收到保险标的转让通知，保险法施行后，以保险标的转让导致危险程度显著增加为由请求按照合同约定增加保险费或者解除合同，适用保险法第四十九条规定的三十日的。

第五十条　【不得解除保险合同的情形】货物运输保险合同和运输工具航程保险合同，保险责任开始后，合同当事人不得解除合同。

【条文理解】

在财产保险中，以一次航程或运程来计算保险期间的，为航程保险。航程保险的保险期间不是按日期而是按航程或运程计算。保险人对保险标的所负的保险责任，从保险单载明的起运地开始，到保险单载明的目的地为止。由于航程保险的保险标的是处于运动中的财产，包括运输的货物和运输工具本身。保险期间是一次航程或一次运程，相对于定期保险来说，保险期间较短，投保人和保险人在对保险标的的安全和使用等情况的掌握上是不对等的：投保人掌握保险标的的有关安全情况，而保险人一般不了解上述情况。如果允许投保人在保险责任开始后解除合同，在投保货物等将要到达目的地时，或者在其他发生保险事故的可能大大减少的时候，投保人解除合同，对保险人是不公平的。因此，本条明确规定：货物运输保险合同和运输工具航程保险合同，保险责任一经开始，投保人、保险人都不得解除合同。〔1〕

第五十一条　【维护保险标的的安全的义务】被保险人应当遵守国家有关消防、安全、生产操作、劳动保护等方面的规定，维护保险标的的安全。

保险人可以按照合同约定对保险标的的安全状况进行检查，及时向投保人、被保险人提出消除不安全因素和隐患的书面建议。

投保人、被保险人未按照约定履行其对保险标的的安全应尽责任的，保险人有权要求增加保险费或者解除合同。

保险人为维护保险标的的安全，经被保险人同意，可以采取安全预防措施。

【条文理解】

保险不只是一种灾后补偿的消极手段，还应具有防灾防损的积极效果。维护保险标的的安全，减少或者避免保险事故的发生，防止财产损失，对于保障被保险人和保险人双方的利益，都具有重要意义。本条关于维护保险标的安全的规定包括以下几点。

1. 被保险人应当遵守国家有关消防、安全、生产操作、劳动保护等方面的规定，维护保险标的的安全。在消防、安全、生产操作、劳动保护等方面，国家制定了一系列法律，如《消防法》《安全生产法》《矿山安全法》，国务院和有关部门还制定了很多法规、规章和操作规程。被保险人严格遵守这些规定，可以将发生保险事故的可

〔1〕 安建主编：《中华人民共和国保险法（修订）释义》，法律出版社 2009 年版，第 86 页。

能减少到最低程度,达到维护保险标的安全的目的。

2. 保险人可以按照保险合同的约定,对保险标的的安全状况进行检查,及时向投保人、被保险人提出消除不安全因素和隐患的书面建议。投保人、被保险人应当按照保险人的建议,及时采取措施进行改正。

3. 投保人、被保险人未按照约定履行其对保险标的的安全应尽的责任,保险人有权要求增加保险费或者解除保险合同。为了促使投保人、被保险人维护保险标的安全,预防保险事故的发生,一般情况下,在订立财产保险合同时,都要约定投保人、被保险人对保险标的的安全应尽的责任。如果投保人、被保险人不按照合同的约定履行其对保险财产安全应尽的责任,保险人可以要求增加保险费,如果投保人不同意增加保险费,保险人可以解除合同;保险人也可以直接解除保险合同。

4. 为维护保险标的的安全,经被保险人同意,保险人可以对保险标的采取安全预防措施。[1]

【案例导读】

被保险人对保险标的的安全未尽责任,应承担法律责任

——莫某与某保险公司保险合同纠纷案[2]

【案号】

安徽省马鞍山市中级人民法院(2014)马民一终字第00132号

【案情】

2012年8月28日,莫某为皖BTT×××号机动车向保险公司投保了不计免赔的车辆损失险120,000元、车上人员责任险(司机)10,000元,保险期限自2012年8月29日至2013年8月28日止。2013年7月16日凌晨2点左右,莫某在驾车撞上了路边横放的高压电线杆,导致车辆严重损坏和莫某受伤,事故发生次日,保险公司查勘员在医院对受伤人莫某进行了确认,莫某陈述并确认肇事司机是邓某,自己不是司机。交通警察大队认定莫某负本次事故全部责任。保险公司向公安局报警,后经讯问调查确认邓某系莫某岳父,因为莫某酒驾,为了获得保险理赔,由邓某顶包。此后,莫某申请保险公司进行理赔,保险公司拒赔,以致成讼。

法院认为:根据莫某与保险公司签订的保险合同约定:发生意外事故时,驾驶人饮酒的,保险人不负赔偿责任。本案中莫某虽未进行酒精测试,但未测试的原因在于事发当时莫某并未向交警部门报案,其向保险公司报案时亦称驾驶人员为邓

---

〔1〕 安建主编:《中华人民共和国保险法(修订)释义》,法律出版社2009年版,第86~87页。

〔2〕 案例来源:中国裁判文书网,2016年2月23日访问,有删减、改编。

某,故在事发当时未能对其进行酒精测试。在本次事故中,莫某酒驾,应当承担相应的法律责任,依据保险合同约定,保险公司免责,不承担赔偿责任。莫某诉请保险公司保险理赔的主张,无事实和法律依据,不予支持。

依照《保险法》第51条第1款、第55条第1款之规定,判决:驳回莫某对保险公司保险理赔110,000元的诉讼请求。

【分析】

被保险人具有维护保险标的安全的义务,未尽相应的责任则应当承担不利后果。本案中,被保险人因酒驾发生保险事故,未履行维护保险标的安全的义务,因此,保险公司不予赔付。

第五十二条　【危险程度显著增加】在合同有效期内,保险标的的危险程度显著增加的,被保险人应当按照合同约定及时通知保险人,保险人可以按照合同约定增加保险费或者解除合同。保险人解除合同的,应当将已收取的保险费,按照合同约定扣除自保险责任开始之日起至合同解除之日止应收的部分后,退还投保人。

被保险人未履行前款规定的通知义务的,因保险标的的危险程度显著增加而发生的保险事故,保险人不承担赔偿保险金的责任。

【条文理解】

保险合同履行的过程中,保险标的的情况可能会发生变化,导致危险程度显著增加,如投保人或被保险人变更保险标的的用途,保险标的的自身发生意外引起物理、化学反应,保险标的的周围环境发生变化。由于保险标的的危险程度显著增加直接影响保险人的保险责任,关系到保险人的利益,故保险人在知悉后,都应当及时通知保险人。通知的具体时间、方式和范围可以由保险合同约定。

保险标的危险程度显著增加,被保险人履行了危险通知义务后,保险人有两种处理方法:一是要求增加保险费;二是解除保险合同。对于第一种情况,如果被保险人不同意增加保险费或者未按照约定的期限交纳增加的保险费,保险人也可以解除合同。保险人解除合同的,应当将已收取的保险费,按照合同约定扣除自保险责任开始之日起至合同解除之日止应收的部分后,退还投保人。

被保险人在保险标的危险程度显著增加时,未依法按照合同的约定履行通知义务的,对因危险程度显著增加而发生的保险事故所造成的保险标的损失,保险人不承担支付保险赔偿金的责任。

实践中判断保险标的的危险程度是否显著增加,主要考虑三个方面的因素。第一,危险程度的增加对保险人是重要的,将可能影响保险人是否同意承保或者提高保险费率。第二,危险程度的增加是合同订立时所无法预料的。在保险合同期间,保险标的的危险程度可能随时发生变化,但有些变化是合同订立时可以预料的。例如,投保洪水险,随着雨季的临近,发生保险事故的可能性大大增加。但这种变化是合同订立时,保险人和投保人都可以预料,属于保险责任的范围。这种变化不属于危险程度的显著增加。第三,危险程度的增加是持续的。危险程度暂时增加,随后又恢复的,不属于危险程度显著增加。[1]

【案例导读】

保险标的的危险程度显著增加而被保险人未通知的,
保险人不承担赔偿保险金的责任

——某保险公司与房某、朱某财产保险合同纠纷案[2]

【案号】

广东省清远市中级人民法院(2015)清中法民三终字第244号

【案情】

房某于2012年7月6日为粤R××××小型汽车向某保险公司投保了机动车交通事故强制保险和第三者商业责任保险,保险时间从2012年7月10日00时至2013年7月9日24时,车辆损失险保额为55,000元,第三者商业责任险为500,000元。使用性质为家庭自用。

该保险公司的机动车保险条款(2009版)责任免除约定,下列情况之一者,保险人均不负责赔偿。第七条第一款第(三)项第1点:改变使用性质未向保险人办理批改手续。以上免责条款均进行了加黑标注。

2012年7月21日,房某将名下粤R××××小型汽车提供给某公司进行租赁。2012年9月4日朱某租赁了该车,朱某又将租赁的车辆借给谢某驾驶。2012年9月6日,谢某驾驶该车超速驾驶且越线行驶,与对向的车辆碰撞,致该车损毁,损失价值61,322元。

法院认为:本案系财产保险合同纠纷。本案争议焦点是本案保险人应否在机动车损失保险内承担赔偿保险金的责任。

本案机动车损失保险合同条款的第7条属于免除保险人责任的条款(免责条款),该免责条款约定的其中一种保险人免责情形是保险机动车有改变使用性质未向保险人办理批改手续情形的,不论任何原因造成保险机动车的任何损失和费用,保险人均不负责赔偿。房某是在保险合同成立后才将保险机动车的使用性质由家庭自用改变为出租性质的。投保人房某已经签名确认了保险人已经就免责条款履

---

[1] 安建主编:《中华人民共和国保险法(修订)释义》,法律出版社2009年版,第88~89页。

[2] 案例来源:中国裁判文书网,2016年2月23日访问,有删减、改编。

行了提示和明确说明义务。故而,本案机动车损失保险合同中的免责条款发生效力。由于被保险人房某改变保险机动车的使用性质而未向保险人办理批改手续,依据前述免责条款的约定,对于该车在改变使用性质后发生的损失和费用,保险人不负责赔偿。另外,依社会常理判断,将保险机动车由家庭自用改变为营利性出租,因驾驶人对车况了解程度不同,对车的使用心态不同,对车的爱惜程度不同,车辆行驶时的危险程度是有所不同的,车辆出租于他人使用的危险程度通常要大于自用,故而,本案中将保险机动车由家庭自用改变为营利性出租的情形,可认定为保险标的的危险程度显著增加的情形。保险合同已经约定了此种情形下被保险人应当及时通知保险人,但房某并未履行该通知义务,而本案保险事故在保险机动车出租营运过程中发生,车辆用途的改变与保险事故的发生之间具有因果关系,根据《保险法》第52条第2款"被保险人未履行前款规定的通知义务的,因保险标的的危险程度显著增加而发生的保险事故,保险人不承担赔偿保险金的责任"的规定,保险人在本案中无须承担赔偿保险金的责任。因此,对于房某请求上诉人赔偿车损保险金的诉讼主张,依法应不予支持。

判决:驳回房某的诉讼请求。

【分析】

保险合同是一种射幸合同,而非对价等偿合同,如果危险程度显著增加,就会导致保险人所收取的保费与保险赔偿金之间的对应关系失衡,因此,《保险法》第五十二条规定保险合同履行的过程中,保险标的的危险程度显著增加,被保险人需按照合同的约定履行通知义务,否则由此而发生的保险事故所造成的保险标的损失,保险人不承担支付保险赔偿金的责任。该条规定了被保险人对保险标的危险程度显著增加的通知义务,以便保险人根据危险变化的情况,重新评估危险发生的可能性而调整保费金额或解除保险合同。

保险人以危险程度显著增加为由拒绝赔偿,须满足以下条件:一、危险程度"显著"增加,判断的标准是保险人对增加的风险不能预料,且足以影响保费金额或保险人是否继续维系合同的事项。二、保险合同约定了被保险人的该项通知义务,被保险人未履行该项通知义务。三、保险标的危险程度显著增加与保险事故的发生具有直接因果关系,保险人对该因果关系负举证责任。

本案中,投保人以自有的家用车为投保标的与保险公司订立保险合同,保险公司承保的是该车作为家用的风险,投保人将家用车改为营运用途,但未将相关信息通知保险公司,所以保险公司对由此而生的危险程度显著增加导致的损失不承担赔付责任。[1]

---

〔1〕 贾林青主编:《法院审理保险案件观点集成》,中国法制出版社2016年版,第297页。

第五十三条 【降低保险费的情形】有下列情形之一的,除合同另有约定外,保险人应当降低保险费,并按日计算退还相应的保险费:

(一)据以确定保险费率的有关情况发生变化,保险标的的危险程度明显减少的;

(二)保险标的的保险价值明显减少的。

【条文理解】

保险费是投保人向保险人交付的费用,作为保险人根据保险合同承担赔偿或者给付保险金责任的代价。保险费的多少,取决于保险金额的大小和保险费率的高低。保险金额,由保险人和投保人根据保险标的的价值约定;保险费率,由保险人根据具体保险险种发生保险事故的可能性,按照大数法则计算:保险标的的危险程度越大,发生保险事故的可能性越大,则保险费率越高。保险金额和保险费率一般由投保人和保险人订立保险合同时约定,并记载在合同中。

在财产保险合同生效后,决定保险金额和保险费率的一些因素可能发生变化,如保险标的的价值增加或减少、危险程度增加或降低。在保险标的的价值减少、危险程度降低的情况下,保险人的保险责任也随之减轻。为保证保险合同的公平合理,维护投保人、被保险人的利益,适当地降低保险费是合适的,对保险人来说也不存在不公平的情况。

本条规定的降低保险费的情形,在财产保险合同没有约定的情况下适用。如果投保人与保险人事先对相关问题在保险合同中作出约定的,则应按合同的约定执行。[1]

第五十四条 【因投保人解除合同的退费】保险责任开始前,投保人要求解除合同的,应当按照合同约定向保险人支付手续费,保险人应当退还保险费。保险责任开始后,投保人要求解除合同的,保险人应当将已收取的保险费,按照合同约定扣除自保险责任开始之日起至合同解除之日止应收的部分后,退还投保人。

【条文理解】

按照本法第15条的规定,在本法或者保险合同没有另外约定的情况下,

〔1〕 安建主编:《中华人民共和国保险法(修订)释义》,法律出版社2009年版,第89~90页。

保险合同成立后,投保人可以随时解除合同。在保险合同中,投保人和保险人履行合同义务的时间是不一样的:投保人的主要义务即交付保险费的义务,通常在合同成立后即已履行,而保险人履行其主要义务即承担保险责任通常都是在投保人按照约定交付保险费之后一段时间才开始进行。本条区分保险责任开始前与开始后的不同情况,对投保人要求解除合同时如何退还保险费作了规定。

1. 保险责任开始前,投保人要求解除合同的,因此时保险人还没有开始履行合同约定的义务,保险人应当将已经收取的保险费全部退还给投保人。但是,保险人为合同的订立,也付出了一定的成本,如工本费、人工费或者支付给保险代理人的代理费,从公平的角度出发,保险人的这部分费用应当从退还的保险费中扣除。为此,本条规定,保险人退还保险费的,投保人应当按照合同约定向保险人支付手续费。

2. 保险责任开始后,投保人要求解除合同的,此时保险人已经开始履行其合同义务,承担起保障保险财产的风险损失的责任。保险人收取的保险费与其承担的保险责任是相对应的。因此,本条规定,这种情况下,保险人退还保险费的,可以按照合同约定扣除自保险责任开始之日起至合同解除之日止这一期间的应收部分,剩余部分退还投保人。[1]

【案例导读】

保险责任开始后,投保人要求解除合同的,保险人应当将已收取的保险费,按照合同约定扣除应收的部分后,退还投保人

——某财产保险公司与滕某保险费纠纷案[2]

【案号】

北京市第一中级人民法院(2012)一中民终字第6915号

【案情】

2011年5月6日,滕某与某保险公司签订了《商业车险投保单》,为其车辆投保了车辆损失险、商业三者险等险种,滕某向保险公司支付了4887元保险费。同年12月23日,因车辆转让,滕某向保险公司提出退保申请并要求退还相应保险费,保险公司以滕某行使解除保险合同的权利妨碍了新车主依据保险法取得的被保险人应有的权利为由拒绝,遂向法院起诉。

法院经审理认为,《保险法》第15条规定:"除本法另有规定或者保险合同另

---

〔1〕 安建主编:《中华人民共和国保险法(修订)释义》,法律出版社2009年版,第90~91页。

〔2〕 案例来源:北京法院网,2012年12月25日访问,有删减。

有约定外,保险合同成立后,投保人可以解除合同,保险人不得解除合同。”本案中滕某作为保险合同的唯一投保人,享有保险合同的任意解除权,该权利并不因保险标的的转让而丧失。保险标的的受让人依据《保险法》第49条的规定继承的是被保险人的权利和义务,而非投保人的权利义务。故保险公司关于滕某行使解除保险合同的权利妨碍了新车主依据保险法取得的被保险人的权利的上诉理由不能成立,法院不予支持。由于滕某于2011年12月23日要求解除合同,并通知了保险公司,故本案所涉保险合同于2011年12月23日已经解除,保险公司自此之后不再承担相应的保险责任。同时《保险法》第54条规定:“保险责任开始后,投保人要求解除合同的,保险人应当将已收取的保险费,按照合同约定扣除自保险责任开始之日起至合同解除之日止应收的部分后,退还投保人。”故判决保险公司退还滕某保险费1794.12元。

【分析】

保险合同是投保人与保险人约定保险权利义务关系的协议,投保人是合同的订立主体,依法享有订立、解除保险合同的权利。本案中,滕某作为保险合同的唯一投保人,享有保险合同的任意解除权,该权利并不因保险标的的转让而丧失。在保险合同解除后,保险公司应依法退还其相应的保险费。

第五十五条 【保险价值与保险金额】投保人和保险人约定保险标的的保险价值并在合同中载明的,保险标的发生损失时,以约定的保险价值为赔偿计算标准。

投保人和保险人未约定保险标的的保险价值的,保险标的发生损失时,以保险事故发生时保险标的的实际价值为赔偿计算标准。

保险金额不得超过保险价值。超过保险价值的,超过部分无效,保险人应当退还相应的保险费。

保险金额低于保险价值的,除合同另有约定外,保险人按照保险金额与保险价值的比例承担赔偿保险金的责任。

【条文理解】

保险价值即保险标的的实际金钱价格,是保险事故发生后保险标的全损时被保险人的实际物质损失,是确定保险金额从而确定保险人所承担赔偿责任的依据。确定保险价值对于履行财产保险合同具有重要意义。按照本条的规定,确定保险价值有两种方法。

1.保险价值由投保人和保险人在订立合同时约定,并在合同中明确作出记载。合同当事人通常都根据保险财产在订立合同时的市场价格估定其保险价值,有些不能以市场价格估定的,就由双方当事人约定其价值。事先约定保险标的价值的保险为定值保险。定值保险发生保险责任范围内的损失时,保险人应按保险合同上载明的保险价值计算赔偿金额。

2. 保险价值也可以在保险事故发生时按照当时保险标的的实际价值确定。有的保险合同对保险价值没有约定,而是在保险事故发生时再确定保险价值,这种保险称为不定值保险。对于不定值保险的保险价值的确定,在具体操作时,可以按照保险事故发生时保险标的市场价值确定,可以通过委托资产评估机构进行评估确定,也可以由合同当事人协商确定。

保险金额,依照本法第 18 条的规定,是指保险人承担保险赔偿的最高限额。保险金额是保险合同的必备条款,在保险合同订立时,投保人应当与保险人就保险金额进行约定,并记载在保险合同中。在财产保险合同中,保险金额与保险价值的关系有三种情况。

1. 保险金额与保险价值相等。这是足额保险。在这种保险中,如果保险标的发生保险事故而受到损失,被保险人可以得到与实际损失价值相等的保险金赔偿。

2. 保险金额超过保险价值。这是超额保险。这种情况主要是由于投保人和保险人对保险财产的实际价值未能准确掌握,或者是投保人故意虚报保险财产价值等原因而形成的。对于超额保险,不管是什么原因造成的,保险金额超过保险价值的部分无效,被保险人不得获得超额的经济补偿;但是,保险人应当将超过部分(即其未承担保险责任的部分)的相应保险费退还投保人。

3. 保险金额低于保险价值。这是不足额保险。对这种情况,按照本条的规定,采用比例赔偿的方式赔偿,即保险人按照保险金额与保险价值的比例承担赔偿责任。举例来讲,假设保险价值是 10 万元,保险金额是 8 万元,如果保险标的发生全部损失,保险人的赔偿责任就是保险金额的数额即 8 万元;保险标的发生部分损失,如 5 万元的损失,保险人按照保险金额与保险价值的比例(4/5)承担 4 万元(5 万元的 4/5)的赔偿责任。投保人和保险人也可以在保险合同中约定不采用比例赔偿的方式,而采用其他方式。如采用实际损失赔偿的方法,即按照被保险人的实际损失进行赔偿,但最高赔偿限额不超过约定的保险金额。假设保险价值是 10 万元,保险金额是 8 万元,当损失是 5 万元时,按照实际损失赔偿的方式,保险人承担 5 万元的赔偿;当损失超过保险金额,如 9 万元时,保险人仍然按照保险金额赔偿 8 万元。[1]

---

〔1〕 安建主编:《中华人民共和国保险法(修订)释义》,法律出版社 2009 年版,第 91 ~ 93 页。

【案例导读】

保险金额低于保险价值的，按照保险金额与保险价值的比例承担赔偿责任

——某保险公司与万某等财产保险合同纠纷案[1]

【案号】

安徽省蚌埠市中级人民法院(2015)蚌民二终字第00013号

【案情】

2012年11月26日，万某为其车辆购买了保险，新车购置价为496，000元，保险金额为391，500元的车辆损失险。2014年4月28日，万某驾车发生道路交通事故，车辆损坏。经认定：万某承担主要责任，经评估车损为336，981元，残值为55，000元。双方对赔偿金额存在争议，故诉至法院。

保险公司提出事故车辆已报废，无修复价值，主张车辆实际使用17个月折旧金额为39，933元(391，500元×17个月×6‰)，保险金额扣除折旧金额、扣除车辆的残值55，000元之后，再承担其70%的赔偿责任。

法院认为，因本案的事故车辆在事故发生前仍正常行驶，未到报废年限，具有修复价值，加之经评估，修复费用明确，可以修复，且修理费用未超过保险合同约定的保险赔偿限额。保险公司主张按全损赔偿，并按保险金额391，500元计算，于法无据。按保险法相关规定：保险金额低于保险价值的，保险人按照保险金额与保险价值的比例承担赔偿责任。保险公司应按车损评估值的70%即235，886.70元予以赔偿。

此节需要正确理解车损险、保险金额和保险价值三个概念。车损险的概念是指被或其允许的驾驶员在驾驶保险车辆时发生保险事故而造成保险车辆受损，保险公司在合理范围内予以赔偿的一种汽车商业保险，主要赔偿被保险车辆的损失。保险金额，指的是在一个项下保险公司承担赔偿保险金责任的最高限额，也是投保人对机动车辆的实际投保金额，同时还是保险公司收取保险费的计算基础。而机动车辆保险价值，是指与保险公司订立保险合同所约定的机动车辆的实际价值。法律规定保险金额不得超过保险价值。本案新车购置价为496，000元，双方约定保险限额391，500元，低于新车购置价，符合保险法规定。投保后发生道路交通事故，造成车损。经评估，损失金额33，6981元，未突破投保时双方约定的保险赔偿限额391，500元。保险公司应当依照评估结论赔付车损保险金。万某与保险公司约定的391，500元的保险赔偿限额，应视为双方在新车购置价的基础上已经考虑了车辆折旧因素确定的保险限额。保险公司将被保险车辆的车损折旧一直计

[1] 案例来源：北大法宝网，2016年2月9日访问，有删减。

算到车辆发生事故时止，此种计算方法与双方签订的保险合同不符，存在“高投低赔”之嫌。故此，本院不予支持。

故法院判决，依照《合同法》第8条、第60条，《保险法》第14条、第55条之规定，保险公司应支付给万某等保险赔偿款235,886.70元。

【分析】

车损险属于不定值保险合同，即，实际损失小于保险金额，仅赔偿实际损失；实际损失大于保险金额，以保险金额为赔偿限额。之所以“就低不就高”，主要是为了防止道德风险，这也是国际上财产保险的通用原则。

本案中争议的焦点是实际损失如何计算，保险人主张缺少法律依据不能得到支持，应当以评估的车辆损失为实际损失，以保险事故发生时保险标的的实际价值为赔偿计算标准。

第五十六条　【重复保险】重复保险的投保人应当将重复保险的有关情况通知各保险人。

重复保险的各保险人赔偿保险金的总和不得超过保险价值。除合同另有约定外，各保险人按照其保险金额与保险金额总和的比例承担赔偿保险金的责任。

重复保险的投保人可以就保险金额总和超过保险价值的部分，请求各保险人按比例返还保险费。

重复保险是指投保人对同一保险标的、同一保险利益、同一保险事故分别与两个以上保险人订立保险合同，且保险金额总和超过保险价值的保险。

【条文理解】

重复保险，又称复保险，是指投保人对同一保险标的、保险利益、保险事故分别与两个以上保险人订立保险合同，且保险金额总和超过保险价值的保险。本法规定的重复保险有以下特点。第一，投保人与两个以上的保险人分别订立两个以上的保险合同。如果投保人与两个以上保险人共同订立一个保险合同，则属于共同保险。如由于卫星发射的风险和保险金额巨大，一般由两家以上保险公司共同承保，这种保险就属于共同保险，不是重复保险。第二，在投保人与不同的保险人分别订立的保险合同中，保险标的、保险利益、保险事故都是相同的。如果有任何一个因素是不同的，也不是重复保险。第三，投保人分别与两个以上保险人订立的保险合同的保险金额总和超过保险价值。如果投保人对同一保险标的、保险利益、保险事故分别与两个以上保险人订立保险合同，但保险金额的总和没有超过保险价值，被保险人不会因此获得额外利益，则不属于本法规定的重复保险。

本条关于重复保险的规定包括以下三个方面的内容。

1. 重复保险的投保人应当将重复保险的有关情况通知各保险人。对投保人规定这一义务的目的,在于防止投保人隐瞒已经订立保险合同的情况,又与其他保险人订立保险合同,通过重复保险谋取不正当利益。

2. 发生保险事故的,重复保险的被保险人可以分别向不同的保险人请求赔偿,但其所获得的赔偿金额总和不得超过保险价值。由于财产保险以赔偿金额不超过实际损失为原则,因此,《保险法》明确规定:重复保险的各保险人赔偿金额的总和不得超过保险价值,这是重复保险赔偿的基本原则。规定这项原则,可以防止被保险人利用重复保险获取超过保险标的实际损失的赔偿金。同时,本条根据重复保险赔偿的基本原则,规定了保险事故发生时,各个保险人承担赔偿责任的具体方式,即各保险人按照其保险金额与保险金额总和的比例承担赔偿责任。当然,如果保险合同中对发生重复保险时保险人如何承担赔偿责任作出约定的,保险人就应当按照合同约定的方式承担赔偿责任。

3. 各保险人按照其保险金额与保险金额总和的比例承担赔偿责任后,重复保险的投保人可以就保险金额总和超过保险价值的部分,请求各保险人按比例返还保险费。上述规定是这次修改《保险法》时新增加的,有利于更好地保护投保人的利益。[1]

【案例导读】

各保险人按照其保险金额与保险金额总和的比例承担赔偿保险金的责任

——张某与杨某等生命权、健康权、身体权纠纷案[2]

【案号】

辽宁省沈阳市中级人民法院(2015)沈中民一终字第00096号

【案情】

2013年7月8日,杨某随同关某运送钢管。当日19时许,张某驾驶辽重型专项作业车吊运钢管时,吊臂钢丝突然断裂,将杨某砸倒受伤。杨某被送医院救治,共计支付医疗费68,579.22元。事故车辆所有人为张某,在某保险公司市公司投保商业险,其中商业三者险赔偿限额为30万元,附不计免赔率特约条款,在某保险公司省公司投保特种设备第三者责任险,其中人身伤亡责任限额为(每人)10万元。

法院认为,关于理赔数额的问题,本案中,张某为事故车辆投保了商业三者险(赔偿限额为30万元,附不计免赔率特约条款)和特种设备第三者责任险(人身伤

[1] 安建主编:《中华人民共和国保险法(修订)释义》,法律出版社2009年版,第93~95页。

[2] 案例来源:北大法宝网,2016年2月4日访问,有删减。

亡责任限额为每人 10 万元)。两份保险均属商业保险性质,且事故发生时,均处于保险期限内。根据《保险法》第 56 条的规定“重复保险的各保险人赔偿保险金的总和不得超过保险价值。除合同另有约定外,各保险人按照其保险金额与保险金额总和的比例承担赔偿保险金的责任”,故本案中,保险公司市公司与保险公司省公司应在保险限额内按照 3∶1 的比例对杨某的各项损失承担赔偿责任。

【分析】

法律允许重复保险的存在,但要求重复保险的各保险人赔偿保险金的总和不得超过保险价值,若保险金额总和超过保险价值,则理赔时各保险人应按照其保险金额与保险金额总和的比例承担赔偿保险金的责任。本案中,虽肇事车辆系重复投保,但并不能因此而免除任何一个保险人的保险责任,各保险人应在各自承保的限额内承担保险赔偿责任。

第五十七条　【防止或减少损失的义务】保险事故发生时,被保险人应当尽力采取必要的措施,防止或者减少损失。

保险事故发生后,被保险人为防止或者减少保险标的的损失所支付的必要的、合理的费用,由保险人承担;保险人所承担的费用数额在保险标的损失赔偿金额以外另行计算,最高不超过保险金额的数额。

【条文理解】

保险不只是一种灾后补偿的消极手段,还应该具有防灾防损的积极效果。被保险人在保险事故发生后,及时、主动地设法抢救,防止损失扩大,对于被保险人和保险人来说都是有利的。同时,在一般情况下,被保险人对保险财产的性能、保险事故现场及其周围情况比较了解,被保险人如果尽力采取措施,能够防止损失扩大或者减少损失程度。因此,许多国家的保险法都规定,保险事故发生后,被保险人有尽力施救以防止或者减少损失的义务。本法也对此作了规定,本条第 1 款明确规定,保险事故发生时,被保险人有责任尽力采取必要的措施,防止或者减少损失。这里讲的“必要的措施”,是指为防止保险事故的扩大而对保险财产进行抢救、保护和整理等措施。

被保险人为防止或者减少保险财产损失而采取施救、保护、整理等措施,通常会有一定的费用支出。由于被保险人的财产已经投保,从某种意义上说,被保险人的这些费用是为保险人的利益而支出的。因此,本法规定,被保险人为防止或者减少保险标的损失而支付的必要的、合理的费用,应当由保险人来承担。这些费用在实践中一般包括两个部分:一是保险事故发生时,为抢救财产或者防止灾害蔓延而采取必要措施而造成的损失,如房屋发生火灾,为防止火势蔓延,将房屋周围的附属建筑物拆除,所造成的损失就应由保险人赔偿;二是抢救、保护和整理保险标的所支出的合理费用,如抢救的人工费、材料费。

由于被保险人的这种费用支出与其保险财产因保险事故所遭受的损失具有不同的性质,因此本条第2款规定,保险人所承担的费用数额在保险标的损失赔偿金额以外另行计算,最高不超过保险金额的数额。也就是说,如果被保险人在保险事故发生后,为防止或者减少保险标的的损失而支付了必要的、合理的费用的情况下,被保险人最高可以获得相当于两个保险金额数额的赔偿。[1]

【案例导读】

保险事故发生后,被保险人为防止或者减少保险标的的损失所支付的必要的、合理的费用,由保险人承担

——某保险公司与赵某财产保险合同纠纷案[2]

【案号】

广东省阳江市中级人民法院(2015)阳中法民二终字第21号

【案情】

2013年12月2日,赵某作为被保险人为其车辆向某保险公司投保车辆损失险,保险期间为2013年12月3日0时起至2014年12月2日24时止。2014年6月28日,刘某驾驶该投保车辆发生道路交通事故。事故发生后,刘某委托某公司对车辆因此次事故的损失进行价格鉴定,核定其总损失为53,379元。赵某为此支付了车损价格鉴定费2500元,拖车费400元、拆检费280元、清场费50元、拯救费150元。双方对保险赔偿金额存在异议,遂诉至法院。

法院认为,赵某请求车辆所发生的价格鉴定费2500元、拖车费400元、拆检费280元、清场费50元、拯救费150元应属于保险法第57条、第64条规定的"为防止或者减少保险标的的损失所支付的必要的、合理的费用"和"为查明和确定保险事故的性质、原因和保险标的的损失程度所支付的必要的、合理的费用",故保险公司也应予以理赔。

故判决:保险公司支付车辆损失险保险金54,341.55元给赵某。

【分析】

被保险人为防止或者减少保险财产损失而采取施救、保护、整理等措施而支出的费用,从某种意义上说,是为保险人的利益而支出的。因此,法律规定被保险人为防止或者减少保险标的损失而支付的必要的、合理的费用,应当由保险人来承担。本案中,被保险人为减少损失积极采取施救措施所支出的合理费用理应由保

---

〔1〕 安建主编:《中华人民共和国保险法(修订)释义》,法律出版社2009年版,第95~96页。

〔2〕 案例来源:北大法宝网,2016年2月11日访问。

险公司负担。

【配套规定】

《合同法》

第一百一十九条　当事人一方违约后，对方应当采取适当措施防止损失的扩大；没有采取适当措施致使损失扩大的，不得就扩大的损失要求赔偿。

当事人因防止损失扩大而支出的合理费用，由违约方承担。

第五十八条　【保险标的部分损失后的合同解除】保险标的发生部分损失的，自保险人赔偿之日起三十日内，投保人可以解除合同；除合同另有约定外，保险人也可以解除合同，但应当提前十五日通知投保人。

合同解除的，保险人应当将保险标的未受损失部分的保险费，按照合同约定扣除自保险责任开始之日起至合同解除之日止应收的部分后，退还投保人。

【条文理解】

保险事故发生后，作为保险标的的保险财产有的全部灭失，有的只发生部分损毁或灭失。保险标的发生损失时，被保险人可以根据保险合同的约定，要求保险人履行赔偿责任。保险人按照保险财产的实际损失支付保险赔偿金后，保险合同的效力根据损失程度和保险金额的多少会出现以下情形。

1. 足额保险，即保险金额等于保险价值的保险。如果保险标的发生了全损，保险人支付了全额保险金，则保险合同自然终止。

2. 不足额保险，即保险金额少于保险价值的保险。如果保险标的发生了全损，保险人支付了全额保险金，则保险合同也自然终止。

3. 如果不足额保险的保险标的发生了部分损失，但保险人按照合同的约定根据实际损失程度支付了保险金，并且保险金达到了保险金额的数额，虽然这个时候保险标的仍然存在，但在以后再发生保险事故时保险人没有赔偿保险金的义务，保险合同也应终止。

4. 足额保险或者不足额保险的保险标的发生损失，而保险人赔偿的保险金没有达到保险金额的数额，保险标的仍然存在，保险人对保险标的未受损失的部分仍然承担保险责任，在以后发生保险事故时保险人仍有赔偿保险金的义务，此时保险合同的效力仍然维持。

在保险标的发生部分损失，保险合同效力仍然维持的情况下，本条对投保人和保险人是否解除合同提供了选择的机会。表现在以下方面。

1. 保险标的发生部分损失，保险赔偿金未达到保险金额，投保人可以自保险人赔偿之日起30日内解除保险合同。在这种情况下,投保人只需向保险人作出解除合同的意思表示,而无须征得保险人的同意,合同效力即行终止。

2. 保险标的发生部分损失,保险赔偿金未达到保险金额,如果合同中没有不得终止合同的条款,保险人在履行了赔偿保险金责任后,也有权解除合同。但是保险人若要解除保险合同,应当提前15日通知投保人。

如果投保人已经履行了支付整个保险期间的保险费的义务,那么,在保险期限届满前解除合同的,按照公平原则,保险人应将其未承担保险责任的那部分保险费退还给投保人。对于发生损失的部分,保险人已经赔偿了保险金,承担了保险责任;对于未受损失的部分,于保险责任开始之日起至合同解除之日止期间,保险人也承担了保险责任,这一期间的保险费是投保人应该支付的。因此,本条第2款规定,依照本条第1款解除合同的,保险人应当将保险标的未受损失部分的保险费,按照合同的约定扣除自保险责任开始之日起至合同解除之日止应收的部分后,退还投保人。[1]

第五十九条 【保险标的全损的残值权利归属】保险事故发生后,保险人已支付了全部保险金额,并且保险金额等于保险价值的,受损保险标的全部权利归于保险人;保险金额低于保险价值的,保险人按照保险金额与保险价值的比例取得受损保险标的的部分权利。

【条文理解】

保险事故发生后,保险标的因事故的发生而全部灭失的情况较少,多数受损的保险标的还会留有残值。在被保险人获得保险人支付的全部保险金额后,保险标的残值权利的归属,需要法律予以明确。

财产保险的目的在于弥补被保险人因保险事故的发生而遭受的损失,以赔偿实际损失为原则。保险财产遭受损失时,被保险人最多只能获得相当于保险标的实际价值的保险赔偿金,不能因投保财产保险而取得额外利益。因此,当保险标的发生全部损失,保险人按照保险合同约定的保险金额全额赔偿保险金后,被保险人的损失已经得到全部弥补,不应再拥有受损保险标的残值的所有权,否则被保险人就会获得这部分财产的双重利益;而保险人因赔偿了保险金,作为对价,应有权取得受损保险标的的残值。因此,本条规定,保险标的因保险事故而发生全部损失,保险人支付了全部保险金额的,受损保险标的的权利归于保险人。

保险人取得保险标的残值所有权的情况因保险金额与保险价值的关系不同而

[1] 安建主编:《中华人民共和国保险法(修订)释义》,法律出版社2009年版,第97~98页。

有两种：其一，在足额保险的情况下，保险事故发生后，保险人支付了全部保险金额的，受损保险标的的全部价值归属于保险人；其二，在不足额保险的情况下，也就是保险金额低于保险价值的情况下，因为保险人支付的全部保险金额仅弥补了被保险人的部分损失，按照权利义务对等的原则，保险人按照保险金额与保险价值的比例取得受损保险标的的部分权利。[1]

第六十条　【代位权的行使】因第三者对保险标的的损害而造成保险事故的，保险人自向被保险人赔偿保险金之日起，在赔偿金额范围内代位行使被保险人对第三者请求赔偿的权利。

前款规定的保险事故发生后，被保险人已经从第三者取得损害赔偿的，保险人赔偿保险金时，可以相应扣减被保险人从第三者已取得的赔偿金额。

保险人依照本条第一款规定行使代位请求赔偿的权利，不影响被保险人就未取得赔偿的部分向第三者请求赔偿的权利。

【条文理解】

保险代位求偿权，是指财产保险的保险人在赔偿被保险人损失后，所取得的向负有责任的第三方请求赔偿的权利。保险代位求偿权发生在保险事故因第三者的违约或者侵权而对保险标的造成损害的财产保险合同中。第三者对保险标的造成损害后，被保险人有权依据有关民事法律的规定向该第三者请求赔偿，同时也有权依据保险合同的约定向保险人请求赔偿保险金。因为财产保险以赔偿实际损失为原则，为避免被保险人因行使上述两种请求权而获得双重利益，在其获得保险人赔偿的保险金后，就不应再向第三者行使其原有的损害赔偿请求权，而必须将这一权利转让给保险人，由保险人代位行使，这就是保险代位求偿权产生的原因。

保险人行使代位求偿权必须以其履行了保险金赔偿义务为前提。首先，保险人与被保险人之间应存在财产保险合同关系，这是保险代位求偿权产生的基础。其次，保险标的因第三者的违约或者侵权而产生损害，如果保险标的的损害不是因第三者的原因造成的，代位求偿自然也无从谈起。再次，第三者对保险标的的损害负有向被保险人赔偿的义务。又次，第三者对保险标的的损害属于保险事故。如果不属于保险事故，保险人不承担保险责任，也不存在代位求偿问题。最后，保险人实际履行了赔偿保险金的义务。

保险人行使代位求偿权的范围不得超过其实际赔偿金额的范围。代位求偿权的设立目的在于防止被保险人因保险事故的发生而获得双重利益，保险人也不应

[1] 安建主编：《中华人民共和国保险法（修订）释义》，法律出版社2009年版，第98～99页。

因行使代位求偿权而获得额外利益。因此,保险人行使代位求偿权应在其实际赔偿的保险金范围内,不能超出其实际赔付金额向第三者行使损害赔偿请求权。

保险事故发生后,被保险人已经从第三者取得损害赔偿的,保险人赔偿保险金后,可以相应扣减被保险人从第三者已取得的赔偿金额。这一规定的目的也是防止被保险人获得双重利益。

保险人行使代位求偿权,不影响被保险人就未取得赔偿的部分向第三者请求赔偿的权利。本条第1款明确规定,保险人在其赔偿保险金的范围内代位行使被保险人对第三者请求赔偿的权利。当保险赔偿金低于被保险人应获得的损害赔偿时,被保险人的损害赔偿请求权在其未获赔偿范围内仍然存在,被保险人有权就这部分损失向第三者请求赔偿。[1]

【案例导读】1

不能因第三者有过错而核减保险人的赔偿责任

——某联合保险公司与杨某保险合同纠纷案[2]

【案号】

湖北省襄阳市中级人民法院(2012)鄂襄阳中民三终字第00042号

【案情】

2010年7月2日,某物流有限公司将挂靠在其名下的(车辆所有人肖某)鄂F1G半挂牵引汽车和鄂F1R挂车,在某联合保险公司处投保了交强险和商业第三者责任险、车辆损失险、车上人员责任险(驾驶员与乘客)等险种。后被保险车辆卖给了杨某,根据物流公司的申请,保险公司将主车原保单被保险人、行驶证车主均变更为杨某,并将主车牌号鄂F1G变更为鄂F1T,将第一受益人变更为杨某,直至保险期满,并将原主车和挂车的交强险均作了批改,其中挂车牌号鄂F1R变更为鄂FEN。

2011年3月16日8时44分许,付某驾驶杨某所有的东风半挂车行驶中与吉某驾驶的斯太尔半挂大货车相撞,致吉某死亡,被保险车辆的乘坐人高某受伤,两车受损的道路交通事故。事故发生后,杨某向保险公司报案,保险公司派员对现场进行了勘验。交警大队认定吉某负本次事故的主要责任,付某负本次事故的次要责任,乘坐人高某无责任。

杨某申请理赔,保险公司以杨某主张的损失中包含应由对方车辆交强险承担的医疗费2454.70元和车辆损失2000元,不同意承担该部分赔偿责任,遂提起诉讼。

---

〔1〕 安建主编:《中华人民共和国保险法(修订)释义》,法律出版社2009年版,第99~101页。

〔2〕 案例来源:中国法院网,2012年11月21日访问,有删减。

法院经审理认为:保险公司承保了被保险车辆车上人员险和车辆损失险,因交通事故而发生的司乘人员医疗费用和被保险车辆损毁损失,保险公司应当在车上人员险和车损险的赔偿限额内赔付保险金。且根据《保险法》第60条的规定,因第三者对保险标的的损害而造成保险事故的,保险人自向被保险人赔偿保险金之日起,在赔偿金额范围内代位行使被保险人对第三者请求赔偿的权利。由此,即使保险公司提出2454.70元医疗费和2000元车辆损失款,应当由第三人承担。根据上述法律规定,保险公司也因赔付杨某而取得代位请求权,可以向第三人主张权利,其合法权益依法能够得以实现。故保险公司提出应核减由交通事故对方当事人承担的医疗费2454.70元和车辆损失2000元的理由不能成立,法院不予采纳。

故法院判决保险公司向杨某支付车辆保险金67,013元、车上人员(驾驶员与乘客)保险金2454.7元。

【分析】

因第三者对保险标的的损害而造成保险事故的,该第三者和保险公司都有赔偿被保险人所受损失的责任。但法律特别规定了保险人的代位求偿权,所以在此情况下,如被保险人向保险公司申请理赔,保险公司不得核减第三者应付的赔偿责任。本案中,虽第三人对被保险人的损失负有责任,但在其未向被保险人赔偿时,保险人依然应对被保险人全额理赔,不得核减。

【案例导读】2

代位求偿诉讼管辖法院的确定

——某财产保险有限公司诉李某、某财产保险公司保险人代位求偿权纠纷案[1]

【案号】

北京市东城区人民法院(2012)东民初字第13663号

【案情】

2011年6月1日,某财产保险有限公司北京分公司与北京某有限公司签订机动车辆保险合同,保险期间自2011年6月5日0时起至2012年6月4日24时止。2011年11月18日,陈某驾驶被保险车辆行驶至北京市朝阳区机场高速公路上时,与李某驾驶的车牌号为冀GA9120的车辆发生交通事故,造成被保险车辆受损。经交管部门认定,李某负事故全部责任。事故发生后,保险公司依照保险合同的约定,向被保险人某公司赔偿保险金83,878元,并依法取得代位求偿权。基于肇事车辆系在某财产保险股份有限公司河北省分公司张家口支公司投保了机动车交通事故责任强制保险,该保险公司于2012年10月诉至北京市东城区人民法院,请求判令

---

〔1〕 案例来源:中国法院网,2016年2月4日访问,有删减。

被告肇事司机李某和其投保的某保险公司赔偿83,878元,并承担诉讼费用。

被告李某的住所地为河北省张家口市怀来县沙城镇,被告某保险公司的住所地为张家口市怀来县沙城镇燕京路东108号,保险事故发生地为北京市朝阳区机场高速公路上,被保险车辆行驶证记载所有人的住址为北京市东城区工体北路新中西街8号。

裁判结果:对某保险公司的起诉不予受理。宣判后,当事人未上诉,裁定已发生法律效力。

法院认为,根据《保险法》第60条的规定,保险人的代位求偿权是指保险人依法享有的,代位行使被保险人向造成保险标的损害负有赔偿责任的第三者请求赔偿的权利。保险人代位求偿权源于法律的直接规定,属于保险人的法定权利,并非基于保险合同而产生的约定权利。因第三者对保险标的的损害造成保险事故,保险人向被保险人赔偿保险金后,代位行使被保险人对第三者请求赔偿的权利而提起诉讼的,应根据保险人所代位的被保险人与第三者之间的法律关系确定管辖法院。第三者侵害被保险人合法权益,因侵权行为提起的诉讼,依据《民事诉讼法》第28条的规定,由侵权行为地或者被告住所地法院管辖,而不适用财产保险合同纠纷管辖的规定,不应以保险标的物所在地作为管辖依据。本案中,第三者实施了道路交通侵权行为,造成保险事故,被保险人对第三者有侵权损害赔偿请求权;保险人行使代位权起诉第三者的,应当由侵权行为地或者被告住所地法院管辖。现二被告的住所地及侵权行为地均不在北京市东城区,故北京市东城区人民法院对该起诉没有管辖权,应裁定不予受理。

【分析】

本案涉及代位求偿诉讼案件的地域管辖问题。因第三者对保险标的的损害造成保险事故,保险人向被保险人赔偿保险金后,代位行使被保险人对第三者请求赔偿的权利而提起诉讼的,应当根据保险人所代位的被保险人与第三者之间的法律关系,而不应当根据保险合同法律关系确定管辖法院。第三者侵害被保险人合法权益的,由侵权行为地或者被告住所地法院管辖。

【配套规定】

最高人民法院《关于适用〈中华人民共和国保险法〉若干问题的解释(二)》

第十六条　保险人应以自己的名义行使保险代位求偿权。

根据保险法第六十条第一款的规定,保险人代位求偿权的诉讼时效期间应自其取得代位求偿权之日起算。

第十九条　保险事故发生后,被保险人或者受益人起诉保险人,保险人以被保险人或者受益人未要求第三者承担责任为由抗辩不承担保险责任的,人民法院不予支持。

财产保险事故发生后,被保险人就其所受损失从第三者取得赔偿后的不足部分提起诉讼,请求保险人赔偿的,人民法院应予依法受理。

第六十一条 【被保险人放弃赔偿请求权的法律后果】保险事故发生后,保险人未赔偿保险金之前,被保险人放弃对第三者请求赔偿的权利的,保险人不承担赔偿保险金的责任。

保险人向被保险人赔偿保险金后,被保险人未经保险人同意放弃对第三者请求赔偿的权利的,该行为无效。

被保险人故意或者因重大过失致使保险人不能行使代位请求赔偿的权利的,保险人可以扣减或者要求返还相应的保险金。

【条文理解】

在发生了因第三者对保险标的的损害而造成的保险事故以后,被保险人同时享有向保险人请求赔偿保险金的权利和向第三者请求赔偿的权利。如果被保险人先向第三者进行索赔,第三者承担了赔偿责任,支付了赔偿金,对于已获得赔偿的损失,被保险人不能再向保险人索赔。也就是说,第三者赔偿的金额如果等于或大于保险财产的实际价值,保险人就不再承担赔偿保险金的责任。发生保险事故后,如果被保险人先向保险人请求赔偿,保险人支付了保险赔偿金,则被保险人向第三者请求赔偿的权利依法应由保险人代位行使,被保险人只对未取得保险赔偿的部分享有向第三者请求赔偿的权利。法律赋予保险人代位求偿权,在于防止被保险人因保险事故获得额外利益,同时使有过错的第三者不能逃避损失赔偿责任,体现了财产损失补偿原则和社会公平原则。保险事故发生后,保险人未赔偿保险金之前,被保险人放弃对第三者请求赔偿的权利的,保险人就会失去代位求偿权,实际上使有过错的第三者免除了法定赔偿责任,损害了保险人的合法权益。为了制约被保险人放弃对第三者请求赔偿的权利的行为,本条第1款明确规定了这种行为的法律后果,即被保险人将丧失从保险人处取得保险赔偿金的权利,其保险财产损失不能从保险人处得到赔偿。

保险人的代位求偿权是法定权利,在保险人向被保险人支付了保险赔偿金后,被保险人所享有的向第三者请求赔偿的权利自动转移,保险人的代位求偿权随之产生。被保险人的损害赔偿请求权虽然因第三者对保险标的的损害而产生,但在保险人赔偿保险金后,已经依法由保险人行使,对损害赔偿请求权的任何处置都必须经保险人同意,否则将因无权处分而无效。因此本条第2款明确规定,保险人向被保险人赔偿保险金后,被保险人未经保险人的同意放弃对第三者请求赔偿的权利的,该行为无效;保险人仍有权代位行使被保险人对第三者请求赔偿的权利。

代位求偿权以第三者对保险标的的损害而造成保险事故为前提,被保险人是保险事故的直接受害者,其有关行为对以后保险人能否行使代位求偿权有着重要影响,甚至可能直接导致保险人无法行使代位求偿权。如因被保险人的疏忽大意,造成证据遗失,使得损害赔偿的范围无法确定或者减少,或者被保险人怠于行使权利而超过诉讼时效。上述行为是因被保险人的过错所致,被保险人应该承担相应的责任。因此本条第 3 款规定,被保险人故意或者因重大过失致使保险人不能行使代位请求赔偿的权利的,保险人可以扣减或者要求返还相应的保险金。[1]

第六十二条 【禁止代位请求赔偿的情形】除被保险人的家庭成员或者其组成人员故意造成本法第六十条第一款规定的保险事故外,保险人不得对被保险人的家庭成员或者其组成人员行使代位请求赔偿的权利。

【条文理解】

被保险人的家庭成员,是指作为自然人的被保险人,其配偶、子女、父母以及与被保险人有抚养、赡养或者扶养关系的人。被保险人的组成人员,一般是指作为法人和其他组织的被保险人的内部工作人员。通常情况下,被保险人的家庭成员或者其组成人员对保险标的具有与被保险人共同的利益。如家庭财产遭受损失,不仅被保险人的利益受损害,所有家庭成员的生活及工作都会受到影响;企业财产遭受损失,企业的生产和效益以及职工的利益也会受影响。因此,被保险人的家庭成员或者其组成人员通常不会故意造成保险标的损失,一旦他们造成保险事故,实际上是损害自己的利益。同时,即使在被保险人的家庭成员或者其组成人员造成保险标的损失的情况下,实践中被保险人一般也不会追究其责任:对于家庭成员追究其财产责任与传统的伦理道德观念不相符;对于组织的员工,一般通过纪律处分解决,也很少会要求其按照实际损失承担赔偿责任。因此,被保险人的家庭成员或者其组成人员造成保险事故的,一般情况下被保险人不会行使损害赔偿请求权;随之而来,对保险人行使代位求偿权也应有所限制。

本条对保险人向造成保险标的损失的被保险人的家庭成员或者其组成人员行使代位求偿权进行了限制,即被保险人的家庭成员或者其组成人员过失造成保险标的损失的,保险人不得行使代位求偿权;被保险人的家庭成员或者其组成人员故意造成保险标的损失的,保险人仍可以依照本法的有关规定行使代位求偿权,向其请求损害赔偿。[2]

---

〔1〕 安建主编:《中华人民共和国保险法(修订)释义》,法律出版社 2009 年版,第 101 ~ 102 页。
〔2〕 安建主编:《中华人民共和国保险法(修订)释义》,法律出版社 2009 年版,第 103 页。

第六十三条 【协助行使代位权的义务】保险人向第三者行使代位请求赔偿的权利时，被保险人应当向保险人提供必要的文件和所知道的有关情况。

【条文理解】

由于代位求偿权实际上是被保险人损害赔偿请求权的转移，被保险人是否协助保险人向第三者求偿等，对于保险人能否实现其代位求偿权是十分重要。为此，本条对保险人行使代位求偿权时被保险人的义务作了规定。

根据本条的规定，保险人向第三者行使代位求偿权时，被保险人应当向保险人提供必要的文件和所知道的有关情况。这是因为，保险人行使代位求偿权，需要了解被保险人与第三者的权利义务关系，即第三者是如何对保险标的造成损害的。如损害原因是违约还是侵权；如果是因为违约，有关合同是如何规定的；如果是侵权，侵权行为是如何发生的。而上述有关情况，被保险人是最清楚的，保险人往往并不掌握。被保险人如果不向保险人提供必要的文件和所知道的有关情况，很可能导致保险人的代位求偿权无法实现。因此，本法对被保险人规定了提供必要的文件和告知其所知道的有关情况的义务。这里所说的“必要的文件和所知道的有关情况”，一般是指能够证明被保险人损害赔偿请求权存在的文件或者其他证据，如被保险人与第三者之间的合同、第三者的有关情况以及能够证明第三者对保险事故的发生负有责任的有关情况和依据。被保险人如果怠于履行这项法定义务，致使保险人不能行使代位求偿权的，保险人可以按照本法第 61 条第 3 款的规定，相应扣减保险赔偿金。[1]

第六十四条 【合理费用的承担】保险人、被保险人为查明和确定保险事故的性质、原因和保险标的的损失程度所支付的必要的、合理的费用，由保险人承担。

【条文理解】

保险事故的性质，主要指事故与保险人责任的关系。查明事故的性质，就是为了确认事故是否为合同中载明的保险责任范围内的事故。对于保险责任范围以外的事故造成的损失，保险人不承担赔偿责任。保险事故的原因，是指保险事故发生

〔1〕 安建主编：《中华人民共和国保险法(修订)释义》，法律出版社 2009 年版，第 103 ~ 104 页。

的直接诱因,查明保险事故的原因,可以确定保险人的除外责任。例如,依据本法的有关规定,对于被保险人的故意行为造成的事故,保险人不承担保险责任。查明保险标的损失程度,是为了确定应该支付的保险赔偿金的数额,履行赔偿责任。

查明保险事故的性质、原因和保险标的的损失程度,是保险人明确承担的责任范围,划清除外责任,最终确定应该支付的保险赔偿金数额所必须履行的程序,是保险人理赔工作的一部分。不查明这些情况,保险人无法进行合理的赔付。因此,为查明本条规定的上述情况所支出的费用,是理赔所必需的,理应由保险人承担。

被保险人对于保险事故的性质、原因和保险标的的损失程度,没有调查的义务。但是,被保险人可以协助保险人进行上述调查这有助于缩短理赔时间,使被保险人能及时获得赔偿,尽早恢复正常的工作和生活。为了鼓励被保险人帮助进行调查,对于被保险人为查明上述情况而支出合理的、必要的费用,也规定由保险人承担。[1]

第六十五条 【责任保险金的支付】保险人对责任保险的被保险人给第三者造成的损害,可以依照法律的规定或者合同的约定,直接向该第三者赔偿保险金。

责任保险的被保险人给第三者造成损害,被保险人对第三者应负的赔偿责任确定的,根据被保险人的请求,保险人应当直接向该第三者赔偿保险金。被保险人怠于请求的,第三者有权就其应获赔偿部分直接向保险人请求赔偿保险金。

责任保险的被保险人给第三者造成损害,被保险人未向该第三者赔偿的,保险人不得向被保险人赔偿保险金。

责任保险是指以被保险人对第三者依法应负的赔偿责任为保险标的的保险。

【条文理解】

责任保险,又称第三者责任保险,依据本条的规定,是指以被保险人对第三者依法应负的赔偿责任为保险标的的保险。它是当被保险人对第三者负损害赔偿责任时,由保险人承担其赔偿责任,向被保险人或者第三人赔偿保险金的一种保险。订立责任保险合同的,实际上是由保险人担负被保险人对第三者的损害赔偿责任。实践中的责任保险,包括公众责任保险、产品责任保险、职业责任保险、机动车第三者责任险等。责任保险的保险标的,是被保险人在法律上应该承担的损害赔偿责

---

[1] 安建主编:《中华人民共和国保险法(修订)释义》,法律出版社2009年版,第104~105页。

任，这与以某一具体的物质形态的财产为标的的保险有所不同。但是，由于发生民事赔偿责任，就需要向受损害的第三者支付金钱或者实物作为赔偿，所以，这种保险实际上是以被保险人的全部财产为保险标的的一种保险，也应属于财产保险的范畴。

责任保险以被保险人对第三者依法应付的赔偿责任为保险标的，在具体赔偿方式上与一般的财产保险有所不同：当保险事故发生时，保险人可以直接向第三者赔偿保险金，这是由责任保险的目的决定的。在责任保险合同的保险期间内，一旦发生被保险人对第三者损害的保险事故，被保险人对第三者的损害赔偿责任，由保险人代为承担。因此，保险人不必先将保险赔偿金支付给被保险人，而可以直接向受损害的第三者赔偿保险金。本条专门对此作了规定，包括以下几方面：

1. 依照法律规定或者合同约定直接向第三者赔偿保险金。如《道路交通安全法》第 75 条规定，发生交通事故并且肇事车辆参加机动车第三者责任强制保险的，由保险公司在责任限额范围内支付抢救费用。保险人和被保险人也可以在合同中约定，当保险事故发生时，由保险人直接向第三者赔偿保险金。

2. 应被保险人的请求直接向第三者赔偿保险金。在法律没有规定或者合同没有约定的情况下，当保险事故发生后，如果保险人对第三者应负的赔偿责任确定的，依照本条第 2 款的规定，根据被保险人的请求，保险人应当直接向第三者赔偿保险金。这里讲的“赔偿责任确定”，实践中一般包括以下情况：一是法院判决或者仲裁机构的仲裁裁决确定了被保险人应当向第三者赔偿的具体金额；二是被保险人与第三者达成的并经保险人同意的赔偿协议确定了具体赔偿数额。当然，保险人在向第三者赔偿的保险金，应当在合同约定的保险金额范围内。如果法院判决或者赔偿协议确定的赔偿数额超过了保险金额，超过部分由被保险人自己承担。

3. 如果被保险人怠于向保险人请求向第三者支付的，第三者有权就其应获赔偿的部分直接向保险人请求赔偿保险金。这一规定是这次修改《保险法》时新增加的内容。实践中，有的被保险人对第三者造成损害后，无力赔偿，又不向保险人请求直接向第三者赔偿保险金，损害了第三者的利益。根据《合同法》中关于因债务人怠于行使其到期债权，对债权人造成损害的，债权人可以以自己的名义代位行使债务人的债权的规定，本法新增加了上述规定，以更好地保护第三者的利益。

为了更好地保护第三者的利益，防止被保险人在获得保险金后不向第三者赔偿，本条第 3 款明确规定，责任保险的被保险人给第三者造成损害，被保险人未向该第三者赔偿的，保险人不得向被保险人赔偿保险金。当然，这一规定并不影响保险人依据本条第 1 款和第 2 款的规定，直接向第三者赔偿保险金。[1]

---

〔1〕 安建主编：《中华人民共和国保险法（修订）释义》，法律出版社 2009 年版，第 106～107 页。

【案例导读】

保险人对责任保险的被保险人给第三者造成的损害，可以直接向该第三者赔偿保险金

——孔某与刘某、某财产保险股份有限公司机动车交通事故责任纠纷[1]

【案号】

山东省高唐县人民法院(2015)高少民初字第54号

【案情】

2014年10月7日，刘某驾驶小型普通客车与孔某相撞，造成孔某受伤的交通事故。交警大队道路交通事故认定书认定刘某负事故主要责任，孔某负次要责任。事故发生后，孔某住院治疗。刘某为事故车辆在某财险公司投保了交强险和30万元的商业三者险，并投保不计免赔险，事故发生在保险期间内。

法院认为：根据相关法律规定，机动车发生交通事故后先由承保交强险的保险公司在责任限额范围内予以赔偿，不足部分由承保商业三者险的保险公司根据保险合同予以赔偿，仍有不足的依照道路交通安全法和侵权责任法的相关规定由侵权人予以赔偿。依照《保险法》第17条、第65条、第66条，判决：(1)财产保险公司在交强险限额内赔偿孔某医疗费、住院伙食补助费、误工费、护理费共计42,459.16元；(2)财产保险公司在商业三者险限额内赔偿孔某医疗费、住院伙食补助费及鉴定费共计17,309.55元。

【分析】

在责任保险中，为方便当事人获得赔偿，法律规定保险人对责任保险的被保险人给第三者造成的损害，可以依照法律的规定或者合同的约定，直接向该第三者赔偿保险金。不足部分由承保商业三者险的保险公司根据保险合同予以赔偿，仍有不足的依照道路交通安全法和侵权责任法的相关规定由侵权人予以赔偿。本案中，刘某驾驶投保车辆发生事故造成孔某受伤，法院判决确定孔某损失其赔偿额度后可直接判令保险公司向孔某支付赔偿金。

【配套规定】

《机动车交通事故责任强制保险条例》

第二十一条　被保险机动车发生道路交通事故造成本车人员、被保险人以外的受害人人身伤亡、财产损失的，由保险公司依法在机动车交通事故责任强制保险责任限额范围内予以赔偿。

道路交通事故的损失是由受害人故意造成的，保险公司不予赔偿。

---

[1]　案例来源：中国裁判文书网，2016年2月5日访问，有删减。

最高人民法院《关于审理人身损害赔偿案件适用法律若干问题的解释》

第十七条 受害人遭受人身损害，因就医治疗支出的各项费用以及因误工减少的收入，包括医疗费、误工费、护理费、交通费、住宿费、住院伙食补助费、必要的营养费，赔偿义务人应当予以赔偿。

受害人因伤致残的，其因增加生活上需要所支出的必要费用以及因丧失劳动能力导致的收入损失，包括残疾赔偿金、残疾辅助器具费、被扶养人生活费，以及因康复护理、继续治疗实际发生的必要的康复费、护理费、后续治疗费，赔偿义务人也应当予以赔偿。

受害人死亡的，赔偿义务人除应当根据抢救治疗情况赔偿本条第一款规定的相关费用外，还应当赔偿丧葬费、被扶养人生活费、死亡补偿费以及受害人亲属办理丧葬事宜支出的交通费、住宿费和误工损失等其他合理费用。

第二十条 误工费根据受害人的误工时间和收入状况确定。

误工时间根据受害人接受治疗的医疗机构出具的证明确定。受害人因伤致残持续误工的，误工时间可以计算至定残日前一天。

受害人有固定收入的，误工费按照实际减少的收入计算。受害人无固定收入的，按照其最近三年的某丙均收入计算；受害人不能举证证明其最近三年的某丙均收入状况的，可以参照受诉法院所在地相同或者相近行业上一年度职工的某丙均工资计算。

第二十二条 交通费根据受害人及其必要的陪护人员因就医或者转院治疗实际发生的费用计算。交通费应当以正式票据为凭；有关凭据应当与就医地点、时间、人数、次数相符合。

第二十七条 丧葬费按照受诉法院所在地上一年度职工月某丙均工资标准，以六个月总额计算。

第二十九条 死亡赔偿金按照受诉法院所在地上一年度城镇居民人均可支配收入或者农村居民人均纯收入标准，按二十年计算。但六十周岁以上的，年龄每增加一岁减少一年；七十五周岁以上的，按五年计算。

第六十六条 【责任保险的其他费用】责任保险的被保险人因给第三者造成损害的保险事故而被提起仲裁或者诉讼的，被保险人支付的仲裁或者诉讼费用以及其他必要的、合理的费用，除合同另有约定外，由保险人承担。

【条文理解】

责任保险的被保险人给第三者造成损害后，如果双方对是否承担赔偿责任、如何承担赔偿责任以及赔偿金额不能协商达成一致的，只能通过诉讼或者仲裁程序来解决，由人民法院或者仲裁机构对有关事项作出判决或者裁决。被保险人因给第三者造成损害的保险事故而被提起仲裁或者诉讼的，在参加仲裁或者诉讼程序时，会支出相应的费用。这些费用是确定责任保险的被保险人对第三者应负的赔偿责任所必须支出的费用，在性质上属于查明和确定责任保险的保险事故性质、原因及受损害的第三者损失程度所支出的费用。因此，本条规定这部分费用应该由保险人承担。如果被保险人已经支付了仲裁或者诉讼等费用，其可以向保险人请求给付。如果被保险人尚未支付这些费用，则可以由保险人代为支付。

责任保险是以被保险人对第三者依法应负的赔偿责任为保险标的的保险，被保险人参加有关仲裁或者诉讼程序所支出的费用，也可以算作保险责任的范围之内，而保险人和被保险人是可以对保险责任的范围进行约定的。因此，本条规定，如果保险合同对责任保险的被保险人支付的仲裁或者诉讼费用以及其他必要、合理的费用的承担作出约定，则按照合同的约定执行；如果合同约定保险人不承担上述有关费用的，则由被保险人自行承担。[1]

【案例导读】

被保险人支付的鉴定费、诉讼费等必要的、合理的费用须由保险人承担

——李某与某财产保险公司保险合同纠纷案

【案号】

北京市大兴区人民法院(2012)大民初字第961号

【案情】

2010年8月4日，李某为其所有的机动车在保险公司投保了机动车商业保险。2011年1月31日14时50分，李某之夫魏某驾驶投保车辆发生事故，致使被保险车辆受损。事故发生后，案外人张某就此次事故造成的损失向法院起诉李某及保险公司，李某承担案件受理费1400元、鉴定费2000元。本案在审理过程中，经李某申请，法院委托鉴定机构对投保单上李某签名的真实性进行鉴定，李某支出鉴定费2000元。

保险公司对李某主张两次鉴定费4000元及诉讼费1400元持有异议，不同意赔付。

法院经审理认为，某保险公司拒绝支付两次鉴定费及诉讼费的依据是机动车第三者责任保险条款第9条：下列人身伤亡、财产损失和费用，保险人不负责赔偿：“……(六)律师费、诉讼费、仲裁费、罚款、罚金或惩罚性赔款，以及未经保险人事先书面同意的检验费、鉴定费、评估费……”从该条款内容可知，该保险条款亦属保险人的免责条款，因某保险公司未能举证证明其就上述条款的内容向李某履行了提示和说明义务，故上述内容对李某亦不具有法律约束力。另外，根据《保险法》第66条“责任保险的被保险人因给第三者造成损害的保险事故而被提起仲裁或者诉讼的，被保险人支付的仲裁或者诉讼费用以及其他必要的、合理的费用，除合同另有约定外，由保险人承担”之规定，两次鉴定费和诉讼费均属必要的、合理的费

[1] 安建主编：《中华人民共和国保险法(修订)释义》，法律出版社2009年版，第107～108页。

用，故李某要求某保险公司支付鉴定费 4000 元、诉讼费 1400 元的请求，于法有据，某保险公司的抗辩意见，法院不予采信。

【分析】

被保险人因给第三者造成损害的保险事故而被提起仲裁或者诉讼时所支付的费用，是被保险人确定对第三者应负的赔偿责任所必须支出的费用，在性质上属于查明和确定责任保险的保险事故性质、原因及受损害的第三者损失程度所支出的费用，这部分费用应该由保险人承担。实践中保险人经常会通过在保险合同中约定相关免责条款免除自己的此项义务，投保人在投保时需格外注意。万一发生保险事故，也可通过探究该免责条款的效力来维护自身权益。本案即属此种情况。

第三章　保险公司

第六十七条　【设立的审批】设立保险公司应当经国务院保险监督管理机构批准。

国务院保险监督管理机构审查保险公司的设立申请时，应当考虑保险业的发展和公平竞争的需要。

【条文理解】

按照我国《公司法》的规定，对公司的设立实行准则主义与核准主义相结合的原则，即只要符合《公司法》规定的有关有限责任公司或者股份有限公司的设立条件，就可以登记设立公司；法律、行政法规规定设立公司必须报经批准的，应当在公司登记前依法办理批准手续。保险公司属于我国《公司法》规制下的公司，但其与一般的公司又有所不同：保险业属于金融行业，保险公司是专业性很强的金融机构，需要有专业的经营管理人员、雄厚的资本实力和抵御风险的能力。这就决定设立保险公司应有比设立一般公司更为严格的条件。按照行政许可法的规定，直接关系公共利益的特定行业的市场准入，可以设立行政许可。根据保险行业的特点，本法对保险公司的设立规定了前置的行政审批。这一规定有利于保证保险公司的质量，促进我国保险市场的有序发展，更好地保护投保人、被保险人和受益人的利益。

本条还对国务院保险监督管理机构在审查保险公司的设立申请时应当遵循的原则作了规定，即保险监督管理机构审查设立申请时，应当考虑保险业的发展和公平竞争的需要。这就要求保险监督管理机构在审查保险公司的设立申请时，不仅要依照本法关于保险公司应当具备的条件进行审查，还要从宏观上保证我国保险市场的正常发展和保险市场的公平、有序竞争，使保险业的发展与我国经济发展的实际情况相适应。[1]

---

〔1〕 安建主编：《中华人民共和国保险法（修订）释义》，法律出版社2009年版，第109～110页。

第六十八条　【设立条件】设立保险公司应当具备下列条件：

（一）主要股东具有持续盈利能力，信誉良好，最近三年内无重大违法违规记录，净资产不低于人民币二亿元；

（二）有符合本法和《中华人民共和国公司法》规定的章程；

（三）有符合本法规定的注册资本；

（四）有具备任职专业知识和业务工作经验的董事、监事和高级管理人员；

（五）有健全的组织机构和管理制度；

（六）有符合要求的营业场所和与经营业务有关的其他设施；

（七）法律、行政法规和国务院保险监督管理机构规定的其他条件。

【条文理解】

设立保险公司，不仅要符合《公司法》的规定，还要符合本法规定的条件，包括以下几点。

1. 主要股东应符合法定条件。保险公司的股东构成及其资信情况关系到公众对保险公司的信任度，对保险公司的规范化、专业化运作有重要影响。保险公司作为金融企业，与一般企业不同，对其股东资格应有更高的要求。为了保证保险公司质量，维护被保险人的利益，本条对保险公司的主要股东提出了严格的条件：一是要具有持续盈利能力，信誉良好；二是最近3年无重大违法违规记录，即没有因违法违规行为而受到行政处罚和刑事处罚的记录；三是在成为保险公司的股东时的净资产不低于人民币2亿元。

2. 有符合本法和《公司法》规定的章程。公司章程是关于公司组织及行为的基本规则。根据《公司法》的有关规定，保险公司的章程应当载明下列事项：公司名称和住所；公司经营范围；公司注册资本；有限责任公司股东的姓名或者名称；股东的权利和义务；有限责任公司股东的出资方式和出资额，或者股份有限公司股份总数、每股金额、发起人的姓名或者名称、认购的股份数；有限责任公司股东转让出资的条件；公司的机构及其产生办法、职权、议事规则；公司的法定代表人；公司的解散事由与清算办法等。同时，保险公司与普通公司不同，本法及有关行政法规对其注册资本、人员、机构、风险管理和内部控制制度以及行为规范有特殊要求的，保险公司的章程不得与这些要求相违背。

3. 有符合本法规定的注册资本。本法规定，设立保险公司，注册资本的最低限额为人民币2亿元。保险公司注册资本必须为实缴货币资本。保险监督管理机构根据保险公司范围、经营规模，可以调整其注册资本的最低限额。但是，不得低于法定最低限额，即人民币2亿元。

4. 有具备任职专业知识和业务工作经验的董事、监事和高级管理人员。保险公司的业务具有专业性,需要有专业人员进行经营管理,以保证保险公司的业务正常运转,保护被保险人的利益。因此,本法对保险公司的董事、监事和高级管理人员提出了资格要求。按照本法的有关规定,保险公司的董事、监事和高级管理人员应当品行良好,熟悉与保险相关的法律、行政法规,具有履行职责所需要的经营管理能力,并不得有《公司法》和本法规定的不得担任保险公司的董事、监事和高级管理人员的情形。

5. 有健全的组织机构和管理制度。健全的组织机构和管理制度是保险公司有序运转的前提之一。保险公司应当按照《公司法》的规定建立公司内部的权力机构、决策机构、监督机构和执行机构相互制衡、有效运行的内部治理机制以及相应的内部管理制度。

6. 有符合要求的营业场所和与业务有关的其他设施。合格的经营场所和业务设施是保险公司开展保险业务必备的物质基础。保险公司应有与其业务相适应的办公场所、营业场所、计算机和网络设备及其他必要的经营场所和业务设施。

7. 法律、行政法规规定的和经国务院保险监督管理机构规定的其他条件。[1]

【配套规定】

《保险公司管理规定》

第七条　设立保险公司,应当向中国保监会提出筹建申请,并符合下列条件:

(一)有符合法律、行政法规和中国保监会规定条件的投资人,股权结构合理;

(二)有符合《保险法》和《公司法》规定的章程草案;

(三)投资人承诺出资或者认购股份,拟注册资本不低于人民币2亿元,且必须为实缴货币资本;

(四)具有明确的发展规划、经营策略、组织机构框架、风险控制体系;

(五)拟任董事长、总经理应当符合中国保监会规定的任职资格条件;

(六)有投资人认可的筹备组负责人;

(七)中国保监会规定的其他条件。

中国保监会根据保险公司业务范围、经营规模,可以调整保险公司注册资本的最低限额,但不得低于人民币2亿元。

第六十九条　【注册资本的最低限额】设立保险公司,其注册资本的最低限额为人民币二亿元。

国务院保险监督管理机构根据保险公司的业务范围、经营规模,可以调整其注册资本的最低限额,但不得低于本条第一款规定的限额。

保险公司的注册资本必须为实缴货币资本。

---

〔1〕 安建主编:《中华人民共和国保险法(修订)释义》,法律出版社2009年版,第110~112页。

【条文理解】

注册资本是公司登记成立时所登记的财产总额。设立保险公司,其注册资本的最低限额为人民币2亿元。从事经营活动的企业,都必须具备基本的责任能力,能够承担与其经营活动相适应的财产责任。因此,我国《公司法》对有限责任公司和股份有限公司注册资本的最低限额作了规定,达不到最低限额的,公司不能成立。按照《公司法》的规定,有限责任公司注册资本的最低限额为人民币3万元,股份有限公司注册资本的最低限额为人民币500万元;法律、行政法规对有限责任公司或者股份有限公司注册资本的最低限额有较高规定的,从其规定。本条关于保险公司注册资本最低限额的规定,高于《公司法》对公司注册资本最低限额的要求,这主要是为了确保保险公司有相当的资金支持其赔付能力。

保险监督管理机构根据保险公司业务范围、经营规模,可以调整其注册资本的最低限额。但是,不得低于法定限额2亿元的规定。本条关于保险公司注册资本最低限额的规定,是针对一般的保险公司而言的,是最基本的要求。但是每个保险公司的业务范围不一样,经营规模也不一样。如果保险公司的业务范围大,经营规模大,就需要对其规定更高的注册资本数额,以确保偿付能力。为此,本条授权保险监督管理机构根据保险公司业务范围和经营规模,可以调整其注册资本的最低限额,但是只能高于本条规定的最低限额,即不能作出低于2亿元的规定。

保险公司注册资本最低限额必须为实缴的货币资本。按照我国《公司法》的规定,股东可以用货币出资,也可以用实物、知识产权、土地使用权等可以用货币估价并可以依法转让的非货币财产作价出资。同时《公司法》规定股东可以采取分期缴纳出资的方式。但是保险公司与一般公司不同,为了保证其偿付能力,本法对保险公司的股东出资提出了更高的要求,即必须为实缴货币资本,股东不能用非货币财产出资,也不能采用分期缴纳的方式进行出资。〔1〕

第七十条　【申请设立应提交的资料】申请设立保险公司,应当向国务院保险监督管理机构提出书面申请,并提交下列材料:

(一)设立申请书,申请书应当载明拟设立的保险公司的名称、注册资本、业务范围等;

(二)可行性研究报告;

(三)筹建方案;

(四)投资人的营业执照或者其他背景资料,经会计师事务所审计的上一年度财务会计报告;

〔1〕　安建主编:《中华人民共和国保险法(修订)释义》,法律出版社2009年版,第112~113页。

(五)投资人认可的筹备组负责人和拟任董事长、经理名单及本人认可证明;
(六)国务院保险监督管理机构规定的其他材料。

【条文理解】

根据本法的规定,设立保险公司必须经国务院保险监督管理机构批准。本法对申请设立与审批规定了两道程序,即初步申请与批准筹建,正式申请(即开业申请)与批准设立。本条是对初步申请的具体规定。

第七十一条 【设立申请的审批】国务院保险监督管理机构应当对设立保险公司的申请进行审查,自受理之日起六个月内作出批准或者不批准筹建的决定,并书面通知申请人。决定不批准的,应当书面说明理由。

【条文理解】

行政审批的期限,是指行政主体完成行政审批的时间界限,即行政机关从受理行政许可,经审查直至作出行政许可决定的时间限制。本条是对保险监督管理机构收到设立保险公司的初步申请文件后审批期限的规定,要求保险监督管理机构自收到设立保险公司的初步申请文件之日起6个月内,应当作出批准或者不批准筹建的决定。这样规定,一方面是为了保护申请人的利益,防止保险监督管理机构对保险公司的设立申请久拖不决;另一方面根据本法的规定,对保险公司的审批既要符合法定条件,又要考虑保险业的发展和公平竞争的需要,审批更要审慎。本条对保险公司审批时限的规定比《行政许可法》规定的一般行政许可时限要长一些。

为了保护申请人的知情权,确定筹建批准后法律程序的开始时间(筹建批准的通知日是筹建工作开始的法定时间),本条规定,国务院保险监督管理机构对申请进行审查后,不论是批准筹建还是不批准筹建,都应当书面通知申请人。决定不批准的,还应当书面说明理由,以保证行政审批的公正性;如果申请人对不批准的决定不服的,还可以依法提起行政复议或者行政诉讼。[1]

第七十二条 【筹建工作】申请人应当自收到批准筹建通知之日起一年内完成筹建工作;筹建期间不得从事保险经营活动。

---

〔1〕 安建主编:《中华人民共和国保险法(修订)释义》,法律出版社2009年版,第116页。

【条文理解】

本条关于保险公司筹建工作的规定包括两方面的内容。

1. 申请人应当自收到批准筹建通知之日起一年内完成筹建工作，这是对筹建工作的时间限制。申请人在法定期限内没有完成筹建工作的，批准筹建决定失效，保险公司设立失败。

2. 筹建机构在筹建期间不得从事保险经营活动。按照本法的有关规定，保险业务经营活动只能由依法设立的保险公司以及法律、行政法规规定的其他保险组织经营。在设立筹建阶段，筹建机构还不是保险公司，只能进行与筹建工作有关的事项，而不能从事保险经营活动，否则将由保险监督管理机构依据本法的有关规定给予行政处罚。[1]

第七十三条 【开业申请及其审批】筹建工作完成后，申请人具备本法第六十八条规定的设立条件的，可以向国务院保险监督管理机构提出开业申请。

国务院保险监督管理机构应当自受理开业申请之日起六十日内，作出批准或者不批准开业的决定。决定批准的，颁发经营保险业务许可证；决定不批准的，应当书面通知申请人并说明理由。

【条文理解】

开业申请审批是设立保险公司的第二道审批程序。依据本条第1款的规定，设立保险公司的申请人，在法定期限内完成筹建工作并且符合本法第68条规定的设立保险公司应当具备的条件的，可以向国务院保险监督管理机构提出开业申请。

本条第2款是关于开业申请审批的规定。按照这一款的规定，国务院保险监督管理机构受理开业申请后，应对申请是否符合本法规定的保险公司设立条件进行审查。实践中主要包括下列事项。

1. 股权结构和公司章程符合法律、行政法规的规定。

2. 高级管理人员符合中国保监会规定的任职资格，公司业务范围符合相关法律法规的规定，具有可行的经营规划和再保险计划，市场预测合理。

3. 设置专门的财会部门，财会人员具有国家规定的从业资格证书，拟任财务负责人符合中国保监会的有关任职资格。公司设立的内部会计核算办法、财务管理办法、内部控制制度和内部审计（稽核）制度符合国家统一会计制度和中国保监会的有关规定。

---

〔1〕 安建主编：《中华人民共和国保险法（修订）释义》，法律出版社2009年版，第116～117页。

4.信息系统建设符合保监会的有关要求。

国务院保险监督管理机构对开业申请进行审查后,应当自受理申请之日起60日内作出批准或者不批准的决定:批准开业的,颁发经营保险业务许可证,申请人凭许可证办理工商登记后,即可以开始保险业务经营活动;决定不批准的,应当书面通知申请人并说明理由。[1]

【配套规定】

《保险公司管理规定》

第十二条 筹建工作完成后,符合下列条件的,申请人可以向中国保监会提出开业申请:

(一)股东符合法律、行政法规和中国保监会的有关规定;

(二)有符合《保险法》和《公司法》规定的章程;

(三)注册资本最低限额为人民币2亿元,且必须为实缴货币资本;

(四)有符合中国保监会规定任职资格条件的董事、监事和高级管理人员;

(五)有健全的组织机构;

(六)建立了完善的业务、财务、合规、风险控制、资产管理、反洗钱等制度;

(七)有具体的业务发展计划和按照资产负债匹配等原则制定的中长期资产配置计划;

(八)具有合法的营业场所,安全、消防设施符合要求,营业场所、办公设备等与业务发展规划相适应,信息化建设符合中国保监会要求;

(九)法律、行政法规和中国保监会规定的其他条件。

第七十四条 【分支机构】保险公司在中华人民共和国境内设立分支机构,应当经保险监督管理机构批准。

保险公司分支机构不具有法人资格,其民事责任由保险公司承担。

【条文理解】

保险公司在中华人民共和国境内设立的分支机构,是指保险公司在我国境内设立、构成保险公司组成部分、不能独立承担民事责任、以自己的名义开展保险业务的机构。保险公司分支机构也称为保险公司的分公司、支公司。保险公司对其设立的分支机构的所有活动负责。保险公司可以在我国境内设立分支机构。保险公司通过分支机构开展保险业务,在经济上可以节省开办公司和运营公司的费用。分支机构是总公司的派出机构,它和总公司一样,具有开展保险业务的能力,只是不具备法人资格。所以法律规定要经保险监督管理机构批准,以便严格管理保险市场,使分支机构的设立有利于保险业务的发展和公平竞争的需要。

---

[1] 安建主编:《中华人民共和国保险法(修订)释义》,法律出版社2009年版,第117~118页。

分支机构有自己的营业场所和设施，有一定的营运资金，但在法律上仍然是总公司的一个组成部分。这主要体现在以下方面：(1)分公司的各项重大事项要服从总公司的决定。(2)它没有自己独立的财产，其营运资金是由总公司拨付的，属于总公司资本的一部分。分支机构的财务核算虽然有其相对独立性，但不是完整的独立核算，其本身不是独立的纳税主体。分公司的财务会计工作是总公司财务工作的组成部分。(3)在名称上，要写明是分支机构，并且要在分支机构前冠以总公司的名称，以表明隶属关系。因此，保险公司的分支机构不是独立的民事主体，不能独立承担民事责任，不具有法人资格，其民事责任由总公司承担。[1]

【案例导读】

保险公司分支机构不具有法人资格但具备诉讼主体资格

——吴某与某人寿保险公司甲支公司人身保险合同纠纷案[2]

【案号】

湖南省慈利县人民法院(2012)慈民二初字第216号

【案情】

2009年11月25日，吴某在某人寿保险公司甲支公司处购买泰康永福人生年保险(分红型)保险六份，每份保险金额1000元，共交款6000元。2010年1月13日，吴某又在甲支公司处购买了泰康亿顺新福卡保险组合计划保险一份，缴纳保费100元，保险范围为泰康亿顺意外伤害，保额累计50,000元，附加意外伤害医疗责任保险累计2000元等。

2010年10月7日吴某被他人砍伤，致一处八级伤残、一处九级伤残，花医药费16,542元。后吴某在与甲公司办理理赔及退保手续时发生争议，遂以甲支公司为被告向法院提起诉讼，甲支公司辩称吴某起诉其主体不适格，因为某人寿公司能独立承担责任的主体只有某省分公司。

法院经审理认为，虽然《保险法》第74条规定“保险公司分支机构不具有法人资格，其民事责任由保险公司承担”，但并表示保险公司分支机构不具备诉讼主体资格。《民事诉讼法》第49条规定“公民、法人和其他组织可以作为民事诉讼的当事人”，最高人民法院《关于适用〈中华人民共和国民事诉讼法〉若干问题的意见》第40条规定“民事诉讼法第四十九条规定的其他组织是指合法成立、有一定的组织机构和财产，但又不具备法人资格的组织，包括……(7)中国人民保险公司设在各地的分支机构……”所以保险公司的分支机构具备诉讼主体资格，法院对被告的辩称不予采信，依法对此案进行了审理。

---

〔1〕 安建主编：《中华人民共和国保险法(修订)释义》，法律出版社2009年版，第118～119页。

〔2〕 案例来源：中国法院网，2012年11月15日访问，有删减。

【分析】

法人资格和诉讼主体资格是两个独立的概念,保险公司的分支机构虽然不具有法人资格,其民事责任由保险公司承担,但并不代表其不具有诉讼主体资格。本案中,某保险公司分支机构以其不具有诉讼主体资格逃避诉讼的理由是不成立的。

【配套规定】

《民事诉讼法》

第四十八条　公民、法人和其他组织可以作为民事诉讼的当事人。

法人由其法定代表人进行诉讼。其他组织由其主要负责人进行诉讼。

最高人民法院《关于适用〈中华人民共和国民事诉讼法〉解释》

第五十二条　民事诉讼法第四十八条规定的其他组织是指合法成立、有一定的组织机构和财产,但又不具备法人资格的组织,包括:

(一)依法登记领取营业执照的个人独资企业;

(二)依法登记领取营业执照的合伙企业;

(三)依法登记领取我国营业执照的中外合作经营企业、外资企业;

(四)依法成立的社会团体的分支机构、代表机构;

(五)依法设立并领取营业执照的法人的分支机构;

(六)依法设立并领取营业执照的商业银行、政策性银行和非银行金融机构的分支机构;

(七)经依法登记领取营业执照的乡镇企业、街道企业;

(八)其他符合本条规定条件的组织。

最高人民法院《关于适用〈中华人民共和国保险法〉若干问题的解释(二)》

第二十条　保险公司依法设立并取得营业执照的分支机构属于《中华人民共和国民事诉讼法》第四十八条规定的其他组织,可以作为保险合同纠纷案件的当事人参加诉讼。

第七十五条　【申请设立分支机构应提交的资料】保险公司申请设立分支机构,应当向保险监督管理机构提出书面申请,并提交下列材料:

(一)设立申请书;

(二)拟设机构三年业务发展规划和市场分析材料;

(三)拟任高级管理人员的简历及相关证明材料;

(四)国务院保险监督管理机构规定的其他材料。

【条文理解】

保险公司设立分支机构,既是其扩大经营的需要,也同保险业的监督管理和市场竞争有关,故本法规定必须经保险监督管理机构批准。程序上,保险公司设立分支机构,由保险公司提出书面申请,并应当提交下列材料。

1. 设立申请书,即由保险公司向保险监督管理机构递交何时在何地设立何种分支机构的意向性的书面申请文件。其应当包括公司情况及其分支机构设立情况等有助于保险监督管理机构全面了解事实的内容。

2. 拟设机构3年业务发展规划和市场分析材料。其主要内容是通过对相关地域保险市场现状及近期和远期保险市场需求情况进行调查分析,说明设立保险公司分支机构之后3年的业务远景发展规划。通过对拟设立的保险公司分支机构的资金、业务范围、承保能力、组织机构进行分析,并结合地域市场特色、特定保险顾客人群等方面进行系统分析和科学论证,对产生的经济效益和社会效益进行综合测算,说明设立保险公司分支机构的可行性及相关地域市场的预测分析。

3. 拟任高级管理人员的简历及相关证明材料。为了适应保险业务专业性的要求,本法第81条规定,保险公司的董事、监事和高级管理人员应当品行良好,熟悉与保险相关的法律、行政法规,具有履行职责所需的经营管理能力,并在任职前取得保险监督管理机构核准的任职资格;保险公司高级管理人员的范围由国务院保险监督管理机构规定。由于保险公司分支机构不具有法人资格,不设董事会、监事会,高级管理人员通常是指分、支公司的总经理、副总经理、财务负责人等。上述人员应符合《保险法》第81条规定的要求,并应附交相关的简历和证明材料。

4. 国务院保险监督管理机构规定的其他材料。这是一个授权性的兜底条款,由国务院保险监督管理机构根据情况作出具体规定。[1]

> **第七十六条　【设立分支机构的审批】**保险监督管理机构应当对保险公司设立分支机构的申请进行审查,自受理之日起六十日内作出批准或者不批准的决定。决定批准的,颁发分支机构经营保险业务许可证;决定不批准的,应当书面通知申请人并说明理由。

【条文理解】

本法规定保险公司设立分支机构必须经过批准,同时在本条对保险监督管理机构审批期限作出规定,要求保险监督管理机构应当对保险公司设立分支机构的申请进行审查,自受理之日起60日内,应当作出批准或者不批准的决定。

保险监督管理机构决定批准的,颁发保险公司分支机构经营保险业务许可证;决定不批准的,应当书面通知申请人并说明理由。保险监督管理机构完成审查批准程序,批准保险公司设立分支机构,完成了行政许可行为,就应尽快地颁发经营保险业务许可证;决定不批准保险公司设立分支机构的,应当通知申请的保险公司,并说明理由。[2]

---

〔1〕 安建主编:《中华人民共和国保险法(修订)释义》,法律出版社2009年版,第119~120页。

〔2〕 安建主编:《中华人民共和国保险法(修订)释义》,法律出版社2009年版,第121页。

第七十七条 【工商登记】经批准设立的保险公司及其分支机构,凭经营保险业务许可证向工商行政管理机关办理登记,领取营业执照。

【条文理解】

设立保险公司及其分支机构必须经保险监督管理机构批准并取得经营保险业务许可证。经营保险业务许可证是设立保险公司或者保险公司分支机构的资格证明,证明其具备从事保险业务的能力。但许可证仅仅是一种资格证明,并不代表保险公司或分支机构已经成立,保险公司分支机构还不能据此进行保险经营活动。根据《公司法》和《公司登记管理条例》的规定,设立公司及分公司必须到工商行政管理机关进行登记。只有依法进行登记,取得营业执照后,公司或者分公司才告成立,才能从事经营活动,保险公司及其分支机构当然也不能例外。

保险公司及其分支机构的营业执照签发日期为公司及其分支机构的成立日期。保险公司的法人营业执照应当载明公司的名称、住所、注册资本、实收资本、经营范围、法定代表人姓名等事项。公司营业执照记载的事项发生变更的,应当依法办理变更登记,由公司登记机关换发营业执照。[1]

【配套规定】

最高人民法院《关于适用〈中华人民共和国保险法〉若干问题的解释(二)》

第二十条 保险公司依法设立并取得营业执照的分支机构属于《中华人民共和国民事诉讼法》第四十八条规定的其他组织,可以作为保险合同纠纷案件的当事人参加诉讼。

第七十八条 【经营保险业务许可证失效】保险公司及其分支机构自取得经营保险业务许可证之日起六个月内,无正当理由未向工商行政管理机关办理登记的,其经营保险业务许可证失效。

【条文理解】

保险公司及其分支机构应当自取得经营保险业务许可证之日起6个月内办理公司及其分支机构设立工商登记,无正当理由超过6个月未办理公司及其分支机构设立工商登记的,其经营保险业务许可证自动失效。之所以作出这样的规定,主要是为了督促申请人及时进行公司及其分支机构的工商登记,以便保险监督管理

〔1〕 安建主编:《中华人民共和国保险法(修订)释义》,法律出版社2009年版,第121~122页。

机构从宏观上把握保险公司的设立情况。

本条规定仅适用于无正当理由而逾期不进行工商登记的情况。如果有正当理由而未在规定期限内登记，如因不可抗力而未能按期进行公司及其分支机构登记，其经营保险业务许可证并不失效，应当经过保险监督管理机构的确认和证明后，再到工商行政管理机关办理公司登记。[1]

第七十九条　【设立境外子公司、分支机构及代表机构的审批】保险公司在中华人民共和国境外设立子公司、分支机构，应当经国务院保险监督管理机构批准。

【条文理解】

本条规定的保险公司是指按我国《保险法》和《公司法》设立登记并且住所在我国境内的保险公司。保险公司在中华人民共和国境外设立子公司，是指保险公司出资按境外法律在境外成立的子公司，其具有独立法人资格，按所在国家和地区法律成立独立的组织机构，依境外法律开展保险业务，并依法独立承担民事责任，其与保险公司的关系由所在国家和地区法律规定，但与保险公司存在股权关系和管理上的联系。保险公司在境外设立分支机构，是指保险公司按境外法律在境外成立的分公司或支公司，其不具有法人资格，管理人员由保险公司派出或聘用并受保险公司领导，开展保险业务活动，民事责任由保险公司承担。

保险公司将自己的保险业务拓展到境外，可以扩大业务，增加营业收入，开阔视野，并学习国外的管理和业务经验。但从我国保险业管理、审慎经营和保护公司及投保人利益等方面考虑，保险公司在境外设立子公司、分支机构必须经国务院保险监督管理机构批准，目的是使保险监督管理机构掌握保险公司在境外设立机构的情况下，防止保险公司通过境外机构进行非法的关联交易和资金转移。同时这种批准也可以作为保险公司向境外申请设立子公司、分支机构时我国政府有关部门出具的证明。[2]

第八十条　【外国保险机构在境内设立的代表机构的审批】外国保险机构在中华人民共和国境内设立代表机构，应当经国务院保险监督管理机构批准。代表机构不得从事保险经营活动。

---

〔1〕 安建主编：《中华人民共和国保险法（修订）释义》，法律出版社2009年版，第122页。

〔2〕 安建主编：《中华人民共和国保险法（修订）释义》，法律出版社2009年版，第122～123页。

【条文理解】

外国保险机构,是指在我国境外依照外国法设立,从事保险经营活动的机构。外国保险机构在我国境内可以设立代表机构,该代表机构不从事保险经营活动,其职能通常主要是市场调研、搜集情况,为机构总部提供驻在地有关保险方面的信息,起到机构总部与驻在地的沟通、联络作用。通常情况下,外国保险机构一般是在没有设立分支机构的国家或者地区设立代表机构,由代表机构摸情况、打基础,待条件成熟后,再设立分支机构或子公司,开展保险业务。虽然代表机构不直接从事保险业务,但其活动与保险业务有密切的联系,因而需要保险监督管理机构从总体上把握代表机构的设立情况,以便对其日常活动进行监管。因此,本条规定,外国保险机构在我国境内设立代表机构,事先要取得国务院保险监督管理机构的批准;同时明确,外国保险机构的代表机构不得从事保险经营活动。[1]

第八十一条 【董事、监事和高级管理人员的积极资格】保险公司的董事、监事和高级管理人员,应当品行良好,熟悉与保险相关的法律、行政法规,具有履行职责所需的经营管理能力,并在任职前取得保险监督管理机构核准的任职资格。

保险公司高级管理人员的范围由国务院保险监督管理机构规定。

【条文理解】

保险公司的董事、监事、高级管理人员共同组成公司的经营管理层,负责公司的经营管理,有权依照法律和公司章程的规定,处理公司经营管理中的重大问题。他们的素质如何,能否忠实地履行自己的职责,不仅关系到公司的命运,对保险市场能否稳定与发展也有重大影响。为了使公司的管理层能够依照法律和公司章程的规定,忠实、勤勉地履行自己的职责,有必要对保险公司的董事、监事、高级管理人员的任职资格作出严格要求。

依照本条的规定,保险公司的董事、监事、高级管理人员的积极资格有以下几点:(1)品行良好。保险公司的管理人员对公司负有诚实信用、勤勉尽责的义务。正直诚实、品行良好是对其道德水准、职业操守的基本要求。(2)熟悉保险法律、行政法规。市场经济是法制经济,知法是守法的必要前提。保险公司的董事、监事、高级管理人员只有了解和掌握保险法律、行政法规,才能以此规范自己的行为,依法管理公司的经营活动。(3)具有履行职责所需的经营管理能力。保险公司的

---

[1] 安建主编:《中华人民共和国保险法(修订)释义》,法律出版社2009年版,第123~124页。

董事、监事、高级管理人员仅有一定的道德水准和保险法律知识是不够的,还应当具有保险业务经营管理方面的专业知识、实践经验,具有履行职责所需的经营管理能力,才能为客户提供专业化的优质服务。(4)在任职前取得国务院保险监督管理机构核准的任职资格。为保证保险公司的董事、监事、高级管理人员达到法律规定的道德和业务素质方面的要求,本条还对其任职资格设定了核准程序的规定,即保险公司的董事、监事、高级管理人员应当在任职前取得保险监督管理机构核准的任职资格。

本条第2款规定,保险公司高级管理人员的范围由国务院保险监督管理机构规定。国务院保险监督管理机构是保险行业的监督管理机构,由其确定保险公司高级管理人员的范围,有利于加强监督管理。通常情况下,保险公司的总经理、副总经理、财务负责人等都是公司的高级管理人员。[1]

第八十二条 【董事、监事和高级管理人员的消极资格】有《中华人民共和国公司法》第一百四十六条规定的情形或者下列情形之一的,不得担任保险公司的董事、监事、高级管理人员:

(一)因违法行为或者违纪行为被金融监督管理机构取消任职资格的金融机构的董事、监事、高级管理人员,自被取消任职资格之日起未逾五年的;

(二)因违法行为或者违纪行为被吊销执业资格的律师、注册会计师或者资产评估机构、验证机构等机构的专业人员,自被吊销执业资格之日起未逾五年的。

【条文理解】

因违法行为或者违纪行为被金融监管机构取消任职资格的金融机构的董事、监事、高级管理人员,自被解除职务之日起未逾5年的,不得担任保险公司的董事、监事、高级管理人员。金融机构主要是指商业银行、证券公司、证券投资基金公司、保险公司、信托投资公司等从事金融类业务的企业。上述人员因违反法律、法规、规章的规定而被相关的金融监管机构取消任职资格之日起,5年内不得担任保险公司的董事、监事、高级管理人员。

因违法行为或者违纪行为被吊销执业资格的律师、注册会计师或者资产评估机构、验证机构的专业人员,自被吊销执业资格之日起未逾5年,不得担任保险公司的董事、监事、高级管理人员。这一规定的限制对象为被中介服务机构的管理机关吊销执业资格的专业人员,包括以下几类。(1)被司法行政部门吊销律师执业

[1] 安建主编:《中华人民共和国保险法(修订)释义》,法律出版社2009年版,第124~125页。

证书的人员。根据《律师法》的有关规定,律师有法定的违法行为之一的,由省、自治区、直辖市人民政府司法行政部门吊销其律师执业证书。(2)被吊销注册会计师证书的人员。根据《注册会计师法》的规定,注册会计师违法违规,由省级以上人民政府财政部门吊销注册会计师证书。(3)资产评估机构、验证机构被吊销执业证书的专业人员。资产评估机构、验证机构的专业人员是指在资产评估机构、验证机构从业并取得执业证书的人员。这些人员如果违反法律、法规的规定,由有关法定的机构吊销执业证书。上述人员自被吊销执业资格之日起,5年内不得担任保险公司的董事、监事、高级管理人员。[1]

【配套规定】

《公司法》

第一百四十六条 有下列情形之一的,不得担任公司的董事、监事、高级管理人员:

(一)无民事行为能力或者限制民事行为能力;

(二)因贪污、贿赂、侵占财产、挪用财产或者破坏社会主义市场经济秩序,被判处刑罚,执行期满未逾五年,或者因犯罪被剥夺政治权利,执行期满未逾五年;

(三)担任破产清算的公司、企业的董事或者厂长、经理,对该公司、企业的破产负有个人责任的,自该公司、企业破产清算完结之日起未逾三年;

(四)担任因违法被吊销营业执照、责令关闭的公司、企业的法定代表人,并负有个人责任的,自该公司、企业被吊销营业执照之日起未逾三年;

(五)个人所负数额较大的债务到期未清偿。

公司违反前款规定选举、委派董事、监事或者聘任高级管理人员的,该选举、委派或者聘任无效。

董事、监事、高级管理人员在任职期间出现本条第一款所列情形的,公司应当解除其职务。

第八十三条 【董事、监事和高级管理人员职务行为违法的赔偿责任】 保险公司的董事、监事、高级管理人员执行公司职务时违反法律、行政法规或者公司章程的规定,给公司造成损失的,应当承担赔偿责任。

【条文理解】

保险公司的董事、监事和高级管理人员享有法律和公司章程授予的参与管理或监督公司事务的职权,对公司负有忠实和勤勉的义务,在执行保险公司职务时,应当依照法律和公司章程行使职权,履行义务,维护公司的利益。保险公司的董事、监事、高级管理人员执行公司职务时违反法律、行政法规或者公司章程的规定,

[1] 安建主编:《中华人民共和国保险法(修订)释义》,法律出版社2009年版,第126~127页。

给公司造成损失的，依据本条的规定应当承担相应的赔偿责任。法律作出这一规定的目的是维护公司及股东利益，促使保险公司的董事、监事和高级管理人忠实履行职责，避免其滥用法律及公司赋予的权利。[1]

【配套规定】

《公司法》

第一百四十九条　董事、监事、高级管理人员执行公司职务时违反法律、行政法规或者公司章程的规定，给公司造成损失的，应当承担赔偿责任。

第一百五十一条　董事、高级管理人员有本法第一百四十九条规定的情形的，有限责任公司的股东、股份有限公司连续一百八十日以上单独或者合计持有公司百分之一以上股份的股东，可以书面请求监事会或者不设监事会的有限责任公司的监事向人民法院提起诉讼；监事有本法第一百四十九条规定的情形的，前述股东可以书面请求董事会或者不设董事会的有限责任公司的执行董事向人民法院提起诉讼。

监事会、不设监事会的有限责任公司的监事，或者董事会、执行董事收到前款规定的股东书面请求后拒绝提起诉讼，或者自收到请求之日起三十日内未提起诉讼，或者情况紧急、不立即提起诉讼将会使公司利益受到难以弥补的损害的，前款规定的股东有权为了公司的利益以自己的名义直接向人民法院提起诉讼。

他人侵犯公司合法权益，给公司造成损失的，本条第一款规定的股东可以依照前两款的规定向人民法院提起诉讼。

第一百五十二条　董事、高级管理人员违反法律、行政法规或者公司章程的规定，损害股东利益的，股东可以向人民法院提起诉讼。

第八十四条　【公司重要事项的变更】保险公司有下列情形之一的，应当经保险监督管理机构批准：

（一）变更名称；

（二）变更注册资本；

（三）变更公司或者分支机构的营业场所；

（四）撤销分支机构；

（五）公司分立或者合并；

（六）修改公司章程；

（七）变更出资额占有限责任公司资本总额百分之五以上的股东，或者变更持有股份有限公司股份百分之五以上的股东；

（八）国务院保险监督管理机构规定的其他情形。

---

〔1〕 安建主编：《中华人民共和国保险法（修订）释义》，法律出版社2009年版，第127页。

【条文理解】

为保证对保险公司监督管理的连续性，设立保险公司须经批准的事项，在保险公司设立后予以变更的，也应当经过保险监督管理机构批准。变更保险公司的有关事项时，若属于法律要求必须经批准的，未经保险监督管理机构批准，不发生变更的效果。[1]

第八十五条 【精算与合规报告】保险公司应当聘用专业人员，建立精算报告制度和合规报告制度。

【条文理解】

保险精算制度，是指保险公司通过专业、科学的计算手段，核定保险产品的保险费率及责任准备金的制度。随着我国保险市场的发展，保险业经营管理水平的提高，目前保险监督管理机构已要求所有的保险公司都应当聘请精算专业人员，建立精算报告制度。保险精算的主要事项包括以下内容。

1. 保险费率。保险费率是保险人按照单位保险金额向投保人收取保险费的标准。保险费率可分为纯保险费率和附加费率两部分。纯保险费率在财产保险业务中是指每一单位保额的损失概率，损失概率是反映未来保额损失的可能性，是借助统计学原理，利用过去的资料，计算损失的平均值，以确定保险事故损失的大小。纯保险费率在人寿保险业务中又包括危险保费费率和预定利息率。人寿保险的保险标的为人的生命，其危险保费费率与国民的总体死亡率、生存率密切相关，主要是根据一定时期的特定人群的生命统计资料，经整理计算编制而成的生命表来计算。同时，由于人寿保险具有一定的储蓄功能，需要按照一定的收益率向受益人支付利息，因此还需要对其预定利息率进行科学的预测和计算。附加费率，又称为预定费用率，是指每一单位保额中保险人各项业务支出及预期利润所占的比率。

2. 责任准备金。责任准备金，是指保险人为履行其承担的保险责任或者备付未来的赔款，而从所收取的保费中提取的一种资金准备。保险精算应当根据各项保险业务的需要及有关规定，依一定方法计算各项责任准备金。

所谓合规，是指保险公司及其员工和营销员的保险经营管理行为应当符合法律法规、监管机构规定、行业自律规则、公司内部管理制度以及诚实守信的道德准则。合规管理是保险公司通过设置合规管理部门或者合规岗位，制定和执行合规制度，开展合规监测和合规培训等措施，预防、识别、评估、报告和应对合规风险的

---

〔1〕 安建主编：《中华人民共和国保险法（修订）释义》，法律出版社2009年版，第128～129页。

行为。合规管理是保险公司全面风险管理的一项核心内容,也是实施有效内部控制的一项基础性工作。保险公司应当依法建立健全合规管理制度,完善合规管理组织架构,明确合规管理责任,构建合规管理体系,有效识别并积极主动防范化解风险,确保公司稳健运营。[1]

第八十六条 【重要文件的报送】保险公司应当按照保险监督管理机构的规定,报送有关报告、报表、文件和资料。

保险公司的偿付能力报告、财务会计报告、精算报告、合规报告及其他有关报告、报表、文件和资料必须如实记录保险业务事项,不得有虚假记载、误导性陈述和重大遗漏。

【条文理解】

保险公司的营业报告、财务会计报告、精算报告、合规报告及其他有关报表、文件和资料是保险公司营业信息、会计信息的载体,是记录和反映保险公司业务状况、财务状况、精算情况及合规情况的证据和资料,也是保险监督管理机构对保险公司实施监督检查、查处违法行为的重要依据和证据。保险公司无论是在填制凭证,登记账簿,编制营业报告、财务会计报告等,还是在编制精算报告、合规报告的过程中,都应当客观、完整地记录已经发生的保险业务事项。对于需要向保险监督管理机构报送的材料,由国务院及国务院保险监督管理机构作具体规定。

保险公司的偿付能力报告、财务会计报告、精算报告、合规报告及其他有关报告、报表、文件和资料不得有虚假记载、误导性陈述和重大遗漏。不得有虚假记载,是指保险公司编制、报送的有关报告、报表、文件和资料应当真实、准确,客观地记录和反映保险业务情况,不得记载未曾发生的业务情况,不得作出与实际发生的业务情况不相符的记录。不得有误导性陈述,是指保险公司编制、报送的有关报告、报表、文件和资料的分析、陈述、结论、预测等应当清楚、明了,不得含混、模糊,给社会公众及监管机构造成误解。不得有重大遗漏,是指按照法律、行政法规及国家的有关规定应当在保险公司编制、报送的有关报告、报表、文件和资料中记载、提供或者公布的事项,应当全面、完整地予以记载,不得隐瞒、遗漏重大事项。[2]

---

〔1〕 安建主编:《中华人民共和国保险法(修订)释义》,法律出版社 2009 年版,第 129 ~ 131 页。

〔2〕 安建主编:《中华人民共和国保险法(修订)释义》,法律出版社 2009 年版,第 131 ~ 132 页。

第八十七条 【账簿、凭证和有关资料的保存】保险公司应当按照国务院保险监督管理机构的规定妥善保管业务经营活动的完整账簿、原始凭证和有关资料。

前款规定的账簿、原始凭证和有关资料的保管期限，自保险合同终止之日起计算，保险期间在一年以下的不得少于五年，保险期间超过一年的不得少于十年。

【条文理解】

保险公司的账簿，是指由一定格式相互连缀而成的账页组成，用来序时地、分类地全面记录和反映保险经营活动的会计簿籍。它是会计信息的主要载体之一，包括总账、明细账、日记账和其他辅助性账簿。原始凭证是记录保险公司经营业务发生和完成的原始书面证明，是进行会计核算的基础性依据。有关资料是指其他记录保险公司业务经营活动的文件，如财务会计报告、精算和合规报告、保单、保险事故勘验报告、理赔记录。保险公司的账簿、原始凭证及其他有关资料是记录保险业务活动，反映保险公司经营状况，明确保险公司与投保人、被保险人、受益人之间的权利义务关系及责任的证明和依据，也是保险监督管理机构对保险公司依法实施监督管理的重要依据。保险公司应当按照本法及有关法律、行政法规的规定，建立健全保险业务档案保管制度，配备专门人员，采取科学的保管与保护技术手段，防止和避免保险业务资料的损毁和灭失。在法定期限内，保险公司及其工作人员不得以任何理由隐匿、销毁、损毁应当保存的保险业务资料。

考虑到很多保险业务期限较长，涉及的资料种类较多，对保险当事人的权利、义务及责任关系很大；同时，积累保险业务资料还能够为保险公司提高保险精算水平提供帮助。因此本条要求保险业务资料的保管期限较长，自保险合同终止之日起计算，保险期间在 1 年以下的不得少于 5 年，保险期间超过 1 年的不得少于 10 年。[1]

第八十八条 【聘请、解聘中介服务机构】保险公司聘请或者解聘会计师事务所、资产评估机构、资信评级机构等中介服务机构，应当向保险监督管理机构报告；解聘会计师事务所、资产评估机构、资信评级机构等中介服务机构，应当说明理由。

---

〔1〕 安建主编：《中华人民共和国保险法（修订）释义》，法律出版社 2009 年版，第 132～133 页。

【条文理解】

保险业务涉及合同、协议、发票、单据、财务报告和数据文件，其经营管理活动离不开会计师事务所、资产评估机构、资信评级机构等中介服务机构提供专业化的服务。如会计师事务所要根据其实际经营过程核算其经营业绩和营利数据成果，资产评估机构要根据其持有的资产评定其资产质量和估价，资信评级机构要根据其经营情况评定其信用等级。这些中介服务机构所提供的服务，既是为保险公司提供专业化的财务、法律方面的服务，也为广大投保人、被保险人和受益人从不同侧面了解保险公司及其产品服务提供了一个公开的渠道。这些中介服务机构的专业化服务成果也为保险监督管理机构对保险公司的监督管理提供了依据。

中介服务机构凭借专业人员的专业知识为保险公司提供有偿的专业服务，应严格独立依法办事，发挥其在社会经济活动中的鉴证和服务作用，对保险公司的财务状况和经营活动提出公正、合法、合乎专业水准和职业道德的专业评价，维护社会公共利益和投资者的合法权益。为督促保险公司聘用资信良好的会计师事务所等中介服务机构，防止其随意解聘依法规范执业的中介服务机构，本条规定，保险公司聘请或者解聘会计师事务所、资产评估机构、资信评级机构等中介服务机构的，应当向保险监督管理机构报告；解聘会计师事务所、资产评估机构、资信评级机构等中介服务机构的，应当说明理由。[1]

第八十九条　【保险公司的解散】保险公司因分立、合并需要解散，或者股东会、股东大会决议解散，或者公司章程规定的解散事由出现，经国务院保险监督管理机构批准后解散。

经营有人寿保险业务的保险公司，除因分立、合并或者被依法撤销外，不得解散。

保险公司解散，应当依法成立清算组进行清算。

【条文理解】

保险公司的解散，是指依法设立的保险公司因为法定原因或者出现法定事由，经主管部门的批准，终止其营业而停止从事保险业务的行为。根据本条的规定，保险公司在以下情况下经批准后解散。

1. 保险公司因分立、合并需要解散。公司合并有两种形式。一个公司吸收其他公司为吸收合并，被吸收的保险公司法人资格消灭，该公司解散。两个以上公司合并设立一个新的公司为新设合并。新设合并时，各方保险公司的全部资产都并入新的

---

〔1〕 安建主编：《中华人民共和国保险法（修订）释义》，法律出版社2009年版，第133～134页。

保险公司,原各保险公司法人资格相应消灭,都要解散。分立也有两种形式。原来的一个公司将财产全部分割为两个以上的公司,属于新设分立,原公司法人解散,出现两个以上新的法人。原公司将一部分财产分割设立一个以上新的经营主体,则构成派生分立。在这种情况下,原公司还继续存在,仅是减少了注册资本。

2. 股东会或股东大会决议解散。股东会或股东大会是保险公司的最高权力机关,它们有权对公司的重要事务作出决议。股东会或股东大会作出公司停止经营活动,消灭法人资格的决议的,保险公司报经批准后解散。

3. 因公司章程规定的解散事由出现解散。公司章程是保险公司的经营基础,可以规定营业期限或者解散事由。当公司章程规定的解散事由出现,公司应当停止经营活动,报经批准后解散。

经营有人寿保险业务的保险公司,除被依法撤销和因分立、合并而解散外,不得解散。这主要是为了保持人寿保险合同的连续性而作出的规定。通过分立或者合并解散公司的,人寿保险合同并不因为保险公司的解散而受影响,由分立后的各保险公司依照协议接受人寿保险合同和准备金,或者由合并后的保险公司接受人寿保险合同和准备金。经营有人寿保险业务的保险公司如果因违反法律的行为被相关行政部门撤销的,应依法解散。除上述两种情况外,经营有人寿保险公司业务的保险公司,不得解散。

保险公司经批准后解散的,应当依法成立清算组进行清算。对于清算组的成立,本法没有特别规定的,适用公司法的规定。[1]

【配套规定】

《公司法》

第一百八十三条　公司因本法第一百八十条第(一)项、第(二)项、第(四)项、第(五)项规定而解散的,应当在解散事由出现之日起十五日内成立清算组,开始清算。有限责任公司的清算组由股东组成,股份有限公司的清算组由董事或者股东大会确定的人员组成。逾期不成立清算组进行清算的,债权人可以申请人民法院指定有关人员组成清算组进行清算。人民法院应当受理该申请,并及时组织清算组进行清算。

第九十条　【保险公司的重整、和解和破产清算】保险公司有《中华人民共和国企业破产法》第二条规定情形的,经国务院保险监督管理机构同意,保险公司或者其债权人可以依法向人民法院申请重整、和解或者破产清算;国务院保险监督管理机构也可以依法向人民法院申请对该保险公司进行重整或者破产清算。

---

〔1〕 安建主编:《中华人民共和国保险法(修订)释义》,法律出版社2009年版,第134~136页。

【条文理解】

破产，是在企业发生支付不能或者资不抵债时，清理其债权债务的一种法定程序。《企业破产法》第2条规定："企业法人不能清偿到期债务，并且资产不足以清偿全部债务或者明显缺乏清偿能力的，依照本法规定清理债务。企业法人有前款规定情形，或者有明显丧失清偿能力可能的，可以依照本法规定进行重整。"保险公司是企业法人，当其出现企业破产法规定的破产原因时，应依据该法的规定进入破产程序，开始破产重整、破产和解或者破产清算。

按照《企业破产法》的规定，当企业出现法定破产原因时，企业及其债权人就可以向法院申请其破产。考虑到保险公司不同于一般的企业法人，保险公司的业务属于金融业务，对于国民经济和被保险人、受益人利益有重大影响，对保险公司的破产应当更加慎重。因此，本条对保险公司破产规定了前置程序，未经国务院保险监督管理机构同意，保险公司不得进入破产程序。

国务院保险监督管理机构可以依法申请保险公司破产。一般企业法人破产的申请主体包括企业本身和债权人。但是，保险公司等金融机构具有特殊性，《企业破产法》专门赋予了金融监管机构申请金融企业破产的权利，即国务院保险监督管理机构可以依据《企业破产法》的规定直接向人民法院申请对出现法定破产原因的保险公司进行重整或者破产清算。[1]

【配套规定】

《企业破产法》

第二条　企业法人不能清偿到期债务，并且资产不足以清偿全部债务或者明显缺乏清偿能力的，依照本法规定清理债务。

企业法人有前款规定情形，或者有明显丧失清偿能力可能的，可以依照本法规定进行重整。

第一百三十四条　商业银行、证券公司、保险公司等金融机构有本法第二条规定情形的，国务院金融监督管理机构可以向人民法院提出对该金融机构进行重整或者破产清算的申请。国务院金融监督管理机构依法对出现重大经营风险的金融机构采取接管、托管等措施的，可以向人民法院申请中止以该金融机构为被告或者被执行人的民事诉讼程序或者执行程序。

金融机构实施破产的，国务院可以依据本法和其他有关法律的规定制定实施办法。

第九十一条　【破产财产的清偿顺序】破产财产在优先清偿破产费用和共益债务后，按照下列顺序清偿：

（一）所欠职工工资和医疗、伤残补助、抚恤费用，所欠应当划入职工个人账户的基本养老保险、基本医疗保险费用，以及法律、行政法规规定应当支付给职工的补偿金；

[1] 安建主编：《中华人民共和国保险法（修订）释义》，法律出版社2009年版，第136～137页。

(二)赔偿或者给付保险金;

(三)保险公司欠缴的除第(一)项规定以外的社会保险费用和所欠税款;

(四)普通破产债权。

破产财产不足以清偿同一顺序的清偿要求的,按照比例分配。

破产保险公司的董事、监事和高级管理人员的工资,按照该公司职工的平均工资计算。

【条文理解】

保险公司破产应由保险监督管理机构同意,并经人民法院宣告。破产清算组负责清理保险公司的债权债务。破产清算依照《企业破产法》规定的清算程序进行。但是,为维护被保险人或受益人的利益,依法维护保险的基本功能,本条对保险公司破产财产的清偿顺序作了特别规定。所谓破产财产,是指保险公司在破产宣告时所有的全部财产、破产宣告后至破产程序终结前所取得的财产,以及应当由保险公司行使的其他财产权利。

破产财产确定后,优先支付破产费用和共益债务。破产费用是为了保证破产程序的进行而支付的各种费用,包括破产案件的受理费用、债务人财产的管理变价和分配所需费用以及管理人执行职务的费用等。共益债务是破产管理人为债权人的共同利益、在破产案件受理后管理破产财产所负担的债务。

破产财产优先支付破产费用和共益债务后,尚有剩余的,依照法定的顺序进行清偿。如果破产财产不足以清偿同一顺位的保险公司债务的,则按照比例分配。破产保险公司的董事、监事和高级管理人员的工资,按照该公司职工的平均工资计算。[1]

第九十二条 【人寿保险业务的转让】经营有人寿保险业务的保险公司被依法撤销或者被依法宣告破产的,其持有的人寿保险合同及责任准备金,必须转让给其他经营有人寿保险业务的保险公司;不能同其他保险公司达成转让协议的,由国务院保险监督管理机构指定经营有人寿保险业务的保险公司接受转让。

转让或者由国务院保险监督管理机构指定接受转让前款规定的人寿保险合同及责任准备金的,应当维护被保险人、受益人的合法权益。

---

〔1〕 安建主编:《中华人民共和国保险法(修订)释义》,法律出版社2009年版,第137~138页。

【条文理解】

人寿保险合同期限较长，对于投保人、被保险人或者受益人而言，具有储蓄性的投资价值。应当对人寿保险合同的效力维持予以特别规定，才能有效保护被保险人或者受益人的利益。人寿保险合同的被保险人或者受益人在将来不确定的时候或者在合同约定的时间到来时享有保险金请求权，是人寿保险合同赋予被保险人或者受益人的特有利益，该利益不能因为保险人的业务终止而受影响。

经营人寿保险业务的保险公司因被依法撤销或者依法被宣告破产时，应当在清算和终止公司之前，将其未到期的人寿保险合同转移给其他有资格经营人寿保险业务的保险公司，以使这些未到期的保险责任有可靠的履行保证。本条规定的人寿保险合同转移的方式分为自愿转让和指定转让。

按照本条的规定，要求解散的保险公司将未到期的人寿保险单及相应的责任准备金一同转让给接受该人寿保险责任的公司。如果解散的保险公司能够转让与其持有的未到期人寿保险单相应的责任准备金的，接受该人寿保险单的公司不会增加额外的保险责任。如果被解散的保险公司因严重亏损，无能力做到上述要求的，一些国家规定可动用保险保障基金，由接受转让的保险公司提出申请，利用基金的资金予以支持。对此，我国《保险法》也专门作出规定，保险公司应当按照规定提存保险保障基金，集中管理，统筹使用。具体管理办法需由保险监督管理机构作出规定。[1]

第九十三条　【经营保险业务许可证的注销】保险公司依法终止其业务活动，应当注销其经营保险业务许可证。

【条文理解】

注销经营保险业务许可证，是指保险公司依法终止业务活动时，由主管部门取消其经营保险业务许可证的行政管理措施。保险公司依法终止其业务活动，包括三种情况：一是在保险公司因破产而终止时，保险监督管理机构应当注销该公司的经营保险业务许可证；二是保险公司因严重违法，被保险监督管理机构吊销经营保险业务许可证，保险公司必须终止其原来的保险业务；三是在法律允许的范围内，某些经营财产保险业务的保险公司，经保险监督管理机构批准，进行分立、合并时需要解散，或者股东会、股东大会决议解散，或者按照公司章程规定的解散事由出现而解散。保险公司解散或者被宣告破产而终止保险业务的，由保险监督管理机

---

〔1〕　安建主编：《中华人民共和国保险法（修订）释义》，法律出版社2009年版，第139页。

构注销其经营保险业务许可证。[1]

第九十四条 【公司法的适用】保险公司,除本法另有规定外,适用《中华人民共和国公司法》的规定。

【条文理解】

《公司法》是公司的基础性法律,是关于公司组织和有关行为规范的一般法。《保险法》中规定的有关保险公司的内容,相对于《公司法》而言,是特别法中的特别规定。其中有些与《公司法》不同的,按特别法优先于一般法的原则,优先适用《保险法》的规定。本法对保险公司未作规定的事项,仍应适用《公司法》的规定。修订前的《保险法》曾对保险公司的组织形式专门作出规定,即只允许设立股份有限保险公司和国有独资的保险公司。有意见提出,从国外情况看,采用有限责任公司形式的保险公司与股份制保险公司相比,在风险控制和保护被保险人利益方面并无差异。对保险公司的风险控制和保护被保险人利益,主要应当依靠偿付能力监管等措施,与保险的组织形式并无直接联系。而且,我国银行业和证券业机构均可以采取有限责任公司的形式。因此,建议适当扩大保险企业的组织形式。这次修订《保险法》,删除了原《保险法》的上述规定。保险公司的组织形式适用《公司法》的规定,可以是有限责任公司(含国有独资公司),也可以是股份有限公司。[2]

---

〔1〕 安建主编:《中华人民共和国保险法(修订)释义》,法律出版社2009年版,第140页。

〔2〕 安建主编:《中华人民共和国保险法(修订)释义》,法律出版社2009年版,第140~141页。

第四章　保险经营规则

第九十五条　【业务范围】保险公司的业务范围：

（一）人身保险业务，包括人寿保险、健康保险、意外伤害保险等保险业务；

（二）财产保险业务，包括财产损失保险、责任保险、信用保险、保证保险等保险业务；

（三）国务院保险监督管理机构批准的与保险有关的其他业务。

保险人不得兼营人身保险业务和财产保险业务。但是，经营财产保险业务的保险公司经国务院保险监督管理机构批准，可以经营短期健康保险业务和意外伤害保险业务。

保险公司应当在国务院保险监督管理机构依法批准的业务范围内从事保险经营活动。

【条文理解】

《保险法》将保险公司的业务范围分为两个基本类别，即人身保险和财产保险。

1. 人身保险业务，是以人的寿命和身体为保险标的的保险业务，分为人寿保险、健康保险以及意外伤害保险等保险业务。具体来说有以下三点：(1)人寿保险业务是指以被保险人在保险期限内死亡、伤残或者在保险期限届满时仍生存为给付保险金条件的保险业务。人寿保险业务又可以具体划分为死亡保险、生存保险、生死两全保险、简易人身保险、年金保险业务等。人寿保险业务的期间一般较长，保险公司承担的给付保险金的责任期间相应较长，保险公司应当留存足够的人寿保险准备金。(2)健康保险业务又称为疾病保险业务，是指保险公司对被保险人在保险期限内发生疾病、分娩或由此引起的残废、死亡承担给付保险金责任的保险业务。对于健康保险，国外有的将其称为“第三领域”的保险，允许财险公司开展这方面的业务。(3)意外伤害保险业务是指保险公司对被保险人遭受的意外伤害或者因意外伤害致残、死亡承担给付保险金责任的保险业务。意外伤害保险业务通常分为一般意外伤害保险、旅客意外伤害保险和职业伤害保险三大类。意外伤害保险既可以作为财产综合险中的附加险，也有短期险的特征，也是所谓的“第三领域”的保险。

2. 财产保险业务,是指保险公司以财产及其有关利益为保险标的的业务。这里的财产既包括有形的财产,也包括无形的财产,前者如房屋、汽车、商品,后者如财产权利、财产责任、预期收益。财产保险业务以财产及其利益作为保险对象,由投保人交付保险费,形成保险基金,当保险财产及其利益在保险事故中遭受损失时,由保险公司赔偿保险金。财产保险业务作为保险业务的两大基本类别之一,还可以进行细分:(1)财产损失保险业务。它是指保险公司以有形财产为保险标的而从事的保险业务。财产损失保险业务的特点在于,投保人按照约定向保险公司支付保险费,在被保险财产发生保险事故而受到损失时,保险公司按照约定向被保险人给付保险赔偿金。(2)责任保险业务。它是指保险公司以被保险人依法应当对第三人承担的赔偿责任为保险标的而从事的保险业务。责任保险业务的特点在于,投保人按照约定向保险公司支付保险费,在被保险人应当向第三人承担赔偿责任时,由保险公司按照约定向被保险人给付保险赔偿金。(3)信用保险业务。它是指保险公司对被保险人的信用或者履约能力提供担保而从事的保险业务。信用保险业务的特点在于,投保人按照约定向保险公司支付保险费,在被保险人不能偿付其支付款项的义务时,由保险公司按照约定对被保险人承担赔偿责任。(4)保证保险业务。它是指由保险人为投保人向被保险人(即债权人)提供担保的保险,当投保人不能履行与被保险人签订合同所规定的义务,给被保险人造成经济损失时,由保险人按照其对投保人的承诺向被保险人承担代为补偿的责任。

3. 国务院保险监督管理机构批准的与保险有关的其他业务。由于金融多元化的影响,保险公司的业务与其他金融业务有相互渗透的趋势。为了我国保险事业的健康发展,也为了保险公司为社会提供更多更好的保险产品,经国务院保险监督管理机构批准,保险公司可以从事与保险有关的其他业务。

本法规定同一保险人不得同时兼营财产保险业务和人身保险业务,也就是保险业务的两大基本类别必须分开经营。其根本原因是财产保险和人身保险的保险对象不同,这两种保险业务各有其特点,在承保的手续、订立保险合同的要求、保险责任、保险费计算的基础、保险金的赔付、保险基金的管理方式以及公司的解散、清算等方面有不少区别,因而,保险公司的分业经营有其必要性。保险公司分业经营,有利于提高保险业务水平,维护保险客户的合法权益,保证其有相适应的赔付能力,也有利于实行规范化经营、规范化管理,便于金融监督管理部门进行监督。保险公司的业务范围由保险监督管理机构依法批准;保险公司应依照《保险法》在依法批准的业务范围内开展保险经营活动,不得同时经营人身保险业务和财产保险业务,也不得超范围经营。[1]

---

〔1〕 安建主编:《中华人民共和国保险法(修订)释义》,法律出版社2009年版,第142~144页。

【案例导读】

意外伤害保险属于人身保险

——上诉人某保险公司株洲中心支公司与被上诉人刘某保险合同纠纷案

【案号】

湖南省株洲市中级人民法院(2011)株中法民二终字第52号[1]

【案情】

2010年3月5日某出租汽车公司为其出租车司机刘某等四人,向保险公司投保机动车驾驶人员意外伤害保险。

2010年3月18日刘某驾驶出租车发生交通事故,公安交警部门认定刘某不负事故责任。刘某因交通事故身体受伤,经医疗住院治疗,用去医疗费37,000元,后经司法鉴定,构成九级伤残,后期医疗费用预计为10,000元。刘某据此向保险公司要求理赔,保险公司以刘某不能就主观原因所致的交通事故主张客观原因所致的意外事故的保险合同债权,且刘某人身损害和财产损失均已通过交通事故侵权之诉以及此相关的交强险、商业险的合同之诉获得了全部赔偿,不应重复获得赔偿等为由拒绝理赔。

法院经审理认为:因保险合同具有相对性,故对刘某来说,构成意外伤害的“客观事件”应为非李某主观本意的事件。本案中,刘某身体受到伤害系第三人全责交通肇事造成,属于外来的、突发的、非其本意的和非疾病的客观事件直接且单独造成的情况,且保险合同中保险人的责任免除事项亦未包括此种情况,故刘某因涉案交通事故受到的伤害属于保险合同约定的“意外伤害”,保险公司应依约承担赔付责任。保险公司脱离双方的保险合同将“客观事件”解释为所有非主观因素的事件,实际上是混淆人身保险合同与财产保险范畴中的责任主体概念,以免除、逃避自己的保险责任。

意外伤害医疗保险,是被保险人基于人身发生意外伤害需要治疗时,保险人给予医疗保险金的保险。虽然该险涉及的医疗费用支出具有经济损失的特点,但并不能因涉及经济损失而将其归属于财产性质的保险。根据《保险法》第95条第1款第(2)项将意外伤害保险业务划分到人身保险业务中的规定,意外伤害医疗保险应属于人身险范畴,且保险人与被保险人亦未就双方保险合同中的医疗附加险的性质作出明确约定,故对保险人提出的医疗费用属于财产损失的上诉理由,因无法律上的依据,法院不予采信。

由于意外伤害医疗保险属于人身险范畴,《保险法》对人身险又无重复投保的限制,且保险人亦不能证明自己已明确向被保险人声明存在此免责事项,故根据《保险法》第68条的规定,该意外医疗保险不适用财产险中的“损失补偿原则”,被

---

〔1〕 案例来源:中国法院网,2012年11月20日访问,有删减。

保险人就本案涉及的意外伤害医疗保险有权向保险人主张理赔,且不因其已通过其他途径获得赔偿而丧失该请求权。

故法院判决保险公司赔付刘某意外伤害医疗保险金7920元。

【分析】

人身保险业务包括人寿保险、健康保险、意外伤害保险等保险业务。与财产保险不同,人身保险不适用财产保险中的"损失补偿原则"。本案中,在保险合同无特别约定的情况下,法院判定意外伤害医疗保险属于人身保险范畴,从而排除了"损失补偿原则"的适用。

第九十六条 【再保险业务】经国务院保险监督管理机构批准,保险公司可以经营本法第九十五条规定的保险业务的下列再保险业务:

(一)分出保险;

(二)分入保险。

【条文理解】

再保险是保险人将其承担的保险业务,以分保的形式部分转移给其他保险人承担。转出保险业务的保险人称为原保险人,接受原保险人所转移的保险业务的保险人被称为再保险人。再保险为保险的保险,其作用在于减轻原保险人的责任,使其经营增强稳定性。原保险人将其部分保险业务转移给其他保险公司,称为分出保险;其他保险公司接受原保险人所转移的保险业务,称为分入保险。

保险公司经营再保险业务,必须依法经过保险监督管理部门批准,未经批准不得经营再保险业务。这是对保险公司业务范围监督管理的一项规定。保险公司分出或者分入保险业务,都应依法进行,并执行保险监督管理部门的有关规定。[1]

第九十七条 【保证金】保险公司应当按照其注册资本总额的百分之二十提取保证金,存入国务院保险监督管理机构指定的银行,除公司清算时用于清偿债务外,不得动用。

【条文理解】

保证金,是指保险公司设立后,依法提取并向保险监督管理机构指定的银行缴存的用于担保保险公司偿付能力的资金。缴存保险保证金是国家控制保险企业偿付能

---

〔1〕 安建主编:《中华人民共和国保险法(修订)释义》,法律出版社2009年版,第145页。

力的有效措施，不少国家的保险法都有缴存保证金的规定。依照本条的规定，应当缴存的保证金数额，按照保险公司的注册资本总额 20% 提取。提取的保证金只能在保险公司清算时用于清偿债务，除此之外不得动用，以确保保险公司的偿付能力。[1]

第九十八条　【责任准备金】保险公司应当根据保障被保险人利益、保证偿付能力的原则，提取各项责任准备金。

保险公司提取和结转责任准备金的具体办法，由国务院保险监督管理机构制定。

【条文理解】

为了确保保险公司的偿付能力，保险公司收取的保险费，必须提取各项责任准备金。保险公司的偿付能力，在一定程度上依赖于保险准备金的提取。保险责任准备金，包括未到期责任准备金、未决赔款准备金、寿险责任准备金等，是为了承担未到期责任或者未决赔款等将来发生的责任而从保险费收入中提存的资金准备基金，其作用在于为保险公司承担保险责任提供资金保证。

保险责任准备金从保险费收入中提存，这项资金应看作保险公司的负债。在财产保险中，最常见的是未到期责任准备金。它是指保险公司为了承担未了结的预期保险责任而依照法律的规定从保险费收入中提取的准备资金。对于人寿保险业务，保险公司应当按照有效的人寿保险单的全部净值提取寿险责任准备金。寿险责任准备金应当属于被保险人所有，是保险公司履行今后给付保险金义务的资金保证。本法对保险公司提取和结转责任准备金的具体办法，授权国务院保险监督管理机构制定。[2]

第九十九条　【公积金】保险公司应当依法提取公积金。

【条文理解】

保险公司除了依照《保险法》的规定提取各项责任准备金和未决赔款准备金外，还必须依法提取公积金。这里讲的“依法”，是指依照《公司法》的有关规定。对于公司提取公积金，《公司法》作了如下规定：公司分配当年税后利润时，应当提取利润的 10% 列入公司法定公积金；公司法定公积金累计额为公司的注册资本的 50% 以上的，可不再提取；公司的法定公积金不足以弥补上一年度公司亏损的，在

---

〔1〕 安建主编：《中华人民共和国保险法（修订）释义》，法律出版社 2009 年版，第 145 页。
〔2〕 安建主编：《中华人民共和国保险法（修订）释义》，法律出版社 2009 年版，第 146 页。

依照规定提取法定公积金之前,应当先用当年利润弥补亏损;公司在从税后利润中提取法定公积金后,经股东会或者股东大会决议,还可以提取任意公积金。公司的公积金用于弥补公司的亏损、扩大公司生产经营或者转为增加公司资本。股份有限公司以超过股票票面金额的发行价格发行股份所得的溢价款以及国务院财政部门规定列入资本公积金的其他收入,应当列为公司资本公积金。资本公积金不得用于弥补公司亏损。

公积金是保险公司不作为股利分配而储以备用的那部分净利润。提取公积金的目的在于积聚这部分资金,若保险公司出现亏损时,用以弥补亏损;无亏损时,则可用以增强其偿付能力,发展公司的经营,提高该保险公司的信誉。公积金是保险公司的一种附加资本,它的增加也意味着公司财产的增加,对公司开展业务具有积极意义。保险公司所提取的公积金中,法定公积金的提取与提取比例由法律规定,具有强制性,不能由公司自行决定;任意公积金,则是由公司决定其是否提取和提取的比例,是非强制的,公司的股东会、股东大会有决定权。[1]

第一百条 【保险保障基金】保险公司应当缴纳保险保障基金。

保险保障基金应当集中管理,并在下列情形下统筹使用:

(一)在保险公司被撤销或者被宣告破产时,向投保人、被保险人或者受益人提供救济;

(二)在保险公司被撤销或者被宣告破产时,向依法接受其人寿保险合同的保险公司提供救济;

(三)国务院规定的其他情形。

保险保障基金筹集、管理和使用的具体办法,由国务院制定。

【条文理解】

本法规定建立保险保障基金,首先是为了保障被保险人的利益。通过设立保险保障基金,运用保险业的群体力量,分散保险经营的风险,尽可能避免因某一保险公司偿付能力不足影响对保险金的赔付,以维护被保险人的利益。其次是支持保险公司稳健经营,即通过运用由各个保险公司集中起来的保险保障基金,对经营或财务上发生困难的保险公司予以支持。

保险保障基金应当集中管理,并在本条规定的特定情形下统筹使用。

保险保障基金筹集、管理和使用的具体内容,授权由国务院制定办法。[2]

---

〔1〕 安建主编:《中华人民共和国保险法(修订)释义》,法律出版社2009年版,第146~147页。

〔2〕 安建主编:《中华人民共和国保险法(修订)释义》,法律出版社2009年版,第147~148页。

第一百零一条 【最低偿付能力】保险公司应当具有与其业务规模和风险程度相适应的最低偿付能力。保险公司的认可资产减去认可负债的差额不得低于国务院保险监督管理机构规定的数额;低于规定数额的,应当按照国务院保险监督管理机构的要求采取相应措施达到规定的数额。

【条文理解】

保险公司的偿付能力,是指保险公司对被保险人、受益人履行合同约定的赔偿或者给付保险金责任的能力。保险公司必须具备充足的偿付能力,才能及时、足额地赔偿或者给付保险金,保障被保险人、受益人的利益,维持自身的稳健经营。保险监管机构通过对保险公司偿付能力的有效监管,了解保险公司的财务状况,及时要求偿付能力不足的保险公司采取有效措施,以恢复偿付能力,切实保障投保人、被保险人、受益人的合法权益。

保险公司的偿付能力表现为保险公司的实际资本。其计算办法如下:保险公司的认可资产减去认可负债。在保险公司的所有资产中,只有那些可以由保险公司处置的可用于承担赔偿或者给付保险金责任的资产,才能被确认为认可资产。保险监督管理机构对保险公司的认可资产以列举方式作了规定。一项资产,如果没有被保险监督管理机构明确指明为认可资产,或者被保险监管机构明确指明为非认可资产,均不属于认可资产。认可负债是保险公司在评估偿付能力时依据国务院保险监督管理机构的规定所确认的负债。保险监督管理机构对保险公司的负债也采取列举法进行认可。

本条对保险公司的最低偿付能力要求的规定包括以下几点。

1. 保险公司应具有与其业务规模和风险程度相适应的最低偿付能力。保险公司的业务规模越大,意味着其接受的投保数量越多,保险金额越大,按照概率,保险公司在单位时间内的赔付次数和赔款金额相应增加,这就必然对保险公司能够支付的赔款数额(即其偿付能力)提出更高的要求。保险公司接受的投保风险越大,赔付的可能性也就越大,保险公司应当留下更充足的资金以应付可能出现的保险责任。因此,保险公司的最低偿付能力必须与业务规模和风险程度相适应。

2. 保险公司的认可资产减去认可负债的差额不得低于国务院保险监督管理机构规定的数额。中国保监会发布的《保险公司偿付能力管理规定》等规范性文件对此作了规定。

3. 最低偿付能力达不到规定要求的保险公司,应当按照国务院保险监督管理机构的要求采取相应措施达到规定的数额。根据本法第139条的规定,对出现偿付能力不足的保险公司,国务院保险监督管理机构应当将其列为重点监管对象,并可以根据具体情况采取下列措施:责令增加资本金、办理再保险;限制业务范围;限制向股东分红;限制固定资产购置或者经营费用规模;限制资金运用的形式、比例;限制增设分支机构;责令拍卖不良资产、转让保险业务;限制董事、监事、高级管理人员的薪酬水平;限制商业性广告;责令停止接受新业务。[1]

第一百零二条 【当年自留保险费】经营财产保险业务的保险公司当年自留保险费,不得超过其实有资本金加公积金总和的四倍。

【条文理解】

与人身保险业务相比,财产保险业务面临的风险更具有不可预测性,有必要作出专门规定以应对随时可能出现的保险责任,保障保险公司的持续正常经营。

保险公司当年自留保险费,是指保险公司当年收取的所有保险费(包括通过办理再保险分入业务获得的数额),减去按照国务院保险监督管理机构规定办理再保险分出业务减少的数额后,保险公司最终获得的保险费。保险公司的自留保险费反映其保费收入的实际情况,而实际保费收入是与其可能面临的风险,即可能承担的保险责任直接对应的。保险公司实有资本金加公积金的总和构成公司的实际自有资产,是其承担保险法律责任的主要资金来源,反映了其实际偿付能力。对财产保险公司的自留保费进行限制,目的是要将其可能遇到的风险控制在保险公司的自有资产能够偿付的范围内,以保证其偿付能力充足性而提出的具体要求。如果保险公司的自有资产远远少于其自留保费规模,一旦发生较大的保险事故,保险公司可能无法承担所有的保险责任。如果对保险公司的自留保费规模限制过低,则不利于其扩大业务规模,分摊经营成本,也无法充分发挥保险机制通过"大数法则"分摊风险的作用。依照本条的规定,保险公司当年自留保险费不得超过公司实有资本金加公积金总和的四倍。对超过这一数额,导致偿付能力不足的,国务院保险监督管理机构应当按照本法第139条的规定,责令其增加资本金、办理再保险或者采取其他措施,使其自留保费符合本法规定的要求,恢复偿付能力。[2]

---

〔1〕 安建主编:《中华人民共和国保险法(修订)释义》,法律出版社2009年版,第149~150页。
〔2〕 安建主编:《中华人民共和国保险法(修订)释义》,法律出版社2009年版,第150~151页。

第一百零三条　【危险单位】保险公司对每一危险单位,即对一次保险事故可能造成的最大损失范围所承担的责任,不得超过其实有资本金加公积金总和的百分之十;超过的部分应当办理再保险。

保险公司对危险单位的划分应当符合国务院保险监督管理机构的规定。

【条文理解】

保险公司的经营风险由其承保的每一保险标的的风险累加而成,这些保险标的组成不同的危险单位。对每一危险单位进行风险管理,是保险公司稳健运营的一个关键环节。所谓危险单位,是指一次保险事故可能造成的最大损失范围。一个危险单位往往是若干保险标的的风险集合体。例如,在海上货物运输中,一艘承运船舶一般装载来自多家托运人的货物,各托运人或者收货人分别为自己的货物向保险人投保;同时,承运人或者船东还会为船舶本身投保。假设所有人都向同一保险人投保,保险人分别为他们出具保险单,就会出现众多的保险标的。但对于保险人来说,当这艘货船出险时,最严重的情形,例如沉船,会是连船带货一起全损,这就是一次保险事故可能造成的最大损失。也就是说,所有货物连带船舶的所有保险责任合起来构成一个危险单位。

危险单位划分是评估可能最大损失的基础。通过危险单位划分确定最大损失范围后,保险公司对该范围内保险财产遭遇保险事故可能损失的程度进行进一步的估测,便可得出可能最大损失的金额。以此为据,保险公司可以确定自身在特定项目上的自留风险比例,并安排所需的再保险保障。保险公司应当在承保时就确认危险单位划分并记录在案。实践中,危险单位的划分较为复杂,应根据各种不同的险种、结合不同的情况才能确定。如上所述,海上保险虽然包括多个险种,但一般以每一艘船作为一个危险单位。而火灾保险则更为复杂,通常情况下,一栋独立的建筑物构成一个危险单位;但是,如果数栋建筑物连接在一起或一个高层建筑中承保了若干楼层,如何划分一个危险单位,就要考虑建筑物的等级、实际用途、有无防火墙隔开、周围环境和消防设备等各种因素才能决定。而且,危险单位的划分并不是一成不变的,如两座建筑物之间本来没有通道,属于两个独立的危险单位,后来修建了天桥,将两者连接在一起,就可能把互相分割的两个危险单位变成一个危险单位。

保险公司对危险单位的划分应当符合国务院保险监督管理机构的规定。中国保监会曾先后发布了一系列财产保险危险单位划分方法指引,对危险单位划分的基本原则和基本方法作了规定。

保险公司对每一危险单位承担的保险责任不得超过其实有资本金加公积金总和的10%,超过的部分应办理再保险。这是保险公司保障其偿付能力充足性的重要举措。实践中,一些大型项目如海上钻井平台、卫星发射,其保险金额巨大,一旦出险,保险公司以自有资金往往难以赔付,这就可能导致保险公司出现经营危机,进而影响其他投保人、被保险人、受益人的利益。本条规定对保险公司对每一危险单位承担的保险责任作出限制,避免保险公司承担过高的经营风险,使其不至于因为少数几起保险业务而影响整个公司的稳定经营。[1]

第一百零四条 【危险单位的划分方法、巨灾风险安排方案的备案】保险公司对危险单位的划分方法和巨灾风险安排方案,应当报国务院保险监督管理机构备案。

【条文理解】

保险事故概率具有不确定性,不同概率情形之下的最大可能损失有很大的差别。保险公司一般将概率情形分为普通保险事故和极端概率事故,二者的区别主要有两方面:一是发生概率,极端概率事故的发生概率要大大低于普通保险事故;二是损失范围,普通保险事故的损失范围通常限定在单一地点,极端概率事故(如高烈度地震、飓风、海啸)则往往波及广大地域。为了保持稳健经营,保险公司应当通过危险单位划分来解决普通保险事故的最大损失问题,通过巨灾风险安排来解决极端概率事故的最大损失问题。

危险单位的划分应该本着科学、谨慎和合理的原则进行。"存疑不分"是危险单位划分的基本原则,只要不能肯定保险标的属于不同的危险单位的,就应当认定为一个危险单位,不得再作进一步的划分。保险公司应当在承保风险时就确认危险单位划分并记录在案,并就依照本条的规定将划分的具体办法报国务院保险监督管理机构备案。

所谓巨灾,是指人力难以抗拒、无法有效控制的造成众多人员伤亡或大量财产损失的自然灾害或意外事故。巨灾按其发生的原因可以分为两大类:一是自然灾害风险。自然灾害造成的损失通常会涉及某一地区的大量人群;灾害造成的损失程度不仅取决于该自然灾害的强度,也取决于受灾地区的抗灾能力、防灾措施等人为因素。二是人为灾难风险,例如重大火灾、爆炸,航空航天灾难、航运灾难、公路灾难、铁路灾难,建筑物、桥梁倒塌,以及恐怖活动。巨灾风险具有发生概率低,难以预测,一旦发生损失巨大的特点。对于承保巨灾风险的保险公司而言,每一次事故的发生通常会使许多受害的被保险人同时向保险公司索赔,形成庞大的累积理赔金额。这种情形不符合保险业务个体损失分布相互独立的要求,由此造成的费差损失严重影响保险公司的偿付能力,有时甚至会导致资本不

---

[1] 安建主编:《中华人民共和国保险法(修订)释义》,法律出版社2009年版,第151~153页。

足的保险公司破产。因此,保险公司应当对巨灾风险预先作出安排,以便在此类危险发生时及时采取有效措施,做到既能够及时赔付保险金,又能够保障自身的偿付能力充足性。巨灾风险安排方案往往涉及多个险种,保险公司对巨灾保险的承受能力难以在小范围内求得平衡,保险费率、灾害后果、自留额与再保险比例都比较难以确定,是一项极为复杂的工作。为了指导督促保险公司科学合理地化解巨灾风险,本法规定,保险公司巨灾风险安排方案,应当报国务院保险监督管理机构备案。[1]

第一百零五条 【办理再保险遵循的原则】保险公司应当按照国务院保险监督管理机构的规定办理再保险,并审慎选择再保险接受人。

【条文理解】

所谓再保险,是指保险人将其承担的保险业务以分保的形式部分转移给其他保险人。再保险的主要功能是分散风险、控制损失、保证公司偿付能力的充足性。根据本法的规定,经营财产保险业务的保险公司当年自留保险费,不得超过其实有资本金加公积金总和的四倍;保险公司对每一危险单位,即对一次保险事故可能造成的最大损失范围所承担的责任,不得超过其实有资本金加公积金总和的10%。超过上述规定的,保险公司应当办理再保险,否则将构成偿付能力不足,国务院保险监督管理机构应当根据需要责令其采取办理再保险等措施。国务院保险监督管理机构先后发布了《保险公司管理规定》、《再保险业务管理规定》、《关于再保险业务安全性有关问题的通知》等规范性文件,对保险公司的再保险义务、再保险计划的拟订和审核、分保比例、监督管理等作出具体规定,保险公司应当遵守。

再保险接受人,是指接受其他保险公司转移的保险业务的保险公司,又称为再保险分入公司。再保险公司如果选择再保险接受人不当,不能从再保险接受人那里及时获得赔偿,支出的保险赔款就不能得到有效的补充,不能实现再保险分散风险的目的,将会严重影响原保险公司的正常经营。因此,原保险公司在选择再保险接受人时,应当根据其偿付能力、财务状况、盈利能力等因素综合考虑,审慎选择。[2]

---

〔1〕 安建主编:《中华人民共和国保险法(修订)释义》,法律出版社2009年版,第153~154页。

〔2〕 安建主编:《中华人民共和国保险法(修订)释义》,法律出版社2009年版,第154~156页。

第一百零六条 【资金运用】保险公司的资金运用必须稳健，遵循安全性原则。

保险公司的资金运用限于下列形式：

（一）银行存款；

（二）买卖债券、股票、证券投资基金份额等有价证券；

（三）投资不动产；

（四）国务院规定的其他资金运用形式。

保险公司资金运用的具体管理办法，由国务院保险监督管理机构依照前两款的规定制定。

【条文理解】

保险公司的资金包括所有者权益及各种责任准备金。本次修订前的《保险法》对保险公司的资金运用设定了较为严格的限制，只允许用于在银行存款、买卖政府债券、金融债券和国务院规定的其他资金运用形式，并禁止用于设立证券经营机构和向保险业以外的企业投资。

随着我国保险市场的发展与保险业竞争的加剧，保险公司的承保利润逐步降低，保险资金的投资回报已经成为保险公司利润的一个主要来源。从发达国家的情况来看，其保险资金一般都允许用于投资不动产、买卖有价证券、贷款以及投资保险相关事业。因此，有必要拓宽保险公司的资金运用渠道。同时，近年来我国保险市场逐步成熟，保险公司经营管理日益规范，资本市场进一步发展，这些条件也为拓宽保险公司资金运用渠道提供了可能。这次修改《保险法》时适当拓宽了保险公司的资金运用渠道。根据本条的规定，保险公司的资金有以下几种运用形式。

1. 用于在银行存款。保险公司的资金用于在银行存款，风险较小，安全性好，既可以获得较为固定的收入，又可以及时提取并用于支付保险金，是保险资金最常见的运用形式。但由于其投资收益率较低，不可能带来保险资金运用真正意义上的投资利润和扩大保险资金积累，因此不能将其作为保险资金运用的唯一形式。

2. 用于买卖债券。债券具有以下优点：一是利率固定，能带来稳定的收入，具有较好的安全性；二是一般期限较长，适合长期持有，本身的流通性也比较好，能够及时变现。因此，购买债券一直是保险资金运用的主要方式。其中，政府债券、金融债券信用度高，流动性好，收益稳定，比较受保险公司的欢迎；企业债券虽然收益率更高，但是信用度和流动性稍差，在总量上应有所控制。

3. 用于买卖股票。股票是一种虚拟资本，其价值主要体现在其收益性上，股票收益来自股息收入和资本利得。股息收入的多少取决于公司经营状况的好坏；资本利得则取决于未来股票价格的走向。股票价格受经济形势及其他种种因素的影响，常有大幅波动，因此投资股票的风险比较大，安全性较差，但如果投资得当，股票的收益率也最为丰厚。因此，不少国家都在设定一定投资比例、投资条件的情况下允许保险公司投资股票市场。

4. 用于买卖证券投资基金份额等有价证券。投资证券投资基金份额相当于通过专业投资机构间接地买卖股票。一般来说，证券投资基金具有专家理财的特点，由专业人士选择最具有赢利可能的股票作为投资对象，赢利率较高；同时，可以通过分散化投资来化解风险，避免个别股票投资失误造成巨大损失，安全性较好。数据表明，近年来我国保险公司已成为证券投资基金最大的机构投资者。但是，我国证券投资基金市场仍不够成熟，基金公司的管理水平和投资水平目前仍存在较大风险，仍有待于进一步提高。

5. 用于投资不动产。不动产投资是指保险公司将资金投向房地产、基础设施建设等并从其经营中赚取收益的投资活动。不动产投资的保值程度高，但投资期限长，变现能力差。因此，不动产投资也应当慎重，一般采取限额投资，避免风险过度集中。

6. 国务院规定的其他资金运用形式。本条授权国务院根据我国经济社会及保险市场的发展状况，在时机成熟时进一步拓宽保险资金的运用范围。

为了保证保险公司的偿付能力，控制和分散保险资金运用风险，除了要对保险资金的运用形式作出法律上的限定外，还应当对保险公司资金运用的具体程序、比例等作出相应的规定。这些内容技术性较强，同时需要根据保险业的发展状况进行必要调整，因此本条授权国务院保险监督管理机构制定。国务院保险监督管理机构制定的保险公司资金运用的具体管理办法，必须符合本条前两款的规定。[1]

第一百零七条　【保险资产管理公司】经国务院保险监督管理机构会同国务院证券监督管理机构批准，保险公司可以设立保险资产管理公司。

保险资产管理公司从事证券投资活动，应当遵守《中华人民共和国证券法》等法律、行政法规的规定。

保险资产管理公司的管理办法，由国务院保险监督管理机构会同国务院有关部门制定。

【条文理解】

保险公司的资金运用主要有三种方式：一是将保险资金委托给外部投资机构。外部投资机构较为独立，运作成熟，在正常情况下，一般可以保证较好的收益率。但是，外部投资机构追求自身利益的最大化，与保险公司的利益不完全一致，保险

---

〔1〕 安建主编：《中华人民共和国保险法（修订）释义》，法律出版社2009年版，第156～159页。

公司难以有效地控制保险资金的投资风险。二是在保险公司内部成立资金运用部门。这能够有效地将风险控制在自己可以掌握的范围中，较好地贯彻公司投资战略。但是，这样的内部机构往往人才不足、设施不完备，投资水平有限，投资收益率不能保证；而且，由于缺乏独立性，保险资金的运用受到公司整体经营状况的制约，即使有较好的投资策略有时也难以贯彻落实，影响了投资收益率。三是设立独立的投资公司，专门负责保险资金的运用。此类公司一般是保险公司的子公司，或者是保险公司所属的保险集团或者控股公司的子公司。这样做具有以下优点：(1)可以较好地贯彻公司的投资战略，将投资风险控制在保险公司可以控制的范围内；(2)投资公司自身是独立的法人机构，可以充当保险资金运作与原保险业务之间的防火墙，二者之间的风险不会相互影响，最大限度地保证了保险资金运用的安全；(3)投资公司专门从事投资活动，专业化程度较高，投资收益率也较有保证。实际上，世界许多跨国保险集团都已经收购或组建了自己的投资子公司。2003年以前，我国的保险公司一直通过内设的资金管理中心运用保险资金。随着保费收入的大规模增长，这种方式由于人才、信息、设备和运营理念等方面的不足，日渐不能满足保险资产保值增值的需要。国务院保险监督管理机构在2004年出台了《保险资产管理公司管理暂行规定》，并陆续批准一些保险公司设立保险资产管理公司。所谓保险资产管理公司，是指经国务院保险监督管理机构会同国务院证券监督管理机构批准，依法登记注册、受托管理保险资金的金融机构。

本法在总结实践经验的基础上增加了有关保险资产管理公司的规定，主要包括以下三点。

1. 保险公司可以设立保险资产管理公司，但是须经国务院保险监督管理机构会同国务院证券监督管理机构批准。为了保障保险资金运用的安全，严格控制投资风险，需要加强对保险资产管理公司的监管。为此，本条规定，设立保险资产管理公司应当经国务院保险监督管理机构批准。同时，保险资金的主要投向是证券市场，保险资产管理公司作为拥有巨额资金的机构投资者，其投资活动可能对证券市场产生较大影响。为了保护证券市场的稳健运行，需要由国务院证券监督管理机构对其进行严格监管，成立保险资产管理公司还应当经国务院证券监督管理机构批准。

2. 保险资产管理公司从事证券投资活动，应当遵守证券法等法律、行政法规的规定。保险资产管理公司从事证券投资活动时，应当与其他证券投资主体一样遵循规范证券市场活动的法律规定。

3. 保险资产管理公司的管理办法由国务院保险监督管理机构会同国务院有关部门制定。保险资金的运用，不仅涉及保险市场、证券市场，还可能对其他领域造成影响，其具体管理规定应当由国务院保险监督管理机构会同国务院有关部门共同制定。[1]

第一百零八条　【关联交易的管理和信息披露】保险公司应当按照国务院保险监督管理机构的规定，建立对关联交易的管理和信息披露制度。

【条文理解】

关联交易是指存在关联关系的双方或多方当事人之间进行的交易活动。其中，关联关系是指一方当事人有能力直接或间接控制另一方当事人或者对其施加重大影响，以及两方或多方当事人共同受第三方控制或影响的关系。这种控制权或影响力以财产权、经营决策权和人事管理权为核心。存在关联关系的实体称为关联方。

正常的关联交易可以稳定公司业务，分散经营风险，有利于公司的发展。但是，实践中常常发生控制方利用关联关系，迫使从属方与自己或者其他关联方从事不利益的交易，损害从属方和少数股东的利益的问题。因此，本条规定保险公司应当按照国务院保险监督管理机构的规定，建立对关联交易的管理制度。关联交易管理制度包括关联方的报告、识别、确认和信息管理，关联交易的范围和定价方式，关联交易的内部审查程序，关联交易的信息披露、审计监督和违规处理等内容。

保险公司的关联交易有可能损害小股东和投保人、被保险人、受益人的利益。为了防止保险公司的大股东、实际控制人和管理层进行“暗箱操作”，必须加强对保险公司的交易信息的公开化管理，即建立保险公司关联交易的信息披露制度。《企业会计准则第36号——关联方披露》对关联交易的信息披露作出了专门的规定，保险公司关联交易适用该规定。其主要要求包括以下几点。

1. 披露关联双方的基本信息：包括母、子公司的名称、业务性质、注册地、注册资本、母公司对子公司的持股比例和表决权比例等。

2. 披露该关联关系的性质、交易类型及交易要素。交易要素至少应当包括：交易的金额；未结算项目的金额、条款和条件，以及有关提供或取得担保的信息；未结算应收项目的坏账准备金额；定价政策。

3. 关联交易应当分别关联方以及交易类型予以披露。类型相似的关联交易，在不影响财务报表阅读者正确理解关联交易对财务报表影响的情况下，可以合并披露。

4. 企业只有在提供确凿证据的情况下，才能披露关联交易是公平交易。[2]

---

〔1〕 安建主编：《中华人民共和国保险法（修订）释义》，法律出版社2009年版，第159～161页。

〔2〕 安建主编：《中华人民共和国保险法（修订）释义》，法律出版社2009年版，第161～163页。

【配套规定】

保监会《保险公司关联交易管理暂行办法》

第六条　保险公司关联方主要分为以股权关系为基础的关联方、以经营管理权为基础的关联方和其他关联方。

第七条　以股权关系为基础的关联方包括:

(一)保险公司股东及其董事长、总经理;

(二)保险公司股东直接、间接、共同控制的法人或者其他组织及其董事长、总经理;

(三)保险公司股东的控股股东及其董事长、总经理;

(四)保险公司直接、间接、共同控制的法人或者其他组织及其董事长、总经理;

本条所称保险公司股东,是指能够直接、间接、共同持有或者控制保险公司百分之五以上股份或表决权的股东。

第八条　以经营管理权为基础的关联方包括:

(一)保险公司董事、监事和总公司高级管理人员及其近亲属;

(二)保险公司董事、监事和总公司高级管理人员及其近亲属直接、间接、共同控制或者可施加重大影响的法人或者其他组织。

第九条　其他关联方是指不属于本办法第七条和第八条规定的关联方范围,但是能够对保险公司施加重大影响,不按市场独立第三方价格或者收费标准与保险公司进行交易的自然人、法人或者其他组织。

第十条　保险公司关联交易是指保险公司与关联方之间发生的下列交易活动:

(一)保险公司资金的投资运用和委托管理;

(二)固定资产的买卖、租赁和赠与;

(三)保险业务和保险代理业务;

(四)再保险的分出或者分入业务;

(五)为保险公司提供审计、精算、法律、资产评估、广告、职场装修等服务;

(六)担保、债权债务转移、签订许可协议以及其他导致公司利益转移的交易活动。

第十一条　保险公司关联交易分为重大关联交易和一般关联交易。

重大关联交易是指保险公司与一个关联方之间单笔交易额占保险公司上一年度末净资产的百分之一以上并超过五百万元,或者一个会计年度内保险公司与一个关联方的累计交易额占保险公司上一年度末净资产百分之十以上并超过五千万元的交易。

一般关联交易是指重大关联交易以外的其他关联交易。

计算关联交易额时,保险公司与关联方以及该关联方的关联方之间的交易应当合并计算。

第一百零九条　【关联交易的限制】保险公司的控股股东、实际控制人、董事、监事、高级管理人员不得利用关联交易损害公司的利益。

【条文理解】

关联交易是现代集团公司常用的交易形式,如果运用得当,能够降低交易成本,优化资源配置,分散经营风险,有利于公司的发展。但是,关联交易很容易导致公司利益转移,如果被控制方不当使用,有可能严重损及从属方的利益。特别是当保险公司作为从属方时,保险公司的利益输出就有可能危及其偿付能力,最终损害投保人、被保险人的利益。因此必须对有可能通过关联交易损害保险公司利益的行为加强约束。

本法并不禁止保险公司的控股股东、实际控制人、董事、监事、高级管理人员与保险公司进行关联交易。但是,上述人员不得利用关联交易损害保险公司的利益,否则将承担相应的法律责任。[1]

第一百一十条 【重大事项的披露】保险公司应当按照国务院保险监督管理机构的规定,真实、准确、完整地披露财务会计报告、风险管理状况、保险产品经营情况等重大事项。

【条文理解】

保险公司应当进行信息披露的重大事项包括以下几点。

1. 财务会计报告。所谓财务会计报告,是指企业对外提供的反映企业某一特定日期财务状况和某一会计期间经营成果、现金流量的文件。财务会计报告一般分为年度、半年度、季度和月度财务会计报告。年度、半年度财务会计报告应当包括会计报表及附注、财务情况说明书等。季度、月度财务会计报告通常仅指会计报表,会计报表至少应当包括资产负债表和利润表。

2. 风险管理状况。保险公司的风险管理包括风险评估、风险控制,以及及时对风险管理的流程及其有效性进行检验评估,根据评估结果及时改进。保险公司应当识别和评估经营过程中面临的各类主要风险,包括以下内容。(1)保险风险,指由于对死亡率、疾病率、赔付率、退保率等判断不正确导致产品定价错误或者准备金提取不足,再保险安排不当,非预期重大理赔等造成损失的可能性。(2)市场风险,是指由于利率、汇率、股票价格和商品价格等市场价格的不利变动而造成损失,以及由于重大危机造成业务收入无法弥补费用的可能性。(3)信用风险,是指由于债务人或者交易对手不能履行合同义务,或者信用状况的不利变动而造成损失的可能性。(4)操作风险,是指由于操作流程不完善、人为过错和信息系统故障等

---

〔1〕 安建主编:《中华人民共和国保险法(修订)释义》,法律出版社2009年版,第163~164页。

原因导致损失的可能性。(5)战略规划失误和公司治理结构不完善等给公司带来不利影响的其他风险。在风险评估的基础上,保险公司应当进行风险控制,包括明确风险管理总体策略、制订风险解决方案和方案的组织实施等内容。

3. 保险产品经营情况。保险公司一般都会在经营范围内提供众多保险产品供不同需求的投保人选择。不同的保险产品在保险标的、保险费率、赔偿限额、责任范围、保险期间等方面存在差别,具体表现为各种保险单。在保险经营的过程中,每一款保险产品的销售量、赔付率等存在差异,保险公司应当披露相关的信息。

保险公司重大事项披露应当真实、准确、完整。所谓真实,是指重大事项披露的内容必须反映实际情况,不得弄虚作假。所谓准确,是指对有关事项的披露和提供的数据与实际情况应当符合,或者是合乎逻辑的推测,不得有误导性陈述。所谓完整,是指应当披露的相关信息都应披露,内容应当完整,不得有遗漏。保险公司的财务会计报告、风险管理状况和保险产品经营情况等重大事项直接反映保险公司的经营能力和偿付能力,法律要求保险公司按照国务院保险监督管理机构的规定,真实、准确、完整地披露这些信息,一方面是为了让投保人在充分了解的基础上更好地选择投保的保险公司;另一方面也是为了加强对保险公司的监督管理,促使保险公司努力提高经营管理水平。[1]

第一百一十一条 【保险销售人员的资格】保险公司从事保险销售的人员应当品行良好,具有保险销售所需的专业能力。保险销售人员的行为规范和管理办法,由国务院保险监督管理机构规定。

【条文理解】

保险公司从事保险销售的人员与投保人订立保险合同属于职务行为,其行为直接代表保险公司,法律后果由保险公司承担。从事保险销售活动人员不但应当具有相应的知识和能力,还应当品行良好。[2]

第一百一十二条 【保险代理人登记管理】保险公司应当建立保险代理人登记管理制度,加强对保险代理人的培训和管理,不得唆使、诱导保险代理人进行违背诚信义务的活动。

---

〔1〕 安建主编:《中华人民共和国保险法(修订)释义》,法律出版社2009年版,第164~166页。

〔2〕 安建主编:《中华人民共和国保险法(修订)释义》,法律出版社2009年版,第166页。

【条文理解】

随着我国保险业的发展,保险行业的竞争也日益激烈。一些保险公司为了眼前利益,不分良莠,利用各种保险代理关系扩大市场份额。一些保险代理人不规范甚至是欺诈的行为,损害了投保人、被保险人、受益人的利益,也损害了保险公司的利益。针对这方面的问题,本条规定,保险公司应当建立保险代理人的登记管理制度,加强对保险代理人的培训和管理,提高保险代理人的法律知识、职业道德和业务素质。针对个别保险公司存在唆使、诱导保险代理人进行违背诚信义务活动的行为,例如欺骗投保人、被保险人或者受益人,阻碍投保人履行本法规定的如实告知义务,或者诱导其不履行本法规定的如实告知义务,《保险法》对此作出明确的禁止性规定。[1]

第一百一十三条　【依法使用经营保险业务许可证】保险公司及其分支机构应当依法使用经营保险业务许可证,不得转让、出租、出借经营保险业务许可证。

【条文理解】

经营保险业务许可证是国务院保险监督管理机构依法颁发的准许保险公司及其分支机构经营保险业务的法律文件,是保险公司及其分支机构依法经营保险业务的证明。保险公司及其分支机构应当依法使用经营保险业务许可证。保险监督管理机构对经营保险业务许可证的使用管理作了具体规定,应当按照执行。同时,为维护保险市场的正常秩序,保护保险活动当事人的合法权益,本条明确规定,禁止保险公司及其分支机构转让、出租、出借经营保险业务许可证。[2]

第一百一十四条　【保险条款和保险费率拟订原则】保险公司应当按照国务院保险监督管理机构的规定,公平、合理拟订保险条款和保险费率,不得损害投保人、被保险人和受益人的合法权益。

保险公司应当按照合同约定和本法规定,及时履行赔偿或者给付保险金义务。

---

〔1〕 安建主编:《中华人民共和国保险法(修订)释义》,法律出版社2009年版,第166~167页。

〔2〕 安建主编:《中华人民共和国保险法(修订)释义》,法律出版社2009年版,第167页。

【条文理解】

实践中,绝大多数的保险合同是采用保险公司提供的格式条款订立的定式合同。《合同法》规定,采用格式条款订立合同的,提供格式条款的一方应当遵循公平原则确定当事人之间的权利和义务,并采取合理的方式提请对方注意免除或者限制其责任的条款,按照对方的要求对该条款予以说明。为与《合同法》的规定相衔接,本条规定,保险公司应当公平、合理拟订保险条款和费率,不得损害投保人、被保险人和受益人的合法权益。按照国务院保险监督管理机构的规定,保险机构拟订保险条款和保险费率,应当符合下列要求:(1)结构清晰、文字准确、表述严谨、通俗易懂;(2)要素完整,不失公平,不侵害被保险人的合法权益,不损害社会公众利益;(3)符合法律、行政法规和国务院保险监督管理机构的有关规定;(4)保险费率厘定合理,不危及保险公司的偿付能力或者妨碍市场公平竞争;(5)国务院保险监督管理机构规定的其他条件。此外,保险公司拟订保险条款和保险费率,还应当加强管理,防范风险,并且积极推进保险条款和保险费率的通俗化、标准化。

当保险合同约定的保险事故发生时,保险公司应当按照合同的约定和本法的规定,及时履行赔偿或者给付保险金义务。按照本法的有关规定,保险人收到被保险人或者受益人赔偿或者给付保险金的请求后,应当及时作出核定;情形复杂的,应当在30日内作出核定。除合同另有约定外,保险人应当在与被保险人或者受益人达成赔偿或者给付保险金的协议后10日内履行赔偿或者给付保险金义务。保险人自收到赔偿或者给付保险金的请求和有关证明、资料之日起60日内,对其赔偿或者给付保险金的数额不能确定的,应当根据已有证明和资料可以确定的数额先予支付;保险人最终确定赔偿或者给付保险金的数额后,应当支付相应的差额。[1]

> **第一百一十五条 【公平竞争原则】**保险公司开展业务,应当遵循公平竞争的原则,不得从事不正当竞争。

【条文理解】

在市场经济条件下,保险公司应当在法律、行政法规许可的范围内开展业务活动,通过搞好产品和服务创新,提高经营管理水平,改进和完善服务,来满足投保人的多种需求,使被保险人及时获得满意的保险保障,从而提高自身的竞争能力。通

---

〔1〕 安建主编:《中华人民共和国保险法(修订)释义》,法律出版社2009年版,第167~168页。

过公平竞争,在竞争中求得发展壮大。保险公司不得违反法律、行政法规的规定和商业道德,从事不正当竞争行为。《反不正当竞争法》对不正当竞争行为作了规定,对违反这些规定的,将依法追究法律责任。[1]

第一百一十六条　【禁止的行为】保险公司及其工作人员在保险业务活动中不得有下列行为:

(一)欺骗投保人、被保险人或者受益人;

(二)对投保人隐瞒与保险合同有关的重要情况;

(三)阻碍投保人履行本法规定的如实告知义务,或者诱导其不履行本法规定的如实告知义务;

(四)给予或者承诺给予投保人、被保险人、受益人保险合同约定以外的保险费回扣或者其他利益;

(五)拒不依法履行保险合同约定的赔偿或者给付保险金义务;

(六)故意编造未曾发生的保险事故、虚构保险合同或者故意夸大已经发生的保险事故的损失程度进行虚假理赔,骗取保险金或者牟取其他不正当利益;

(七)挪用、截留、侵占保险费;

(八)委托未取得合法资格的机构从事保险销售活动;

(九)利用开展保险业务为其他机构或者个人牟取不正当利益;

(十)利用保险代理人、保险经纪人或者保险评估机构,从事以虚构保险中介业务或者编造退保等方式套取费用等违法活动;

(十一)以捏造、散布虚假事实等方式损害竞争对手的商业信誉,或者以其他不正当竞争行为扰乱保险市场秩序;

(十二)泄露在业务活动中知悉的投保人、被保险人的商业秘密;

(十三)违反法律、行政法规和国务院保险监督管理机构规定的其他行为。

【条文理解】

保险公司及其工作人员在保险业务活动中应当遵守法律、行政法规的规定,恪守诚实信用原则,不得从事本条所列行为。

---

〔1〕 安建主编:《中华人民共和国保险法(修订)释义》,法律出版社2009年版,第169页。

【配套规定】

最高人民法院《关于适用〈中华人民共和国保险法〉若干问题的解释(二)》

第三条第二款

保险人或者保险人的代理人代为填写保险单证后经投保人签字或者盖章确认的,代为填写的内容视为投保人的真实意思表示。但有证据证明保险人或者保险人的代理人存在保险法第一百一十六条、第一百三十一条相关规定情形的除外。

第五章　保险代理人和保险经纪人

第一百一十七条　【保险代理人】保险代理人是根据保险人的委托，向保险人收取佣金，并在保险人授权的范围内代为办理保险业务的机构或者个人。

保险代理机构包括专门从事保险代理业务的保险专业代理机构和兼营保险代理业务的保险兼业代理机构。

【条文理解】

保险代理人，是根据保险人的委托，向保险人收取佣金，并在保险人授权的范围内代为办理保险业务的机构或者个人。其具体含义包括以下几点。

1. 代理人，是指在代理权限内，以被代理人的名义实施民事法律行为，并且其行为结果归属于被代理人的人。保险代理人是代理人的一种，其接受保险人的委托，代表保险人的利益，以保险人的名义，在保险人授权的范围内为保险人代为办理保险业务，其有效代理行为的结果是使投保人和保险人之间形成保险法律关系；其行为不当造成投保人损失的，也由保险人承担相应的法律责任。

2. 保险代理人必须与保险人订立委托代理协议。保险代理人接受保险人的委托代为办理保险业务，应当与保险人签订委托代理协议，依法约定双方的权利和义务及其他代理事项。

3. 保险代理人向保险人收取佣金。保险代理佣金是保险代理人代保险人办理保险业务所应当获得的报酬。保险代理人代保险人办理保险事务，保险人应当按照委托代理协议的规定支付报酬。

4. 保险代理人可以是机构，也可以是个人。无论是保险代理机构，还是保险个人代理人，都应当具备保险监督管理机构规定的资格条件，并取得保险监督管理机构颁发的经营保险代理业务许可证。

保险代理机构可以分为两类。

1. 保险专业代理机构，是指经保险监督管理机构批准设立并办理工商登记，根据保险人的委托在保险人授权的范围内专门办理保险业务的企业。

2. 保险兼业代理机构，是指经保险监督管理机构核准，接受保险人的委托，在从事自身业务的同时为保险人代办保险业务的企业。我国的保险代理业务最早是从银行代理发展起来的，现在已经形成了一个以银行为主体的保险兼业代理机构网络，主要包括四种类型。（1）金融机构兼业代理，即利用银行、信用社、证券等金融机构与各行各业接触广泛的特点，在其柜台为客户代办保险业务。（2）行业兼业代理，即利用某一行业对保险的特殊需求以及该行业业务开展的便利条件为保险人代为办理保险业务，如旅行社代理客户旅游险、铁路部门代理货运险、民航部门代理民航旅客意外险、汽车销售商代理销售机动车保险。（3）企业兼业代理。企业的主管部门受保险人委托兼办下属企业的保险业务，或企业代办企业内部职工的保险业务，如企业代理开展职工个人的各种人身保险业务、家庭财产保险。（4）社会团体兼业代理，即通过某些社团组织的特殊职能进行保险业务的代理。我国曾经出现过通过计划生育协会代办母婴安康保险，通过个体劳动者协会代办人身保险或财产保险等兼业代理形式。[1]

【案例导读】

保险代理关系不同于劳动关系

——陈某与某保险公司劳动争议纠纷案[2]

【案号】

广东省韶关市中级人民法院（2014）韶中法民一终字第1030号

【案情】

2007年11月15日、2008年11月15日、2009年1月13日、2010年3月1日、2011年3月1日、2011年7月1日、2012年7月1日，陈某与保险公司多次签订《保险营销员保险代理合同书》，双方就保险代理业务、代理手续费的支付、遵守有关规章制度及参加业务培训等相关权利义务进行了约定。其中合同第四条第（一）项约定："甲方的权利：（一）根据国家法律、行政法规及中国保监会有关规定，制定保险营销员制度，并据此对乙方与保险代理有关的行为进行管理。"2007年11月13日、2011年3月1日、2011年7月1日、2012年7月1日的合同均约定本合同仅构成甲、乙双方的保险代理关系，在任何时候均不构成甲、乙双方之间的劳动关系或者劳务关系。在合同履行期间，保险公司提供平台及资源让陈某开展保险代理业务，陈某既可以自己跑业务，又要完成保险公司保险代理任务；同时，陈某需定期出席例会、参加培训，保险公司对此进行管理和考勤，如未到、迟到、早退都会扣款。其余时间陈某可自主安排时间拓展保险代理业务。陈某每月在保险公司获得的收入构成为佣金、手续费、提成、新车补款、续保补款等，保险公司为陈某支付、代交过社会保险。

---

〔1〕安建主编：《中华人民共和国保险法（修订）释义》，法律出版社2009年版，第174～175页。

〔2〕案例来源：北大法宝网，2016年2月11日访问，有删减。

2014 年 6 月 3 日，陈某提起劳动仲裁，提出确认劳动关系，支付工龄工资和社会保险费等请求，劳动人事争议仲裁院经审查，认为陈某与保险公司之间并非劳动关系，驳回其仲裁请求。陈某不服，提起诉讼。

法院认为，劳动关系是指机关、企事业单位、社会团体和个体经济组织(统称用人单位)与劳动者个人之间，依法签订劳动合同，劳动者接受用人单位的管理，从事用人单位安排的工作，成为用人单位的成员，从用人单位领取报酬和受劳动保护所产生的法律关系。《保险法》第 117 条第 1 款规定："保险代理人是根据保险人的委托，向保险人收取佣金，并在保险人授权的范围内代为办理保险业务的机构或者个人。"该规定明确了保险公司与保险代理人之间是一种民事委托法律关系，保险代理人在委托人(保险公司)的授权范围内，以委托人的名义向第三人(投保人)销售保险产品，签订保险合同，保险责任由委托人承担。另外，根据中国保险监督管理委员会《关于个人保险代理人法律地位的复函》有关条款的规定，个人保险代理人属于保险代理人的一种，其与保险公司之间属于委托代理关系。保险公司对个人保险代理人有培训和管理的责任，以确保个人保险代理人的职业道德和业务素质。据此，保险代理关系区别于用人单位、劳动者之间产生的劳动关系，保险代理人在保险公司中不具有为劳动法所调整的劳动者身份。

本案争议焦点是陈某与保险公司之间是劳动关系还是保险代理合同关系。首先，陈某与保险公司在不同时间段签订了《保险营销员保险代理合同书》，合同明确约定双方仅构成保险代理关系，在任何时候均不构成劳动关系或者劳务关系。其次，从合同履行的情况来看，陈某是通过其代理的保险业务量获取相应的佣金、手续费和提成等收入，虽实际操作中存在代缴社保，支付社保、奖金和过节费等项目，但此仅为保险公司给予保险代理人的一种福利待遇激励性质，并不具有劳动关系工资及社保强制缴付的性质。第三，陈某虽然接受和服从中财保公司的管理监督，并参加有关培训，但是该种管理和培训是保险公司拓展业务和提高保险代理人素质的需要，且双方合同有相关约定，其实质不能等同于劳动合同关系中用人单位对员工的管理和培训。综上，陈某与保险公司之间建立的均是保险代理关系而非劳动关系。

故法院认定双方是基于保险代理合同产生的保险代理关系，判决驳回陈某的诉讼请求。

【分析】

保险代理人与保险人之间是代理关系而非劳动关系，其在薪酬待遇方面与劳动关系下的劳动者有很大的区别。本案中，陈某与保险公司签订保险代理合同从而建立代理关系，依法享有收取佣金的权利，但并不能主张劳动关系下劳动者享有的全部权利。实践中，也有保险公司借此规避劳动法下的用工责任，所以在于保险公司签订相关合同时一定要注意区分是劳动合同还是保险代理合同。

第一百一十八条 【保险经纪人】保险经纪人是基于投保人的利益,为投保人与保险人订立保险合同提供中介服务,并依法收取佣金的机构。

【条文理解】

保险经纪人的特征有以下几点。

1. 保险经纪人代表投保人的利益。与保险代理人不同,保险经纪人是接受投保人的委托,代表的是投保人的利益,应当按照投保人的指示和要求行事。

2. 保险经纪人是为投保人与保险人订立保险合同提供中介服务的人。保险经纪人虽然是接受投保人的委托,代表投保人的利益,但他只是向投保人报告订立保险合同的机会、信息,促成投保人与保险人订立保险合同,起介绍、协助作用,并不以自己的名义或者投保人的名义与保险人订立保险合同。

3. 保险经纪人可以依法收取佣金。佣金是保险经纪人为投保人与保险人订立保险合同提供中介服务的报酬。一般来讲,经纪合同的委托人应当向经纪人给付报酬,作为对经纪人提供中介服务的补偿。但根据保险行业的习惯,保险经纪虽然是接受投保人的委托并代表投保人的利益,为投保人与保险人订立保险合同提供中介服务,但其佣金一般由保险人支付。如果保险经纪人与投保人约定,由投保人为保险经纪人支付佣金,投保人应当按照合同的约定支付。

4. 按照本条的规定,保险经纪人必须是机构,个人不得作为保险经纪人。

合格的保险经纪人通常具有相应的专业知识与从业经验,能够给予投保人很大的帮助。一是保险经纪人能够很合理分析和判断保险公司的实力、信誉、管理水平、服务质量以及保险产品的承保风险、责任范围、费率高低和性价比等,可以帮助投保人更加合理地选择保险公司和保险产品。二是保险经纪人可以就保险条款设计、费率确定等方面与保险公司进行讨价还价,从而改变投保人的被动地位。三是保险经纪人可以将投保人的需求信息反馈给保险公司,促使保险公司根据投保人的需要修正保险条款,开发新产品,努力提供优质低价的服务。四是保险经纪人还能够提供具有较高科技含量的综合性的风险管理服务,全面维护投保人的利益。[1]

第一百一十九条 【保险代理机构、保险经纪人的资格条件】保险代理机构、保险经纪人应当具备国务院保险监督管理机构规定的条件,取得保险监督管理机构颁发的经营保险代理业务许可证、保险经纪业务许可证。

---

〔1〕 安建主编:《中华人民共和国保险法(修订)释义》,法律出版社2009年版,第176~177页。

【条文理解】

为了维护保险中介市场秩序，维护保险合同当事人的合法权益，本条规定对保险代理人和保险经纪人实行资格管理。国务院保险监督管理机构对设立保险专业代理机构、保险兼业代理机构和保险经纪机构应当具备的资格条件作了具体规定，应当遵照执行。[1]

第一百二十条 【注册资本】以公司形式设立保险专业代理机构、保险经纪人，其注册资本最低限额适用《中华人民共和国公司法》的规定。

国务院保险监督管理机构根据保险专业代理机构、保险经纪人的业务范围和经营规模，可以调整其注册资本的最低限额，但不得低于《中华人民共和国公司法》规定的限额。

保险专业代理机构、保险经纪人的注册资本或者出资额必须为实缴货币资本。

【条文理解】

以公司形式设立的保险专业代理机构、保险经纪人的注册资本，首先，最低限额应符合《公司法》的规定；其次，国务院保险监督管理机构可以调整保险专业代理机构、保险经纪人的注册资本最低限额，但不得低于《公司法》规定的最低数额；最后，与《公司法》规定不同的是，保险专业代理公司、保险经纪公司不得分期缴纳出资，并且应当是实缴的货币出资，不得以货币以外的形式出资。

第一百二十一条 【高级管理人员的资格条件】保险专业代理机构、保险经纪人的高级管理人员，应当品行良好，熟悉保险法律、行政法规，具有履行职责所需的经营管理能力，并在任职前取得保险监督管理机构核准的任职资格。

【条文理解】

保险专业代理机构的高级管理人员，是指公司制保险代理机构的法定代表人、总经理、副总经理或者具有相同职权的管理人员，成合伙制保险代理机构执行合伙企业事务的合伙人或者具有相同职权的管理人员。保险专业代理机构的

---

〔1〕 安建主编：《中华人民共和国保险法（修订）释义》，法律出版社2009年版，第176～177页。

高级管理人员负有该机构的经营管理职权,他们有义务依照法律、公司章程、合伙协议的规定,忠实、勤勉地履行自己的职责,符合任职资格。具体应做到以下几点。

1. 品行良好。保险专业代理机构的管理人员通过其业务知识和经验,为保险人提供专业服务,对保险人负有诚实信用、勤勉尽责的义务。品行良好是对其道德水准、职业操守的基本要求。

2. 熟悉保险法律、行政法规。市场经济是法制经济,知法是守法的必要前提,保险专业代理机构的高级管理人员只有了解和掌握保险法律、行政法规,才能以此规范自己的行为,履行法律规定的义务。

3. 具有履行职责所需的经营管理能力。保险专业代理机构的高级管理人员仅有一定的道德水准和保险法律知识是不够的,还应当具有保险业务经营管理方面的专业知识、实践经验,具有履行职责所需的经营管理能力,才能为保险人提供专业化的优质服务。

4. 在任职前取得国务院保险监督管理机构核准的任职资格。为保证保险专业代理机构的高级管理人员真正达到法律规定的道德和业务素质方面的要求,本条还对其任职资格设定了核准程序的规定,即保险专业代理机构、保险经纪人的高级管理人员应当在任职前向国务院保险监督管理机构提出申请,由国务院保险监督管理机构核准其任职资格。〔1〕

第一百二十二条　【从业人员的资格条件】个人保险代理人、保险代理机构的代理从业人员、保险经纪人的经纪从业人员,应当品行良好,具有从事保险代理业务或者保险经纪业务所需的专业能力。

【条文理解】

个人保险代理人、保险代理机构的代理从业人员(此二类人员以下简称保险代理从业人员)为保险公司代为办理保险业务,应当遵守《保险法》及国务院保险监督管理机构的相关规定,在执业过程中还要遵守相应的操作规程。本法对保险代理从业人员、保险经纪从业人员的要求一是品行良好,一是具有业务所需的专业能力,本次修改取消了对其资格证书的要求。〔2〕

---

〔1〕 安建主编:《中华人民共和国保险法(修订)释义》,法律出版社2009年版,第179~180页。

〔2〕 安建主编:《中华人民共和国保险法(修订)释义》,法律出版社2009年版,第180~181页。

第一百二十三条　【经营场所和专门账簿】保险代理机构、保险经纪人应当有自己的经营场所，设立专门账簿记载保险代理业务、经纪业务的收支情况。

【条文理解】

保险代理机构和保险经纪人办理保险代理业务或者保险经纪业务，应当有固定的、与业务规模相适应的经营场所，这是从事保险代理业务、保险经纪业务应具备的基本物质条件。保险代理机构和保险经纪人的经营场所经依法向工商行政管理机关登记后，不得随意变更；如需变更，应当依法办理变更登记。

保险代理机构和保险经纪人办理保险代理业务或者保险经纪业务应当设立专门账簿。专门账簿既是记载保险代理机构和保险经纪人办理保险业务收支情况的会计账簿，也是保险代理机构和保险经纪人办理保险业务情况的资料和证据。它可以为保险代理机构和保险经纪人扩展业务提供参考，也可以为查核保险代理机构和保险经纪人办理保险业务是否合法、合规提供证据。保险代理机构和保险经纪人办理保险业务，必须依照《保险法》和《会计法》的规定以及保险监督管理机构的要求设立会计账簿，如实记录办理保险代理业务或者保险经纪业务的收支情况，并接受保险监督管理机构的监督。[1]

第一百二十四条　【缴存保证金、投保职业责任保险】保险代理机构、保险经纪人应当按照国务院保险监督管理机构的规定缴存保证金或者投保职业责任保险。

【条文理解】

为了使保险代理机构、保险经纪机构依法应承担的民事责任有必要的财务保障，同时也为了督促保险代理机构、保险经纪人勤勉尽责地履行代理、经纪职责，本法规定，保险代理机构、保险经纪人应当按照国务院保险监督管理机构的规定缴存保证金或者投保职业责任保险。

保证金是保险代理机构、保险经纪人设立后，依法提取并向保险监督管理机构指定的金融机构缴存的，用于担保保险代理机构、保险经纪人承担赔偿责任的能力的资金。对保险专业代理机构、保险经纪人缴存保证金问题，国务院保险监督管理机构作了具体规定。

职业责任保险是以从事各种专业技术工作的单位或者个人因其工作过错给第

---

〔1〕　安建主编：《中华人民共和国保险法（修订）释义》，法律出版社 2009 年版，第 181～182 页。

三人造成财产损失或者人身伤害时应承担的经济赔偿责任为标的的一种保险。和缴存保证金相比,投保职业责任保险具有以下优点。一是就保障保险人、投保人利益而言,保证金是实存实缴,其数额有限,可能难以充分赔偿保险人、投保人所遭受的损失。职业责任保险通过保险机制累积赔偿资金,数额较大,更有利于及时、充分地承担赔偿责任。同时,保险代理机构、保险经纪人一旦动用保证金,很难立即再次筹集法律规定的保证金数额,可能出现承担责任能力的空白期。职业责任保险不会因为一次赔付而影响其承担责任的能力,具有较好的连续性。二是就保险代理机构、保险经纪人的负担而言,保证金占到注册资本或者出资的20%,数额较大。这部分钱只能存入指定的银行,无法用于拓展业务等,是一个较大的损失。而职业责任保险则是通过大数法则分散风险,缴纳的保险费远少于保证金的数额,有利于保险代理机构、保险经纪人充分发挥其资金的效用。因此,本条规定,允许保险代理机构、保险经纪人选择适用投保职业责任保险。[1]

第一百二十五条 【个人保险代理人的代理限制】个人保险代理人在代为办理人寿保险业务时,不得同时接受两个以上保险人的委托。

【条文理解】

实践中,个人保险代理人每办成一单保险业务,就能够获得相应的代理费。人寿保险的保险期间一般比较长,保险费分期缴纳,一个客户只能为个人保险代理人带来一次收益。如果允许个人保险代理人接受两个以上保险人的委托,他就有可能诱导投保人解除原保险合同并与另一家保险公司订立新的合同,以便再次获得代理费。这种行为既损害保险公司的利益,也损害投保人、被保险人、受益人的利益。因此,本条对个人保险代理人办理人寿保险业务接受委托作出限制性规定。

与人寿保险业务相比,财产保险业务和健康保险业务的保险期间一般较短,保险费多为一次性缴纳,一般不会发生上述问题。因此,《保险法》只禁止个人保险代理人为两个以上的保险人代为办理人寿保险业务,并未限制其为两个以上的保险人代为办理财产保险业务或者健康保险业务。[2]

第一百二十六条 【委托代理协议】保险人委托保险代理人代为办理保险业务,应当与保险代理人签订委托代理协议,依法约定双方的权利和义务。

---

〔1〕 安建主编:《中华人民共和国保险法(修订)释义》,法律出版社2009年版,第182~184页。

〔2〕 安建主编:《中华人民共和国保险法(修订)释义》,法律出版社2009年版,第184页。

【条文理解】

近几年，我国保险代理人市场发展很快，但是运作还不够规范，出现了一些问题。例如，有的保险公司委托代理人办理保险业务时并未与其签订委托代理协议，一旦出现保险纠纷，就否认存在委托代理关系，拒绝承担赔偿或者给付保险金的责任。又如，有的协议对双方的权利义务约定不明确，在出现保险纠纷后保险公司和代理人就相互推脱责任。这些现象损害了保险市场的正常运营秩序。为了更有效地规范保险代理活动，保护投保人、被保险人、受益人的利益，也为了保护保险代理关系双方当事人的权益，促进保险代理业务和保险业的健康发展，本法规定，保险人委托保险代理人代为办理保险业务，应当与保险代理人签订委托代理协议，约定保险代理事项和双方的权利、义务。

保险委托代理协议是保险人与保险代理人订立的记载委托代理事项及双方权利、义务的合同。保险委托代理协议的订立不仅要有委托人即保险人委托的意思表示，还要有受托人即保险代理人接受委托的意思表示。保险委托代理协议通常应当采用书面形式，并应当载明保险代理人的姓名或者名称、代理事项、代理权限、双方的权利和义务、代理期间，并由保险人、保险代理人签名或者盖章。[1]

第一百二十七条　【责任承担】保险代理人根据保险人的授权代为办理保险业务的行为，由保险人承担责任。

保险代理人没有代理权、超越代理权或者代理权终止后以保险人名义订立合同，使投保人有理由相信其有代理权的，该代理行为有效。保险人可以依法追究越权的保险代理人的责任。

【条文理解】

保险代理属于民事代理。根据《民法通则》的规定，代理人在代理权限内，以被代理人的名义实施民事法律行为。被代理人对代理人的代理行为，承担民事责任。因此，保险代理人在保险人的授权范围内代为办理保险业务的行为一旦生效，即在相对人与保险人之间形成一定的法律关系，由此产生的法律后果由保险人承担，这一行为的相对人就可以向保险人主张该行为的效力，要求保险人受该行为的约束，承担该行为产生的义务和责任。

通常情况下，保险人只对保险代理人在其授权范围内的业务活动所产生的法

---

〔1〕 安建主编：《中华人民共和国保险法（修订）释义》，法律出版社2009年版，第185页。

律后果承担责任,对保险代理人超越代理权限范围的行为不承担责任。但是,保险代理人没有代理权、超越代理权或者代理权终止后以保险人名义订立合同,使投保人有理由相信其有代理权,并已订立保险合同的,该代理行为有效,保险人应当按照合同的约定承担保险责任。这种情形在合同法理论上称为表见代理。当然,保险代理人应当对自己的越权代理行为承担相应的责任。保险代理人越权代理给保险人造成损失的,保险人可以向保险代理人追偿。[1]

【案例导读】

保险代理人的行为应当由被代理人负责

——周某与某保险代理公司、某保险公司保险纠纷案[2]

【案号】

河北省赤城县人民法院(2015)赤商初字第120号

【案情】

2015年3月6日,周某委托某保险代理公司代为上保险,为其所有的牵引车冀G×××××和冀G×××××挂车上强险,三者险50万元,主挂车损、自燃、座位险。某保险代理公司因未向某保险公司明确上挂车车损险,计算了保险费为19,700元,周某当场给了某保险代理公司4700元,剩余15,000元保险费由该公司的业务员连某为其垫付。2015年3月7日,某保险代理公司为周某在某保险公司处投保了牵引车冀G×××××的第三者责任险、车辆损失险、座位险、自燃损失险,未给周某冀G×××××挂车上任何保险。某保险代理公司为周某上了保险后,周某未拿到保险单。2015年3月24日,周某车辆发生了车损,理赔时发现未上挂车车损险。周某的冀G×××××挂车在修理厂进行修车,花去修理费40,350元。

2015年8月20日,某保险代理公司业务员连某向法院起诉周某要求周某归还其垫付的保险费15,000元,经调解,周某在2016年1月1日前一次性归还连某为其垫付的保险费12,500元。2015年8月31日,周某诉至法院要求某保险代理公司赔偿因未给挂车上车损险造成的损失,2015年11月25日,周某申请追加某保险公司为被告,要求二被告赔偿挂车损失40,350元。

保险代理公司认为自己只是代收保费,自己不是当事人,保险公司才是当事人。保险公司认为其不存在任何过错,保险公司见费出单,周某的挂车没有缴纳保费,故没有挂车的保单,因此保险公司对挂车不承担任何的赔偿责任。

法院认为,周某委托某保险代理公司为其所有的牵引车冀G×××××和冀

---

〔1〕 安建主编:《中华人民共和国保险法(修订)释义》,法律出版社2009年版,第185~187页。

〔2〕 案例来源:中国裁判文书网,2016年2月22日访问,有删减。

G××××××挂车上交强险和商业险，保险代理行为成立。周某的半挂牵引车有牵引车冀G××××××和冀G××××××挂车两个行驶证，车损险应当分别办理，两张保单。周某向某保险代理公司要求为牵引车和挂车都上车损险，某保险代理公司业务员连某认为主挂车为一张保险单，在为周某上保险时未向某保险公司说明，某保险公司也未向某保险代理公司释明只承保了主车车损险。在某保险代理公司为周某投保后取得了保险单，没有发现漏险情况、未给周某投保挂车的车损险、采取重新为挂车投保等补救措施，也未及时将保险单交给周某，致使周某的挂车未上任何保险。某保险代理公司作为保险代理人，应由保险人承担责任。周某的挂车修理费40,350元，应由某保险公司赔付。某保险公司赔付周某后，可向责任人追偿。

根据《保险法》第117、第126条、第127条之规定，判决：某保险公司赔付周某修理费40,350元。

【分析】

与其他民事代理一样，保险代理人的代理行为应当由被代理人负责。本案中，保险代理公司的代理行为有效，被代理人保险公司应当承担保险责任，赔付周某的损失。

第一百二十八条　【保险经纪人的过错赔偿责任】保险经纪人因过错给投保人、被保险人造成损失的，依法承担赔偿责任。

【条文理解】

保险经纪人是为投保人与保险人订立保险合同提供中介服务的人，其办理业务中的行为要基于投保人的利益。如果因保险经纪人过错给投保人、被保险人造成损失的，要依法承担赔偿责任。

保险经纪人对其过错行为承担赔偿责任的条件有以下几点。一是保险经纪人必须具有主观上的过错。过错指的是保险经纪人在从事保险经纪业务中的一种主观状态，包括故意和过失。二是保险经纪人的过错行为给投保人、被保险人或者受益人造成了损失。三是投保人、被保险人、受益人的损失与保险经纪人的过错行为之间存在因果关系。因果关系是一定的事实与一定的行为之间存在的客观的、必然的联系。如果投保人、被保险人或者受益人的损失不是由于保险经纪人的过错行为造成的，保险经纪人也就不存在承担赔偿责任的问题。[1]

---

〔1〕安建主编：《中华人民共和国保险法（修订）释义》，法律出版社2009年版，第187页。

第一百二十九条 【保险评估机构和人员】保险活动当事人可以委托保险公估机构等依法设立的独立评估机构或者具有相关专业知识的人员,对保险事故进行评估和鉴定。

接受委托对保险事故进行评估和鉴定的机构和人员,应当依法、独立、客观、公正地进行评估和鉴定,任何单位和个人不得干涉。

前款规定的机构和人员,因故意或者过失给保险人或者被保险人造成损失的,依法承担赔偿责任。

【条文理解】

在保险经营过程中,保险公司所承保的风险是多种多样的。从经营成本考虑,保险公司不可能配备门类齐全的专业人员,仅靠保险公司自己所有的专业人才难以完成保险事故的评估、鉴定任务,而且由保险公司自己的工作人员进行事故评估和鉴定是否公正,很难使人信服。于是保险公估人等依法独立从事保险事故评估和鉴定的评估机构应运而生。一些保险公司还聘请专家从事保险事故的评估和鉴定工作。根据本条的规定,保险人和被保险人都有权聘请独立的评估机构或者专家,对保险事故进行评估或者鉴定。受聘进行评估和鉴定的可以是保险公估机构等依法设立的独立的评估机构,也可以是个人;受聘进行保险事故评估和鉴定的机构必须是依法设立的独立的评估机构,受聘进行保险事故评估和鉴定的个人必须是具有相关专业知识的人员。

本条规定的是保险事故发生后的理赔评估,主要是确定发生保险事故的原因、保险标的的受损情况和事故责任的归属,确定损失金额和赔偿金额。这就要求接受委托对保险事故进行评估和鉴定的机构和人员,应当依法、独立、客观、公正地进行评估和鉴定,以事实和证据作为评估鉴定的基础,遵循评估鉴定程序,运用科学的评估鉴定手段和方法,作出评估、鉴定报告,任何单位和个人不得干涉。评估、鉴定报告的内容必须真实、准确、完整。

接受委托对保险事故进行评估和鉴定的机构和人员对其过错行为应当承担赔偿责任。[1]

第一百三十条 【保险佣金的支付】保险佣金只限于向保险代理人、保险经纪人支付,不得向其他人支付。

---

〔1〕 安建主编:《中华人民共和国保险法(修订)释义》,法律出版社2009年版,第188页。

【条文理解】

保险佣金包括保险代理佣金和保险经纪人佣金。保险代理佣金，是指保险代理人依据保险代理合同，在保险人授权的范围内，代为办理保险业务，依法向保险人收取的"劳务费"。保险经纪人佣金，是指保险经纪人基于投保人的利益，为投保人与保险人订立保险合同提供中介服务而依法收取的"中介费"，具体支付办法由当事人约定。

为了规范保险公司的经营行为，维护保险市场秩序，促进保险业的健康发展，本条规定，保险佣金只限于向保险代理人、保险经纪人支付，不得向其他人支付。

实践中，由于保险佣金是保险人用于展业的经营支出，依法可以计入成本在税前列支。因此，有些保险公司为了小团体的利益搞假代理，对其自行办理的保险业务，也以代理人的名义或者经纪人名义支取佣金，以增加保险公司税前列支的数额，开设小金库。这些都是违反《会计法》、《税收征收管理法》和国家统一财务会计制度的违法违规行为，应当予以禁止。[1]

第一百三十一条　【禁止的行为】保险代理人、保险经纪人及其从业人员在办理保险业务活动中不得有下列行为：

（一）欺骗保险人、投保人、被保险人或者受益人；

（二）隐瞒与保险合同有关的重要情况；

（三）阻碍投保人履行本法规定的如实告知义务，或者诱导其不履行本法规定的如实告知义务；

（四）给予或者承诺给予投保人、被保险人或者受益人保险合同约定以外的利益；

（五）利用行政权力、职务或者职业便利以及其他不正当手段强迫、引诱或者限制投保人订立保险合同；

（六）伪造、擅自变更保险合同，或者为保险合同当事人提供虚假证明材料；

（七）挪用、截留、侵占保险费或者保险金；

（八）利用业务便利为其他机构或者个人牟取不正当利益；

（九）串通投保人、被保险人或者受益人，骗取保险金；

（十）泄露在业务活动中知悉的保险人、投保人、被保险人的商业秘密。

---

〔1〕　安建主编：《中华人民共和国保险法（修订）释义》，法律出版社2009年版，第189～190页。

【条文理解】

保险代理人、保险经纪人及其从业人员作为保险活动的重要参与人,应当在保险代理和经纪业务活动中忠实履行诚实信用义务,依法从事受托的业务活动和中介服务。近年来,随着我国保险中介市场的发展,中介机构和人员在业务活动中出现了一些违法、违规的行为。这次修订《保险法》,针对实践中存在的突出问题,对保险代理人、保险经纪人及其从业人员作了以上十个方面的禁止性规定。[1]

【配套规定】

最高人民法院《关于适用〈中华人民共和国保险法〉若干问题的解释(二)》

第三条第二款

保险人或者保险人的代理人代为填写保险单证后经投保人签字或者盖章确认的,代为填写的内容视为投保人的真实意思表示。但有证据证明保险人或者保险人的代理人存在保险法第一百一十六条、第一百三十一条相关规定情形的除外。

第一百三十二条 【其他条款的适用】本法第八十六条第一款、第一百一十三条的规定,适用于保险代理机构和保险经纪人。

【条文理解】

保险代理人和保险经纪人同为保险市场的中介,作为保险市场的主体之一,从事与保险有关的业务活动。根据本条的规定,保险代理人和保险经纪人应当遵守本法第86条第1款、第113条的规定。[2]

---

〔1〕 安建主编:《中华人民共和国保险法(修订)释义》,法律出版社2009年版,第190~192页。

〔2〕 安建主编:《中华人民共和国保险法(修订)释义》,法律出版社2009年版,第193页。

第六章　保险业监督管理

第一百三十三条　【监管原则】保险监督管理机构依照本法和国务院规定的职责，遵循依法、公开、公正的原则，对保险业实施监督管理，维护保险市场秩序，保护投保人、被保险人和受益人的合法权益。

【条文理解】

保险监管的主体是保险监督管理机构，包括国务院保险监督管理机构即中国保监会和其设在地方的分支机构即各地保监局。法律授权其依法履行保险监督管理的职权。中国保监会于 1998 年 11 月 18 日成立，是商业保险的监管部门，依照本法和国务院规定的职责，对保险业实施监督管理，维护保险市场秩序，保护投保人、被保险人和受益人的合法权益。中国保监会根据履行职责的需要，在省级设立派出机构即各地保监局，按照中国保监会的授权履行监督管理职责。

保险监管的对象是保险业各类当事人、关系人的保险活动。监管的原则是依法、公开、公正。监管目标是维护保险市场秩序，保护投保人、被保险人和受益人的合法权益。[1]

第一百三十四条　【规章的制定】国务院保险监督管理机构依照法律、行政法规制定并发布有关保险业监督管理的规章。

【条文理解】

本条的规定主要包含以下三方面的意思。一是保险业监督管理规章的制定主体只能是国务院保险监督管理机构，即中国保监会，其他层次的保险监督管理机构无权制定并发布有关保险业监督管理的规章；二是国务院保险监督管理机构制定并发布有关保险业监督管理的规章必须依照法律、行政法规的规定进行；三是国务院保险监督管理机构制定并发布的法规属于部门规章。部门规章是指国务院各部门（包括具有行政管理职能的直属机构）根据法律和国务院的行政法规、决定、命

---

〔1〕 安建主编：《中华人民共和国保险法（修订）释义》，法律出版社 2009 年版，第 194～196 页。

令在本部门的权限内按照规定的程序所制定的规定、办法、细则、规则等规范性文件的总称。根据《立法法》第71条的规定,国务院保险监督管理机构制定的有关保险业监督管理的规章不得超出执行法律、行政法规等的范畴,更不得违反法律、行政法规的规定。[1]

第一百三十五条 【保险条款和保险费率的审批、备案】关系社会公众利益的保险险种、依法实行强制保险的险种和新开发的人寿保险险种等的保险条款和保险费率,应当报国务院保险监督管理机构批准。国务院保险监督管理机构审批时,应当遵循保护社会公众利益和防止不正当竞争的原则。其他保险险种的保险条款和保险费率,应当报保险监督管理机构备案。

保险条款和保险费率审批、备案的具体办法,由国务院保险监督管理机构依照前款规定制定。

【条文理解】

随着我国社会主义市场经济体制改革的不断深化,市场机制在社会资源配置中的作用不断加强,在合理竞争的市场环境下,保险条款和费率应当由保险公司自主制定。根据本条的规定,对关系社会公众利益的险种、依法实行强制保险的险种和新开发的人寿保险险种等的保险条款和保险费率,由国务院保险监督管理机构按照保护公众利益和防止不正当竞争的原则批准,对其他险种的保险条款和费率报保险监督管理机构备案即可。关系社会公众利益的保险险种主要指与社会公众利益联系密切、影响广泛的保险险种。强制保险险种,是指保险标的或者保险对象的范围直接由法律、法规规定,对于规定范围内的保险标的或者对象必须向保险人投保的保险。

国务院保险监督管理机构批准保险条款和费率,应当遵循保护社会公众利益和防止不正当竞争的原则。保险是分散危险、防范损失、保障社会经济安定的一种措施。须报经国务院保险监督管理机构批准的保险险种,与社会公众的利益更为密切,影响的范围更大,国务院保险监督管理机构在批准时应当重点审查保险条款和费率是否公平、合理,是否存在欺骗、误导投保人,损害投保人利益的内容。同时,为了维护保险市场公平的竞争秩序,促进保险业的健康发展,保险监督管理机构在批准时还应当遵循防止不正当竞争的原则,审查保险条款和费率是否存在以排挤竞争对手为目的,非正常降低保险费率或扩大保险责任范围开展保险业务,进行恶性竞争的内容。值得一提的是,本次修订《保险法》明确

[1] 安建主编:《中华人民共和国保险法(修订)释义》,法律出版社2009年版,第196~197页。

了有权批准保险条款和费率的保险监督管理机构仅限于国务院保险监督管理机构，其他保险监督管理机构无权批准。

对于必须报经国务院保险监督管理机构审批的保险险种以外的保险险种，对其保险条款和保险费率实行备案管理，即不需要事先向国务院保险监督管理机构报批，在决定使用的同时向其备案。国务院如发现保险公司报备的保险条款和保险费率存在违反法律、法规或行政规章的规定，损害社会公共利益，内容显失公平，侵害投保人、被保险人或受益人的合法权益，构成不正当竞争，条款设计或厘定费率不当，可能危及保险公司偿付能力等情形的，有权依法纠正。

保险条款和保险费率的审批、备案的具体办法，由国务院保险监督管理机构制定。[1]

第一百三十六条　【保险条款和保险费率违法的后果】保险公司使用的保险条款和保险费率违反法律、行政法规或者国务院保险监督管理机构的有关规定的，由保险监督管理机构责令停止使用，限期修改；情节严重的，可以在一定期限内禁止申报新的保险条款和保险费率。

【条文理解】

保险监管的必要性源于保险合同的附合性。保险合同的主要条款由保险人一方确定，投保人只能根据保险人设定的不同格式条款进行选择，一般情况下难以对合同的内容加以变更。因此，这种保险合同是在当事人交易力量不对等的基础上建立起来的，保险公司可能出于某种目的拟定损害公共利益或者投保人利益的条款。如果保险公司使用的保险条款和保险费率的内容违反法律、行政法规或者国务院保险监督管理机构的有关规定，例如损害公共利益内容显失公平，构成不正当竞争，或条款设计或者费率厘定不当可能危及保险公司偿付能力，保险监督管理机构有权责令停止使用，限期修改，情节严重的，可以在一定期限内禁止其申报新的保险条款和保险费率。[2]

第一百三十七条　【偿付能力监管体系】国务院保险监督管理机构应当建立健全保险公司偿付能力监管体系，对保险公司的偿付能力实施监控。

---

〔1〕 安建主编：《中华人民共和国保险法（修订）释义》，法律出版社2009年版，第198～199页。

〔2〕 安建主编：《中华人民共和国保险法（修订）释义》，法律出版社2009年版，第199～200页。

【条文理解】

保险公司偿付能力,是指保险公司偿还债务的能力。对保险公司的偿付能力的监管,是保险监管的三支柱之一,是保护投保人、被保险人和受益人利益,促进保险业健康发展,防范保险业经营风险的重要手段。中国保监会于 2008 年 6 月 30 日发布了《保险公司偿付能力管理规定》,使对保险公司偿付能力的监管更加规范化。[1]

第一百三十八条 【重点监管对象及措施】对偿付能力不足的保险公司,国务院保险监督管理机构应当将其列为重点监管对象,并可以根据具体情况采取下列措施:

(一)责令增加资本金、办理再保险;

(二)限制业务范围;

(三)限制向股东分红;

(四)限制固定资产购置或者经营费用规模;

(五)限制资金运用的形式、比例;

(六)限制增设分支机构;

(七)责令拍卖不良资产、转让保险业务;

(八)限制董事、监事、高级管理人员的薪酬水平;

(九)限制商业性广告;

(十)责令停止接受新业务。

【条文理解】

国务院保险监督管理机构应当将偿付能力不足的保险公司列为重点监管对象,并可以根据具体情况采取有关措施,防止带来更大的风险。

根据本法的其他有关规定,对于偿付能力严重不足的保险公司,国务院保险监督管理机构还可以决定接管。对于偿付能力低于国务院保险监督管理机构规定的标准,不予撤销将严重危害保险市场秩序、损害公共利益的,由国务院保险监督管理机构予以撤销。[2]

---

〔1〕 安建主编:《中华人民共和国保险法(修订)释义》,法律出版社 2009 年版,第 200 页。

〔2〕 安建主编:《中华人民共和国保险法(修订)释义》,法律出版社 2009 年版,第 201 ~202 页。

第一百三十九条 【对因违法行为影响偿付能力的处理】保险公司未依照本法规定提取或者结转各项责任准备金,或者未依照本法规定办理再保险,或者严重违反本法关于资金运用的规定的,由保险监督管理机构责令限期改正,并可以责令调整负责人及有关管理人员。

【条文理解】

保险公司有下列违法行为时,保险监督管理机构应当责令其限期改正。

1.未依照本法的规定提取或者结转各项准备金。依据本法的有关规定,保险公司应当根据保障被保险人利益、保证偿付能力的原则,提取各项责任准备金,包括寿险责任准备金、非寿险业务未到期责任准备金、未决赔款准备金等。保险公司提取和结转责任准备金的具体办法由国务院保险监督管理机构制定。保险公司未按照规定提取或者结转的,保险监督管理机构有权责令限期改正。

2.未依照本法的规定办理再保险。依据本法的有关规定,保险公司应当按照保险监督管理机构的有关规定办理再保险。保险公司对每一危险单位,即对一次保险事故可能造成的最大损失范围所承担的责任,不得超过其实有资本金加公积金总和的10%;超过的部分,应当办理再保险。保险公司未按照本法及保险监督管理机构的规定办理再保险的,保险监督管理机构有权责令限期改正。

3.严重违反本法关于资金运用的规定。依据本法的有关规定,保险公司的资金运用必须稳健,遵循安全性原则,并保证资产的保值增值。保险公司的资金运用,限于在银行存款,买卖债券、股票、证券投资基金份额等有价证券,投资不动产和国务院规定的其他资金运用形式。保险公司超出本法规定的资金运用形式、运用的资金和具体项目的资金比例不符合国务院保险监督管理机构的规定,情节严重或者造成严重后果的,保险监督管理机构有权责令限期改正。

保险公司有上述行为,保险监督管理机构应当责令其改正,并可以责令调整负责人及有关管理人员。一般来说,保险监督管理机构会要求保险公司在规定的期限内采取依法提取或者结转各项准备金、依法办理再保险、纠正违法运用资金的行为等措施,并监督保险公司执行。[1]

---

〔1〕 安建主编:《中华人民共和国保险法(修订)释义》,法律出版社2009年版,第203~204页。

第一百四十条 【整顿】保险监督管理机构依照本法第一百三十九条的规定作出限期改正的决定后,保险公司逾期未改正的,国务院保险监督管理机构可以决定选派保险专业人员和指定该保险公司的有关人员组成整顿组,对公司进行整顿。

整顿决定应当载明被整顿公司的名称、整顿理由、整顿组成员和整顿期限,并予以公告。

【条文理解】

国务院保险监督管理机构对有违法行为且在限期内不予改正的保险公司依法进行整顿,是法律赋予国务院保险监督管理机构的一项重要职责,目的是帮助被整顿公司纠正违法行为,消除可能危害公司赔付能力和损害被保险人利益的隐患,恢复保险公司正常的经营,避免因保险企业的违法经营而引起保险市场的混乱,维持保险市场的正常秩序。

国务院保险监督管理机构对保险公司进行整顿,应当成立整顿组。整顿组的组成人员由国务院保险监督管理机构选派和指定。整顿组的组成人员来源于两个方面:一是由国务院保险监督管理机构从该保险公司的外部选派,选派的人员应是保险专业人员;二是由国务院保险监督管理机构从该保险公司指定符合条件的人员,被指定的人员应当是保险业务专业人员,且与保险公司的违法行为不存在利害关系。

国务院保险监督管理机构对保险公司进行整顿,应当作出整顿决定并予以公告。国务院保险监督管理机构对保险公司进行整顿,不仅涉及该保险公司的利益,更涉及该保险公司的客户及社会公共利益。因此,国务院保险监督管理机构在对保险公司进行整顿时,应当作出整顿决定,并及时在公共媒体上公告。[1]

第一百四十一条 【整顿组的权力】整顿组有权监督被整顿保险公司的日常业务。被整顿公司的负责人及有关管理人员应当在整顿组的监督下行使职权。

【条文理解】

保险公司整顿组并不是直接接手被整顿公司的经营业务,而仅是对保险公司的日常业务进行监督。整顿组通过行使法律赋予的监督权,在对保险公司进行整

[1] 安建主编:《中华人民共和国保险法(修订)释义》,法律出版社2009年版,第204~205页。

顿的过程中起重要的作用。整顿组的监督是对保险公司日常业务的监督，是直接的、现场的监督。这些日常业务主要包括：精算业务、展业业务、财务会计业务、理赔业务、保险资金运用情况、内部审计、控制工作情况。

被整顿的保险公司的负责人及有关管理人员，应当在整顿组的监督下行使自己的职权。整顿组是根据国务院保险监督管理机构的决定和授权，行使对保险公司日常业务的监督及其他职权的组织。整顿组执行职务，依法实施监督，保险公司的负责人及有关管理人员应当予以配合、协助，并在整顿组的监督下行使职权。对于整顿组已经作出决定、方案或者指示的事项，保险公司的负责人及有关管理人员应当依照执行；对于整顿组未作出决定的事项，保险公司的负责人及有关管理人员应当根据工作的实际情况定期或者不定期地向整顿组进行请示或者汇报。保险公司的负责人及有关管理人员不得拒绝整顿组依法实施的监督，或者以其他方式进行阻挠。

第一百四十二条　【整顿期间业务的开展】整顿过程中，被整顿保险公司的原有业务继续进行。但是，国务院保险监督管理机构可以责令被整顿公司停止部分原有业务、停止接受新业务，调整资金运用。

【条文理解】

国务院保险监督管理机构对保险公司进行整顿，不是责令保险公司停业整顿，即保险公司并未丧失作为一个市场主体的权利能力和行为能力，整顿组只是监督保险公司的保险经营活动，监督保险公司在纠正违法行为的同时，继续经营其原有的合法业务。保险公司应当按照保险合同的约定，对责任范围内的保险事故，及时进行查验、理赔，对保险标的物的安全进行检查，依法吸收新的投保，依法进行相关的保险资金运用活动。但是，当保险监督管理机构认为被整顿的保险公司在整顿过程中继续经营原有的业务或者接受新的业务，会造成保险公司的亏损增加或财产损失，影响保险公司的赔付能力时，保险监督管理机构有权责令该保险公司停止已经开展的部分业务，或者决定该保险公司不得接受新的保险业务，同时可以责令其调整保险资金的运用方式或者运用比例，以保证该保险公司资金的安全和增值，维护投保人、被保险人、受益人的利益。[1]

---

〔1〕　安建主编：《中华人民共和国保险法（修订）释义》，法律出版社2009年版，第206～207页。

第一百四十三条 【整顿的结束】被整顿保险公司经整顿已纠正其违反本法规定的行为,恢复正常经营状况的,由整顿组提出报告,经国务院保险监督管理机构批准,结束整顿,并由国务院保险监督管理机构予以公告。

【条文理解】

结束对保险公司的整顿的前提条件是被整顿的保险公司已纠正其违反本法规定的行为,且恢复正常经营状况。已纠正违法行为,指的是被整顿的保险公司未依法提取或者结转各项准备金的,已经依法进行了提取或者结转;未依照本法规定办理再保险的,已经依法办理了再保险;违反关于资金运用的规定的,其资金运用的方式及比例已符合本法及有关法律、行政法规的规定。所谓恢复正常经营状况,是指可能危害公司赔付能力和损害被保险人利益的隐患和问题已得到解决,各项业务已正常开展,各项管理制度已得到执行。

结束对保险公司的整顿应当按照本条规定的程序办理。被整顿的保险公司结束整顿,首先,应当由整顿组提出报告,说明整顿组在整顿过程中所做的工作,被整顿的保险公司纠正违法行为、恢复正常经营状况所采取的措施,整顿后的保险公司的经营状况、财务状况、资金运用状况及其偿付能力状况等,并提出结束整顿的申请。其次,整顿组的报告需提请国务院保险监督管理机构批准。国务院保险监督管理机构应当在收到整顿组的报告后,在合理的时间内对被整顿的保险公司纠正违法行为的情况及实际经营状况进行检查,对整顿报告的内容及结论进行审查核实,作出批准或者不批准结束整顿的决定。国务院保险监督管理机构批准结束整顿的,整顿组即可解散,保险公司由其经营管理人员经营管理。国务院保险监督管理机构应当对结束整顿的决定予以公告。[1]

第一百四十四条 【接管】保险公司有下列情形之一的,国务院保险监督管理机构可以对其实行接管:

(一)公司的偿付能力严重不足的;

(二)违反本法规定,损害社会公共利益,可能严重危及或者已经严重危及公司的偿付能力的。

被接管的保险公司的债权债务关系不因接管而变化。

---

〔1〕 安建主编:《中华人民共和国保险法(修订)释义》,法律出版社2009年版,第207~208页。

【条文理解】

保险公司的接管,是指由国务院保险监督管理机构指派接管组直接介入保险公司的日常经营管理,并由接管组负责保险公司的全部经营活动的监管活动。国务院保险监督管理机构对保险公司实行接管的目的,是要通过接管组全面掌握和支配保险公司的财产和经营事务,并采取必要措施,以恢复该保险公司的正常经营和偿付能力,最终实现对投保人、被保险人利益的保护,维护社会公众利益及保险业经营秩序。国务院保险监督管理机构可以不经过整顿阶段而直接决定接管保险公司。

国务院保险监督管理机构对保险公司实施监管一般不采用接管的方式,只有当保险公司有下列情形之一的,国务院保险监督管理机构才可以对其实行接管。

1. 公司的偿付能力严重不足的。这种状况将直接导致公司不能偿还债务。

2. 违反本法的规定,损害社会公共利益,可能严重危及或者已经严重危及公司的偿付能力的。这种情形要求同时具备三个要件:一是保险公司有违反本法规定的行为,并且该行为损害了公共利益;二是保险公司的偿付能力可能或者已经被严重危及;三是保险公司偿付能力的状况与该公司的违法行为有因果关系。如果保险公司有违法行为甚至严重违法行为,但是没有危及或者可能严重危及公司偿付能力,保险监督管理机构只能对其进行行政处罚或者整顿,直至吊销保险业务经营许可证,不能实施接管。

国务院保险监督管理机构对保险公司实行接管,应当指派人员成立接管组,由该接管组接替原经营管理机构和人员行使保险公司的经营管理权。保险监督管理机构决定接管保险公司的,保险公司应当向接管组办理财产和事务的移交手续,并协助接管组清理保险公司的财产、账目和债权债务。国务院保险监督管理机构对保险公司实行接管,只是国务院保险监督管理机构对保险公司采取的一种比较严厉的监管措施,并不改变被接管的保险公司的独立民事主体资格。在接管期间,被接管的保险公司原有的债权债务关系,以及新发生的债权债务关系并不因接管而改变。[1]

> **第一百四十五条　【接管组】**接管组的组成和接管的实施办法,由国务院保险监督管理机构决定,并予以公告。

---

〔1〕 安建主编:《中华人民共和国保险法(修订)释义》,法律出版社2009年版,第208~209页。

【条文理解】

保险公司的接管是一项十分复杂、可操作性很强的工作,需要针对每一个被接管的保险公司的具体情况决定接管组的人员构成、需要采取的措施及其实施办法等事项。因此,本条授权国务院保险监督管理机构决定接管组的组成和接管的实施办法,以保证接管的顺利进行,实现恢复保险公司正常经营的目的。同时要求保险监督管理机构对接管组的组成和接管的实施办法通过公共媒体予以公告,以接受社会公众的监督,维护广大投保人的利益。[1]

> **第一百四十六条　【接管的延长】**接管期限届满,国务院保险监督管理机构可以决定延长接管期限,但接管期限最长不得超过二年。

【条文理解】

国务院保险监督管理机构在决定接管保险公司时,应当确定接管期限。接管期限应当与被接管的保险公司恢复正常经营所需要的时间相适应,由国务院保险监督管理机构根据保险公司的经营状况、财务状况、偿付能力状况等实际情况予以确定。接管期限届满后,保险公司经过接管仍然不能恢复正常经营,有必要继续采取接管措施的,国务院保险监督管理机构可以决定延长接管期限。但是,保险公司接管的性质和目的决定了接管组不可能长期取代被接管的保险公司的经营管理机构和人员从事日常经营管理活动。[2]

> **第一百四十七条　【接管的终止】**接管期限届满,被接管的保险公司已恢复正常经营能力的,由国务院保险监督管理机构决定终止接管,并予以公告。

【条文理解】

保险公司接管期限届满,接管组认为通过采取接管措施,被接管的保险公司确已恢复正常的经营能力的,可以向国务院保险监督管理机构提出终止接管的申请。国务院保险监督管理机构经复核和审查,特别是对保险公司偿付能力进行考核后,认为被接管的保险公司已纠正其违法行为,危及保险公司偿付能力的隐患已消除,

---

〔1〕 安建主编:《中华人民共和国保险法(修订)释义》,法律出版社2009年版,第210页。

〔2〕 安建主编:《中华人民共和国保险法(修订)释义》,法律出版社2009年版,第210~211页。

已经恢复了正常经营能力的，应当作出终止接管的决定，解散并撤出接管组，终止对保险公司的接管，由保险公司自己负责其日常经营管理活动。由于保险公司的保险业务活动具有社会性，其经过接管恢复了正常的经营能力的，对广大的投保人和被保险人具有重大意义，国务院保险监督管理机构应当将终止接管的决定向社会公布。[1]

> **第一百四十八条　【被整顿、接管保险公司的重整、破产清算】**被整顿、被接管的保险公司有《中华人民共和国企业破产法》第二条规定情形的，国务院保险监督管理机构可以依法向人民法院申请对该保险公司进行重整或者破产清算。

【条文理解】

《企业破产法》第2条规定了企业法人申请法院进行重整或者破产清算的条件。符合条件的，可以申请重整或者破产清算，本条即与《企业破产法》相衔接的规定。

依据本条的规定，整顿、接管期限届满，或者在整顿、接管期间，整顿组或者接管组认为被整顿或者接管的保险公司的财产状况已经达到《企业破产法》第2条规定的情形的，国务院保险监督管理机构可以依法向人民法院提出对该保险公司进行重整或者破产清算的申请。[2]

> **第一百四十九条　【保险公司的撤销】**保险公司因违法经营被依法吊销经营保险业务许可证的，或者偿付能力低于国务院保险监督管理机构规定标准，不予撤销将严重危害保险市场秩序、损害公共利益的，由国务院保险监督管理机构予以撤销并公告，依法及时组织清算组进行清算。

【条文理解】

保险公司的撤销，是指保险公司因违法经营被依法吊销经营保险业务许可证的，或者偿付能力低于国务院保险监督管理机构规定标准，不予撤销将严重危害保险市场秩序、损害公共利益的，由国务院保险监督管理机构予以撤销的行为。依法撤销保险公司的原因包括以下两点。

1. 保险公司违反法律、行政法规，包括违反本法、其他有关法律以及行政法规

---

〔1〕 安建主编：《中华人民共和国保险法（修订）释义》，法律出版社2009年版，第211页。

〔2〕 安建主编：《中华人民共和国保险法（修订）释义》，法律出版社2009年版，第211～212页。

的规定被吊销经营保险业务许可证的。

2. 保险公司的偿付能力低于国务院保险监督管理机构规定的标准,不予撤销将严重危害保险市场秩序、损害公共利益。根据国务院保险监督管理机构的有关规定,保险公司应当具有与其风险和业务规模相适应的资本,确保偿付能力充足率符合规定。

国务院保险监督管理机构依法撤销保险公司的,应当在撤销保险公司之日起15日内成立清算组,依照《公司法》的有关规定清算。其债务处理应遵守本法的规定。[1]

第一百五十条 【股东、实际控制人提供资料的义务】国务院保险监督管理机构有权要求保险公司股东、实际控制人在指定的期限内提供有关信息和资料。

【条文理解】

依照本法的有关规定,保险公司应当按照国务院保险监督管理机构的规定,建立对关联交易的管理和信息披露制度;按照保险监督管理机构的要求,报送有关报告、报表、文件和资料,真实、准确、完整地披露财务会计报告、风险管理状况、保险产品经营情况等重大事项。为了有效地对保险公司进行监管,本条规定,国务院保险监督管理机构还可以要求保险公司股东、实际控制人在指定的期限内提供有关信息和资料。[2]

第一百五十一条 【关联交易损害公司利益的法律后果】保险公司的股东利用关联交易严重损害公司利益,危及公司偿付能力的,由国务院保险监督管理机构责令改正。在按照要求改正前,国务院保险监督管理机构可以限制其股东权利;拒不改正的,可以责令其转让所持的保险公司股权。

【条文理解】

保险公司的股东对公司的重大事项享有决策权,有可能作出利用关联交易损害公司利益的决定。对保险公司而言,公司利益受损就很可能影响到公司的偿付能力,进而损害到投保人、被保险人、受益人的利益。针对这种情况,本条规定,保

〔1〕 安建主编:《中华人民共和国保险法(修订)释义》,法律出版社2009年版,第212~213页。
〔2〕 安建主编:《中华人民共和国保险法(修订)释义》,法律出版社2009年版,第213~214页。

险公司的股东利用关联交易严重损害公司利益，危及公司偿付能力的，由国务院保险监督管理机构责令改正。在按照要求改正前，国务院保险监督管理机构可以限制其股东权利；拒不改正的，可以责令其转让所持的保险公司股权。

限制股东权利、责令转让股权是较为严厉的监督管理措施。国务院保险监督管理机构采取这些措施的条件有两个：一是保险公司的股东利用关联交易损害了公司利益；二是这种损害必须是严重的，达到危及保险公司偿付能力的程度。对有本条规定的违法行为的股东，国务院保险监督管理机构可以采取以下监督管理措施：(1)责令改正；(2)股东按照要求改正前，国务院保险监督管理机构可以限制其股东权利，包括重大事项决策权、人事任免权、分红权等；(3)保险公司的股东拒不改正的，国务院保险监督管理机构可以责令其转让所持的保险公司股权。[1]

第一百五十二条　【监管谈话】保险监督管理机构根据履行监督管理职责的需要，可以与保险公司董事、监事和高级管理人员进行监督管理谈话，要求其就公司的业务活动和风险管理的重大事项作出说明。

【条文理解】

保险监管部门有权根据监管需要及保险公司的经营与风险状况等，提出与保险公司董事、监事和高级管理人员进行审慎性监督管理谈话的要求。被要求参加审慎性监督管理谈话的董事、高级管理人员有义务按照监管部门的要求，准时参加并对相关业务活动及风险管理等重大事项如实作出说明。[2]

第一百五十三条　【对直接责任人员的限制措施】保险公司在整顿、接管、撤销清算期间，或者出现重大风险时，国务院保险监督管理机构可以对该公司直接负责的董事、监事、高级管理人员和其他直接责任人员采取以下措施：

(一)通知出境管理机关依法阻止其出境；

(二)申请司法机关禁止其转移、转让或者以其他方式处分财产，或者在财产上设定其他权利。

---

〔1〕 安建主编：《中华人民共和国保险法(修订)释义》，法律出版社2009年版，第214～215页。

〔2〕 安建主编：《中华人民共和国保险法(修订)释义》，法律出版社2009年版，第215页。

【条文理解】

采取本条所规定的措施必须符合法定条件，即保险公司正处于整顿、接管、撤销清算期间，或者保险公司出现了重大风险。本条所规定的措施的实施主体是国务院保险监督管理机构，其他机构或个人不得采取本条规定的措施。本条规定措施的实施对象限于保险公司的董事、监事和高级管理人员，以及其他直接负责、承办具体事务的人员。[1]

第一百五十四条　【监管措施及程序】保险监督管理机构依法履行职责，可以采取下列措施：

（一）对保险公司、保险代理人、保险经纪人、保险资产管理公司、外国保险机构的代表机构进行现场检查；

（二）进入涉嫌违法行为发生场所调查取证；

（三）询问当事人及与被调查事件有关的单位和个人，要求其对与被调查事件有关的事项作出说明；

（四）查阅、复制与被调查事件有关的财产权登记等资料；

（五）查阅、复制保险公司、保险代理人、保险经纪人、保险资产管理公司、外国保险机构的代表机构以及与被调查事件有关的单位和个人的财务会计资料及其他相关文件和资料；对可能被转移、隐匿或者毁损的文件和资料予以封存；

（六）查询涉嫌违法经营的保险公司、保险代理人、保险经纪人、保险资产管理公司、外国保险机构的代表机构以及与涉嫌违法事项有关的单位和个人的银行账户；

（七）对有证据证明已经或者可能转移、隐匿违法资金等涉案财产或者隐匿、伪造、毁损重要证据的，经保险监督管理机构主要负责人批准，申请人民法院予以冻结或者查封。

保险监督管理机构采取前款第（一）项、第（二）项、第（五）项措施的，应当经保险监督管理机构负责人批准；采取第（六）项措施的，应当经国务院保险监督管理机构负责人批准。

保险监督管理机构依法进行监督检查或者调查，其监督检查、调查的人员不得少于二人，并应当出示合法证件和监督检查、调查通知书；监督检查、调查的人员少于二人或者未出示合法证件和监督检查、调查通知书的，被检查、调查的单位和个人有权拒绝。

---

〔1〕 安建主编：《中华人民共和国保险法（修订）释义》，法律出版社2009年版，第215～216页。

【条文理解】

保险监督管理机构有权采取的检查、调查措施包括以下内容。

1. 对保险公司、保险代理人、保险经纪人、保险资产管理公司、外国保险机构的代表机构进行现场检查。根据有关规定，现场检查的实施包括进场会谈、调阅资料、执行检查等内容，检查方法主要包括抽样、核对、审阅、计算、实地观察、听取汇报、询问调查等。

2. 进入涉嫌违法行为发生场所调查取证。

3. 询问有关的单位和人员。保险监督管理机构要了解事实真相，就应当从各个角度进行调查，其中包括询问当事人和与被调查事件有关的单位和个人，要求他们对与被调查事件有关的事项作出说明。

4. 查阅、复制有关的财产权登记等资料。

5. 查阅、复制、封存有关的文件和资料。

6. 查询有关银行账户。查询银行账户应仅限于涉嫌违法经营的保险公司及有关机构、与涉嫌违法事项有关的单位和个人的银行账户，不得扩大查询范围。

7. 申请法院冻结、查封有关财产和证据。对有证据证明已经或者可能转移、隐匿违法资金等涉案财产或者隐匿、伪造、毁损重要证据，如不采取冻结或查封等措施，以后将难以查清有关事实、追究有关单位和人员的责任，无法挽回因违法行为造成的损失。因此，赋予监管机构冻结、查封有关财产和证据的权力是必要的。同时，对有关财产和证据予以冻结或查封，直接关系到当事人及有关单位或人员的财产权利，须慎重行使。为此，本条规定，对有关涉案财产和重要证据的冻结或查封，须经保险监督管理机构主要负责人批准，申请人民法院执行。

采取本条规定的措施应当慎重，明确批准程序。为此，本条规定，保险监督管理机构采取对保险公司等机构进行现场检查、进入涉嫌违法行为发生场所调查取证和查阅、复制、封存有关的文件和资料等措施，应当经保险监督管理机构负责人批准；查询有关银行账户，应当经国务院保险监督管理机构负责人批准。

为规范保险监督管理机构实施监督检查、调查的行为，本条规定了实施监督检查、调查应遵守的程序，包括：(1)监督检查、调查的人员不得少于二人，以使保险监督管理机构的工作人员能够互相监督制约，依法履行职责，防止一个人在没有监督制约的情况下滥用权力；(2)监督检查、调查的人员应当依法出示合法证件和监督检查、调查通知书。未依法定程序进行监督检查或者调查的，被检查、调查的单位和个人有权拒绝。[1]

---

〔1〕 安建主编：《中华人民共和国保险法（修订）释义》，法律出版社2009年版，第217～219页。

第一百五十五条 【有关单位、个人的配合义务】保险监督管理机构依法履行职责,被检查、调查的单位和个人应当配合。

【条文理解】

保险监督管理机构对当事人及有关的单位和个人进行检查和调查,是依法履行职责有权采取的措施。为了保证保险监督管理机构检查和调查的顺利进行,本条规定被检查和被调查的单位和个人负有配合检查、调查的义务。对于保险监督管理机构依法进行的检查和调查,被检查和被调查的单位和个人应当主动进行配合,为保险监督管理机构查明事实真相提供便利条件。被检查和被调查的单位和个人不配合保险监督管理机构履行职责的,应当依法承担相应的法律责任。[1]

第一百五十六条 【保险监管机构工作人员的工作准则】保险监督管理机构工作人员应当忠于职守,依法办事,公正廉洁,不得利用职务便利牟取不正当利益,不得泄露所知悉的有关单位和个人的商业秘密。

【条文理解】

本条是对保险监督管理机构工作人员履行职责时的基本要求的规定。

第一百五十七条 【信息共享机制、配合调查义务】国务院保险监督管理机构应当与中国人民银行、国务院其他金融监督管理机构建立监督管理信息共享机制。

保险监督管理机构依法履行职责,进行监督检查、调查时,有关部门应当予以配合。

【条文理解】

保险市场是金融市场的组成部分。在金融市场上,各种金融活动之间紧密联系,相互影响,这就决定了金融市场上的各种违法活动不仅会损害违法活动所在的金融市场秩序,而且可能损害其他金融市场的正常秩序。因此需要各金融监督管理机构间互通信息,以防范和化解金融风险。另外,资金有在各金融市场间流动性较大的特点,这也需要各金融监督管理机构在发生金融违法活动后互通信息,互相

---

〔1〕 安建主编:《中华人民共和国保险法(修订)释义》,法律出版社2009年版,第219~220页。

配合,以查明有关的违法活动,并依法追究行为人的法律责任。为了使各项金融监管政策之间进行协调,为金融机构创造公平竞争的环境,避免出现监管真空和重复监管,降低监管成本,提高监管效率,保障金融业稳健运行和健康发展,本条要求国务院保险监督管理机构与国务院其他金融监督管理机构,包括银行业监督管理机构、证券业监督管理机构等,建立监督管理信息共享机制,相互交流和沟通有关信息。同时规定,保险监督管理机构依法履行职责,进行监督检查或者调查时,有关部门应当予以配合。[1]

[1] 安建主编:《中华人民共和国保险法(修订)释义》,法律出版社2009年版,第220~221页。

第七章 法律责任

第一百五十八条 【非法经营商业保险业务的法律责任】违反本法规定,擅自设立保险公司、保险资产管理公司或者非法经营商业保险业务的,由保险监督管理机构予以取缔,没收违法所得,并处违法所得一倍以上五倍以下的罚款;没有违法所得或者违法所得不足二十万元的,处二十万元以上一百万元以下的罚款。

【条文理解】

设立保险公司,必须经国务院保险监督管理机构批准;设立保险资产管理公司,须经国务院保险监督管理机构会同国务院证券监督管理机构批准。经营商业保险业务,必须是依照本法设立的保险公司或法律、行政法规规定的其他保险组织,其他单位和个人不得经营商业保险业务。

对违反本法规定擅自设立保险公司、保险资产管理公司或者非法经营商业保险业务的,依照本条的规定,由保险监督管理机构对擅自设立的保险公司、保险资产管理公司以及非法经营商业保险业务的机构予以取缔,制止违法行为的继续进行,同时给予行政处罚。[1]

第一百五十九条 【非法从事保险代理业务、经纪业务的法律责任】违反本法规定,擅自设立保险专业代理机构、保险经纪人,或者未取得经营保险代理业务许可证、保险经纪业务许可证从事保险代理业务、保险经纪业务的,由保险监督管理机构予以取缔,没收违法所得,并处违法所得一倍以上五倍以下的罚款;没有违法所得或者违法所得不足五万元的,处五万元以上三十万元以下的罚款。

【条文理解】

根据本法的规定,保险代理机构、保险经纪人应当具备国务院保险监督管理机

〔1〕 安建主编:《中华人民共和国保险法(修订)释义》,法律出版社 2009 年版,第 222 页。

构规定的条件，取得保险监督管理机构颁发的经营保险代理业务许可证、保险经纪业务许可证。保险专业代理机构、保险经纪人凭许可证向工商行政管理机关办理登记，领取营业执照；保险兼业代理机构凭许可证向工商行政管理机关办理变更登记。

对违反本法规定，擅自设立保险专业代理机构、保险经纪人及未取得经营保险代理业务许可证、保险经纪业务许可证从事保险代理业务、保险经纪业务的，依照本条的规定，由保险监督管理机构对擅自设立的保险专业代理机构、保险经纪人，或者未取得经营保险代理业务许可证、保险经纪业务许可证从事保险代理业务、保险经纪业务的机构予以取缔，制止违法行为的继续进行，同时给予行政处罚。[1]

第一百六十条　【超出业务范围经营的法律责任】保险公司违反本法规定，超出批准的业务范围经营的，由保险监督管理机构责令限期改正，没收违法所得，并处违法所得一倍以上五倍以下的罚款；没有违法所得或者违法所得不足十万元的，处十万元以上五十万元以下的罚款。逾期不改正或者造成严重后果的，责令停业整顿或者吊销业务许可证。

【条文理解】

超出批准的业务范围经营，是指保险公司违反分业经营的原则，从事国务院保险监督管理机构批准的业务范围以外的保险业务或其他业务的行为。本法规定，保险公司的业务范围包括：(1)人身保险业务，包括人寿保险、健康保险、意外伤害保险等保险业务；(2)财产保险业务，包括财产损失保险、责任保险、信用保险、保证保险等保险业务；(3)国务院保险监督管理机构批准的与保险有关的其他业务。同一保险人不得兼营人身保险业务和财产保险业务。但是，经营财产保险业务的保险公司经国务院保险监督管理机构批准，可以经营短期健康保险业务和意外伤害保险业务。保险公司应当在国务院保险监督管理机构依法批准的业务范围内从事保险经营活动。

保险公司违反本法的规定，超出国务院保险监督管理机构依法批准的业务范围从事保险业务或者其他业务的，依照本条的规定，由保险监督管理机构责令其停止违法行为，并在规定的期限内予以改正，同时给予行政处罚。[2]

---

〔1〕 安建主编：《中华人民共和国保险法（修订）释义》，法律出版社2009年版，第223页。
〔2〕 安建主编：《中华人民共和国保险法（修订）释义》，法律出版社2009年版，第224页。

第一百六十一条　【保险公司违反禁止性规定的法律责任】保险公司有本法第一百一十六条规定行为之一的，由保险监督管理机构责令改正，处五万元以上三十万元以下的罚款；情节严重的，限制其业务范围、责令停止接受新业务或者吊销业务许可证。

【条文理解】

保险公司在保险活动中是保险合同的一方当事人，与投保人、被保险人或者受益人处于平等的民事主体的地位，其从事保险活动应当遵守法律、行政法规，遵循诚实信用原则。此外，保险公司在保险业务活动中还应当遵循公平竞争的原则，不得从事不正当竞争。否则就要依照本条的规定承担相应的法律责任。

保险公司有本法第116条规定的违法行为之一的，依照本条的规定，由保险监督管理机构责令其改正，停止违法行为，同时给予行政处罚。[1]

第一百六十二条　【擅自变更公司重要事项的法律责任】保险公司违反本法第八十四条规定的，由保险监督管理机构责令改正，处一万元以上十万元以下的罚款。

【条文理解】

本条是对保险公司未经批准，擅自变更法定审批登记事项，应承担的法律责任的规定。

第一百六十三条　【违法承保的法律责任】保险公司违反本法规定，有下列行为之一的，由保险监督管理机构责令改正，处五万元以上三十万元以下的罚款：

（一）超额承保，情节严重的；

（二）为无民事行为能力人承保以死亡为给付保险金条件的保险的。

【条文理解】

超额承保，是指保险公司以超过保险标的价值的赔付条件为投保人办理财产

---

〔1〕　安建主编：《中华人民共和国保险法（修订）释义》，法律出版社2009年版，第225～226页。

保险的行为。以死亡为给付保险金条件的保险,是指以被保险人的死亡为给付保险金条件的人身保险。由于财产保险是以补偿因保险事故造成的财产损失为原则的保险,其保险金额不得超过保险价值,而超额承保直接违反补偿原则,因此极易引发道德危险。同样,由于无民事行为能力人没有辨别自己行为的能力,因此,违法为无民事行为能力人承保以死亡为给付保险金条件的人身保险也极易引发道德危险。为了防止道德危险的发生,本法规定,财产保险的保险金额不得超过保险价值;超过保险价值的,超过部分无效。投保人不得为无民事行为能力人投保以死亡为给付保险金条件的人身保险,保险人也不得承保。只有父母为其未成年子女投保的人身保险,不受此规定的限制,但是死亡给付保险金额总和不得超过国务院保险监督管理机构规定的限额。

保险公司违反本法的规定,为财产保险的投保人办理超额承保并且情节严重的,或者违法为无民事行为能力人承保以死亡为给付保险金条件的保险的,依照本条的规定,由保险监督管理机构责令改正,停止违法行为,同时处以罚款的行政处罚,罚款的数额为5万元以上30万元以下。[1]

第一百六十四条 【未提取保证金等违法行为的法律责任】违反本法规定,有下列行为之一的,由保险监督管理机构责令改正,处五万元以上三十万元以下的罚款;情节严重的,可以限制其业务范围、责令停止接受新业务或者吊销业务许可证:

(一)未按照规定提存保证金或者违反规定动用保证金的;

(二)未按照规定提取或者结转各项责任准备金的;

(三)未按照规定缴纳保险保障基金或者提取公积金的;

(四)未按照规定办理再保险的;

(五)未按照规定运用保险公司资金的;

(六)未经批准设立分支机构的;

(七)未按照规定申请批准保险条款、保险费率的。

【条文理解】

本条是对保险公司违反《保险法》关于保险业务规则和保险组织机构管理的规定应承担的法律责任的规定。

---

[1] 安建主编:《中华人民共和国保险法(修订)释义》,法律出版社2009年版,第226~227页。

第一百六十五条 【保险中介机构违反禁止性规定的法律责任】保险代理机构、保险经纪人有本法第一百三十一条规定行为之一的,由保险监督管理机构责令改正,处五万元以上三十万元以下的罚款;情节严重的,吊销业务许可证。

【条文理解】

本条是对保险代理机构或者保险经纪人在其业务活动中违反本法有关禁止性规定应承担的法律责任的规定。

第一百六十六条 【保险中介机构未缴存保证金等违法行为的法律责任】保险代理机构、保险经纪人违反本法规定,有下列行为之一的,由保险监督管理机构责令改正,处二万元以上十万元以下的罚款;情节严重的,责令停业整顿或者吊销业务许可证:

(一)未按照规定缴存保证金或者投保职业责任保险的;

(二)未按照规定设立专门账簿记载业务收支情况的。

【条文理解】

本条是对保险代理机构、保险经纪人未按照规定缴存保证金或者投保职业责任保险以及未按照规定设立专门账簿记载业务收支情况,应承担的法律责任的规定。

第一百六十七条 【违法聘用有关人员的法律责任】违反本法规定,聘任不具有任职资格的人员的,由保险监督管理机构责令改正,处二万元以上十万元以下的罚款。

【条文理解】

本条是对保险公司、保险专业代理机构、保险经纪人聘任不具有任职资格的人员,应承担的法律责任的规定。

第一百六十八条 【违法使用许可证的法律责任】违反本法规定，转让、出租、出借业务许可证的，由保险监督管理机构处一万元以上十万元以下的罚款；情节严重的，责令停业整顿或者吊销业务许可证。

【条文理解】

本条是对保险公司、保险公司分支机构、保险代理机构、保险经纪人违反法律的规定转让、出租、出借业务许可证，应承担的法律责任的规定。

第一百六十九条 【未报送有关资料等行为的法律责任】违反本法规定，有下列行为之一的，由保险监督管理机构责令限期改正；逾期不改正的，处一万元以上十万元以下的罚款：

（一）未按照规定报送或者保管报告、报表、文件、资料的，或者未按照规定提供有关信息、资料的；

（二）未按照规定报送保险条款、保险费率备案的；

（三）未按照规定披露信息的。

【条文理解】

本条是对未按照规定报送或者保管报告等资料，未按照规定提供有关信息和资料，未按照规定报送保险条款和保险费率备案，未按照规定披露信息，应承担的法律责任的规定。

第一百七十条 【虚报有关资料等行为的法律责任】违反本法规定，有下列行为之一的，由保险监督管理机构责令改正，处十万元以上五十万元以下的罚款；情节严重的，可以限制其业务范围、责令停止接受新业务或者吊销业务许可证：

（一）编制或者提供虚假的报告、报表、文件、资料的；

（二）拒绝或者妨碍依法监督检查的；

（三）未按照规定使用经批准或者备案的保险条款、保险费率的。

【条文理解】

本条是对编制或者提供虚假报告、报表、文件和资料，拒绝或者妨碍依法检查监督，未按照规定使用经批准或者备案的保险条款、保险费率，应承担的法律责任的规定。

第一百七十一条 【对直接责任人员的行政处罚】保险公司、保险资产管理公司、保险专业代理机构、保险经纪人违反本法规定的，保险监督管理机构除分别依照本法第一百六十条至第一百七十条的规定对该单位给予处罚外，对其直接负责的主管人员和其他直接责任人员给予警告，并处一万元以上十万元以下的罚款；情节严重的，撤销任职资格。

【条文理解】

本条是对保险公司、保险资产管理公司、保险专业代理机构、保险经纪人违反保险法规定的行为负有责任的直接负责的主管人员和其他直接责任人员，应承担的法律责任的规定。

第一百七十二条 【个人保险代理人违法行为的法律责任】个人保险代理人违反本法规定的，由保险监督管理机构给予警告，可以并处二万元以下的罚款；情节严重的，处二万元以上十万元以下的罚款。

【条文理解】

本条是对个人保险代理人违反本法的规定从事个人保险代理活动，应承担的法律责任的规定。

第一百七十三条 【外国保险机构非法设立代表机构，及代表机构从事保险经营活动的法律责任】外国保险机构未经国务院保险监督管理机构批准，擅自在中华人民共和国境内设立代表机构的，由国务院保险监督管理机构予以取缔，处五万元以上三十万元以下的罚款。

外国保险机构在中华人民共和国境内设立的代表机构从事保险经营活动的，由保险监督管理机构责令改正，没收违法所得，并处违法所得一倍以上五倍以下的罚款；没有违法所得或者违法所得不足二十万元的，处二十万元以上一百万元以下的罚款；对其首席代表可以责令撤换；情节严重的，撤销其代表机构。

【条文理解】

外国保险机构的代表机构是外国保险机构设立的非直接从事保险经营活动的机构。根据本法的规定，外国保险机构在我国境内设立的代表机构应当经国务院保险监督管理机构批准，并只能从事沟通、联络工作，不得从事保险经营活动。[1]

第一百七十四条　【保险诈骗活动的法律责任】投保人、被保险人或者受益人有下列行为之一，进行保险诈骗活动，尚不构成犯罪的，依法给予行政处罚：

（一）投保人故意虚构保险标的，骗取保险金的；

（二）编造未曾发生的保险事故，或者编造虚假的事故原因或者夸大损失程度，骗取保险金的；

（三）故意造成保险事故，骗取保险金的。

保险事故的鉴定人、评估人、证明人故意提供虚假的证明文件，为投保人、被保险人或者受益人进行保险诈骗提供条件的，依照前款规定给予处罚。

【条文理解】

本条是对投保人、被保险人或者受益人以骗取保险金为目的进行尚不构成犯罪的保险诈骗活动，以及保险事故的鉴定人、评估人、证明人故意提供虚假的证明文件为保险诈骗提供条件，应承担的法律责任的规定。

【配套规定】

《刑法》

第一百九十八条　有下列情形之一，进行保险诈骗活动，数额较大的，处五年以下有期徒刑或者拘役，并处一万元以上十万元以下罚金；数额巨大或者有其他严重情节的，处五年以上十年以下有期徒刑，并处二万元以上二十万元以下罚金；数额特别巨大或者有其他特别严重情节的，处十年以上有期徒刑，并处二万元以上二十万元以下罚金或者没收财产：

（一）投保人故意虚构保险标的，骗取保险金的；

（二）投保人、被保险人或者受益人对发生的保险事故编造虚假的原因或者夸大损失的程度，骗取保险金的；

（三）投保人、被保险人或者受益人编造未曾发生的保险事故，骗取保险金的；

（四）投保人、被保险人故意造成财产损失的保险事故，骗取保险金的；

（五）投保人、受益人故意造成被保险人死亡、伤残或者疾病，骗取保险金的。

有前款第四项、第五项所列行为，同时构成其他犯罪的，依照数罪并罚的规定处罚。

---

〔1〕　安建主编：《中华人民共和国保险法（修订）释义》，法律出版社2009年版，第238～239页。

单位犯第一款罪的,对单位判处罚金,并对其直接负责的主管人员和其他直接责任人员,处五年以下有期徒刑或者拘役;数额巨大或者有其他严重情节的,处五年以上十年以下有期徒刑;数额特别巨大或者有其他特别严重情节的,处十年以上有期徒刑。

保险事故的鉴定人、证明人、财产评估人故意提供虚假的证明文件,为他人诈骗提供条件的,以保险诈骗的共犯论处。

第一百七十五条 【民事责任】违反本法规定,给他人造成损害的,依法承担民事责任。

【条文理解】

民事责任是民事法律关系的当事人不依法履行民事法律义务,应当承担的法律后果。民事责任根据具体责任性质不同可以分为两大类:一类是违约的民事责任,另一类是侵权的民事责任。违约的民事责任,是指合同关系的当事人不依法履行合同约定的义务而应当承担的责任。侵权的民事责任,是指民事法律关系的当事人由于自身的过错,给他人的人身权利或者财产权利造成损害而应当承担的责任。民事责任具有以下特点:一是以财产责任为主;二是以等价、补偿为原则;三是向相对特定的权利人或者受害人承担责任。根据我国《民法通则》的规定,承担民事责任的方式主要有十种:(1)停止侵害;(2)排除妨碍;(3)消除危险;(4)返还财产;(5)恢复原状;(6)修理、重作、更换;(7)赔偿损失;(8)支付违约金;(9)消除影响、恢复名誉;(10)赔礼道歉。以上承担民事责任的方式,可以单独适用,也可以合并适用。此外,人民法院审理民事案件,还可以对当事人予以训诫、责令具结悔过、收缴进行非法活动的财物和非法所得,并可以依照法律规定处以罚款、拘留。

由于违反《保险法》规定,给他人造成损害的情况比较复杂,法律不可能将所有的违法行为一一列举出来。因此,本条只原则性地规定,违反《保险法》,"给他人造成损害的,依法承担民事责任"。这样规定有三个好处:一是可以避免法律条文过于繁琐;二是可以防止挂一漏万;三是可以给受到损害的当事人提供全面的保护。依照本条的规定,凡是违反《保险法》的规定,给他人造成损害的,都要依法承担相应的民事责任。[1]

第一百七十六条 【对妨碍公务的行政处罚】拒绝、阻碍保险监督管理机构及其工作人员依法行使监督检查、调查职权,未使用暴力、威胁方法的,依法给予治安管理处罚。

---

〔1〕 安建主编:《中华人民共和国保险法(修订)释义》,法律出版社 2009 年版,第 241 ~242 页。

【条文理解】

本条是对拒绝、阻碍保险监督管理机构及其工作人员依法行使职权行为,应承担的法律责任的规定。

【配套规定】

《治安管理处罚法》

第五十条有下列行为之一的,处警告或者二百元以下罚款;情节严重的,处五日以上十日以下拘留,可以并处五百元以下罚款:

(一)拒不执行人民政府在紧急状态情况下依法发布的决定、命令的;

(二)阻碍国家机关工作人员依法执行职务的;

(三)阻碍执行紧急任务的消防车、救护车、工程抢险车、警车等车辆通行的;

(四)强行冲闯公安机关设置的警戒带、警戒区的。

阻碍人民警察依法执行职务的,从重处罚。

第一百七十七条　【终身禁业】违反法律、行政法规的规定,情节严重的,国务院保险监督管理机构可以禁止有关责任人员一定期限直至终身进入保险业。

【条文理解】

保险市场禁入是指在一定期限直至终身不得进入保险业从事保险业务、保险中介业务。目前我国保险市场行为较不规范,理赔难、诚信等问题突出,投保人、被保险人和受益人的权益常受到损害。因此需要对保险市场的违法行为予以严厉打击,加重对有关责任人员的处罚。本条规定的市场禁入措施,即通过限制和剥夺有关责任人员从事保险业务、保险中介业务资格的方式,对违法行为予以制裁和惩戒。

根据本条的规定,采取市场禁入措施的条件如下:违反法律、行政法规的规定,且情节严重;采取市场禁入措施的对象是违反法律、行政法规的责任人员;决定采取市场禁入措施的机构是国务院保险监督管理机构。[1]

---

〔1〕安建主编:《中华人民共和国保险法(修订)释义》,法律出版社2009年版,第243页。

第一百七十八条 【保险监管人员违法行为的法律责任】保险监督管理机构从事监督管理工作的人员有下列情形之一的,依法给予处分:

(一)违反规定批准机构的设立的;

(二)违反规定进行保险条款、保险费率审批的;

(三)违反规定进行现场检查的;

(四)违反规定查询账户或者冻结资金的;

(五)泄露其知悉的有关单位和个人的商业秘密的;

(六)违反规定实施行政处罚的;

(七)滥用职权、玩忽职守的其他行为。

【条文理解】

本条是对保险监督管理机构从事监督管理的工作人员不依法履行职责,或者滥用职权、玩忽职守,应承担的法律责任的规定。

第一百七十九条 【刑事责任】违反本法规定,构成犯罪的,依法追究刑事责任。

【条文理解】

刑事责任是国家刑事法律规定的犯罪行为所应承担的法律后果。保险活动中的当事人如果有本法规定的违法行为,且符合我国《刑法》所规定的犯罪构成要件的,就应当依据《刑法》的有关条款承担相应的刑事责任。与保险有关的犯罪行为主要规定在我国刑法分则第三章关于破坏社会主义市场经济秩序罪中。

此外,保险活动当事人违反本法规定的行为,根据《刑法》其他有关规定应追究刑事责任的,也应当依照《刑法》追究其刑事责任。[1]

【配套规定】

《刑法》

第一百七十四条 未经国家有关主管部门批准,擅自设立商业银行、证券交易所、期货交易所、证券公司、期货经纪公司、保险公司或者其他金融机构的,处三年以下有期徒刑或者拘役,并处或者单处二万元以上二十万元以下罚金;情节严重的,处三年以上十年以下有期徒刑,并处五万元以上五十万元以下罚金。

伪造、变造、转让商业银行、证券交易所、期货交易所、证券公司、期货经纪公司、保险公司或

〔1〕 安建主编:《中华人民共和国保险法(修订)释义》,法律出版社2009年版,第245~246页。

者其他金融机构的经营许可证或者批准文件的,依照前款的规定处罚。

单位犯前两款罪的,对单位判处罚金,并对其直接负责的主管人员和其他直接责任人员,依照第一款的规定处罚。

第一百八十三条 保险公司的工作人员利用职务上的便利,故意编造未曾发生的保险事故进行虚假理赔,骗取保险金归自己所有的,依照本法第二百七十一条的规定定罪处罚。

国有保险公司工作人员和国有保险公司委派到非国有保险公司从事公务的人员有前款行为的,依照本法第三百八十二条、第三百八十三条的规定定罪处罚。

第一百八十五条 商业银行、证券交易所、期货交易所、证券公司、期货经纪公司、保险公司或者其他金融机构的工作人员利用职务上的便利,挪用本单位或者客户资金的,依照本法第二百七十二条的规定定罪处罚。

国有商业银行、证券交易所、期货交易所、证券公司、期货经纪公司、保险公司或者其他国有金融机构的工作人员和国有商业银行、证券交易所、期货交易所、证券公司、期货经纪公司、保险公司或者其他国有金融机构委派到前款规定中的非国有机构从事公务的人员有前款行为的,依照本法第三百八十四条的规定定罪处罚。

第一百九十八条 有下列情形之一,进行保险诈骗活动,数额较大的,处五年以下有期徒刑或者拘役,并处一万元以上十万元以下罚金;数额巨大或者有其他严重情节的,处五年以上十年以下有期徒刑,并处二万元以上二十万元以下罚金;数额特别巨大或者有其他特别严重情节的,处十年以上有期徒刑,并处二万元以上十万元以下罚金或者没收财产:

(一)投保人故意虚构保险标的,骗取保险金的;

(二)投保人、被保险人或者受益人对发生的保险事故编造虚假的原因或者夸大损失的程度,骗取保险金的;

(三)投保人、被保险人或者受益人编造未曾发生的保险事故,骗取保险金的;

(四)投保人、被保险人故意造成财产损失的保险事故,骗取保险金的;

(五)投保人、受益人故意造成被保险人死亡、伤残或者疾病,骗取保险金的。

有前款第四项、第五项所列行为,同时构成其他犯罪的,依照数罪并罚的规定处罚。

单位犯第一款罪的,对单位判处罚金,并对其直接负责的主管人员和其他直接责任人员,处五年以下有期徒刑或者拘役;数额巨大或者有其他严重情节的,处五年以上十年以下有期徒刑;数额特别巨大或者有其他特别严重情节的,处十年以上有期徒刑。

保险事故的鉴定人、证明人、财产评估人故意提供虚假的证明文件,为他人诈骗提供条件的,以保险诈骗的共犯论处。

第二百二十五条 违反国家规定,有下列非法经营行为之一,扰乱市场秩序,情节严重的,处五年以下有期徒刑或者拘役,并处或者单处违法所得一倍以上五倍以下罚金;情节特别严重的,处五年以上有期徒刑,并处违法所得一倍以上五倍以下罚金或者没收财产:

(一)未经许可经营法律、行政法规规定的专营、专卖物品或者其他限制买卖的物品的;

(二)买卖进出口许可证、进出口原产地证明以及其他法律、行政法规规定的经营许可证或者批准文件的;

(三)未经国家有关主管部门批准,非法经营证券、期货或者保险业务的;

(四)其他严重扰乱市场秩序的非法经营行为。

第二百七十一条 公司、企业或者其他单位的人员,利用职务上的便利,将本单位财物非法占为己有,数额较大的,处五年以下有期徒刑或者拘役;数额巨大的,处五年以上有期徒刑,可以并处没收财产。

国有公司、企业或者其他国有单位中从事公务的人员和国有公司、企业或者其他国有单位委派到非国有公司、企业以及其他单位从事公务的人员有前款行为的,依照本法第三百八十二条、第三百八十三条的规定定罪处罚。

第二百七十二条　公司、企业或者其他单位的工作人员,利用职务上的便利,挪用本单位资金归个人使用或者借贷给他人,数额较大、超过三个月未还的,或者虽未超过三个月,但数额较大、进行营利活动的,或者进行非法活动的,处三年以下有期徒刑或者拘役;挪用本单位资金数额巨大的,或者数额较大不退还的,处三年以上十年以下有期徒刑。

国有公司、企业或者其他国有单位中从事公务的人员和国有公司、企业或者其他国有单位委派到非国有公司、企业以及其他单位从事公务的人员有前款行为的,依照本法第三百八十四条的规定定罪处罚。

第三百八十二条　国家工作人员利用职务上的便利,侵吞、窃取、骗取或者以其他手段非法占有公共财物的,是贪污罪。

受国家机关、国有公司、企业、事业单位、人民团体委托管理、经营国有财产的人员,利用职务上的便利,侵吞、窃取、骗取或者以其他手段非法占有国有财物的,以贪污论。

与前两款所列人员勾结,伙同贪污的,以共犯论处。

第三百八十三条　对犯贪污罪的,根据情节轻重,分别依照下列规定处罚:

(一)个人贪污数额在十万元以上的,处十年以上有期徒刑或者无期徒刑,可以并处没收财产;情节特别严重的,处死刑,并处没收财产。

(二)个人贪污数额在五万元以上不满十万元的,处五年以上有期徒刑,可以并处没收财产;情节特别严重的,处无期徒刑,并处没收财产。

(三)个人贪污数额在五千元以上不满五万元的,处一年以上七年以下有期徒刑;情节严重的,处七年以上十年以下有期徒刑。个人贪污数额在五千元以上不满一万元,犯罪后有悔改表现、积极退赃的,可以减轻处罚或者免予刑事处罚,由其所在单位或者上级主管机关给予行政处分。

(四)个人贪污数额不满五千元,情节较重的,处二年以下有期徒刑或者拘役;情节较轻的,由其所在单位或者上级主管机关酌情给予行政处分。

对多次贪污未经处理的,按照累计贪污数额处罚。

第三百八十四条　国家工作人员利用职务上的便利,挪用公款归个人使用,进行非法活动的,或者挪用公款数额较大、进行营利活动的,或者挪用公款数额较大、超过三个月未还的,是挪用公款罪,处五年以下有期徒刑或者拘役;情节严重的,处五年以上有期徒刑。挪用公款数额巨大不退还的,处十年以上有期徒刑或者无期徒刑。

挪用用于救灾、抢险、防汛、优抚、扶贫、移民、救济款物归个人使用的,从重处罚。

第八章　附　　则

第一百八十条　【保险行业协会】保险公司应当加入保险行业协会。保险代理人、保险经纪人、保险公估机构可以加入保险行业协会。

保险行业协会是保险业的自律性组织,是社会团体法人。

【条文理解】

保险行业协会是保险业的自律性组织,是社会团体法人。社会团体法人是指由市场主体自愿组织成立的从事社会公益、学术研究等活动的法人,具有非营利性。自律是指协会会员通过订立章程、公约等规则进行自我管理、自我约束。保险行业协会自我管理的内容一般包括:教育和组织会员遵守法律、行政法规;向保险监管部门反映会员的要求,维护会员利益;制定行业自律性规则并督促其遵守;为会员提供保险信息,组织对会员单位的培训和交流;调解纠纷;对违反协会章程和行业自律性规则的会员给予纪律处分等。

保险公司应当加入保险行业协会。保险公司加入保险行业协会,有利于体现其自律意愿,及时提出服务要求,便于与其他会员进行业务、技术和工作经验交流。同时,保险公司也要受到协会章程、自律公约的约束,遵守道德和行为准则,依法经营,公平竞争,稳健发展。因此,本条第1款对保险公司加入保险行业协会作了强制性规定。除此之外的其他保险中介组织,可以根据需要自愿参加保险行业协会。[1]

第一百八十一条　【其他保险组织】保险公司以外的其他依法设立的保险组织经营的商业保险业务,适用本法。

【条文理解】

本条所称的"其他依法设立的保险组织",一般包括相互保险组织、保险合作社及政策性保险组织等。这类保险组织的设置及运作与保险公司有一定的区别,

---

〔1〕 安建主编:《中华人民共和国保险法(修订)释义》,法律出版社2009年版,第247页。

一般不依《保险法》而设立。从事的保险业务具有非营利性。近年来，随着保险业的发展，这些保险组织也向商业保险领域拓展，从事一定的商业保险业务。根据本法第6条和本条的规定，这些保险组织可以依法设立并从事商业保险活动，其从事商业保险活动，应当遵守本法。[1]

第一百八十二条　【海上保险】海上保险适用《中华人民共和国海商法》的有关规定；《中华人民共和国海商法》未规定的，适用本法的有关规定。

【条文理解】

海上保险，是指保险人依照保险合同的约定，对海上保险事故造成的保险标的损失及产生的责任负赔偿责任的保险。我国《海商法》对海上保险作了专章规定。主要内容包括：海上保险责任范围，海上保险合同的主要条款，保险标的及其保险价值的计算，海上保险合同的订立、解除和转让，被保险人的义务与保险人的责任，保险标的的损失和委付，保险赔偿的支付等。《海商法》的上述规范属于对海上保险的特别规定，应当优先适用。但海上保险依然是商业保险，《保险法》作为商业保险的基本法，其有关从事商业保险活动应遵循的基本原则和规范应当适用于海上保险。此外，《海商法》未作规定的有关事项，依照本条的规定，应当适用《保险法》的有关规定，如有关对保险业的监督管理及法律责任的规定。[2]

第一百八十三条　【涉外保险公司的适用】中外合资保险公司、外资独资保险公司、外国保险公司分公司适用本法规定；法律、行政法规另有规定的，适用其规定。

【条文理解】

中外合资保险公司，是指依照我国有关法律、行政法规的规定，经批准由外国保险公司同中国的公司、企业在中国境内合资设立经营的保险公司。外资独资保险公司，是指依照我国有关法律、行政法规的规定，经批准由外国保险公司在中国境内投资设立经营的外资保险公司。外国保险公司分公司，是指依照外国法律设立的外国保险公司经批准，依照我国有关法律、行政法规的规定在中国境内设立的从事保险经营活动的分支机构。

---

〔1〕　安建主编：《中华人民共和国保险法（修订）释义》，法律出版社2009年版，第247～248页。

〔2〕　安建主编：《中华人民共和国保险法（修订）释义》，法律出版社2009年版，第248页。

中外合资保险公司、外资独资保险公司、外国保险公司分公司适用本法规定；法律、行政法规另有规定的，适用其规定。中外合资保险公司和外资独资保险公司是中国法人，外国保险公司分公司虽然不是中国法人，但是经批准在中国境内从事保险经营活动，因此应当遵守中国法律。同时，上述公司在设立审批、机构设置、外汇汇出等监管方面有其特殊性，我国有关外商投资的法律及国务院《外资保险公司管理条例》等行政法规对此有特别规定。根据本条的规定，我国法律和行政法规对上述公司有特别规定的，应当优先适用其规定。[1]

第一百八十四条　【农业保险、强制保险】国家支持发展为农业生产服务的保险事业。农业保险由法律、行政法规另行规定。

强制保险，法律、行政法规另有规定的，适用其规定。

【条文理解】

农业保险，是以生长期和收获期的农作物、经济作物、畜禽和水产养殖动物为保险标的，在保险标的遭受自然灾害或意外事故损害时，由保险人承担赔偿责任的保险。农业保险的业务分散，承保的危险复杂，多数危险属于巨灾，经营成本和赔付率都很高，难以按照商业保险的一般规则从事经营。因此，《保险法》有关商业保险活动的规范难以完全适用于农业保险。根据本条的规定，农业保险不适用本法，由法律、行政法规另行规定。

商业保险的基本原则是自愿原则。对于危险范围广，对社会公众利益影响较大的个别险种，法律也规定实行强制保险。强制保险应适用《保险法》的规定。同时，由于强制保险具有特殊性，为了维护公共利益，也需要由法律、行政法规在《保险法》之外另行规定有关规则。如国务院根据《道路交通安全法》和《保险法》制定的《机动车交通事故责任强制保险条例》，从有利于道路交通事故受害人获得及时有效的经济保障和医疗救治，减轻交通事故肇事者的经济负担，促进道路交通安全出发，作出了具有经营机动车交通事故责任强制保险资格的保险公司不得拒绝承保、保险公司办理强制保险以不盈利或微利为原则、保险合同不得随意解除、多部门联合监管等规定，并实行责任限额法定的原则。根据我国强制保险的实践和国际上的通行做法，本条规定，法律、行政法规对强制保险另有规定的，适用其规定。[2]

---

〔1〕　安建主编：《中华人民共和国保险法（修订）释义》，法律出版社2009年版，第248～249页。

〔2〕　安建主编：《中华人民共和国保险法（修订）释义》，法律出版社2009年版，第249～250页。

第一百八十五条 【生效日期】本法自2009年10月1日起施行。

【条文理解】

法律的施行日期,即法律生效时间,也称法律的时间效力,是指法律从何时起开始生效,到何时终止效力,以及法律对其公布以前的事件和行为是否具有溯及力的问题。新修订的《保险法》由第十一届全国人民代表大会常务委员会第七次会议修订,于2009年2月28日通过。为了给国务院和国务院保险监督管理机构预留制定、修改配套法规、规章的时间,为新《保险法》的实施做好准备,本条规定,新《保险法》的施行日期为2009年10月1日。[1]

一般而言,本法不具有溯及既往的效力,凡是在本法施行日之前发生的法律行为,仍适用修改前的《保险法》。自本法施行之日起,保险活动当事人从事商业保险活动,适用修改后的《保险法》。但对于长期人寿保险,可以由监管机构依照本法指定具体的适用规则,确定本法生效前的保单是否适用新法的规定。[2]

【案例导读】

保险合同成立于保险法施行前而保险标的理赔等行为或事件,发生于保险法施行后的,适用保险法的规定

——李某、王某诉中国平安人寿保险股份有限公司北京分公司人身保险合同纠纷案[3]

【案号】

北京市第一中级人民法院(2012)一中民终字第3509号

【案情】

2006年8月8日,李某作为投保人与保险公司订立了人身保险合同,保险公司承保平安康瑞终身重大疾病保险(以下简称康瑞险)、平安鸿鑫终身寿险(以下简称鸿鑫险)。王某是上述保险合同的被保险人及受益人。2010年9月9日,王某在北京市平谷区人民医院(以下简称平谷医院)住院治疗,被诊断为患骨髓增生异常综合征、霉菌性阴道炎,后向保险公司提出了给付保险金的请求。2010年12月20日保险公司向平谷医院调取王某病历,得知王某在李某为其投保之前的2006年7月曾经在医院接受骨髓穿刺并且被提示患"诊断骨髓异常综合征",遂拒绝赔付并于2010年12月底前后电话通知李某解除保险合同。

---

〔1〕 安建主编:《中华人民共和国保险法(修订)释义》,法律出版社2009年版,第250页。

〔2〕 法律出版社法规中心编:《中华人民共和国保险法注释本》,法律出版社2012年第3版。

〔3〕 案例来源:中国法院网,2012年12月26日访问,有删减。

李某和王某向法院起诉,请求法院判令保险公司赔偿保险金30,000元,确认保险公司解除保险合同的行为无效,判令保险公司继续履行保险合同并承担案件的诉讼费用。

一审法院判决认定:《保险法》自1995年10月1日起施行,2002年立法机关对《保险法》进行了修正。2009年立法机关再次修订《保险法》,修订后的《保险法》自2009年10月1日起施行。

最高人民法院《关于适用〈中华人民共和国保险法〉若干问题的解释(一)》第1条规定:《保险法》施行后成立的保险合同发生的纠纷,适用《保险法》的规定。《保险法》施行前成立的保险合同发生的纠纷,除本解释另有规定外,适用当时的法律规定;当时的法律没有规定的,参照适用《保险法》的有关规定。第3条规定:保险合同成立于《保险法》施行前而保险标的转让、保险事故、理赔、代位求偿等行为或事件,发生于《保险法》施行后的,适用《保险法》的规定。

本案争议所涉及的保险合同成立于2006年8月,在2002年修订的《保险法》的施行期间;保险公司解除保险合同的电话通知到达李某的时间是2010年12月。因此,判断李某是否履行了如实告义务及其法律后果,适用2002年修订的《保险法》;判断保险公司解除保险合同之行为是否恰当,适用2009年修订的《保险法》。

故法院依法判决驳回原告诉讼请求。

李某、王某不服提起上诉。二审法院经审理查明的事实与一审法院查明的事实一致,认为李某、王某的上诉理由不能成立,不予支持,一审法院判决认定事实清楚,适用法律正确。判决驳回上诉,维持原判。

【分析】

保险合同履行的时间跨度较大,实践中保险合同订立与新《保险法》施行前,保险事故等发生于新《保险法》施行后的情况大量存在,本案即一例。审理中需要注意认定合同是否成立、判断投保人是否履行了如实告义务及其法律后果与判断保险标的的转让、保险合同的理赔等行为是否恰当,适用的法律依据并不完全相同。

【配套规定】

最高人民法院《关于适用〈中华人民共和国保险法〉若干问题的解释(一)》

第一条 保险法施行后成立的保险合同发生的纠纷,适用保险法的规定。保险法施行前成立的保险合同发生的纠纷,除本解释另有规定外,适用当时的法律规定;当时的法律没有规定的,参照适用保险法的有关规定。

认定保险合同是否成立,适用合同订立时的法律。

第二条 对于保险法施行前成立的保险合同,适用当时的法律认定无效而适用保险法认定有效的,适用保险法的规定。

第三条 保险合同成立于保险法施行前而保险标的转让、保险事故、理赔、代位求偿等行为或事件,发生于保险法施行后的,适用保险法的规定。

第四条 保险合同成立于保险法施行前,保险法施行后,保险人以投保人未履行如实告知义务或者申报被保险人年龄不真实为由,主张解除合同的,适用保险法的规定。

第六条 保险法施行前已经终审的案件,当事人申请再审或者按照审判监督程序提起再审的案件,不适用保险法的规定。

最高人民法院《关于适用〈中华人民共和国保险法〉若干问题的解释(二)》

第二十一条 本解释施行后尚未终审的保险合同纠纷案件,适用本解释;本解释施行前已经终审,当事人申请再审或者按照审判监督程序决定再审的案件,不适用本解释。

最高人民法院《关于适用〈中华人民共和国保险法〉若干问题的解释(三)》

第二十六条 本解释施行后尚未终审的保险合同纠纷案件,适用本解释;本解释施行前已经终审,当事人申请再审或者按照审判监督程序决定再审的案件,不适用本解释。

附　　录

最高人民法院《关于适用〈中华人民共和国保险法〉若干问题的解释(一)》

（2009 年 9 月 14 日最高人民法院审判委员会第 1473 次会议通过　2009 年 9 月 21 日公布法释〔2009〕12 号自 2009 年 10 月 1 日起施行）

为正确审理保险合同纠纷案件，切实维护当事人的合法权益，现就人民法院适用 2009 年 2 月 28 日第十一届全国人大常委会第七次会议修订的《中华人民共和国保险法》（以下简称保险法）的有关问题规定如下：

第一条　保险法施行后成立的保险合同发生的纠纷，适用保险法的规定。保险法施行前成立的保险合同发生的纠纷，除本解释另有规定外，适用当时的法律规定；当时的法律没有规定的，参照适用保险法的有关规定。

认定保险合同是否成立，适用合同订立时的法律。

第二条　对于保险法施行前成立的保险合同，适用当时的法律认定无效而适用保险法认定有效的，适用保险法的规定。

第三条　保险合同成立于保险法施行前而保险标的转让、保险事故、理赔、代位求偿等行为或事件，发生于保险法施行后的，适用保险法的规定。

第四条　保险合同成立于保险法施行前，保险法施行后，保险人以投保人未履行如实告知义务或者申报被保险人年龄不真实为由，主张解除合同的，适用保险法的规定。

第五条　保险法施行前成立的保险合同，下列情形下的期间自 2009 年 10 月 1 日起计算：

（一）保险法施行前，保险人收到赔偿或者给付保险金的请求，保险法施行后，适用保险法第二十三条规定的三十日的；

（二）保险法施行前，保险人知道解除事由，保险法施行后，按照保险法第十六条、第三十二条的规定行使解除权，适用保险法第十六条规定的三十日的；

（三）保险法施行后，保险人按照保险法第十六条第二款的规定请求解除合同，适用保险法第十六条规定的二年的；

（四）保险法施行前，保险人收到保险标的的转让通知，保险法施行后，以保险标的的转让导致危险程度显著增加为由请求按照合同约定增加保险费或者解除合同，适用保险法第四十九条规定的三十日的。

第六条　保险法施行前已经终审的案件，当事人申请再审或者按照审判监督程序提起再审的案件，不适用保险法的规定。

最高人民法院《关于适用〈中华人民共和国保险法〉若干问题的解释(二)》

(2013 年 5 月 6 日最高人民法院审判委员会第 1577 次会议通过 2013 年 5 月 31 日公布法释〔2013〕14 号 自 2013 年 6 月 8 日起施行)

为正确审理保险合同纠纷案件,切实维护当事人的合法权益,根据《中华人民共和国保险法》《中华人民共和国合同法》《中华人民共和国民事诉讼法》等法律规定,结合审判实践,就保险法中关于保险合同一般规定部分有关法律适用问题解释如下:

第一条 财产保险中,不同投保人就同一保险标的分别投保,保险事故发生后,被保险人在其保险利益范围内依据保险合同主张保险赔偿的,人民法院应予支持。

第二条 人身保险中,因投保人对被保险人不具有保险利益导致保险合同无效,投保人主张保险人退还扣减相应手续费后的保险费的,人民法院应予支持。

第三条 投保人或者投保人的代理人订立保险合同时没有亲自签字或者盖章,而由保险人或者保险人的代理人代为签字或者盖章的,对投保人不生效。但投保人已经交纳保险费的,视为其对代签字或者盖章行为的追认。

保险人或者保险人的代理人代为填写保险单证后经投保人签字或者盖章确认的,代为填写的内容视为投保人的真实意思表示。但有证据证明保险人或者保险人的代理人存在保险法第一百一十六条、第一百三十一条相关规定情形的除外。

第四条 保险人接受了投保人提交的投保单并收取了保险费,尚未作出是否承保的意思表示,发生保险事故,被保险人或者受益人请求保险人按照保险合同承担赔偿或者给付保险金责任,符合承保条件的,人民法院应予支持;不符合承保条件的,保险人不承担保险责任,但应当退还已经收取的保险费。

保险人主张不符合承保条件的,应承担举证责任。

第五条 保险合同订立时,投保人明知的与保险标的或者被保险人有关的情况,属于保险法第十六条第一款规定的投保人"应当如实告知"的内容。

第六条 投保人的告知义务限于保险人询问的范围和内容。当事人对询问范围及内容有争议的,保险人负举证责任。

保险人以投保人违反了对投保单询问表中所列概括性条款的如实告知义务为由请求解除合同的,人民法院不予支持。但该概括性条款有具体内容的除外。

第七条 保险人在保险合同成立后知道或者应当知道投保人未履行如实告知义务,仍然收取保险费,又依照保险法第十六条第二款的规定主张解除合同的,人民法院不予支持。

第八条 保险人未行使合同解除权,直接以存在保险法第十六条第四款、第五款规定的情形为由拒绝赔偿的,人民法院不予支持。但当事人就拒绝赔偿事宜及保险合同存续另行达成一致的情况除外。

第九条 保险人提供的格式合同文本中的责任免除条款、免赔额、免赔率、比例赔付或者给付等免除或者减轻保险人责任的条款,可以认定为保险法第十七条第二款规定的“免除保险人责任的条款”。

保险人因投保人、被保险人违反法定或者约定义务,享有解除合同权利的条款,不属于保险法第十七条第二款规定的“免除保险人责任的条款”。

第十条　保险人将法律、行政法规中的禁止性规定情形作为保险合同免责条款的免责事由,保险人对该条款作出提示后,投保人、被保险人或者受益人以保险人未履行明确说明义务为由主张该条款不生效的,人民法院不予支持。

第十一条　保险合同订立时,保险人在投保单或者保险单等其他保险凭证上,对保险合同中免除保险人责任的条款,以足以引起投保人注意的文字、字体、符号或者其他明显标志作出提示的,人民法院应当认定其履行了保险法第十七条第二款规定的提示义务。

保险人对保险合同中有关免除保险人责任条款的概念、内容及其法律后果以书面或者口头形式向投保人作出常人能够理解的解释说明的,人民法院应当认定保险人履行了保险法第十七条第二款规定的明确说明义务。

第十二条　通过网络、电话等方式订立的保险合同,保险人以网页、音频、视频等形式对免除保险人责任条款予以提示和明确说明的,人民法院可以认定其履行了提示和明确说明义务。

第十三条　保险人对其履行了明确说明义务负举证责任。

投保人对保险人履行了符合本解释第十一条第二款要求的明确说明义务在相关文书上签字、盖章或者以其他形式予以确认的,应当认定保险人履行了该项义务。但另有证据证明保险人未履行明确说明义务的除外。

第十四条　保险合同中记载的内容不一致的,按照下列规则认定:

(一)投保单与保险单或者其他保险凭证不一致的,以投保单为准。但不一致的情形系经保险人说明并经投保人同意的,以投保人签收的保险单或者其他保险凭证载明的内容为准;

(二)非格式条款与格式条款不一致的,以非格式条款为准;

(三)保险凭证记载的时间不同的,以形成时间在后的为准;

(四)保险凭证存在手写和打印两种方式的,以双方签字、盖章的手写部分的内容为准。

第十五条　保险法第二十三条规定的三十日核定期间,应自保险人初次收到索赔请求及投保人、被保险人或者受益人提供的有关证明和资料之日起算。

保险人主张扣除投保人、被保险人或者受益人补充提供有关证明和资料期间的,人民法院应予支持。扣除期间自保险人根据保险法第二十二条规定作出的通知到达投保人、被保险人或者受益人之日起,至投保人、被保险人或者受益人按照通知要求补充提供的有关证明和资料到达保险人之日止。

第十六条　保险人应以自己的名义行使保险代位求偿权。

根据保险法第六十条第一款的规定,保险人代位求偿权的诉讼时效期间应自其取得代位求偿权之日起算。

第十七条　保险人在其提供的保险合同格式条款中对非保险术语所作的解释符合专业意义,或者虽不符合专业意义,但有利于投保人、被保险人或者受益人的,人民法院应予认可。

第十八条　行政管理部门依据法律规定制作的交通事故认定书、火灾事故认定书等,人民法院应当依法审查并确认其相应的证明力,但有相反证据能够推翻的除外。

第十九条　保险事故发生后,被保险人或者受益人起诉保险人,保险人以被保险人或者受益人未要求第三者承担责任为由抗辩不承担保险责任的,人民法院不予支持。

财产保险事故发生后,被保险人就其所受损失从第三者取得赔偿后的不足部分提起诉讼,请求保险人赔偿的,人民法院应予依法受理。

第二十条 保险公司依法设立并取得营业执照的分支机构属于《中华人民共和国民事诉讼法》第四十八条规定的其他组织,可以作为保险合同纠纷案件的当事人参加诉讼。

第二十一条 本解释施行后尚未终审的保险合同纠纷案件,适用本解释;本解释施行前已经终审,当事人申请再审或者按照审判监督程序决定再审的案件,不适用本解释。

最高人民法院《关于适用〈中华人民共和国保险法〉若干问题的解释(三)》

(2015 年 9 月 21 日由最高人民法院审判委员会第 1661 次会议通过 2015 年 11 月 25 日公布法释〔2015〕21 号自 2015 年 12 月 1 日起施行)

为正确审理保险合同纠纷案件,切实维护当事人的合法权益,根据《中华人民共和国保险法》、《中华人民共和国合同法》、《中华人民共和国民事诉讼法》等法律规定,结合审判实践,就保险法中关于保险合同章人身保险部分有关法律适用问题解释如下:

第一条 当事人订立以死亡为给付保险金条件的合同,根据保险法第三十四条的规定,"被保险人同意并认可保险金额"可以采取书面形式、口头形式或者其他形式;可以在合同订立时作出,也可以在合同订立后追认。

有下列情形之一的,应认定为被保险人同意投保人为其订立保险合同并认可保险金额:

(一)被保险人明知他人代其签名同意而未表示异议的;

(二)被保险人同意投保人指定的受益人的;

(三)有证据足以认定被保险人同意投保人为其投保的其他情形。

第二条 被保险人以书面形式通知保险人和投保人撤销其依据保险法第三十四条第一款规定所作出的同意意思表示的,可认定为保险合同解除。

第三条 人民法院审理人身保险合同纠纷案件时,应主动审查投保人订立保险合同时是否具有保险利益,以及以死亡为给付保险金条件的合同是否经过被保险人同意并认可保险金额。

第四条 保险合同订立后,因投保人丧失对被保险人的保险利益,当事人主张保险合同无效的,人民法院不予支持。

第五条 保险人在合同订立时指定医疗机构对被保险人体检,当事人主张投保人如实告知义务免除的,人民法院不予支持。

保险人知道被保险人的体检结果,仍以投保人未就相关情况履行如实告知义务为由要求解除合同的,人民法院不予支持。

第六条 未成年人父母之外的其他履行监护职责的人为未成年人订立以死亡为给付保险金条件的合同,当事人主张参照保险法第三十三条第二款、第三十四条第三款的规定认定该合同有效的,人民法院不予支持,但经未成年人父母同意的除外。

第七条　当事人以被保险人、受益人或者他人已经代为支付保险费为由,主张投保人对应的交费义务已经履行的,人民法院应予支持。

第八条　保险合同效力依照保险法第三十六条规定中止,投保人提出恢复效力申请并同意补交保险费的,除被保险人的危险程度在中止期间显著增加外,保险人拒绝恢复效力的,人民法院不予支持。

保险人在收到恢复效力申请后,三十日内未明确拒绝的,应认定为同意恢复效力。

保险合同自投保人补交保险费之日恢复效力。保险人要求投保人补交相应利息的,人民法院应予支持。

第九条　投保人指定受益人未经被保险人同意的,人民法院应认定指定行为无效。

当事人对保险合同约定的受益人存在争议,除投保人、被保险人在保险合同之外另有约定外,按以下情形分别处理:

(一)受益人约定为"法定"或者"法定继承人"的,以继承法规定的法定继承人为受益人;

(二)受益人仅约定为身份关系的,投保人与被保险人为同一主体时,根据保险事故发生时与被保险人的身份关系确定受益人;投保人与被保险人为不同主体时,根据保险合同成立时与被保险人的身份关系确定受益人;

(三)约定的受益人包括姓名和身份关系,保险事故发生时身份关系发生变化的,认定为未指定受益人。

第十条　投保人或者被保险人变更受益人,当事人主张变更行为自变更意思表示发出时生效的,人民法院应予支持。

投保人或者被保险人变更受益人未通知保险人,保险人主张变更对其不发生效力的,人民法院应予支持。

投保人变更受益人未经被保险人同意,人民法院应认定变更行为无效。

第十一条　投保人或者被保险人在保险事故发生后变更受益人,变更后的受益人请求保险人给付保险金的,人民法院不予支持。

第十二条　投保人或者被保险人指定数人为受益人,部分受益人在保险事故发生前死亡、放弃受益权或者依法丧失受益权的,该受益人应得的受益份额按照保险合同的约定处理;保险合同没有约定或者约定不明的,该受益人应得的受益份额按照以下情形分别处理:

(一)未约定受益顺序及受益份额的,由其他受益人平均享有;

(二)未约定受益顺序但约定受益份额的,由其他受益人按照相应比例享有;

(三)约定受益顺序但未约定受益份额的,由同顺序的其他受益人平均享有;同一顺序没有其他受益人的,由后一顺序的受益人平均享有;

(四)约定受益顺序及受益份额的,由同顺序的其他受益人按照相应比例享有;同一顺序没有其他受益人的,由后一顺序的受益人按照相应比例享有。

第十三条　保险事故发生后,受益人将与本次保险事故相对应的全部或者部分保险金请求权转让给第三人,当事人主张该转让行为有效的,人民法院应予支持,但根据合同性质、当事人约定或者法律规定不得转让的除外。

第十四条　保险金根据保险法第四十二条规定作为被保险人遗产,被保险人的继承人要求保险人给付保险金,保险人以其已向持有保险单的被保险人的其他继承人给付保险金为由抗辩的,人民法院应予支持。

第十五条 受益人与被保险人存在继承关系,在同一事件中死亡且不能确定死亡先后顺序的,人民法院应依据保险法第四十二条第二款推定受益人死亡在先,并按照保险法及本解释的相关规定确定保险金归属。

第十六条 人身保险合同解除时,投保人与被保险人、受益人为不同主体,被保险人或者受益人要求退还保险单的现金价值的,人民法院不予支持,但保险合同另有约定的除外。

投保人故意造成被保险人死亡、伤残或者疾病,保险人依照保险法第四十三条规定退还保险单的现金价值的,其他权利人按照被保险人、被保险人的继承人的顺序确定。

第十七条 投保人解除保险合同,当事人以其解除合同未经被保险人或者受益人同意为由主张解除行为无效的,人民法院不予支持,但被保险人或者受益人已向投保人支付相当于保险单现金价值的款项并通知保险人的除外。

第十八条 保险人给付费用补偿型的医疗费用保险金时,主张扣减被保险人从公费医疗或者社会医疗保险取得的赔偿金额的,应当证明该保险产品在厘定医疗费用保险费率时已经将公费医疗或者社会医疗保险部分相应扣除,并按照扣减后的标准收取保险费。

第十九条 保险合同约定按照基本医疗保险的标准核定医疗费用,保险人以被保险人的医疗支出超出基本医疗保险范围为由拒绝给付保险金的,人民法院不予支持;保险人有证据证明被保险人支出的费用超过基本医疗保险同类医疗费用标准,要求对超出部分拒绝给付保险金的,人民法院应予支持。

第二十条 保险人以被保险人未在保险合同约定的医疗服务机构接受治疗为由拒绝给付保险金的,人民法院应予支持,但被保险人因情况紧急必须立即就医的除外。

第二十一条 保险人以被保险人自杀为由拒绝承担给付保险金责任的,由保险人承担举证责任。

受益人或者被保险人的继承人以被保险人自杀时无民事行为能力为由抗辩的,由其承担举证责任。

第二十二条 保险法第四十五条规定的“被保险人故意犯罪”的认定,应当以刑事侦查机关、检察机关和审判机关的生效法律文书或者其他结论性意见为依据。

第二十三条 保险人主张根据保险法第四十五条的规定不承担给付保险金责任的,应当证明被保险人的死亡、伤残结果与其实施的故意犯罪或者抗拒依法采取的刑事强制措施的行为之间存在因果关系。

被保险人在羁押、服刑期间因意外或者疾病造成伤残或者死亡,保险人主张根据保险法第四十五条的规定不承担给付保险金责任的,人民法院不予支持。

第二十四条 投保人为被保险人订立以死亡为给付保险金条件的人身保险合同,被保险人被宣告死亡后,当事人要求保险人按照保险合同约定给付保险金的,人民法院应予支持。

被保险人被宣告死亡之日在保险责任期间之外,但有证据证明下落不明之日在保险责任期间之内,当事人要求保险人按照保险合同约定给付保险金的,人民法院应予支持。

第二十五条 被保险人的损失系由承保事故或者非承保事故、免责事由造成难以确定,当事人请求保险人给付保险金的,人民法院可以按照相应比例予以支持。

第二十六条 本解释施行后尚未终审的保险合同纠纷案件,适用本解释;本解释施行前已经终审,当事人申请再审或者按照审判监督程序决定再审的案件,不适用本解释。

最高人民法院关于保险金能否作为被保险人遗产的批复

（1988 年 3 月 24 日发布 〔1987〕民他字第 52 号）

河北省高级人民法院：

你院冀法民〔1987〕1 号请示报告收悉。据报告称：栾城县南焦村个体三轮摩托车司机孙文兴于 1986 年 5 月 26 日运送货主张新国及其货物（锡锭）时，在京广铁路窦妪道口与火车相撞，致孙文兴、张新国双亡，三轮摩托车毁损。这次事故应由孙文兴负责。孙文兴生前在本县保险公司除投保了车损险（保险金为 3500 元），还投保了人身意外伤害险（保险金为 5000 元），并指定了受益人。现托运人张新国之妻梁聚芬向栾城县人民法院起诉，要求承运人孙文兴之妻郭香荣给予赔偿。

经征求有关部门的意见，现将你院请示关于人身保险金能否作为被保险人的遗产进行赔偿的问题，答复如下：

（一）根据我国保险法规有关条文规定的精神，人身保险金能否列入被保险人的遗产，取决于被保险人是否指定了受益人。指定了受益人的，被保险人死亡后，其人身保险金应付给受益人；未指定受益人的，被保险人死亡后，其人身保险金应作为遗产处理，可以用来清偿债务或者赔偿。

（二）财产保险与人身保险不同。财产保险不存在指定受益人的问题。因而，财产保险金属于被保险人的遗产。孙文兴投保的车损险是财产保险，属于他的遗产，可以用来清偿债务或者赔偿。

在处理本案时，应本着上述原则，适当注意保护债权人的利益，合情合理解决。

最高人民法院研究室关于对《保险法》第十七条规定的“明确说明”应如何理解的问题的答复

（2000 年 1 月 24 日发布 法研〔2000〕5 号）

甘肃省高级人民法院：

你院甘高法研〔1999〕06 号《关于金昌市旅游局诉中保财产保险公司金川区支公司保险赔偿一案的请示报告》收悉。经研究，答复如下：

《中华人民共和国保险法》第十七条规定：“保险合同中规定有保险责任免除条款的，保险人应当向投保人明确说明，未明确说明的，该条款不发生法律效力。”这里所规定的“明确说明”，是指保险人在与投保人签订保险合同之前或者签订保险合同之时，对于保险合同中所约定的免责条款，除了在保险单上提示投保人注意外，还应当对有关免责条款的概念、内容及其法律后果等，以书面或者口头形式向投保人或其代理人作出解释，以使投保人明了该条款的真实含义和法律后果。

最高人民法院关于如何理解《中华人民共和国保险法》第六十五条“自杀”含义的请示的答复

（2002年3月6日发布　〔2001〕民二他字第18号）

江西省高级人民法院：

你院〔2001〕赣经请字第3号关于如何理解《中华人民共和国保险法》第六十五条“自杀”含义的请示收悉，经研究答复如下：

本案被保险人在投保后两年内因患精神病，在不能控制自己行为的情况下溺水身亡，不属于主动剥夺自己生命的行为，亦不具有骗取保险金的目的，故保险人应按合同约定承担保险责任。

此复

保险许可证管理办法

（2007年6月22日中国保险监督管理委员会令第1号发布
自2007年9月1日起施行）

第一条　为了加强保险许可证的管理，规范保险业许可活动，维护保险市场秩序，根据《中华人民共和国保险法》、《中华人民共和国行政许可法》等法律、行政法规，制定本办法。

第二条　中国保险监督管理委员会（以下简称“中国保监会”）负责保险许可证的颁发和管理。

中国保监会的派出机构，在中国保监会授权范围内行使保险许可证的颁发和管理职权。

第三条　中国保监会遵循依法、公开、公正、便民、高效的原则，建立保险许可证监督管理制度。

第四条　中华人民共和国境内的下列保险类机构，应当依法取得保险许可证：

（一）经营保险业务的保险控股公司和保险集团公司；

（二）保险公司及其分支机构；

（三）保险资产管理公司及其分支机构；

（四）保险代理机构、保险经纪机构、保险公估机构及其分支机构；

（五）保险兼业代理机构；

（六）中国保监会规定的其他保险类机构。

第五条　本办法所称保险许可证包括下列几种类型：

（一）保险公司法人许可证和经营保险业务许可证；

（二）保险营销服务许可证；

（三）经营保险代理业务许可证；

（四）经营保险经纪业务许可证；

（五）经营保险公估业务许可证；

（六）保险兼业代理业务许可证；

（七）保险资产管理公司法人许可证和经营保险资产管理业务许可证。

第六条　保险许可证由中国保监会统一设计和印制。未经中国保监会授权，其他任何单位和个人均不得设计、印制、发放、收缴和扣押保险许可证。

第七条　中国保监会对保险许可证实行分级管理。

第八条　中国保监会的派出机构负责辖区内下列机构保险许可证的送达和更换：

（一）保险公司分支机构；

（二）保险资产管理公司分支机构；

（三）保险代理机构及其分支机构；

（四）保险经纪机构及其分支机构；

（五）保险公估机构及其分支机构；

（六）保险兼业代理机构。

第九条　保险许可证记载下列内容：

（一）机构名称；

（二）机构编码；

（三）机构住所；

（四）机构业务范围；

（五）机构地域范围；

（六）行政许可决定日期；

（七）颁发许可证日期；

（八）发证机关。

保险许可证加盖中国保监会印章方可生效。

第十条　保险类机构实行全国统一编码。中国保监会按照保险类机构的编码打印保险许可证。

保险许可证的机构编码实行永久制。保险许可证记载事项变更、有效期届满、遗失或者破损，保险类机构申请领取新许可证的，新许可证继续沿用原机构编码。

保险类机构性质变更、跨地区迁址或者依法终止的，该机构编码自动作废。

第十一条　保险许可证记载事项的内容应当与行政许可决定文件的内容保持一致。

第十二条　中国保监会作出准予行政许可决定，需要颁发保险许可证的，应当向行政许可申请人颁发保险许可证。

中国保监会应当在行政许可决定作出之日起 10 日内，将行政许可决定与保险许可证同时送达行政许可申请人。

第十三条　中国保监会送达行政许可决定、保险许可证，应当直接送达，直接送达有困难的,可以邮寄送达。

中国保监会直接送达的,必须有送达回证,由行政许可申请人在送达回证上注明收到日期、签名或者盖章。邮寄送达的,必须保留邮寄凭证。邮寄凭证上注明的邮寄日期为送达日期。

第十四条 中国保监会直接送达或者邮寄送达行政许可决定有困难的,可以公告送达。中国保监会公告送达行政许可决定的,自发出公告之日起,经过2个月,即视为送达。

行政许可申请人应当自准予行政许可决定公告送达之日起2个月内,向中国保监会领取保险许可证。逾期不领取的,行政许可决定和保险许可证自动失效。

第十五条 保险类机构应当妥善保管保险许可证。

任何单位和个人不得伪造、变造、出租、转借、转让保险许可证。

第十六条 保险类机构应当将保险许可证原件放置于营业场所显著位置,以备查验。

第十七条 中国保监会应当加强保险许可证的信息管理,建立完整的机构管理档案系统,依法披露保险许可证的有关信息。

第十八条 保险许可证记载事项发生变更的,保险类机构应当向中国保监会缴回原证,并领取新保险许可证。

前款所称事项变更须经中国保监会批准的,保险类机构应当自批准决定作出之日起2个月内向中国保监会领取新保险许可证;前款所称变更事项不需要中国保监会批准的,保险类机构应当自变更事项发生之日起1个月内向中国保监会领取新保险许可证。

第十九条 下列保险类机构的保险许可证不设定期限:

(一)保险控股公司及其分支机构;

(二)保险集团公司及其分支机构;

(三)保险公司及其分支机构;

(四)保险资产管理公司及其分支机构。

除上述保险类机构外,其他保险类机构保险许可证的有效期按照中国保监会的有关规定执行。

第二十条 保险许可证有效期满,保险类机构需要延续保险许可证有效期的,应当在规定的时间内,向中国保监会提出申请。

中国保监会应当在许可证有效期届满前作出是否准予延续的决定。中国保监会准予保险类机构延续保险许可证有效期的,保险类机构应当自收到准予决定之日起10日内向中国保监会缴回原证,并领取新保险许可证。

第二十一条 保险许可证损毁的,保险类机构应当向中国保监会缴回原证,并领取新保险许可证。

第二十二条 保险许可证遗失的,保险类机构应当自发现之日起10日内在中国保监会指定的报纸上声明作废,并持书面说明及声明作废的相关材料向中国保监会重新申领。

第二十三条 保险类机构向中国保监会领取新保险许可证的,应当提交下列材料:

(一)保险许可证登记事项发生变更的证明文件(原件及复印件);

(二)保险类机构介绍信或者委托书;

(三)领取许可证人员的合法有效身份证明(原件及复印件);

(四)中国保监会规定的其他材料。

第二十四条 保险类机构收到保险许可证或者因许可证登记事项发生变更而领取新保险

许可证的，应当自收到或者领取保险许可证之日起 20 日内在中国保监会指定的报纸上进行公告。

公告应当包括下列内容：

（一）保险许可证记载事项；

（二）保险类机构法定代表人或者负责人姓名；

（三）保险类机构的业务范围和经营区域；

（四）保险类机构的住所、邮政编码和联系电话。

第二十五条　保险类机构应当自解散、被依法撤销或者依法宣告破产之日起 15 日内，向中国保监会缴回保险许可证。

第二十六条　有下列情形之一的，中国保监会应当依法办理保险许可证的注销手续，并予以公告：

（一）保险许可证有效期届满未延续的；

（二）保险类机构依法终止的；

（三）保险许可被撤销、撤回或者保险许可证被依法吊销的；

（四）法律、行政法规以及中国保监会规定的其他情形。

第二十七条　中国保监会应当定期销毁缴回的保险许可证。

第二十八条　保险类机构有下列情形之一的，由中国保监会责令限期改正；逾期不改正的，处以 3 万元以下罚款：

（一）保险许可证记载的内容发生变更，未按规定缴回原证并领取新保险许可证的；

（二）遗失保险许可证后未按规定向中国保监会报告的；

（三）未按规定在营业场所放置保险许可证的；

（四）未按本办法规定在报纸上登载公告的。

第二十九条　保险类机构有下列情形之一的，由中国保监会责令改正，处以 3 万元以下罚款，并对直接负责的高级管理人员处以 5000 元罚款；构成犯罪的，依法追究其刑事责任：

（一）伪造、变造、出租、转借、转让保险许可证的；

（二）使用过期或者失效保险许可证的。

第三十条　本办法规定的有关期限，除以月表示的以外，均以工作日计算，不含法定节假日。

第三十一条　本办法由中国保监会解释。

第三十二条　本办法自 2007 年 9 月 1 日起施行。

保险机构案件责任追究指导意见

（2010 年 1 月 29 日中国保险监督管理委员会发布保监发〔2010〕12 号　自 2010 年 7 月 1 日起施行）

第一条　为进一步增强保险机构案件风险防范意识，规范案件责任追究工作，有效遏制各类案件及重大违法违规行为,根据《中华人民共和国保险法》等法律、法规,制定本指导意见。

第二条 本指导意见所称保险机构,是指经中国保险监督管理委员会(以下简称"保监会")及其派出机构(以下简称"派出机构")批准设立的保险集团(控股)公司、保险公司、保险资产管理机构及其分支机构。

第三条 本指导意见所称案件包括以下内容:

(一)触犯《中华人民共和国刑法》,构成贪污、挪用、侵占、诈骗、商业贿赂、非法集资、洗钱、传销等犯罪,人民法院已经作出生效判决的案件,或者人民法院尚未判决,但案件事实已基本查清、实际损失已确定发生的案件。

(二)违反《中华人民共和国保险法》等法律、法规、规章,受到保险监管部门等金融监管部门重大行政处罚的案件。

(三)严重违反公司规章制度,给公司造成重大损失,或者社会影响特别恶劣、造成系统性风险的其他案件。

第四条 本指导意见所称案件责任人员,是指对案件的发生负有责任的保险机构从业人员,包括直接责任人和间接责任人。

直接责任人,指对保险案件负有直接责任的主管人员和其他直接责任人员,即决策、组织、策划、实施或参与实施违法犯罪行为,或部署、授意、默许、胁迫、协助他人实施违法犯罪行为的保险机构从业人员,以及其他不履行或不正确履行职责,对形成案件风险、引发不良后果起直接作用的违法违规人员。

间接责任人,指在职责范围内,不履行或不正确履行职责,未能有效制约或防范案件的发生,对案件造成的风险或者不良后果起间接作用的保险机构从业人员,包括经营管理责任人和其他间接责任人。

前款所称经营管理责任人是指对发案机构具有经营管理责任的保险机构高级管理人员和部门负责人。前款所称其他间接责任人是指在其职责范围内,因故意、过失或不尽职尽责,对应制约、管理或监督的工作不履行或不正确履行职责,对造成案件风险或者不良后果负间接责任的董事、监事,以及合规负责人等其他高级管理人员和部门负责人。

本指导意见所称保险机构从业人员,包括保险机构员工和为其代理业务的保险营销员等。

第五条 保险机构案件责任追究应当遵循"事实清楚、证据确凿、责任明确、程序合法、权责对等、逐级追究、公平公正、惩教结合"的原则,根据案件性质、涉案金额、风险损失、社会影响程度等情况,在核实相关人员责任的基础上予以追究。

第六条 本指导意见为保险机构案件责任追究的最低标准,各保险机构应当在本指导意见的基础上,结合公司实际,制定内部案件责任追究办法,规范案件责任追究的范围、对象、标准、程序,以及对于应追究责任而未追究责任或者责任追究不到位等情况的处理规定。

第七条 保险机构根据内部案件责任追究办法,开展案件责任追究工作,并按照内部管理路径由责任追究机构发布责任追究处理决定。

第八条 保险机构案件责任追究方式包括:纪律处分、组织处理和经济处分。

纪律处分由轻到重依次包括:警告、记过、记大过、降级(职)、撤职、留用察看、开除。

组织处理包括:调离、停职、引咎辞职、责令辞职、免职等。

经济处分包括:扣减薪酬等。

上述案件责任追究方式可以单处或并处。

第九条　对导致案件发生的直接责任人,在核清违法违规事实后,属公司员工的,按规定程序和标准,追究其责任,构成犯罪的,一律开除;属非公司员工的,如营销员等,依照相关的法律、法规和代理合同追究其责任。

对直接责任人的责任追究标准不应低于对同一案件的间接责任人的责任追究标准。

第十条　对保险公司分公司以下层级保险机构经营管理责任人的间接责任,参照以下标准进行追究:

(一)有下列情形之一的,给予发案机构相关部门负责人留用察看以上处分、分管负责人撤职以上处分、主要负责人降级(职)以上处分:

1. 发生单个案件,涉案金额 100 万元以上;

2. 发生单个案件,造成损失 10 万元以上;

3. 一年内发生两起涉案金额 50 万元以上 100 万元以下案件;

4. 一年内发生两起损失金额 5 万元以上 10 万元以下案件;

5. 虽未出现以上 1 ~4 种情形,但一年内发生案件累计涉案金额 200 万元以上;

6. 虽未出现以上 1 ~4 种情形,但一年内发生案件累计损失金额 20 万元以上;

7. 机构因违法违规行为被责令停业整顿或者吊销业务许可证。

(二)支公司辖内有下列情形之一的,若该支公司不是本条第(一)项中所列的发案机构,给予该支公司相关部门负责人降级(职)以上处分、分管负责人记大过以上处分、主要负责人记过以上处分:

1. 发生单个案件,涉案金额 100 万元以上;

2. 发生单个案件,造成损失 10 万元以上;

3. 一年内发生两起涉案金额 50 万元以上 100 万元以下案件;

4. 一年内发生两起损失金额 5 万元以上 10 万元以下案件;

5. 虽未出现以上 1 ~4 种情形,但一年内发生案件累计涉案金额 500 万元以上;

6. 虽未出现以上 1 ~4 种情形,但一年内发生案件累计损失金额 50 万元以上。

(三)中心支公司辖内有下列情形之一的,若该中心支公司不是本条第(一)项中所列的发案机构,给予该中心支公司相关部门负责人撤职以上处分、分管负责人降级(职)以上处分、主要负责人记大过以上处分:

1. 发生单个案件,涉案金额 500 万元以上;

2. 发生单个案件,造成损失 50 万元以上;

3. 一年内发生两起涉案金额 300 万元以上 500 万元以下案件;

4. 一年内发生两起损失金额 30 万元以上 50 万元以下案件;

5. 虽未出现以上 1 ~4 种情形,但一年内发生案件累计涉案金额 1000 万元以上;

6. 虽未出现以上 1 ~4 种情形,一年内发生案件累计损失金额 100 万元以上;

7. 一年内辖内两家以上直管机构高级管理人员被撤销任职资格或者禁入保险业;

8. 一年内辖内两家以上直管机构因违法违规行为被责令停业整顿或者吊销业务许可证。

第十一条　对保险公司分公司经营管理责任人的间接责任,参照以下标准进行追究:

(一)有下列情形之一的,给予分公司相关部门负责人降级(职)以上处分、分管负责人记大过以上处分、主要负责人记过以上处分:

1. 分公司本部发生单个案件,涉案金额 100 万元以上 1000 万元以下;

2. 分公司本部发生单个案件,造成损失 10 万元以上 100 万元以下;

3. 分公司本部一年内发生两起涉案金额 50 万元以上 100 万元以下案件;

4. 分公司本部一年内发生两起损失金额 5 万元以上 10 万元以下案件;

5. 一年内辖内有两家以上直管机构高级管理人员因违法违规行为被撤销任职资格或者禁入保险业;

6. 一年内辖内有两家以上直管机构因违法违规行为被责令停业整顿或者吊销业务许可证。

(二)辖内有下列情形之一的,给予分公司相关部门负责人撤职以上处分、分管负责人降级(职)以上处分、主要负责人记大过以上处分:

1. 发生单个案件,涉案金额 1000 万元以上 5000 万元以下;

2. 发生单个案件,造成损失 100 万元以上 200 万元以下;

3. 一年内发生两起涉案金额 500 万元以上 1000 万元以下案件;

4. 一年内发生两起损失金额 50 万元以上 100 万元以下案件;

5. 虽未出现以上 1 ~4 种情形,但一年内发生案件累计涉案金额 5000 万元以上 1 亿元以下;

6. 虽未出现以上 1 ~4 种情形,但一年内发生案件累计损失金额 200 万元以上 500 万元以下。

(三)辖内有下列情形之一的,给予分公司相关部门负责人留用察看以上处分、分管负责人撤职以上处分、主要负责人降级(职)以上处分:

1. 发生单个案件,涉案金额 5000 万元以上 1 亿元以下;

2. 发生单个案件,造成损失 200 万元以上 500 万元以下;

3. 一年内发生两起涉案金额 1000 万元以上 5000 万元以下案件;

4. 一年内发生两起损失金额 100 万元以上 200 万元以下案件;

5. 虽未出现以上 1 ~4 种情形,但一年内发生案件累计涉案金额 1 亿元以上;

6. 虽未出现以上 1 ~4 种情形,但一年内发生案件累计损失金额 500 万元以上。

(四)辖内有下列情形之一的,给予分公司相关部门负责人开除处分、分管负责人留用察看以上处分、主要负责人撤职以上处分:

1. 发生单个案件,涉案金额 1 亿元以上;

2. 发生单个案件,造成损失 500 万元以上;

3. 一年内发生两起涉案金额 5000 万元以上 1 亿元以下案件;

4. 一年内发生两起造成损失 200 万元以上 500 万元以下案件。

第十二条 对保险公司总公司经营管理责任人的间接责任,参照以下标准进行追究:

(一)有下列情形之一的,给予总公司相关部门负责人降级(职)以上处分、分管负责人记过以上处分、主要负责人警告以上处分:

1. 总公司本部发生单个案件,涉案金额 200 万元以上 1000 万元以下;

2. 总公司本部发生单个案件,造成损失 50 万元以上 100 万元以下。

(二)有下列情形之一的,给予总公司相关部门负责人撤职以上处分、分管负责人降级(职)以上处分、主要负责人记大过以上处分:

1. 总公司本部发生单个案件,涉案金额 1000 万元以上;

2. 总公司本部发生单个案件,造成损失 100 万元以上;

3. 系统内发生单个案件,涉案金额 1 亿元以上;

4. 系统内发生单个案件,造成损失 1000 万元以上;

5. 一年内三家以上直管机构高级管理人员因违法违规行为被撤销任职资格或者禁入保险业;

6. 一年内三家以上直管机构因违法违规行为被责令停业整顿或者吊销业务许可证。

第十三条　保险资产管理机构经营管理责任人的间接责任追究标准,由保险资产管理机构参照保险公司的标准,结合公司实际、业务类型、案件性质、危害后果等情况自行制定。

第十四条　对保险集团(控股)公司经营管理责任人的间接责任,参照以下标准进行追究:

(一)有下列情形之一的,给予保险集团(控股)公司相关部门负责人降级(职)以上处分、分管负责人记过以上处分、主要负责人警告以上处分:

1. 集团公司本部发生单个案件,涉案金额 200 万元以上 1000 万元以下;

2. 集团公司本部发生单个案件,造成损失 50 万元以上 100 万元以下。

(二)有下列情形之一的,给予保险集团(控股)公司相关部门负责人降级(职)以上处分、分管负责人记大过以上处分、主要负责人记过以上处分:

1. 集团公司本部发生单个案件,涉案金额 1000 万元以上;

2. 集团公司本部发生单个案件,造成损失 100 万元以上。

第十五条　发生社会影响特别恶劣,或者造成系统性风险的重大违法违规行为,给予发案机构相关部门负责人开除处分、分管负责人留用察看以上处分、主要负责人撤职以上处分。同时根据情节轻重追究上级机构直至总公司经营管理责任人的间接责任。

第十六条　实行业务条线管理的保险机构,根据"权责对等"的原则,按照第十条至第十五条的标准,追究负有经营管理权责的相关经营管理责任人的间接责任。

第十七条　保险机构发生本指导意见规定的责任追究事项,应根据内部职责分工,按照"双线问责"的原则,对具有业务管理、流程制约,以及审计稽核等职责的其他间接责任人员,由本级或上级有权部门一并追究责任。

第十八条　对被动发现案件,以及反复发生同质同类案件的,应从重追究主要负责人及相关人员责任:

(一)对发现的案件苗头、违法违规事实或重大线索不及时报告、制止、整改、纠正、处理,或故意包庇隐瞒。

(二)发生案件后,未进行有效整改,不采取积极措施挽回影响和损失,或者隐瞒事实真相,隐匿、伪造、篡改、毁灭证据和妨碍、干扰、阻挠、抗拒调查和处理。

(三)严重失职,管理不力,致使内部控制制度和风险管理制度存在严重缺陷导致案件发生。

(四)因违反决策程序造成重大决策失误,导致公司资产发生损失。

(五)因参与内幕交易或者违规关联交易,导致公司资产发生损失。

(六)未按规定进行业务检查,导致案件隐患未被及时发现,或者因对检查发现的问题不及时进行有效整改,导致重大案件发生。

(七)案件引发系统性风险或群体性事件,造成的社会影响特别恶劣、后果特别严重。

第十九条　保险机构通过以下情形自查发现的案件,若属于自然人作案,在管理责任追究上可以从轻处理:

(一)在业务流程中,关联岗位员工发现异常情况或案件线索,经反映举报并采取后续措施发现的案件。

(二)在业务流程中,通过流程监督机制或IT系统预警功能发现异常情况或案件线索,经向相关部门负责人或本机构负责人报告并采取后续措施发现的案件。

(三)业务流程或工作部门的负责人,在日常管理监督或通过岗位轮换、强制休假等措施发现异常情况或案件线索,经向本机构负责人报告并采取后续措施发现的案件。

(四)在本机构组织的检查或在本机构内审(稽核)监察部门检查中发现异常情况或案件线索,经本机构采取后续措施发现的案件。

(五)在上级机构组织的检查或在上级机构内审(稽核)监察部门检查中发现异常情况或案件线索,责成或会同该机构采取后续措施发现的案件。

(六)保险机构按照保监会或其派出机构的部署,在组织开展全面自查或专项自查中发现异常情况或案件线索,经该机构采取后续措施发现的案件。

(七)作案嫌疑人迫于内部监督检查、信访举报核查、岗位轮换、强制休假等措施的压力,在作案行为未暴露前,主动向本机构坦白交代发现的案件。

(八)其他情形自查发现的案件。

发案机构及其上级机构应对上述自查发现案件进行调查确认。在报告案件时,应注明属于自查发现案件、详细叙述自查发现案件的背景和过程、提出认定意见,由上级机构出具认定结果,并由总公司或者省级分公司主要负责人签署并加盖公章后向保监会或其派出机构报告。

第二十条 有下列情形之一的,可以从轻追究相关人员责任:

(一)通过加大案件治理、完善流程操作、改进业务管理、加强内审(稽核)检查及采取得当措施自查发现、主动揭露和暴露案件的。

(二)案发前发现内控中存在问题并及时提示风险、提出整改要求,或曾主动反映、举报案件线索的。

(三)案发后及时主动追缴资金和积极赔偿损失的,根据挽回损失程度相应减轻有关人员责任。

(四)在受到胁迫情况下行为失当,事后积极补救的。

(五)有重大立功表现和其他可从轻处理情节的。

出现上述情形的,发案机构及其上级机构应出具书面证明材料,经各级机构集体研究通过,由总公司或者省级分公司主要负责人签署并加盖公章后向保监会或其派出机构报告。

第二十一条 保险机构发生案件,应在案发之日起6个月内,对案件责任人员的责任追究作出处理决定。案情复杂的,经请示保监会或其派出机构可以适当延长。

第二十二条 相关责任人退休不到2年(含2年)的,仍应当追究其案件责任。

相关责任人已经调离原工作岗位的,由发案保险机构追究其案件责任,并将处理决定通知其现工作的单位;对不能通知的,由作出处理决定的保险机构将处理决定予以公告。

第二十三条 对应当追究责任而未追究责任,或者责任追究不到位的保险机构的主要负责人,由任命、选举或聘用机构给予记过以上的纪律处分。

第二十四条 在案件责任追究过程中,进行案件责任追究的相关保险机构应当告知案件责任人案件情况、拟处理意见,并听取相关案件责任人员的陈述、申辩,作出公正处理。案件责任追究决定应当制作书面决定,说明被问责行为事实和处理依据,并送达当事人。

保险机构案件责任人员,如果对责任追究决定不服,可以按照规定程序向作出责任追究决定机构或上级机构申诉,或向劳动管理部门申请仲裁,或提起诉讼。

第二十五条　对于受到案件责任追究的人员,保险机构应当参照以下标准进行管理:

(一)受到撤职、留用察看、开除纪律处分的人员3年内不得担任保险机构高级管理人员,不得享受奖励薪贴或者加薪,不得变相升职或安排同等职务(级)的岗位。

(二)受到警告、记过、记大过、降级(职)等纪律处分的人员2年内不得晋升职务(级),不得享受奖励薪贴或者加薪。

(三)受到经济处分的人员1年内不得享受奖励薪贴或者加薪。

(四)发生与所在单位经营管理有关的刑事案件,发案机构的相关高级管理人员在人民法院尚未做出生效判决或者上级机构作出责任追究决定之前,原则上应暂缓提拔任用。

第二十六条　保险机构录用被其他保险机构追究责任的人员,应遵守本指导意见。

第二十七条　保险机构应当完善内部控制制度,建立健全风险管理体系,提高案件防范能力。应当建立健全案件责任制度,明确总公司及其分支机构案件防范和查处职责,加强对分支机构的案件防范和查处工作的监督检查。

保险机构应当根据案件责任追究需要,建立内部报告制度,细化案件报告时限、报告内容、报告路径,以及相关责任人。报告内容至少应当包括以下方面:案件基本情况、案件处理情况、需从重问责或从轻问责的情形、内部责任追究情况、整改措施等。

第二十八条　对被依法追究刑事责任或者受到行政处罚的案件责任人员,仍应依据案件责任追究办法追究其责任。

第二十九条　本指导意见所称"以上"均包括本数,所称"以下"均不包括本数。

第三十条　外国保险机构在华分公司、保险中介公司参照本指导意见制定内部案件责任追究办法。

第三十一条　本指导意见由保监会负责解释和修订。

第三十二条　本指导意见自2010年7月1日起施行,保监会2006年1月发布的《国有保险机构重大案件领导责任追究试行办法》(保监发〔2006〕11号)同时废止。

最高人民法院行政审判庭关于对保险公司不正当竞争行为如何确定监督检查主体的答复

(2000年4月19日发布　法行〔2000〕1号)

湖北省高级人民法院:

你院鄂高法院〔1999〕396号请示报告收悉。经研究,答复如下:

《反不正当竞争法》第三条第二款明确规定"县级以上人民政府工商行政管理部门对不正当竞争行为进行监督检查;法律、行政法规规定由其他部门监督检查的,依照其规定"。《保险法》未规定对保险公司不正当竞争行为由金融监督管理部门实施监督检查,其第七条、第八条的规定,不属于《反不正当竞争法》第三条第二款规定的例外情况。故人民法院审理行政案件涉及到对保险公司不正当竞争行为实施监督检查的主体时,应当适用《反不正当竞争法》的有关规定。

最高人民法院关于审理涉及保险公司不正当竞争行为的行政处罚案件时如何确定行政主体问题的复函

(2003 年 12 月 10 日发布　法函〔2003〕65 号)

湖南省高级人民法院:

你院湘高法〔2003〕124 号《关于审理涉及保险公司不正当竞争行为的行政处罚案件如何确定监督检查主体的请示》收悉。经研究,答复如下:

经国务院批准、由国务院办公厅 2003 年 7 月 7 日印发的《中国保险监督管理委员会主要职责内设机构和人员编制规定》明确规定,中国保险监督管理委员会"依法对保险机构和保险从业人员的不正当竞争等违法、违规行为以及对非保险机构经营或变相经营保险业务进行调查、处罚"。这一规定与《中华人民共和国反不正当竞争法》的第三条第二款有关"县级以上人民政府工商行政管理部门对不正当竞争行为进行监督检查"的规定并不矛盾。人民法院在审理涉及保险机构不正当竞争行为的行政处罚案件时,应当以中国保险监督管理委员会作为有权进行调查、处罚的主体。

我院以前的规定与本答复不一致的,以本答复为准。

人身保险业务基本服务规定

(2010 年 2 月 11 日中国保险监督管理委员会令第 4 号公布
自 2010 年 5 月 1 日起施行)

第一条　为了规范人身保险服务活动,保护投保人、被保险人和受益人的合法权益,依据《中华人民共和国保险法》等法律、行政法规,制定本规定。

第二条　保险公司、保险代理人及其从业人员从事人身保险产品的销售、承保、回访、保全、理赔、信息披露等业务活动,应当符合本规定的要求。

本规定所称保全,是指人身保险合同生效后,为了维持合同持续有效,保险公司根据合同约定或者投保人、被保险人、受益人的要求而提供的一系列服务,包括但不限于保险合同效力中止与恢复、保险合同内容变更等。

第三条　保险公司的营业场所应当设置醒目的服务标识牌,对服务的内容、流程及监督电话等进行公示,并设置投诉意见箱或者客户意见簿。

保险公司的柜台服务人员应当佩戴或者在柜台前放置标明身份的标识卡,行为举止应当符合基本的职业规范。

第四条　保险公司应当公布服务电话号码,电话服务至少应当包括咨询、接报案、投诉等内容。

保险代理人及其从业人员应当将相关保险公司的服务电话号码告知投保人。

第五条　保险公司应当提供每日24小时电话服务，并且工作日的人工接听服务不得少于8小时。

保险公司应当对服务电话建立来电事项的记录及处理制度。

第六条　保险销售人员通过面对面的方式销售保险产品的，应当出示工作证或者展业证等证件。保险销售人员通过电话销售保险产品的，应当将姓名及工号告知投保人。

保险销售人员是指从事保险销售的下列人员：

（一）保险公司的工作人员；

（二）保险代理机构的从业人员；

（三）保险营销员。

第七条　保险公司应当按照中国保监会的规定建立投保提示制度。保险销售人员在销售过程中应当向投保人提示保险产品的特点和风险，以便客户选择适合自身风险偏好和经济承受能力的保险产品。

第八条　通过电话渠道销售保险产品的，保险销售人员应当告知投保人查询保险合同条款的有效途径。

第九条　保险销售人员向投保人提供投保单时应当附保险合同条款。

保险销售人员应当提醒投保人在投保单上填写准确的通讯地址、联系电话等信息。

第十条　投保人提交的投保单填写错误或者所附资料不完整的，保险公司应当自收到投保资料之日起5个工作日内一次性告知投保人需要补正或者补充的内容。

第十一条　保险公司认为需要进行体检、生存调查等程序的，应当自收到符合要求的投保资料之日起5个工作日内通知投保人。

保险公司认为不需要进行体检、生存调查等程序并同意承保的，应当自收到符合要求的投保资料之日起15个工作日内完成保险合同制作并送达投保人。

第十二条　保险公司应当自收到被保险人体检报告或者生存调查报告之日起15个工作日内，告知投保人核保结果，同意承保的，还应当完成合同制作并送达投保人。

第十三条　保险公司通过银行扣划方式收取保险费的，应当就扣划的账户、金额、时间等内容与投保人达成协议。

第十四条　保险公司应当建立回访制度，指定专门部门负责回访工作，并配备必要的人员和设备。

第十五条　保险公司应当在犹豫期内对合同期限超过一年的人身保险新单业务进行回访，并及时记录回访情况。回访应当包括以下内容：

（一）确认受访人是否为投保人本人；

（二）确认投保人是否购买了该保险产品以及投保人和被保险人是否按照要求亲笔签名；

（三）确认投保人是否已经阅读并理解产品说明书和投保提示的内容；

（四）确认投保人是否知悉保险责任、责任免除和保险期间；

（五）确认投保人是否知悉退保可能受到的损失；

（六）确认投保人是否知悉犹豫期的起算时间、期间以及享有的权利；

（七）采用期缴方式的，确认投保人是否了解缴费期间和缴费频率。

人身保险新型产品的回访,中国保监会另有规定的,从其规定。

第十六条 保险公司与保险销售人员解除劳动合同或者委托合同,通过该保险销售人员签订的一年期以上的人身保险合同尚未履行完毕的,保险公司应当告知投保人保单状况以及获得后续服务的途径。

第十七条 投保人、被保险人或者受益人委托他人向保险公司领取金额超过人民币1000元的,保险公司应当将办理结果通知投保人、被保险人或者受益人。

第十八条 保险公司在回访中发现存在销售误导等问题的,应当自发现问题之日起15个工作日内由销售人员以外的人员予以解决。

第十九条 保险公司应当自收到资料齐全、符合合同约定条件的保全申请之日起2个工作日内完成受理。

保全申请资料不完整、填写不规范或者不符合合同约定条件的,应当自收到保全申请之日起5个工作日内一次性通知保全申请人,并协助其补正。

第二十条 保全不涉及保险费缴纳的,保险公司应当自同意保全之日起5个工作日内处理完毕;保全涉及保险费缴纳的,保险公司应当自投保人缴纳足额保险费之日起5个工作日内处理完毕。

保全涉及体检的,体检所需时间不计算在前款规定的期限内。

保险公司由于特殊情况无法在规定期限内完成的,应当及时向保全申请人说明原因并告知处理进度。

第二十一条 对于约定分期支付保险费的保险合同,保险公司应当向投保人确认是否需要缴费提示。投保人需要缴费提示的,保险公司应当在当期保费缴费日前向投保人发出缴费提示。

保险合同效力中止的,保险公司应当自中止之日起10个工作日内向投保人发出效力中止通知,并告知合同效力中止的后果以及合同效力恢复的方式。

第二十二条 保险公司在接到投保人、被保险人或者受益人的保险事故通知后,应当及时告知相关当事人索赔注意事项,指导相关当事人提供与确认保险事故的性质、原因、损失程度等有关的证明和资料。

第二十三条 保险公司在收到被保险人或者受益人的赔偿或者给付保险金的请求后,应当在5个工作日内作出核定;情形复杂的,应当在30日内作出核定,但合同另有约定的除外。

第二十四条 保险公司作出不属于保险责任的核定后,应当自作出核定之日起3日内向被保险人或者受益人发出拒绝赔偿或者拒绝给付保险金通知书,并说明理由。

第二十五条 对需要进行伤残鉴定的索赔或者给付请求,保险公司应当提醒投保人、被保险人或者受益人按照合同约定及时办理相关委托和鉴定手续。

第二十六条 保险公司应当在与被保险人或者受益人达成赔偿或者给付保险金的协议后10日内,履行赔偿或者给付保险金义务。保险合同对赔偿或者给付保险金的期限有约定的,保险公司应当按照约定履行赔偿或者给付保险金义务。

第二十七条 保险公司应当建立完善的应急预案,在发生特大交通事故、重大自然灾害等事故时,及时启动应急预案,通过建立快速理赔通道、预付赔款、上门服务等方式,提高理赔效率和质量。

第二十八条 保险公司应当建立保护投保人、被保险人和受益人个人隐私和商业秘密的制度。未经投保人、被保险人和受益人同意，保险公司不得泄露其个人隐私和商业秘密。

第二十九条　保险公司应当建立完善的投诉处理机制。

保险公司应当自受理投诉之日起 10 个工作日内向投诉人做出明确答复。由于特殊原因无法按时答复的，保险公司应当向投诉人反馈进展情况。

第三十条　保险公司应当根据本规定的要求制定服务标准与服务质量监督机制，每年定期进行服务质量检查评估。

第三十一条　保险公司、保险代理人及其从业人员违反本规定的，由中国保监会及其派出机构责令其限期改正，逾期不改正的，给予警告，对有违法所得的处违法所得 1 倍以上 3 倍以下的罚款，但最高不得超过 3 万元，对没有违法所得的处 1 万元以下的罚款。对直接责任人员和直接负责的主管人员可以给予警告，并处 1 万元以下的罚款。

第三十二条　团体人身保险业务不适用本规定。

第三十三条　本规定自 2010 年 5 月 1 日起施行。

人身保险公司保险条款和保险费率管理办法

（2011 年 12 月 30 日中国保险监督管理委员会令 2011 年第 3 号发布
根据 2015 年 10 月 19 日中国保险监督管理委员会令 2015 年
第 3 号《关于修改〈保险公司设立境外保险类机构管理办法〉等
八部规章的决定》修订）

第一章　总　　则

第一条　为了加强人身保险公司（以下简称保险公司）保险条款和保险费率的监督管理，保护投保人、被保险人和受益人的合法权益，维护保险市场竞争秩序，鼓励保险公司创新，根据《中华人民共和国保险法》（以下简称《保险法》）等有关法律、行政法规，制定本办法。

第二条　中国保险监督管理委员会（以下简称中国保监会）依法对保险公司的保险条款和保险费率实施监督管理。中国保监会派出机构在中国保监会授权范围内行使职权。

第三条　保险公司应当按照《保险法》和中国保监会有关规定，公平、合理拟订保险条款和保险费率，不得损害投保人、被保险人和受益人的合法权益。保险公司对其拟订的保险条款和保险费率承担相应责任。

第四条　保险公司应当按照本办法规定将保险条款和保险费率报送中国保监会审批或者备案。

第五条　保险公司应当建立科学、高效、符合市场需求的人身保险开发管理机制，定期跟踪和分析经营情况，及时发现保险条款、保险费率经营管理中存在的问题并采取相应解决措施。

第六条　保险公司应当充分发挥核心竞争优势，合理配置公司资源，围绕宏观经济政策、市场需求、公司战略目标开发保险险种。

第二章　设计与分类

第七条　人身保险分为人寿保险、年金保险、健康保险、意外伤害保险。

第八条　人寿保险是指以人的寿命为保险标的的人身保险。人寿保险分为定期寿险、终身寿险、两全保险等。

定期寿险是指以被保险人死亡为给付保险金条件，且保险期间为固定年限的人寿保险。

终身寿险是指以被保险人死亡为给付保险金条件，且保险期间为终身的人寿保险。

两全保险是指既包含以被保险人死亡为给付保险金条件，又包含以被保险人生存为给付保险金条件的人寿保险。

第九条　年金保险是指以被保险人生存为给付保险金条件，并按约定的时间间隔分期给付生存保险金的人身保险。

第十条　养老年金保险是指以养老保障为目的的年金保险。养老年金保险应当符合下列条件：

（一）保险合同约定给付被保险人生存保险金的年龄不得小于国家规定的退休年龄；

（二）相邻两次给付的时间间隔不得超过一年。

第十一条　健康保险是指以因健康原因导致损失为给付保险金条件的人身保险。健康保险分为疾病保险、医疗保险、失能收入损失保险、护理保险等。

疾病保险是指以保险合同约定的疾病发生为给付保险金条件的健康保险。

医疗保险是指以保险合同约定的医疗行为发生为给付保险金条件，按约定对被保险人接受诊疗期间的医疗费用支出提供保障的健康保险。

失能收入损失保险是指以因保险合同约定的疾病或者意外伤害导致工作能力丧失为给付保险金条件，按约定对被保险人在一定时期内收入减少或者中断提供保障的健康保险。

护理保险是指以因保险合同约定的日常生活能力障碍引发护理需要为给付保险金条件，按约定对被保险人的护理支出提供保障的健康保险。

第十二条　意外伤害保险是指以被保险人因意外事故而导致身故、残疾或者发生保险合同约定的其他事故为给付保险金条件的人身保险。

第十三条　人寿保险和健康保险可以包含全残责任。

健康保险包含两种以上健康保障责任的，应当按照一般精算原理判断主要责任，并根据主要责任确定险种类别。长期健康保险中的疾病保险，可以包含死亡保险责任，但死亡给付金额不得高于疾病最高给付金额。其他健康保险不得包含死亡保险责任，但因疾病引发的死亡保险责任除外。

医疗保险和疾病保险不得包含生存保险责任。

意外伤害保险可以包含由意外伤害导致的医疗保险责任。仅包含由意外伤害导致的医疗保险责任的保险应当确定为医疗保险。

第十四条　保险公司应当严格遵循本办法所规定的人寿保险、年金保险、健康保险、意外伤害保险的分类标准，中国保监会另有规定的除外。

第十五条　人身保险的定名应当符合下列格式：

“保险公司名称”+“吉庆、说明性文字”+“险种类别”+“（设计类型）”

前款规定的保险公司名称可用全称或者简称；吉庆、说明性文字的字数不得超过10个。

附加保险的定名应当在“保险公司名称”后标注“附加”字样。

团体保险应当在名称中标明“团体”字样。

第十六条　年金保险中的养老年金保险险种类别为“养老年金保险”，其他年金保险险种类别为"年金保险";意外伤害保险险种类别为"意外伤害保险"。

第十七条　人身保险的设计类型分为普通型、分红型、投资连结型、万能型等。

第十八条　分红型、投资连结型和万能型人身保险应当在名称中注明设计类型,普通型人身保险无须在名称中注明设计类型。

第三章　审批与备案

第十九条　保险公司总公司负责将保险条款和保险费率报送中国保监会审批或者备案。

第二十条　保险公司下列险种的保险条款和保险费率,应当在使用前报送中国保监会审批:

(一)关系社会公众利益的保险险种;

(二)依法实行强制保险的险种;

(三)中国保监会规定的新开发人寿保险险种;

(四)中国保监会规定的其他险种。

前款规定以外的其他险种,应当报送中国保监会备案。

第二十一条　保险公司报送保险条款和保险费率备案的,应当提交下列材料:

(一)《人身保险公司保险条款和保险费率备案报送材料清单表》;

(二)保险条款;

(三)保险费率表;

(四)总精算师签署的相关精算报告;

(五)总精算师声明书;

(六)法律责任人声明书;

(七)中国保监会规定的其他材料。

第二十二条　保险公司报送分红保险、投资连结保险、万能保险保险条款和保险费率备案的,除提交第二十一条规定的材料以外,还应当提交下列材料:

(一)财务管理办法;

(二)业务管理办法;

(三)信息披露管理制度;

(四)业务规划及对偿付能力的影响;

(五)产品说明书。

分红保险,还应当提交红利计算和分配办法、收入分配和费用分摊原则;投资连结保险和万能保险,还应当提交包括销售渠道、销售区域等内容的销售管理办法。

保险公司提交的上述材料与本公司已经中国保监会审批或者备案的同类险种对应材料完全一致的,可以免于提交该材料,但应当在材料清单表中予以注明。

第二十三条　保险公司报送保险条款和保险费率审批的,除提交第二十一条第(二)项至第(七)项以及第二十二条规定的材料外,还应当提交下列材料:

(一)《人身保险公司保险条款和保险费率审批申请表》;

(二)《人身保险公司保险条款和保险费率审批报送材料清单表》;

(三)保险条款和保险费率的说明材料,包括保险条款和保险费率的主要特点、市场风险和经营风险分析、相应的管控措施等。

第二十四条 保险公司报送下列保险条款和保险费率审批或者备案的,除分别按照第二十一条、第二十二条、第二十三条规定报送材料以外,还应当按照下列规定提交材料:

(一)具有现金价值的,提交包含现金价值表示例的书面材料以及包含各年龄现金价值全表的电子文档;

(二)具有减额交清条款的,提交包含减额交清保额表示例的书面材料以及包含各年龄减额交清保额全表的电子文档;

(三)中国保监会允许费率浮动或者参数调整的,提交由总精算师签署的费率浮动管理办法或者产品参数调整办法;

(四)保险期间超过一年的,提交利润测试模型的电子文档。

第二十五条 保险公司报送保险条款和保险费率审批或者备案的,提交的精算报告至少应当包括下列内容:

(一)数据来源和定价基础;

(二)定价方法和定价假设,保险期间超过一年的,还应当包括利润测试参数、利润测试结果以及主要参数变化的敏感性分析;

(三)法定准备金计算方法;

(四)主要风险及相应管理意见;

(五)总精算师需要特别说明的内容;

(六)中国保监会规定的其他内容。

第二十六条 保险公司报送下列保险条款和保险费率审批或者备案的,提交的精算报告除符合第二十五条规定外,还应当符合下列规定:

(一)具有现金价值的,列明现金价值计算方法;

(二)具有减额交清条款的,列明减额交清保额的计算方法;

(三)具有利益演示的,列明利益演示的计算方法。

第二十七条 中国保监会收到保险公司报送的保险条款和保险费率审批申请后,应当根据下列情况分别作出处理:

(一)申请材料不齐全的,自收到材料之日起 5 日内一次告知保险公司需要补正的全部内容;

(二)申请材料齐全或者保险公司按照规定提交全部补正申请材料的,受理该申请,并向保险公司出具加盖受理专用印章的书面凭证。

第二十八条 中国保监会应当自受理保险条款和保险费率审批申请之日起 20 日内作出批准或者不予批准的决定。20 日内不能作出决定的,经中国保监会负责人批准,审批期限可以延长 10 日。中国保监会应当将延长期限的理由告知保险公司。

决定批准的,中国保监会应当将批准决定在保监会文告或者网站上向社会公布;决定不予批准的,中国保监会应当书面通知保险公司,说明理由并告知其享有依法申请行政复议或者提起行政诉讼的权利。

第二十九条 中国保监会可以对审批的保险条款和保险费率进行专家评审,并将专家评审所需时间书面告知保险公司。

中国保监会对涉及社会公共利益的保险条款和保险费率可以组织听证,并根据《中华人民共和国行政许可法》有关规定予以实施。

专家评审时间和听证时间不在本办法第二十八条规定的审批期限内计算。

第三十条　保险公司在保险条款和保险费率审批申请受理后、审批决定作出前，撤回审批申请的，应当向中国保监会提交书面申请，中国保监会应当及时终止对保险条款和保险费率审批申请的审查，并将审批申请材料退回保险公司。

第三十一条　保险公司在保险条款和保险费率审批申请受理后、审批决定作出前，对申报的保险条款和保险费率进行修改的，应当向中国保监会申请撤回审批。

保险公司有前款规定情形的，审批期限自中国保监会收到修改后的完整申请材料之日起重新计算。

第三十二条　保险公司对于未获批准的保险条款和保险费率，可以在修改后重新报送中国保监会审批。

第三十三条　保险公司报送保险条款和保险费率备案，不得迟于使用后10日。

第三十四条　中国保监会收到备案材料后，应当根据下列情况分别作出处理：

（一）备案材料不齐全的，一次告知保险公司在10日内补正全部备案材料；

（二）备案材料齐全或者保险公司按照规定提交全部补正材料的，将备案材料存档，并向保险公司出具备案回执；

（三）发现备案的保险条款和保险费率有《保险法》第一百三十六条规定情形的，责令保险公司立即停止使用。

第四章　变更与停止使用

第三十五条　保险公司变更已经审批或者备案的保险条款和保险费率，改变其保险责任、险种类别或者定价方法的，应当将保险条款和保险费率重新报送审批或者备案。

第三十六条　保险公司变更已经审批或者备案的保险条款和保险费率，且不改变保险责任、险种类别和定价方法的，应当在发生变更之日起10日内向中国保监会备案，并提交下列材料：

（一）《变更备案报送材料清单表》；

（二）变更原因、主要变更内容的对比说明；

（三）已经审批或者备案的保险条款；

（四）变更后的相关材料；

（五）总精算师声明书；

（六）法律责任人声明书；

（七）中国保监会规定的其他材料。

保险公司名称变更导致人身保险定名发生变更，但其他内容未变更的，可以不提交前款第（三）、（四）、（五）项规定的材料。

第三十七条　保险公司决定在全国范围内停止使用保险条款和保险费率的，应当在停止使用后10日内向中国保监会提交报告，说明停止使用的原因、后续服务的相关措施等情况，并将报告抄送原使用区域的中国保监会派出机构。

保险公司决定在部分区域停止使用保险条款和保险费率的，不得以停止使用保险条款和保险费率进行宣传和销售误导。

保险公司省级分公司及以下分支机构，不得决定停止使用保险条款和保险费率。

第三十八条 保险公司决定重新销售已经停止使用的保险条款和保险费率的,应当在重新销售后10日内向中国保监会提交报告,说明重新使用的原因、管理计划等情况,并将报告抄送拟使用区域的中国保监会派出机构。

第五章 总精算师和法律责任人

第三十九条 保险公司总精算师应当对报送审批或者备案的保险条款和保险费率出具总精算师声明书,并签署相关的精算报告、费率浮动管理办法或者产品参数调整办法。

保险公司总精算师对报送审批或者备案的保险条款和保险费率承担下列责任:

(一)分类准确,定名符合本办法规定;

(二)精算报告内容完备;

(三)精算假设和精算方法符合一般精算原理和中国保监会的精算规定;

(四)具有利益演示的险种,利益演示方法符合一般精算原理和中国保监会的有关规定;

(五)保险费率厘定合理,满足充足性、适当性和公平性原则;

(六)中国保监会规定的其他责任。

第四十条 保险公司应当指定法律责任人,并向中国保监会备案。

第四十一条 保险公司指定的法律责任人应当符合下列条件:

(一)在中华人民共和国境内有住所;

(二)具有本科以上学历;

(三)具有中国律师资格证书或者法律职业资格证书;

(四)属于公司正式员工,且在公司内担任部门负责人及以上职务;

(五)具有5年以上国内保险或者法律从业经验,其中包括三年以上在保险行业内的法律从业经验;

(六)过去3年内未因违法执业行为受到行政处罚;

(七)未受过刑事处罚;

(八)中国保监会规定的其他条件。

第四十二条 保险公司法律责任人履行下列职责:

(一)参与制定人身保险开发策略;

(二)审核保险条款的相关材料;

(三)定期分析由保险条款引发的诉讼案件;

(四)及时向中国保监会报告保险条款的重大风险隐患;

(五)中国保监会或者保险公司章程规定的其他职责。

第四十三条 保险公司法律责任人应当对报送审批或者备案的保险条款出具法律责任人声明书,并承担下列责任:

(一)保险条款公平合理,不损害社会公共利益,不侵害投保人、被保险人和受益人的合法权益;

(二)保险条款文字准确,表述严谨;

(三)具有产品说明书的,产品说明书符合条款表述,内容全面、真实,符合中国保监会的有关规定;

(四)保险条款符合《保险法》等法律、行政法规和中国保监会有关规定;

(五)中国保监会规定的其他责任。

第四十四条 保险公司报送法律责任人备案的,应当向中国保监会提交下列材料一式两份:

(一)《法律责任人备案情况表》;

(二)拟任人身份证明和住所证明复印件;

(三)学历证明和专业资格证明复印件;

(四)从业经历证明;

(五)中国保监会规定的其他材料。

第四十五条 保险公司应当加强对法律责任人管理,建立法律责任人相关制度,向法律责任人提供其承担工作职责所必需的信息,并保证法律责任人能够独立地履行职责。

第四十六条 法律责任人因辞职、被免职或者被撤职等原因离职的,保险公司应当自作出批准辞职或者免职、撤职等决定之日起30日内,向中国保监会报告,并提交下列材料:

(一)法律责任人被免职或者被撤职的原因说明;

(二)免职、撤职或者批准辞职等有关决定的复印件;

(三)法律责任人作出的离职报告或者保险公司对未作离职报告的法律责任人作出的离职说明报告。

第六章 法律责任

第四十七条 保险公司未按照规定申请批准保险条款、保险费率的,由中国保监会依据《保险法》第一百六十四条进行处罚。

第四十八条 保险公司使用的保险条款和保险费率有下列情形之一的,由中国保监会责令停止使用,限期修改;情节严重的,可以在一定期限内禁止申报新的保险条款和保险费率:

(一)损害社会公共利益;

(二)内容显失公平或者形成价格垄断,侵害投保人、被保险人或者受益人的合法权益;

(三)条款设计或者费率厘定不当,可能危及保险公司偿付能力;

(四)违反法律、行政法规或者中国保监会的其他规定。

第四十九条 保险公司有下列行为之一的,由中国保监会依据《保险法》第一百六十九条进行处罚:

(一)未按照规定报送保险条款、保险费率备案的;

(二)未按照规定报送停止使用保险条款和保险费率相关报告的;

(三)未按照规定报送或者保管与保险条款、保险费率相关的其他报告、报表、文件、资料的,或者未按照规定提供有关信息、资料的。

第五十条 保险公司有下列行为之一的,由中国保监会依据《保险法》第一百七十条进行处罚:

(一)报送审批、备案保险条款和保险费率时,编制或者提供虚假的报告、报表、文件、资料的;

(二)报送法律责任人备案时,编制或者提供虚假的报告、报表、文件、资料的;

(三)未按照规定使用经批准或者备案的保险条款、保险费率的。

第五十一条 保险公司违反本办法第三十七条第三款的由中国保监会给予警告,处3万元以下罚款。

第五十二条 保险公司以停止使用保险条款和保险费率进行销售误导的,由中国保监会依据《保险法》第一百六十一条进行处罚。

第五十三条 保险公司违反本办法规定,聘任不符合规定条件的法律责任人的,由中国保监会责令限期改正;逾期不改正的,给予警告,处1万元以下罚款。

第七章 附 则

第五十四条 中国保监会对保险公司总精算师、法律责任人另有规定的,适用其规定。

团体保险的保险条款和保险费率的管理,中国保监会另有规定的,适用其规定。

第五十五条 本办法规定的期限以工作日计算。

第五十六条 本办法由中国保监会负责解释。

第五十七条 本办法自颁布之日起施行。中国保监会2000年3月23日发布的《人身保险产品定名暂行办法》(保监发〔2000〕42号)、2000年5月16日发布的《关于放开短期意外险费率及简化短期意外险备案手续的通知》(保监发〔2000〕78号)、2004年6月30日发布的《人身保险产品审批和备案管理办法》(保监会令〔2004〕6号)以及2004年7月1日发布的《关于〈人身保险产品审批和备案管理办法〉若干问题的通知》(保监发〔2004〕76号)同时废止。

附件:人身保险公司保险条款和费率管理办法格式文本

附件1:人身保险公司保险条款和保险费率审批申请表(略)

附件2:人身保险公司保险条款和保险费率审批报送材料清单表(略)

附件3:人身保险公司保险条款和保险费率备案报送材料清单表(略)

附件4:变更备案报送材料清单表(略)

附件5:法律责任人备案情况表(略)

附件6:总精算师声明书(略)

附件7:法律责任人声明书(略)

中国保险监督管理委员会关于《人身保险公司保险条款和保险费率管理办法》若干问题的通知

(保监发〔2012〕2号 2012年1月4日发布)

各人身保险公司、各保监局:

为了规范人身保险公司保险条款和保险费率管理,配合《人身保险公司保险条款和保险费率管理办法》(保监会令〔2011〕3号,以下简称《办法》)的施行,现就有关事项通知如下:

一、下列人身保险险种的保险条款和保险费率,应当报中国保监会审批,包括:

(一)普通型、分红型、万能型、投资连结型以外的其他类型人寿保险;

(二)普通型、分红型、万能型、投资连结型以外的其他类型年金保险;

(三)未能比照《关于印发人身保险新型产品精算规定的通知》(保监发〔2003〕67号)之《个人分红保险精算规定》开发的团体分红型人寿保险和团体分红型年金保险;

(四)中国保监会规定须经审批的其他保险险种。

前款规定以外的保险条款和保险费率,应当报中国保监会备案。

二、保险公司开发的两全保险应符合以下条件:

(一)首次给付生存保险金应当在保单生效满3年之后;

(二)保险期间不得少于5年;

(三)投资连结型两全保险和万能型两全保险被保险人为成年人的,在保单签发时的死亡保险金额不得低于已交保险费的105%或保单账户价值的105%。其他类型两全保险被保险人为成年人的,在保单签发时的死亡保险金额不得低于已交保险费的105%。

(四)死亡保险至少应当提供疾病身故保障责任和意外身故保障责任。

三、保险公司不得开发团体两全保险。

四、保险公司开发的年金保险可以包含死亡给付保险金责任或全残给付保险金责任,但死亡给付保险金不得超过已交保险费和保单现金价值的较大者。

变额年金保险适用《关于印发〈变额年金保险管理暂行办法〉的通知》(保监发〔2011〕25号)的有关规定。

五、万能保险、投资连结保险可以提供持续奖金,应当符合下列条件:

(一)按照账户价值、累计已交保险费或趸交保险费的一定比例给付的持续奖金,其首次给付时间应当在保单生效满5年之后;

(二)按照当期期交保险费的一定比例给付的持续奖金,可在投保人交纳第2期保险费时开始给付,给付比例应不得高于当期期交保险费的2%,未交纳期交保险费的保单年度不应给付持续奖金。

六、保险公司报送保险条款和保险费率审批或备案的,应当提交书面材料一式两份以及包含所有报送材料电子文档的光盘一份。保险公司应以Excel格式报送利润测试模型的电子文档,以PDF格式报送审批或备案有关材料的电子文档,其中利润测试模型的电子文档、精算报告的电子文档和其他材料的电子文档应当分开。保险公司应将电子文档通过客户端程序打包成电子压缩文件,填写人身保险产品压缩包文件清单,并将电子压缩文件和人身保险产品压缩包文件清单通过光盘形式报送中国保监会。客户端程序下载地址为:http://www.circ.gov.cn/portals/0/attachments/cpkhd.zip。

七、保险公司可以对已报送中国保监会备案的短期意外伤害保险实行费率浮动,但费率的浮动范围或浮动办法应由总公司统一制定。短期个人健康保险的费率浮动应当符合中国保监会的有关规定。

八、保险公司可以对已报送中国保监会备案的保险条款和保险费率进行组合销售,但组合销售时不得改变保险责任、除外责任、保险期间和现金价值,并不得违反本通知第七条规定。

九、保险公司应当加强对正在使用的保险条款和保险费率的管理,定期跟踪和分析经营情况,保险条款和保险费率出现重大问题时,应当及时采取有效措施,并向中国保监会及当地派出机构报告。

十、中国保监会各派出机构可以根据当地情况要求保险公司分支机构报告保险条款和保险费率的相关信息。

十一、《办法》施行前已经中国保监会审批或者备案的保险条款和保险费率可以继续使用;《办法》施行后报送中国保监会审批或者备案的保险条款和保险费率,应当符合《办法》以及本通知规定。

十二、美国友邦保险有限公司分公司保险条款和保险费率的管理适用《办法》以及本通知对人身保险公司总公司的规定。

十三、本通知自《办法》施行之日起执行。

中国保险监督管理委员会关于人身保险伤残程度与保险金给付比例有关事项的通知

(保监发〔2013〕46号　2013年6月4日发布　2013年6月4日实施)

各保险公司,中国保险行业协会:

为进一步规范人身保险合同对伤残程度与保险金给付比例的约定,更好地保护投保人和被保险人利益,现将有关事项通知如下:

一、保险责任涉及伤残给付的人身保险合同应在保险条款中明确约定伤残程度的定义及对应保险金给付比例。保险公司应科学划分伤残程度,公平设定保险金给付比例。

二、保险条款中约定的伤残程度评定标准为经国家标准化行政主管部门制定的国家标准,或由国务院有关行政主管部门制定并报国务院标准化行政主管部门备案的行业标准的,条款内容应包含该标准的全称、发布机构、发文号及标准编号。

三、中国保险行业协会应加强对相关技术标准的基础研究工作,研究制定伤残程度评定与保险金给付比例标准,供保险公司使用。行业协会应请相关专业组织或专业鉴定机构对行业标准进行论证,并将论证结果向社会公示。行业协会应根据实际情况建立科学调整机制。

保险条款中约定的伤残程度评定标准为行业标准的,条款内容应包含该评定标准全文,并注明"行业标准"字样。

四、保险公司应在每年3月15日前向中国保监会提交短期意外伤害保险产品的定价回顾报告。定价回顾报告要求参照《关于〈健康保险管理办法〉实施中有关问题的通知》(保监发〔2006〕95号)第七、八、九条执行。

五、需要调整伤残程度与保险金给付比例的保险条款,应于2013年12月31日前完成重新备案和条款更换工作。对于已经生效的保险合同,保险公司应做好客户服务工作,确保产品调整工作平稳有序进行。

六、本通知自下发之日起执行,中国保监会《关于继续使用〈人身保险残疾程度与保险金给付比例表〉的通知》(保监发〔1999〕237号)同时废止。

中国保险监督管理委员会关于《健康保险管理办法》实施中有关问题的通知

（保监发〔2006〕95号　2006年9月13日发布）

各保监局，各保险公司：

为了促进健康保险稳定、持续、健康、快速发展，配合《健康保险管理办法》（保监会令2006年8号）的施行，现将有关事项通知如下：

一、与《健康保险管理办法》不符的产品，自2007年1月1日起停止销售。各公司应加强营销员管理和消费者教育，做好预案，防范误导，保证新老产品的平稳过渡。

二、保险责任仅包含意外事故造成的医疗费用补偿的保险产品，暂不适用《健康保险管理办法》和本通知，适用于中国保监会有关意外保险产品的监管规定。

三、保险公司经营健康保险的，应高度重视制度、系统建设及人才队伍的培养，并应于2008年1月1日前达到《健康保险管理办法》第八条所列各项条件。

四、保险公司经营费用补偿型医疗保险的，应逐步成立专门机构，配备专门人员，形成合作医院网络，建立有效的医疗费用管理制度。

五、保险公司在向中国保监会报送产品备案或者审批时，应将有关健康保险产品的条款调整管理办法和费率管理办法与精算报告分开报送。中国保监会将通过内部网站向各地保监局公布健康保险产品条款调整办法和费率管理办法。

六、短期个人健康保险产品的费率上下浮动范围不得超过基准费率的30%。

七、保险公司应在每年3月15日前向中国保监会提交短期健康保险产品的定价回顾报告，提交上一年度所有在售一年以上的短期健康保险产品的实际赔付情况，分析产品定价的充足性和合理性，报告相应的调整措施。产品定价回顾报告应由精算责任人遵循审慎原则签字确认。

对需要采取调整措施的，保险公司若在提交产品定价回顾报告后半年内没有采取措施，由中国保监会按有关规定进行处罚。

八、经营短期健康保险的保险公司应在健康保险产品定价回顾报告中给出上一年度在售短期健康保险产品在过去3个事故年度内的再保前赔付率和再保后赔付率，产品经营时间不足3年的，提供存续期间内的事故年度赔付率数据。

短期健康保险产品的事故年度赔付率计算遵照《保险公司非寿险业务准备金管理办法实施细则（试行）》（保监发〔2005〕10号）附件1表四续2及规定公式进行计算。

九、短期健康保险产品的上一事故年度的再保后赔付率超过150%或者产品经营时间超过3年的短期健康保险产品在过去3个事故年度的再保后赔付率连续超过100%的，精算责任人必须在产品定价回顾报告中解释实际经营与产品定价出现重大偏差的原因，并提出整改措施。

十、本通知自《健康保险管理办法》施行之日起执行。本通知下发前中国保监会颁布的通知与本通知不符的，以本通知为准。

保险公司养老保险业务管理办法

(2007 年 11 月 2 日中国保险监督管理委员会令第 4 号发布
根据 2010 年 12 月 3 日中国保险监督管理委员会
《关于修改部分规章的决定》修正)

第一章 总 则

第一条 为了规范保险公司养老保险业务,保护养老保险业务活动当事人的合法权益,促进保险业健康发展,推动社会多层次养老保障体系的完善,根据《中华人民共和国保险法》(以下简称《保险法》)等法律、行政法规和国家有关规定,制定本办法。

第二条 中国保险监督管理委员会(以下简称中国保监会)鼓励保险公司发挥专业优势,通过个人养老年金保险业务、团体养老年金保险业务、企业年金管理业务等多种养老保险业务,为个人、家庭、企事业单位等提供养老保障服务。

第三条 中国保监会依法对保险公司养老保险业务进行监督管理。

第四条 本办法所称保险公司,是指经保险监督管理机构批准设立并依法登记注册的人寿保险公司、养老保险公司。

第五条 本办法所称养老保险业务,包括个人养老年金保险业务、团体养老年金保险业务和企业年金管理业务。

个人养老年金保险业务和团体养老年金保险业务简称养老年金保险业务。

第六条 本办法所称个人养老年金保险,是指同时符合下列条件的人寿保险产品:

(一)以提供养老保障为目的;

(二)由个人向保险公司交纳保险费;

(三)保险合同约定被保险人生存至特定年龄时,可以选择由保险公司分期给付生存保险金;

(四)分期给付生存保险金的,相邻两次给付的时间间隔为一年或者不超过一年。

个人养老年金保险产品的具体范围由中国保监会另行规定。

第七条 本办法所称团体养老年金保险,是指同时符合下列条件的人寿保险产品:

(一)以提供养老保障为目的,并由保险公司以一份保险合同承保;

(二)由不以购买保险为目的组织起来的团体投保,并以投保团体 5 人以上的特定成员为被保险人;

(三)保险合同约定被保险人生存至国家规定的退休年龄时,可以选择由保险公司分期给付生存保险金;

(四)分期给付生存保险金的,相邻两次给付的时间间隔为一年或者不超过一年。

第八条 本办法所称企业年金管理业务,是指保险公司根据国家有关规定从事的企业年金基金受托管理、帐户管理、投资管理等有关业务。

第九条 保险公司经营养老保险业务,适用本办法。

第二章　经营主体

第十条　人寿保险公司、养老保险公司经中国保监会核定,可以经营养老保险业务。

经营企业年金管理业务依法需经有关部门认定经办资格的,还应当经过相应的资格认定。

第十一条　养老保险公司经营企业年金管理业务,可以在全国展业。

第十二条　养老保险公司应当具备完善的公司治理结构和内部控制制度,建立有效的风险管理体系。

第十三条　养老保险公司应当按照中国保监会的规定设置独立董事,对养老保险公司的经营活动进行独立客观的监督。

第十四条　对养老保险公司的管理,本办法没有规定的,适用中国保监会对保险公司管理的有关规定。

第三章　养老年金保险业务

第一节　产品管理

第十五条　保险公司应当积极进行养老保险产品创新,根据市场情况开发适合不同团体和个人需要的养老保险产品。

鼓励保险公司开发含有终身年金领取方式的个人养老年金保险产品。

第十六条　保险公司拟定养老年金保险条款和保险费率,应当按照中国保监会的有关规定报送审批或者备案。

第十七条　除投资连结型、万能型个人养老年金保险产品外,个人养老年金保险产品应当在保险合同中提供保单现金价值表。

第十八条　团体养老年金保险的被保险人分担缴费的,保险合同中应当明确投保人和被保险人各自缴费部分的权益归属,被保险人缴费部分的权益应当完全归属其本人。

第十九条　团体养老年金保险合同应当约定被保险人在离职时,有权通过投保人向保险公司申请提取该被保险人全部或者部分已归属权益。

第二十条　团体养老年金保险合同设置公共账户的,被保险人缴费部分的权益不得计入公共账户。

保险公司不得利用公共账户谋取非法利益。

第二节　经营管理

第二十一条　养老年金保险产品的说明书、建议书和宣传单等信息披露材料应当与保险合同相关内容保持一致,不得通过夸大或者变相夸大保险合同利益、承诺高于保险条款规定的保底利率等方式误导投保人。

第二十二条　保险公司销售投保人具有投资选择权的养老年金保险产品,应当在投保人选择投资方式前,以书面形式向投保人明确提示投资风险,并由投保人签字确认。

第二十三条　对投保人具有投资选择权的养老年金保险产品,在保险合同约定的开始领取养老金年龄的前5年以内,保险公司不得向投保人推荐高风险投资组合。

个人养老年金保险的投保人自愿选择高风险投资组合的,保险公司应当制作独立的《高风险投资组合提示书》,明确提示投资风险;投保人坚持选择的,应当在《高风险投资组合提示书》

上签字确认。

第二十四条 对投保大额个人养老年金保险的投保人,保险公司应当对其财务状况、缴费能力等方面进行必要的财务核保。

第二十五条 保险公司销售个人养老年金保险产品,应当对其所包含的各种养老年金领取方式,向投保人提供领取金额示例。

第二十六条 对同一投保团体在不同省、自治区、直辖市的成员,保险公司可以统一承保团体养老年金保险。

投保人为法人的,由该法人住所地的保险公司签发保单;投保人不是法人的,由多数被保险人所在地的保险公司签发保单。

第二十七条 保险公司销售团体养老年金保险产品,应当对团体养老年金保险投保、退保事宜进行谨慎审查。

第二十八条 保险公司销售团体养老年金保险产品,应当要求投保人提供下列材料:

(一)所有被保险人名单和身份证复印件;

(二)证明被保险人已同意投保团体养老年金保险事宜的有关书面文件。

第二十九条 保险公司销售团体养老年金保险合同,应当向每个被保险人签发保险凭证。

保险凭证应当记载团体养老年金保险合同约定的保险责任,以及被保险人享有的合同权益。

第三十条 团体养老年金保险的投保人退保的,保险公司应当要求其提供已通知被保险人退保事宜的有效证明,并以银行转帐方式将退保金退至投保人单位帐户。

第三十一条 保险公司经营团体养老年金保险,应当在合同到期给付时,要求投保人提供被保险人达到国家规定退休年龄的有效证明。因特殊情况提前退休的,可以在办理退休手续后重新计算领取金额。

第三十二条 保险公司销售分红型、万能型、投资连结型养老年金保险产品,应当按照中国保监会的要求向投保人、被保险人或者受益人寄送保单状态报告、业绩报告等有关材料。

第三十三条 保险公司应当加强对养老保险业务销售人员和管理人员的培训与管理,提高其职业道德和业务素质,不得唆使、误导销售人员和管理人员进行违背诚信义务的活动。

第三十四条 保险公司经营养老年金保险业务,应当遵守中国保监会对保险资金运用的有关规定。

第三十五条 保险公司经营养老保险业务按照中央和地方政府的有关政策享受税收优惠。

第四章 企业年金管理业务

第三十六条 担任企业年金基金受托人的保险公司,应当与委托人签订受托管理企业年金基金的书面合同,并应当根据该书面合同,依法审慎选择合格的账户管理人、托管人和投资管理人。

担任企业年金基金账户管理人、投资管理人的保险公司,应当与企业年金基金受托人签订受托管理企业年金基金账户或者受托投资管理企业年金基金的书面协议。

本条所称委托人,是指设立企业年金的企业及其职工。

第三十七条 保险公司委托保险代理机构代办有关企业年金管理业务的,应当遵守国家有关规定,并同时符合下列要求:

（一）与保险代理机构签订书面的《委托代理协议》；

（二）自上述《委托代理协议》签订之日起5日以内，向中国保监会的当地派出机构提交《委托代理协议》复印件、《委托代理服务可行性分析报告》和《委托代理服务管理办法》；

（三）中国保监会规定的其他要求。

第三十八条　保险公司对企业年金基金的投资管理，应当遵循审慎的投资原则，并不得违反国家对企业年金基金投资管理的有关规定。

第三十九条　企业年金受益人有投资选择权的，保险公司应当在其选择投资方式前，以书面形式向其明确提示投资风险。

第四十条　企业年金受益人有投资选择权的，在其达到国家规定退休年龄的前5年以内，保险公司不得向其推荐高风险投资组合。

受益人自愿选择高风险投资组合的，保险公司应当制作独立的《高风险投资组合提示书》，明确提示投资风险；受益人坚持选择的，应当在《高风险投资组合提示书》上签字确认。

第四十一条　保险公司经营企业年金管理业务，应当按照国家有关规定，定期提交有关企业年金基金管理报告、企业年金基金账户管理报告、投资管理报告。

第四十二条　保险公司应当按照中国保监会的规定，向中国保监会提交企业年金基金管理情况报告。

第四十三条　保险公司经营企业年金管理业务的统计和财务会计活动，应当符合国家统计和财务会计管理的法律、行政法规以及其他有关规定。

第五章　法律责任

第四十四条　保险公司违反本办法规定经营养老年金保险业务，由中国保监会及其派出机构依法进行处罚。

第四十五条　对违反本办法经营养老保险业务的行为负有直接责任的保险公司董事、高级管理人员，中国保监会或者当地派出机构可以视情形进行监管谈话。

第四十六条　对违反《保险法》规定经营养老年金保险业务、尚未构成犯罪的行为负有直接责任的保险公司董事、监事和高级管理人员和其他责任人员，由中国保监会或者当地派出机构区别不同情况给予警告，并处一万元以上十万元以下的罚款；情节严重的，撤销任职资格或者从业资格。

第六章　附　则

第四十九条　本办法由中国保监会负责解释。

第五十条　保险公司经营具有养老保障功能的个人两全保险业务，适用本办法对个人养老年金保险业务的有关规定。

前款所称个人两全保险产品的具体范围，由中国保监会另行规定。

第五十一条　本办法自2008年1月1日起施行。

财产保险公司保险条款和保险费率管理办法

（2010 年 2 月 5 日中国保险监督管理委员会令第 3 号发布
自 2010 年 4 月 1 日起施行）

第一章 总 则

第一条 为了改善和加强对财产保险公司保险条款和保险费率的监督管理，保护投保人、被保险人和受益人的合法权益，维护保险市场竞争秩序，鼓励财产保险公司创新，根据《中华人民共和国保险法》，制定本办法。

第二条 本办法所称保险公司，是指经中国保险监督管理委员会（以下简称中国保监会）批准设立，并依法登记注册的财产保险公司。

本办法所称保险机构，是指财产保险公司及其分支机构。

第三条 中国保监会依法对保险机构的保险条款和保险费率实施监督管理。中国保监会派出机构（以下简称派出机构）在中国保监会授权范围内行使职权。

第四条 保险公司应当依据法律、行政法规和中国保监会的有关规定制订保险条款和保险费率，并对保险条款和保险费率承担相应的责任。

保险公司应当依据本办法的规定，由其总公司向中国保监会申报保险条款和保险费率审批或者备案。

第五条 关系社会公众利益的保险险种、依法实行强制保险的险种的保险条款和保险费率，保险公司应当依照本办法的规定报中国保监会审批。其他保险险种的保险条款和保险费率，保险公司应当依照本办法的规定报中国保监会备案。

第六条 中国保监会履行保险条款和保险费率监督管理职责，遵循保护社会公众利益和防止不正当竞争原则，遵循与偿付能力监管、公司治理结构监管、市场行为监管协调配合原则。

第二章 审 批

第七条 保险公司应当将下列险种的保险条款和保险费率报中国保监会审批：

（一）依照法律和行政法规实行强制保险的险种；

（二）中国保监会认定的其他关系社会公众利益的险种。

第八条 保险公司报送审批保险条款和保险费率，应当提交下列材料：

（一）申请文件；

（二）审批表一式两份；

（三）保险条款和保险费率文本；

（四）保险条款和保险费率的说明材料，包括保险条款和保险费率的主要特点、市场风险和经营风险分析；

（五）精算责任人签署的保险费率精算报告，包括精算假设、方法、公式和测算过程；

（六）精算责任人声明书；

（七）法律责任人声明书；

(八)符合格式要求的报送材料的电子文本;

(九)中国保监会规定的其他材料。

第九条　保险公司修改经批准的保险条款或者保险费率的,应当依照本办法报送审批。保险公司报送修改的保险条款或者保险费率的,除应当提交本办法第八条规定的材料外,还应当提交修改原因及修改前后的内容对比说明。

第十条　保险公司省级分公司可以在中国保监会规定的范围内调整其总公司报经审批的保险费率,但应当报经其总公司同意,并在获得总公司正式批复后十个工作日内报告所在地派出机构。

保险公司省级分公司调整其总公司报经审批的保险费率超过中国保监会规定的范围的,应当由其总公司报送中国保监会审批。

第十一条　保险公司省级分公司向所在地派出机构报告本办法第十条第一款规定的保险费率,应当提交中国保监会对总公司作出的批准文件、本办法第八条规定的材料以及加盖总公司印章的正式批复文件。

第十二条　对于应当申报审批的保险条款和保险费率,在中国保监会批准前,保险公司不得经营使用。

第三章　备　　案

第十三条　保险公司制订本办法第七条规定以外的其他险种的保险条款和保险费率,应当在经营使用后十个工作日内报中国保监会备案。

保险公司对已经备案的保险条款中的保险责任或者保险费率进行修改调整的,应当重新报中国保监会备案。

第十四条　保险公司向中国保监会报备保险条款和保险费率,应当提交下列材料:

(一)备案表一式两份;

(二)保险条款和保险费率文本;

(三)法律责任人声明书;

(四)精算责任人声明书;

(五)符合格式要求的报送材料的电子文本;

(六)中国保监会规定的其他材料。

第十五条　中国保监会应当自收到报备材料之日起二十个工作日内,根据下列情况分别作出处理:

(一)报备材料不完整的,通知保险公司在十个工作日内补正材料;

(二)报备材料完整齐备或者保险公司补正材料的,中国保监会应当对备案表进行编号、加盖印章,一份存档,一份退还保险公司。

第四章　组合式及共保保险条款和保险费率的管理

第十六条　保险机构可以对已经审批或者备案的保险条款和保险费率进行组合式经营使用。

保险机构经营使用组合式保险条款和保险费率,对已经审批或者备案的保险条款和保险费率未作修改的，无需重新报送审批或者备案。

保险机构经营使用组合式保险条款和保险费率，对已经审批或者备案的保险条款和保险费率作出修改的，应当按照本办法的规定重新报送审批或者备案。

保险公司报送组合式保险条款和保险费率审批或者备案的，除应当提交本办法规定的材料外，还应当提交组合式保险条款和保险费率的名称及其保险单式样。

第十七条 保险机构经营使用组合式保险条款和保险费率，应当分别列明各保险条款对应的保险费和保险金额。

第十八条 在共保业务中，其他保险公司可直接使用首席承保人经中国保监会审批或者备案的保险条款和保险费率，无需另行申报。

第五章 法律责任人和精算责任人

第十九条 保险公司应当指定一名法律责任人和一名精算责任人，分别负责保险条款和保险费率的法律和精算事务。

保险公司应当向法律责任人和精算责任人提供其承担工作职责必需的信息，并充分尊重法律责任人和精算责任人的专业意见。

保险公司应当加强对法律责任人和精算责任人的管理，建立健全法律责任人和精算责任人内部管控、问责等机制。保险公司法律责任人和精算责任人的内部管理制度应当报送中国保监会。

第二十条 保险公司指定法律责任人和精算责任人，应当经中国保监会核准。法律责任人、精算责任人未经核准的，中国保监会及其派出机构不认可其出具的法律责任人声明书、精算责任人声明书以及经其签署的其他相关报告。

第二十一条 保险公司法律责任人应当具备下列条件：

（一）在中华人民共和国境内有住所；

（二）属于公司正式员工，且在公司内担任部门负责人及以上职务；

（三）通过律师资格考试或者国家统一司法考试，或者有其他经历足以证明其具备良好法律专业能力；

（四）具备连续三年以上国内保险或者法律从业经验；

（五）过去二年内未因违法执业行为受到行政处罚；

（六）未受过刑事处罚；

（七）中国保监会规定的其他条件。

第二十二条 保险公司申请核准法律责任人，应当向中国保监会提交下列材料：

（一）资格审核申请表；

（二）拟任人身份证明和住所证明复印件；

（三）拟任人学历证明和专业资格证明复印件；

（四）国内保险或者法律从业经历；

（五）本公司任职情况说明；

（六）中国保监会规定的其他材料。

第二十三条 保险公司精算责任人应当具备的条件、保险公司在申请核准精算责任人时应当向中国保监会提交的材料，由中国保监会另行规定。

第二十四条　保险公司应当按照本办法的规定提交由法律责任人出具的法律责任人声明书。法律责任人对保险条款承担如下责任：

（一）保险条款符合《中华人民共和国保险法》等法律、行政法规和中国保监会的有关规定；

（二）保险条款不损害社会公共利益、不侵害投保人、被保险人和受益人的合法权益；

（三）保险合同要素完备、文字准确、语言通俗、表述严谨；

（四）中国保监会规定的其他责任。

第二十五条　保险公司应当按照本办法的规定提交由精算责任人签署的精算报告和出具的精算责任人声明书。精算责任人承担如下责任：

（一）精算报告内容完备；

（二）精算假设和精算方法符合通用精算原理和中国保监会的有关规定；

（三）对有利益演示的产品，利益测算方法符合通用精算原理和中国保监会的有关规定；

（四）保险费率厘定合理，结果满足充足性、适当性和公平性原则；

（五）中国保监会规定的其他责任。

第六章　监督管理

第二十六条　保险公司的保险条款和保险费率，应当符合下列要求：

（一）结构清晰、文字准确、表述严谨、通俗易懂；

（二）要素完整，不失公平，不侵害投保人、被保险人和受益人的合法权益，不损害社会公众利益；

（三）保险费率按照风险损失原则科学合理厘定，不危及保险公司偿付能力或者妨碍市场公平竞争；

（四）保险费率可以上下浮动的，应当明确保险费率调整的条件；

（五）《中华人民共和国保险法》等法律、行政法规和中国保监会规定的其他要求。

第二十七条　各保险机构应当严格执行经中国保监会批准或者备案的保险条款和保险费率，不得违反本办法规定改变保险条款或者保险费率。

第二十八条　保险公司需要修改已经批准或者备案的保险条款或者保险费率的，应当按照本办法规定重新报送审批或者备案。经中国保监会重新批准或者备案后，保险公司不得在新订立的保险合同中使用原保险条款和保险费率。

第二十九条　保险机构使用保险协议承保的，如协议内容对经批准或者备案的保险条款或者保险费率予以修改的，应当按照本办法的有关规定报送审批或者备案。

第三十条　保险机构使用的保险条款或者保险费率被发现违反法律、行政法规或者本办法第二十六条规定的，由中国保监会或者其派出机构责令停止使用，限期修改；情节严重的，可以在一定期限内禁止申报新的保险条款和保险费率。

第三十一条　保险公司与其法律责任人、精算责任人解除聘任或者委托关系的，应当自解除聘任或者委托关系之日起十个工作日内书面报告中国保监会。

保险公司与其法律责任人、精算责任人解除聘用或者委托关系的，该法律责任人或者精算责任人的资格自解除聘用或者委托关系之日起自动失效。

第三十二条 法律责任人违反本办法第二十四条规定的、精算责任人违反本办法第二十五条规定的,由中国保监会责令改正并可要求其提交书面检查;两年内两次违反上述规定的,中国保监会除可以依照本办法第四十条的规定撤销其法律责任人或者精算责任人资格外,还可以自发现第二次违规之日起二年内不再核准其法律责任人或者精算责任人资格。

第三十三条 中国保险行业协会应当切实履行保险条款和保险费率的自律管理职能,建立行业自律机制和风险防范机制。

中国保险行业协会应当积极推进保险条款和保险费率的通俗化、标准化工作,建立行业基础数据平台及标准产品数据库。

第七章 法律责任

第三十四条 保险公司未按照规定申请批准保险条款、保险费率的,由中国保监会责令改正,处五万元以上三十万元以下的罚款;情节严重的,可以限制其业务范围、责令停止接受新业务或者吊销业务许可证。

第三十五条 保险公司有下列行为之一的,由中国保监会责令限期改正;逾期不改正的,处一万元以上十万元以下的罚款:

(一)未按照规定报送保险条款、保险费率备案的;

(二)未按照规定报送或者保管与保险条款、保险费率相关的报告、报表、文件、资料的,或者未按照规定提供有关信息、资料的。

第三十六条 保险公司有下列行为之一的,由中国保监会责令改正,处十万元以上五十万元以下的罚款;情节严重的,可以限制其业务范围、责令停止接受新业务或者吊销业务许可证:

(一)报送审批、备案保险条款和保险费率时,编制或者提供虚假的报告、报表、文件、资料的;

(二)报送核准法律责任人、精算责任人时,编制或者提供虚假的报告、报表、文件、资料的。

第三十七条 保险公司违反本办法规定,聘任不具有任职资格的法律责任人和精算责任人的,由中国保监会责令改正,处二万元以上十万元以下的罚款。

第三十八条 保险机构有违反本办法第二十七条规定的,由中国保监会或者其派出机构责令改正,处十万元以上五十万元以下的罚款;情节严重的,可以限制其业务范围、责令停止接受新业务或者吊销业务许可证。

第三十九条 中国保监会或者其派出机构依照本办法第三十条的规定,责令保险机构停止使用或限期修改保险条款和保险费率,保险机构逾期不改正或者未停止使用的,处五万元以上三十万元以下的罚款;情节严重的,限制其业务范围、责令停止接受新业务或者吊销业务许可证。

第四十条 保险机构违反本办法规定的,中国保监会或者其派出机构除依照法律、行政法规和本办法的规定对该单位给予处罚外,对其直接负责的主管人员、负有直接责任的法律责任人、精算责任人和其他直接责任人员,视情节依法予以警告,并处一万元以上十万元以下的罚款;情节严重的,撤销任职资格或者从业资格,并可以禁止其一定期限直至终身进入保险业。

第八章 附　　则

第四十一条 中国保监会对保险公司保险条款和保险费率的审批程序、法律责任人和精算责任人的核准程序，适用《中华人民共和国行政许可法》和《中国保险监督管理委员会行政许可实施办法》的规定。

第四十二条　本办法施行前已经中国保监会核准的法律责任人资格和精算责任人资格继续有效。本办法施行后，对于不符合本办法规定条件的法律责任人和精算责任人，保险公司应在本办法施行之日起一年之内予以调整。

第四十三条　责任保险公司和农业保险公司财产保险条款和保险费率的管理适用本办法。

外国财产保险公司分公司保险条款和保险费率的管理适用本办法对财产保险公司总公司的规定。

第四十四条　港澳台地区保险公司在中国境内的财产保险公司分公司，比照外国财产保险公司分公司进行管理。

第四十五条　本办法由中国保监会负责解释。

第四十六条　本办法自2010年4月1日起施行。中国保监会2005年11月10日发布的《财产保险公司保险条款和保险费率管理办法》（保监会令〔2005〕4号）同时废止。

中国保险监督管理委员会关于实施《财产保险公司保险条款和保险费率管理办法》有关问题的通知

（保监发〔2010〕43号　2010年5月11日发布）

各财产保险公司、各保监局、中国保险行业协会：

为明确《财产保险公司保险条款和保险费率管理办法》（保监会令2010年第3号，以下简称《管理办法》）的有关问题，加强和规范财产保险公司保险条款和保险费率的管理，现就有关事项通知如下：

一、关于须经审批的保险险种范围

中国保监会依法认定下列保险险种的保险条款和保险费率，应当报中国保监会审批：

（一）机动车辆保险；

（二）非寿险投资型保险；

（三）保险期间超过1年期的保证保险和信用保险；

（四）中国保监会认定的其他关系社会公众利益的保险险种和依照法律和行政法规实行强制保险的险种。

其他保险险种的保险条款和保险费率，应当报中国保监会备案。

二、关于修改保险条款和保险费率

财产保险公司修改经备案的保险条款中的保险责任或者调整保险费率超过报经备案范围的，应当重新报中国保监会备案。其中，修改保险责任是指增加、减少或免除保险人责任，增加、减少或免除投保人、被保险人责任或受益人权利，包括但不限于通过保险条款和保险单证对保险责任和责任免除进行修改。

对于承担保险责任的保险条款，对应的保险费率原则上不得为零。

三、关于修改保险条款和保险费率须报送的材料

财产保险公司修改本公司已经备案的保险条款中的保险责任的，除应当提交《管理办法》第十四条规定的材料外，还应当提交《财产保险公司保险条款修改前后对比表》（附件1）。

财产保险公司修改本公司已经备案的保险费率的，除应当提交《管理办法》第十四条规定的材料外，还应当提交费率调整说明书，包括调整原因、对原费率的调整幅度、费率精算说明。

四、关于地方性条款费率清理

财产保险公司应当于2010年8月31日前，对《管理办法》实施前由保险公司分公司向所在地保监局申报审批和备案的地方性条款费率进行全面清理，对需要继续经营使用的地方性条款费率，由总公司统一报中国保监会审批或备案。中国保监会对条款费率重新编号并进行审批或备案。

五、关于产品经营汇总分析报告

财产保险公司应当于每年1月底前，填报《财产保险公司保险条款费率经营汇总表》（附件2），将公司上一年度内所有经营使用的保险条款和保险费率，以及上一年度内废止的保险条款和保险费率，连同保险条款费率开发和经营情况的总结分析报告，报送中国保监会。

六、关于加强产品开发流程及法律责任人、精算责任人管理

财产保险公司应当加强对产品开发流程的管控制度，建立对产品开发人员、法律责任人、精算责任人的内部管控制度，并于2010年10月1日前将上述制度报中国保监会。

财产保险公司应当按照《管理办法》的规定，加强对法律责任人和精算责任人的管理，并及时调整不符合条件规定的法律责任人和精算责任人。财产保险公司申请核准法律责任人的，除应当提交《管理办法》第二十二条规定的材料外，还应当提交报送材料的电子文本。

七、关于推进保险条款和保险费率通俗化、标准化，建立行业基础数据平台及标准产品数据库

中国保险行业协会应当按照《管理办法》要求，积极推进保险条款和保险费率的通俗化、标准化工作，建立行业基础数据平台及标准产品数据库工作，制订明确的工作目标和工作安排，于2010年10月1日前将工作安排报中国保监会。

八、关于报送格式与要求

（一）各财产保险公司应按《管理办法》和本通知所列的《财产保险公司保险条款修改前后对比表》（附件1）、《财产保险公司保险条款费率经营汇总表》（附件2）、《财产保险公司保险条款和保险费率审批表》（附件3）、《财产保险公司保险条款和保险费率备案表》（附件4）、《财产保险公司法律责任人资格审核申请表》（附件5）、《财产保险公司名称简称表、经营险种分类简称表和地区简称表》（附件6）表格、文本式样及填报要求进行填制、报送。需要特殊说明的事项，可以增加附页作出补充说明。

（二）报送材料上应当注明联系人及其联系方式。

（三）报送材料的电子文本可以采用邮寄磁盘、光盘或发送电子邮件的方式。直接发送电子邮件的，应在报送材料上注明。中国保监会财产保险监管部接收报送材料的电子邮箱是chanpin@circ.gov.cn。

机动车交通事故责任强制保险条款费率的管理适用本通知,法律、行政法规或者中国保监会另有规定的,适用其规定。

本通知自2010年5月1日起施行。中国保监会2005年11月25日发布的《关于实施〈财产保险公司保险条款和保险费率管理办法〉有关问题的通知》(保监发〔2005〕109号)同时废止。

附件:1. 财产保险公司保险条款修改前后对比表(略)

2. 财产保险公司保险条款费率经营汇总表(略)

3. 财产保险公司保险条款和保险费率审批表(略)

4. 财产保险公司保险条款和保险费率备案表(略)

5. 财产保险公司法律责任人资格审核申请表(略)

6. 财产保险公司名称简称表、经营险种分类简称表和地区简称表(略)

机动车交通事故责任强制保险条例

(2006年3月21日中华人民共和国国务院令第462号公布　根据2012年3月30日《国务院关于修改〈机动车交通事故责任强制保险条例〉的决定》第一次修订　根据2012年12月17日《国务院关于修改〈机动车交通事故责任强制保险条例〉的决定》第二次修订　国务院令第630号)

第一章　总　则

第一条　为了保障机动车道路交通事故受害人依法得到赔偿,促进道路交通安全,根据《中华人民共和国道路交通安全法》、《中华人民共和国保险法》,制定本条例。

第二条　在中华人民共和国境内道路上行驶的机动车的所有人或者管理人,应当依照《中华人民共和国道路交通安全法》的规定投保机动车交通事故责任强制保险。

机动车交通事故责任强制保险的投保、赔偿和监督管理,适用本条例。

第三条　本条例所称机动车交通事故责任强制保险,是指由保险公司对被保险机动车发生道路交通事故造成本车人员、被保险人以外的受害人的人身伤亡、财产损失,在责任限额内予以赔偿的强制性责任保险。

第四条　国务院保险监督管理机构(以下称保监会)依法对保险公司的机动车交通事故责任强制保险业务实施监督管理。

公安机关交通管理部门、农业(农业机械)主管部门(以下统称机动车管理部门)应当依法对机动车参加机动车交通事故责任强制保险的情况实施监督检查。对未参加机动车交通事故责任强制保险的机动车,机动车管理部门不得予以登记,机动车安全技术检验机构不得予以检验。

公安机关交通管理部门及其交通警察在调查处理道路交通安全违法行为和道路交通事故时,应当依法检查机动车交通事故责任强制保险的保险标志。

第二章　投　保

第五条　保险公司经保监会批准,可以从事机动车交通事故责任强制保险业务。

为了保证机动车交通事故责任强制保险制度的实行,保监会有权要求保险公司从事机动车交通事故责任强制保险业务。

未经保监会批准,任何单位或者个人不得从事机动车交通事故责任强制保险业务。

第六条 机动车交通事故责任强制保险实行统一的保险条款和基础保险费率。保监会按照机动车交通事故责任强制保险业务总体上不盈利不亏损的原则审批保险费率。

保监会在审批保险费率时,可以聘请有关专业机构进行评估,可以举行听证会听取公众意见。

第七条 保险公司的机动车交通事故责任强制保险业务,应当与其他保险业务分开管理,单独核算。

保监会应当每年对保险公司的机动车交通事故责任强制保险业务情况进行核查,并向社会公布;根据保险公司机动车交通事故责任强制保险业务的总体盈利或者亏损情况,可以要求或者允许保险公司相应调整保险费率。

调整保险费率的幅度较大的,保监会应当进行听证。

第八条 被保险机动车没有发生道路交通安全违法行为和道路交通事故的,保险公司应当在下一年度降低其保险费率。在此后的年度内,被保险机动车仍然没有发生道路交通安全违法行为和道路交通事故的,保险公司应当继续降低其保险费率,直至最低标准。被保险机动车发生道路交通安全违法行为或者道路交通事故的,保险公司应当在下一年度提高其保险费率。多次发生道路交通安全违法行为、道路交通事故,或者发生重大道路交通事故的,保险公司应当加大提高其保险费率的幅度。在道路交通事故中被保险人没有过错的,不提高其保险费率。降低或者提高保险费率的标准,由保监会会同国务院公安部门制定。

第九条 保监会、国务院公安部门、国务院农业主管部门以及其他有关部门应当逐步建立有关机动车交通事故责任强制保险、道路交通安全违法行为和道路交通事故的信息共享机制。

第十条 投保人在投保时应当选择具备从事机动车交通事故责任强制保险业务资格的保险公司,被选择的保险公司不得拒绝或者拖延承保。

保监会应当将具备从事机动车交通事故责任强制保险业务资格的保险公司向社会公示。

第十一条 投保人投保时,应当向保险公司如实告知重要事项。

重要事项包括机动车的种类、厂牌型号、识别代码、牌照号码、使用性质和机动车所有人或者管理人的姓名(名称)、性别、年龄、住所、身份证或者驾驶证号码(组织机构代码)、续保前该机动车发生事故的情况以及保监会规定的其他事项。

第十二条 签订机动车交通事故责任强制保险合同时,投保人应当一次支付全部保险费;保险公司应当向投保人签发保险单、保险标志。保险单、保险标志应当注明保险单号码、车牌号码、保险期限、保险公司的名称、地址和理赔电话号码。

被保险人应当在被保险机动车上放置保险标志。

保险标志式样全国统一。保险单、保险标志由保监会监制。任何单位或者个人不得伪造、变造或者使用伪造、变造的保险单、保险标志。

第十三条 签订机动车交通事故责任强制保险合同时,投保人不得在保险条款和保险费率之外,向保险公司提出附加其他条件的要求。

签订机动车交通事故责任强制保险合同时,保险公司不得强制投保人订立商业保险合同以及提出附加其他条件的要求。

第十四条　保险公司不得解除机动车交通事故责任强制保险合同;但是,投保人对重要事项未履行如实告知义务的除外。

投保人对重要事项未履行如实告知义务,保险公司解除合同前,应当书面通知投保人,投保人应当自收到通知之日起 5 日内履行如实告知义务;投保人在上述期限内履行如实告知义务的,保险公司不得解除合同。

第十五条　保险公司解除机动车交通事故责任强制保险合同的,应当收回保险单和保险标志,并书面通知机动车管理部门。

第十六条　投保人不得解除机动车交通事故责任强制保险合同,但有下列情形之一的除外:

(一)被保险机动车被依法注销登记的;

(二)被保险机动车办理停驶的;

(三)被保险机动车经公安机关证实丢失的。

第十七条　机动车交通事故责任强制保险合同解除前,保险公司应当按照合同承担保险责任。

合同解除时,保险公司可以收取自保险责任开始之日起至合同解除之日止的保险费,剩余部分的保险费退还投保人。

第十八条　被保险机动车所有权转移的,应当办理机动车交通事故责任强制保险合同变更手续。

第十九条　机动车交通事故责任强制保险合同期满,投保人应当及时续保,并提供上一年度的保险单。

第二十条　机动车交通事故责任强制保险的保险期间为 1 年,但有下列情形之一的,投保人可以投保短期机动车交通事故责任强制保险:

(一)境外机动车临时入境的;

(二)机动车临时上道路行驶的;

(三)机动车距规定的报废期限不足 1 年的;

(四)保监会规定的其他情形。

第三章　赔　　偿

第二十一条　被保险机动车发生道路交通事故造成本车人员、被保险人以外的受害人人身伤亡、财产损失的,由保险公司依法在机动车交通事故责任强制保险责任限额范围内予以赔偿。

道路交通事故的损失是由受害人故意造成的,保险公司不予赔偿。

第二十二条　有下列情形之一的,保险公司在机动车交通事故责任强制保险责任限额范围内垫付抢救费用,并有权向致害人追偿:

(一)驾驶人未取得驾驶资格或者醉酒的;

(二)被保险机动车被盗抢期间肇事的;

(三)被保险人故意制造道路交通事故的。

有前款所列情形之一,发生道路交通事故的,造成受害人的财产损失,保险公司不承担赔偿责任。

第二十三条 机动车交通事故责任强制保险在全国范围内实行统一的责任限额。责任限额分为死亡伤残赔偿限额、医疗费用赔偿限额、财产损失赔偿限额以及被保险人在道路交通事故中无责任的赔偿限额。

机动车交通事故责任强制保险责任限额由保监会会同国务院公安部门、国务院卫生主管部门、国务院农业主管部门规定。

第二十四条 国家设立道路交通事故社会救助基金(以下简称救助基金)。有下列情形之一时,道路交通事故中受害人人身伤亡的丧葬费用、部分或者全部抢救费用,由救助基金先行垫付,救助基金管理机构有权向道路交通事故责任人追偿:

(一)抢救费用超过机动车交通事故责任强制保险责任限额的;

(二)肇事机动车未参加机动车交通事故责任强制保险的;

(三)机动车肇事后逃逸的。

第二十五条 救助基金的来源包括:

(一)按照机动车交通事故责任强制保险的保险费的一定比例提取的资金;

(二)对未按照规定投保机动车交通事故责任强制保险的机动车的所有人、管理人的罚款;

(三)救助基金管理机构依法向道路交通事故责任人追偿的资金;

(四)救助基金孳息;

(五)其他资金。

第二十六条 救助基金的具体管理办法,由国务院财政部门会同保监会、国务院公安部门、国务院卫生主管部门、国务院农业主管部门制定试行。

第二十七条 被保险机动车发生道路交通事故,被保险人或者受害人通知保险公司的,保险公司应当立即给予答复,告知被保险人或者受害人具体的赔偿程序等有关事项。

第二十八条 被保险机动车发生道路交通事故的,由被保险人向保险公司申请赔偿保险金。保险公司应当自收到赔偿申请之日起1日内,书面告知被保险人需要向保险公司提供的与赔偿有关的证明和资料。

第二十九条 保险公司应当自收到被保险人提供的证明和资料之日起5日内,对是否属于保险责任作出核定,并将结果通知被保险人;对不属于保险责任的,应当书面说明理由;对属于保险责任的,在与被保险人达成赔偿保险金的协议后10日内,赔偿保险金。

第三十条 被保险人与保险公司对赔偿有争议的,可以依法申请仲裁或者向人民法院提起诉讼。

第三十一条 保险公司可以向被保险人赔偿保险金,也可以直接向受害人赔偿保险金。但是,因抢救受伤人员需要保险公司支付或者垫付抢救费用的,保险公司在接到公安机关交通管理部门通知后,经核对应当及时向医疗机构支付或者垫付抢救费用。

因抢救受伤人员需要救助基金管理机构垫付抢救费用的,救助基金管理机构在接到公安机关交通管理部门通知后,经核对应当及时向医疗机构垫付抢救费用。

第三十二条 医疗机构应当参照国务院卫生主管部门组织制定的有关临床诊疗指南,抢救、治疗道路交通事故中的受伤人员。

第三十三条 保险公司赔偿保险金或者垫付抢救费用,救助基金管理机构垫付抢救费用,需要向有关部门、医疗机构核实有关情况的，有关部门、医疗机构应当予以配合。

第三十四条　保险公司、救助基金管理机构的工作人员对当事人的个人隐私应当保密。

第三十五条　道路交通事故损害赔偿项目和标准依照有关法律的规定执行。

第四章　罚　　则

第三十六条　未经保监会批准，非法从事机动车交通事故责任强制保险业务的，由保监会予以取缔；构成犯罪的，依法追究刑事责任；尚不构成犯罪的，由保监会没收违法所得，违法所得20万元以上的，并处违法所得1倍以上5倍以下罚款；没有违法所得或者违法所得不足20万元的，处20万元以上100万元以下罚款。

第三十七条　保险公司未经保监会批准从事机动车交通事故责任强制保险业务的，由保监会责令改正，责令退还收取的保险费，没收违法所得，违法所得10万元以上的，并处违法所得1倍以上5倍以下罚款；没有违法所得或者违法所得不足10万元的，处10万元以上50万元以下罚款；逾期不改正或者造成严重后果的，责令停业整顿或者吊销经营保险业务许可证。

第三十八条　保险公司违反本条例规定，有下列行为之一的，由保监会责令改正，处5万元以上30万元以下罚款；情节严重的，可以限制业务范围、责令停止接受新业务或者吊销经营保险业务许可证：

（一）拒绝或者拖延承保机动车交通事故责任强制保险的；

（二）未按照统一的保险条款和基础保险费率从事机动车交通事故责任强制保险业务的；

（三）未将机动车交通事故责任强制保险业务和其他保险业务分开管理，单独核算的；

（四）强制投保人订立商业保险合同的；

（五）违反规定解除机动车交通事故责任强制保险合同的；

（六）拒不履行约定的赔偿保险金义务的；

（七）未按照规定及时支付或者垫付抢救费用的。

第三十九条　机动车所有人、管理人未按照规定投保机动车交通事故责任强制保险的，由公安机关交通管理部门扣留机动车，通知机动车所有人、管理人依照规定投保，处依照规定投保最低责任限额应缴纳的保险费的2倍罚款。

机动车所有人、管理人依照规定补办机动车交通事故责任强制保险的，应当及时退还机动车。

第四十条　上道路行驶的机动车未放置保险标志的，公安机关交通管理部门应当扣留机动车，通知当事人提供保险标志或者补办相应手续，可以处警告或者20元以上200元以下罚款。

当事人提供保险标志或者补办相应手续的，应当及时退还机动车。

第四十一条　伪造、变造或者使用伪造、变造的保险标志，或者使用其他机动车的保险标志，由公安机关交通管理部门予以收缴，扣留该机动车，处200元以上2000元以下罚款；构成犯罪的，依法追究刑事责任。

当事人提供相应的合法证明或者补办相应手续的，应当及时退还机动车。

第五章　附　　则

第四十二条　本条例下列用语的含义：

（一）投保人，是指与保险公司订立机动车交通事故责任强制保险合同，并按照合同负有支付保险费义务的机动车的所有人、管理人。

（二）被保险人，是指投保人及其允许的合法驾驶人。

（三）抢救费用，是指机动车发生道路交通事故导致人员受伤时，医疗机构参照国务院卫生主管部门组织制定的有关临床诊疗指南，对生命体征不平稳和虽然生命体征平稳但如果不采取处理措施会产生生命危险，或者导致残疾、器官功能障碍，或者导致病程明显延长的受伤人员，采取必要的处理措施所发生的医疗费用。

第四十三条　挂车不投保机动车交通事故责任强制保险。发生道路交通事故造成人身伤亡、财产损失的，由牵引车投保的保险公司在机动车交通事故责任强制保险责任限额范围内予以赔偿；不足的部分，由牵引车方和挂车方依照法律规定承担赔偿责任。

第四十四条　机动车在道路以外的地方通行时发生事故，造成人身伤亡、财产损失的赔偿，比照适用本条例。

第四十五条　中国人民解放军和中国人民武装警察部队在编机动车参加机动车交通事故责任强制保险的办法，由中国人民解放军和中国人民武装警察部队另行规定。

第四十六条　机动车所有人、管理人自本条例施行之日起3个月内投保机动车交通事故责任强制保险；本条例施行前已经投保商业性机动车第三者责任保险的，保险期满，应当投保机动车交通事故责任强制保险。

第四十七条　本条例自2006年7月1日起施行。

中国保监会关于调整交强险责任限额的公告

（2008年1月11日发布）

根据《机动车交通事故责任强制保险条例》的有关规定，在综合分析各方意见的基础上，保监会会同有关部门确定了机动车交通事故责任强制保险（以下简称交强险）责任限额调整方案。新责任限额方案内容如下：

被保险机动车在道路交通事故中有责任的赔偿限额为：死亡伤残赔偿限额110000元人民币；医疗费用赔偿限额10000元人民币；财产损失赔偿限额2000元人民币。

被保险机动车在道路交通事故中无责任的赔偿限额为：死亡伤残赔偿限额11000元人民币；医疗费用赔偿限额1000元人民币；财产损失赔偿限额100元人民币。

上述责任限额从2008年2月1日零时起实行。截至2008年2月1日零时保险期间尚未结束的交强险保单项下的机动车在2008年2月1日零时后发生道路交通事故的，按照新的责任限额执行；在2008年2月1日零时前发生道路交通事故的，仍按原责任限额执行。

机动车交通事故责任强制保险基础费率表

（2006 年 6 月 19 日发布）

金额单位：元

车辆大类	序号	车辆明细分类	保费
一、家庭自用车	1	家庭自用汽车 6 座以下	1050
	2	家庭自用汽车 6 座及以上	1100
二、非营业客车	3	企业非营业汽车 6 座以下	1000
	4	企业非营业汽车 6～10 座	1190
	5	企业非营业汽车 10～20 座	1300
	6	企业非营业汽车 20 座以上	1580
	7	机关非营业汽车 6 座以下	950
	8	机关非营业汽车 6～10 座	1070
	9	机关非营业汽车 10～20 座	1140
	10	机关非营业汽车 20 座以上	1320
三、营业客车	11	营业出租租赁 6 座以下	1800
	12	营业出租租赁 6～10 座	2360
	13	营业出租租赁 10～20 座	2580
	14	营业出租租赁 20～36 座	3730
	15	营业出租租赁 36 座以上	3880
	16	营业城市公交 6～10 座	2250
	17	营业城市公交 10～20 座	2520
	18	营业城市公交 20～36 座	3270
	19	营业城市公交 36 座以上	4250
	20	营业公路客运 6～10 座	2350
	21	营业公路客运 10～20 座	2620
	22	营业公路客运 20～36 座	3420
	23	营业公路客运 36 座以上	4690

续表

车辆大类	序号	车辆明细分类	保费
四、非营业货车	24	非营业货车 2 吨以下	1200
	25	非营业货车 2~5 吨	1630
	26	非营业货车 5~10 吨	1750
	27	非营业货车 10 吨以上	2220
五、营业货车	28	营业货车 2 吨以下	1850
	29	营业货车 2~5 吨	3070
	30	营业货车 5~10 吨	3450
	31	营业货车 10 吨以上	4480
六、特种车	32	特种车一	6040
	33	特种车二	2430
	34	特种车三	1320
	35	特种车四	5660
七、摩托车	36	摩托车 50CC 及以下	120
	37	摩托车 50CC~250CC(含)	180
	38	摩托车 250CC 以上及侧三轮	400
八、拖拉机	39	农用型拖拉机 14.7KW 及以下待定	
	40	农用型拖拉机 14.7KW 以上待定	
	41	运输型拖拉机 14.7KW 及以下待定	
	42	运输型拖拉机 14.7KW 以上待定	

1. 座位和吨位的分类都按照"含起点不含终点"的原则来解释;

2. 特种车一:油罐车、汽罐车、液罐车、冷藏车;

特种车二:用于牵引、清障、清扫、清洁、起重、装卸、升降、搅拌、挖掘、推土等的各种专用机动车;

特种车三:装有固定专用仪器设备从事专业工作的监测、消防、医疗、电视转播等的各种专用机动车;

特种车四:集装箱拖头。

3. 挂车根据实际的使用性质并按照对应吨位货车的50%计算。

再保险业务管理规定

(2010年5月21日中国保险监督管理委员会令2010年第8号发布 根据2015年10月19日中国保险监督管理委员会令2015年第3号《关于修改〈保险公司设立境外保险类机构管理办法〉等八部规章的决定》修订)

第一章　总　　则

第一条　为了规范和发展再保险市场,加强对再保险业务的管理,实现保险业健康协调可持续发展,依据《中华人民共和国保险法》(以下简称《保险法》)、《中华人民共和国外资保险公司管理条例》以及有关法律、行政法规,制定本规定。

第二条　本规定所称再保险,是指保险人将其承担的保险业务,部分转移给其他保险人的经营行为。

本规定所称直接保险,也称原保险,是相对再保险而言的保险,由投保人与保险人直接订立保险合同的保险业务。

本规定所称转分保,是指再保险接受人将其分入的保险业务,转移给其他保险人的经营行为。

本规定所称合约分保,是指保险人与其他保险人预先订立合同,约定将一定时期内其承担的保险业务,部分向其他保险人办理再保险的经营行为。

本规定所称临时分保,是指保险人临时与其他保险人约定,将其承担的保险业务,部分向其他保险人办理再保险的经营行为。

本规定所称比例再保险,是指以保险金额为基础确定再保险分出人自留额和再保险接受人分保额的再保险方式。

本规定所称非比例再保险,是指以赔款金额为基础确定再保险分出人自负责任和再保险接受人分保责任的再保险方式。

第三条　本规定所称再保险分出人,是指将其承担的保险业务,部分转移给其他保险人的保险人;本规定所称再保险接受人,是指承接其他保险人转移的保险业务的保险人。

本规定所称分出业务,是指再保险分出人转移出的保险业务;本规定所称分入业务,是指再保险接受人接受分入的保险业务。

本规定所称直接保险公司,也称原保险公司,是相对再保险人而言,是指直接与投保人订立保险合同的保险人。

本规定所称保险联合体,是指为了处理单个保险人无法承担的特殊风险或者巨额保险业务,或者按照国际惯例,由两个或两个以上保险人联合组成、按照其章程约定共同经营保险业务的组织。

本规定所称保险经纪人,是指接受再保险分出人委托,基于再保险分出人利益,为再保险分出人与再保险接受人办理再保险业务提供中介服务,并按约定收取佣金的保险经纪机构。

第四条　在中华人民共和国境内(不含港澳台)设立的保险人、保险联合体以及保险经纪人或其他保险机构办理再保险业务,应当遵守本规定。

第五条 保险人、保险联合体和保险经纪人办理再保险业务,应当遵循审慎和最大诚信原则。

第六条 再保险分出人、再保险接受人和保险经纪人,对在办理再保险业务中知悉的商业秘密,应当负有保密义务。

第七条 中国保险监督管理委员会(以下简称中国保监会)鼓励保险人、保险联合体和保险经纪人积极为农业保险和地震、台风、洪水等巨灾保险提供保险及再保险服务。

第八条 中国保监会依法对再保险业务实施监督和管理。

第二章 业务经营

第九条 再保险业务分为寿险再保险和非寿险再保险。保险人对寿险再保险和非寿险再保险应当单独列账、分别核算。

第十条 保险人应当依照《保险法》规定,确定当年总自留保险费和每一危险单位自留责任;超过的部分,应当办理再保险。

第十一条 除航空航天保险、核保险、石油保险、信用保险外,直接保险公司办理合约分保或者临时分保的,应当符合下列规定:

(一)以比例再保险方式分出财产险直接保险业务时,每一危险单位分给同一家再保险接受人的比例,不得超过再保险分出人承保直接保险合同部分的保险金额或者责任限额的80%;

(二)每一临时分保合同分给投保人关联企业的保险金额或者责任限额,不得超过直接保险业务保险金额或者责任限额的20%。

第十二条 保险人对危险单位的划分应当符合中国保监会的相关规定,并于每年3月31日之前,将危险单位的划分方法报中国保监会备案。

第十三条 保险人应当根据实际情况,科学、合理安排巨灾再保险,并于每年6月30日之前,将巨灾风险安排方案报中国保监会备案。

第十四条 保险人应当按照中国保监会的规定办理再保险,并审慎选择再保险接受人,选择再保险接受人应当符合中国保监会的有关规定。

第十五条 再保险分出人应当将影响再保险定价和分保条件的重要信息向再保险接受人书面告知。再保险合同成立后,再保险分出人应及时向再保险接受人提供重大赔案信息、赔款准备金等对再保险接受人的准备金建立及预期赔付有重大影响的信息。

第十六条 保险人和保险经纪人可以利用金融工具开发设计新型风险转移产品。保险人应当按照有关规定向中国保监会报告。

第十七条 中国境内的专业再保险接受人,应当配备在中国境内有住所的专职再保险核保人和再保险核赔人。

第三章 再保险经纪业务

第十八条 保险经纪人从事再保险经纪业务,不得损害保险人的信誉和合法权益。

第十九条 保险经纪人可以根据业务需要引进或者设计再保险合同。

第二十条 保险经纪人应当按照与再保险分出人的约定,及时寄送账单、结算再保险款项以及履行其他义务,不得挪用或者截留再保险费、摊回赔款、摊回手续费以及摊回费用。

保险经纪人应当将再保险接受人的有关信息及时、准确地告知再保险分出人。

第二十一条 应再保险接受人的要求,保险经纪人应当按照与再保险分出人的约定,将其知道的再保险分出人的自留责任以及直接保险的有关情况书面告知再保险接受人。

第二十二条 应再保险分出人或者再保险接受人的要求,保险经纪人应当按照合同约定配合进行赔案的理赔工作。

第四章 监督管理

第二十三条 外资保险公司应当定期向中国保监会提交下列材料:

(一)外资保险公司与关联企业签订合约再保险合同后,应当在合同生效后一个月,将再保险合同简要文本(Slip)上报中国保监会;同时,在每季度结束后一个月内,将上季度与关联企业签订的生效的临分再保险合同简要文本(Slip)上报中国保监会。

(二)外资保险公司应当对其与每一个关联企业的再保险交易进行单独统计,并按中国保监会的要求报送相关资料。

第二十四条 保险人办理再保险业务,应当按照精算的原理、方法,评估各项准备金,并按照中国保监会有关规定准确、足额提取和结转各项准备金。

对于同一笔寿险业务,在法定责任准备金下,再保险接受人与再保险分出人在评估准备金时,应采用一致的评估方法与假设。

第二十五条 保险人偿付能力报告中涉及再保险业务的内容,应当符合保险公司偿付能力报告编报规则的要求。

第二十六条 外国再保险公司分公司的偿付能力状况,按照其总公司的偿付能力状况认定。

外国再保险公司分公司自留保费以其总公司直接授权的额度为限。

第二十七条 直接保险公司应当在每年4月30日以前,向中国保监会提交下列材料:

(一)以比例再保险方式分出财产险直接保险业务时,除航空航天保险、核保险、石油保险、信用保险外,上一会计年度办理合约分保和临时分保的,每一危险单位分给同一家再保险接受人的业务,超过再保险分出人承保直接保险合同部分的保险金额或者责任限额50%的交易情况;

(二)本会计年度合约分保中,对于4月30日之后签署的合约,应当于合约生效后一个月内上报下列资料:

1. 合约名称及有效期;

2. 续转或新签情况;

3. 再保险合约文本复印件;其中,对人身保险公司,只需上报新增的或者有变动的再保险合约文本复印件;

4. 直接分出情况:再保险接受人名称(注明首席接受人或最大份额接受人)及份额、资本金、资本公积、信用评级、签约再保险接受人所在国家或地区;

5. 经纪人安排情况:经纪人名称、份额、所在国家或地区,通过经纪人分出的再保险接受人的有关情况,包括再保险接受人的名称(注明首席接受人或最大份额接受人)及份额、资本金、资本公积、信用评级、签约再保险接受人所在国家或地区。

(三)财产保险公司上一会计年度以及本会计年度每一危险单位的最大净自留额;

(四)财产保险公司、人身保险公司本会计年度再保险安排的变动情况,主要包括再保合约的增加或减少、合约分保首席接受人或最大份额接受人的变化等。

第二十八条 财产保险公司应当建立再保险信息定期报告制度,按照中国保监会相关规定于每季度结束后一周内,将上一季度有关情况上报中国保监会。

第二十九条 保险公司应当在每年4月30日以前,向中国保监会提交下列报告:

(一)上一会计年度再保险业务经营情况,主要从再保险业务规模、手续费以及摊回、赔款以及摊回等分入、分出两方面表述。

(二)总精算师或精算责任人签署的、有关再保险业务的各类准备金提取办法和金额。

第三十条 直接保险公司应当将重大保险赔案及其再保险安排情况、再保险政策的重大调整等情况,及时向中国保监会报告。

前款所称重大保险赔案是指在一次保险事故中,财产损失赔偿在5000万元以上,或者人身伤亡赔付在3000万元以上的理赔案件。

第三十一条 外国再保险公司分公司应当按照下列要求向中国保监会提交有关报告:

(一)在每年7月31日以前,提交其总公司注册地保险监管机构根据当地法律出具的有关其总公司偿付能力状况的意见书或者经营状况意见书;

(二)在每年12月31日以前,提交其总公司下一年度授权的承保权限和自留保费额度;

(三)在每年1月31日和7月31日以前,提交有关转分保业务情况的报告,包括转分保分入公司名称、业务种类、合同形式、分出保费、摊回赔款以及摊回手续费等。

第三十二条 保险联合体应当在每年4月30日以前,向中国保监会报告上一年度的财务报告、业务分析报告以及与境外再保险交易情况。

第五章 法律责任

第三十三条 保险公司、保险经纪人违反本规定办理再保险分出业务的,由中国保监会责令改正,并处以5万元以上30万元以下罚款;情节严重的,可以限制业务范围、责令停止接受新业务或者吊销经营保险业务许可证。

对未按照本规定办理再保险的行为负直接责任的主管人员和其他直接责任人员给予警告,并处1万元以上10万元以下的罚款;情节严重的,撤销任职资格或从业资格;并可以禁止有关责任人员一定期限直至终身进入保险业。

第六章 附　　则

第三十四条 政策性保险公司办理再保险业务参照适用本规定。不能适用本规定的,政策性保险公司应当在3个月内向中国保监会报告有关情况。

第三十五条 本规定由中国保监会负责解释。

第三十六条 本规定自2010年7月1日起施行。中国保监会2005年10月14日发布的《再保险业务管理规定》(保监会令〔2005〕2号)同时废止。

保险公司财务负责人任职资格管理规定

（2008年12月11日中国保险监督管理委员会令第4号发布
根据2010年12月3日中国保险监督管理委员会《关于
修改部分规章的决定》修正）

第一章　总　　则

第一条　为了促进保险公司加强经营管理，完善公司治理，实现保险业持续、健康发展，根据《中华人民共和国保险法》、《中华人民共和国公司法》、《中华人民共和国外资保险公司管理条例》等法律、行政法规，制定本规定。

第二条　本规定所称保险公司财务负责人（以下简称财务负责人），是指保险公司负责会计核算、财务管理等企业价值管理活动的总公司高级管理人员。

第三条　保险公司应当设立财务负责人职位。

保险公司任命财务负责人，应当在任命前向中国保险监督管理委员会（以下简称中国保监会）申请核准拟任财务负责人的任职资格；未经核准的，不得以任何形式任命。

第四条　财务负责人应当勤勉尽责，遵守法律、行政法规和中国保监会的有关规定，遵守保险公司章程和职业准则。

第五条　中国保监会依法对财务负责人的任职和履职进行监督管理。

第二章　任职资格管理

第六条　财务负责人应当具有诚信勤勉的品行和良好的职业道德操守，具备履行职务必需的专业知识、从业经历和管理能力。

第七条　担任财务负责人应当具备下列条件：

（一）大学本科以上学历；

（二）从事金融工作5年以上或者从事经济工作8年以上；

（三）具有在企事业单位或者国家机关担任领导或者管理职务的任职经历；

（四）具有国内外会计、财务、投资或者精算等相关领域的合法专业资格，或者具有国内会计或者审计系列高级职称；

（五）熟悉履行职责所需的法律法规和监管规定，在会计、精算、投资或者风险管理等方面具有良好的专业基础；

（六）对保险业的经营规律有比较深入的认识，有较强的专业判断能力、组织管理能力和沟通能力；

（七）能够熟练使用中文进行工作；

（八）在中华人民共和国境内有住所；

（九）中国保监会规定的其他条件。

具有财会等相关专业博士学位的，可以豁免本条第一款第（四）项规定的条件，并可以适当放宽从事金融工作或者经济工作的年限。

从事金融工作10年以上并且在金融机构担任5年以上管理职务的,可以豁免本条第一款第(四)项规定的条件。

第八条 有《保险公司董事、监事和高级管理人员任职资格管理规定》中禁止担任高级管理人员情形之一,或者有中国保监会规定不适宜担任财务负责人的其他情形的,不得担任保险公司财务负责人。

曾因提供虚假财务会计信息受过行政处罚的,不论其申请核准任职资格时是否超过《保险公司董事和高级管理人员任职资格管理规定》或者中国保监会其他规定中规定的禁入年限,均不得担任财务负责人。

第九条 保险公司任命财务负责人,应当在任命前向中国保监会申请核准财务负责人任职资格,提交下列书面材料一式三份,并同时提交有关电子文档:

(一)董事会拟任命财务负责人的决议;

(二)拟任财务负责人任职资格核准申请书;

(三)《保险公司董事、监事和高级管理人员任职资格申请表》;

(四)拟任财务负责人身份证、学历证书、专业资格证书、职称证明等有关文件的复印件,有护照的应当同时提供护照复印件;

(五)在中华人民共和国境内有住所的证明;

(六)离职时进行离任审计的,提交离任审计报告,没有进行离任审计的,由原任职单位作出未进行离任审计的说明,不能提交上述资料的,由拟任财务负责人作出书面说明;

(七)中国保监会规定提交的其他材料。

经中国保监会核准开业的保险公司,应当在取得开业核准文件之后1个月以内,按照前款规定向中国保监会申请核准拟任财务负责人的任职资格。

第十条 中国保监会应当自受理任职资格核准申请之日起20个工作日以内,作出核准或者不予核准的决定。20个工作日以内不能作出决定的,经中国保监会主席批准,可以延长10个工作日,并应当将延长期限的理由告知申请人。

决定核准的,颁发任职资格核准文件;决定不予核准的,应当作出书面决定并说明理由。

第十一条 中国保监会对任职资格核准申请进行审查,审查可以包括下列方式:

(一)审查任职申请材料;

(二)对拟任财务负责人进行任职考察谈话;

(三)中国保监会规定的其他方式。

第十二条 任职考察谈话可以包括下列内容:

(一)了解拟任财务负责人对保险业经营规律的认识,对拟任职企业内外部环境的认识;

(二)对与其履行职责相关的重要法律、行政法规和规章的掌握情况;

(三)对担任财务负责人应当重点关注的问题进行提示;

(四)中国保监会认为应当考察或者提示的其他内容。

任职考察谈话应当作成书面记录,由考察人和拟任财务负责人双方签字。

第十三条 中国保监会可以向拟任财务负责人原任职机构以及有关部门征询意见,了解拟任财务负责人的有关情况。

第十四条 财务负责人有下列情形之一的,其任职资格自动失效,拟再担任财务负责人的,应当重新核准任职资格:

（一）因辞职、被免职或者被撤职等原因离职的；

（二）受到撤销任职资格的行政处罚的；

（三）出现《中华人民共和国公司法》第一百四十七条第一款规定情形的。

第三章　财务负责人职责

第十五条　保险公司应当在公司章程中明确规定财务负责人的职责和权利。

第十六条　财务负责人的聘任、解聘及其报酬事项，由保险公司董事会根据总经理提名决定。

保险公司董事会应当对财务负责人的履职行为进行持续评估和定期考核，及时更换不能胜任的财务负责人。

第十七条　财务负责人履行下列职责：

（一）负责会计核算和编制财务报告，建立和维护与财务报告有关的内部控制体系，负责财务会计信息的真实性；

（二）负责财务管理，包括预算管理、成本控制、资金调度、收益分配、经营绩效评估等；

（三）负责或者参与风险管理和偿付能力管理；

（四）参与战略规划等重大经营管理活动；

（五）根据法律、行政法规和有关监管规定，审核、签署对外披露的有关数据和报告；

（六）中国保监会规定以及依法应当履行的其他职责。

第十八条　财务负责人向董事会和总经理报告工作。

保险公司应当规定董事会每半年至少听取一次财务负责人就保险公司财务状况、经营成果以及应当注意问题等事项的汇报。

第十九条　财务负责人在签署财务报告、偿付能力报告等文件之前，应当向保险公司负责精算、投资以及风险管理等相关业务的高级管理人员书面征询意见。

第二十条　保险公司有下列情形之一的，财务负责人应当依据其职责，及时向董事会、总经理或者相关高级管理人员提出纠正建议；董事会、总经理没有采取措施纠正的，财务负责人应当向中国保监会报告，并有权拒绝在相关文件上签字：

（一）经营活动或者编制的财务会计报告严重违反保险法律、行政法规或者监管规定的；

（二）严重损害投保人、被保险人合法权益的；

（三）保险公司其他高级管理人员侵犯保险公司合法权益，给保险公司经营可能造成严重危害的。

第二十一条　财务负责人有权获得履行职责所需的数据、文件、资料等相关信息，保险公司有关部门和人员不得进行非法干预，不得隐瞒信息或者提供虚假信息。

保险公司应当规定财务负责人有权列席与其职责相关的董事会会议。

第四章　监督管理

第二十二条　保险公司任命财务负责人，应当依照本规定经中国保监会核准任职资格；情况特殊需要指定临时财务负责人的，临时任职时间不得超过 3 个月。

保险公司任命临时财务负责人，应当在作出任职或者免职决定之日起 10 个工作日以内向中国保监会报告。临时财务负责人有下列情形之一的，中国保监会有权要求保险公司更换：

（一）有本规定禁止担任财务负责人情形的；

(二)中国保监会规定不适宜行使财务负责人职责的。

第二十三条 保险公司有下列情形之一的,中国保监会可以对负有直接责任的董事、财务负责人或者其他高级管理人员进行监管谈话,并可以视情形责令限期整改:

(一)没有在公司章程中明确规定财务负责人职责和权利的;

(二)公司治理结构或者内部控制制度存在重大缺陷,导致财务负责人难以获取履行职责所需的数据、文件、资料等相关信息的;

(三)有证据证明财务负责人违背本规定中规定的职责,或者违背《中华人民共和国公司法》规定的忠实和勤勉义务,可能给保险公司经营造成严重危害的;

(四)保险公司在财务负责人职责范围内的有关经营管理活动存在重大风险隐患,可能给保险公司经营造成严重危害的;

(五)中国保监会认为应当提示风险的其他情形。

第二十四条 财务负责人因辞职、被免职或者被撤职等原因离职的,保险公司应当在做出批准辞职或者免职、撤职等决定的同时,将决定文件抄报中国保监会,并同时提交对财务负责人免职或者撤职的原因说明。

第二十五条 财务负责人应当持续进行法律法规和专业知识学习,参加中国保监会组织或者认可的培训。

第二十六条 中国保监会根据本规定对保险公司财务负责人履职行为的合规性进行监督检查,并向董事会和总经理通报检查结果。

第二十七条 财务负责人违反《中华人民共和国保险法》和本规定的,由中国保监会依法予以处罚。

第五章 附 则

第二十八条 对保险公司财务负责人的任职资格管理,本规定没有规定的,适用《保险公司董事、监事和高级管理人员任职资格管理规定》,中国保监会另有规定的除外。

第二十九条 保险资产管理公司参照本规定执行。

第三十条 本规定由中国保监会负责解释。

第三十一条 本规定自2009年2月1日起施行。

保险公司管理规定

(2009年9月25日中国保险监督管理委员会令2009年第1号发布 根据2015年10月19日中国保险监督管理委员会令2015年第3号《关于修改〈保险公司设立境外保险类机构管理办法〉等八部规章的决定》修订)

第一章 总 则

第一条 为了加强对保险公司的监督管理,维护保险市场的正常秩序,保护被保险人合法权益,促进保险业健康发展,根据《中华人民共和国保险法》(以下简称《保险法》)、《中华人民共和国公司法》(以下简称《公司法》)等法律、行政法规,制定本规定。

第二条　中国保险监督管理委员会(以下简称中国保监会)根据法律和国务院授权,对保险公司实行统一监督管理。

中国保监会的派出机构在中国保监会授权范围内依法履行监管职责。

第三条　本规定所称保险公司,是指经保险监督管理机构批准设立,并依法登记注册的商业保险公司。

本规定所称保险公司分支机构,是指经保险监督管理机构批准,保险公司依法设立的分公司、中心支公司、支公司、营业部、营销服务部以及各类专属机构。专属机构的设立和管理,由中国保监会另行规定。

本规定所称保险机构,是指保险公司及其分支机构。

第四条　本规定所称分公司,是指保险公司依法设立的以分公司命名的分支机构。

本规定所称省级分公司,是指保险公司根据中国保监会的监管要求,在各省、自治区、直辖市内负责许可申请、报告提交等相关事宜的分公司。保险公司在住所地以外的各省、自治区、直辖市已经设立分公司的,应当指定其中一家分公司作为省级分公司。

保险公司在计划单列市设立分支机构的,应当指定一家分支机构,根据中国保监会的监管要求,在计划单列市负责许可申请、报告提交等相关事宜。

省级分公司设在计划单列市的,由省级分公司同时负责前两款规定的事宜。

第五条　保险业务由依照《保险法》设立的保险公司以及法律、行政法规规定的其他保险组织经营,其他单位和个人不得经营或者变相经营保险业务。

第二章　法人机构设立

第六条　设立保险公司,应当遵循下列原则:

(一)符合法律、行政法规;

(二)有利于保险业的公平竞争和健康发展。

第七条　设立保险公司,应当向中国保监会提出筹建申请,并符合下列条件:

(一)有符合法律、行政法规和中国保监会规定条件的投资人,股权结构合理;

(二)有符合《保险法》和《公司法》规定的章程草案;

(三)投资人承诺出资或者认购股份,拟注册资本不低于人民币2亿元,且必须为实缴货币资本;

(四)具有明确的发展规划、经营策略、组织机构框架、风险控制体系;

(五)拟任董事长、总经理应当符合中国保监会规定的任职资格条件;

(六)有投资人认可的筹备组负责人;

(七)中国保监会规定的其他条件。

中国保监会根据保险公司业务范围、经营规模,可以调整保险公司注册资本的最低限额,但不得低于人民币2亿元。

第八条　申请筹建保险公司的,申请人应当提交下列材料一式三份:

(一)设立申请书,申请书应当载明拟设立保险公司的名称、拟注册资本和业务范围等;

(二)设立保险公司可行性研究报告,包括发展规划、经营策略、组织机构框架和风险控制体

系等;

(三)筹建方案;

(四)保险公司章程草案;

(五)中国保监会规定投资人应当提交的有关材料;

(六)筹备组负责人、拟任董事长、总经理名单及本人认可证明;

(七)中国保监会规定的其他材料。

第九条 中国保监会应当对筹建保险公司的申请进行审查,自受理申请之日起6个月内作出批准或者不批准筹建的决定,并书面通知申请人。决定不批准的,应当书面说明理由。

第十条 中国保监会在对筹建保险公司的申请进行审查期间,应当对投资人进行风险提示。

中国保监会应当听取拟任董事长、总经理对拟设保险公司在经营管理和业务发展等方面的工作思路。

第十一条 经中国保监会批准筹建保险公司的,申请人应当自收到批准筹建通知之日起1年内完成筹建工作。筹建期间届满未完成筹建工作的,原批准筹建决定自动失效。

筹建机构在筹建期间不得从事保险经营活动。筹建期间不得变更主要投资人。

第十二条 筹建工作完成后,符合下列条件的,申请人可以向中国保监会提出开业申请:

(一)股东符合法律、行政法规和中国保监会的有关规定;

(二)有符合《保险法》和《公司法》规定的章程;

(三)注册资本最低限额为人民币2亿元,且必须为实缴货币资本;

(四)有符合中国保监会规定任职资格条件的董事、监事和高级管理人员;

(五)有健全的组织机构;

(六)建立了完善的业务、财务、合规、风险控制、资产管理、反洗钱等制度;

(七)有具体的业务发展计划和按照资产负债匹配等原则制定的中长期资产配置计划;

(八)具有合法的营业场所,安全、消防设施符合要求,营业场所、办公设备等与业务发展规划相适应,信息化建设符合中国保监会要求;

(九)法律、行政法规和中国保监会规定的其他条件。

第十三条 申请人提出开业申请,应当提交下列材料一式三份:

(一)开业申请书;

(二)创立大会决议,没有创立大会决议的,应当提交全体股东同意申请开业的文件或者决议;

(三)公司章程;

(四)股东名称及其所持股份或者出资的比例,资信良好的验资机构出具的验资证明,资本金入账原始凭证复印件;

(五)中国保监会规定股东应当提交的有关材料;

(六)拟任该公司董事、监事、高级管理人员的简历以及相关证明材料;

(七)公司部门设置以及人员基本构成;

(八)营业场所所有权或者使用权的证明文件;

(九)按照拟设地的规定提交有关消防证明;

(十)拟经营保险险种的计划书、3年经营规划、再保险计划、中长期资产配置计划,以及业务、财务、合规、风险控制、资产管理、反洗钱等主要制度；

（十一）信息化建设情况报告；

（十二）公司名称预先核准通知；

（十三）中国保监会规定提交的其他材料。

第十四条　中国保监会应当审查开业申请，进行开业验收，并自受理开业申请之日起60日内作出批准或者不批准开业的决定。验收合格决定批准开业的，颁发经营保险业务许可证；验收不合格决定不批准开业的，应当书面通知申请人并说明理由。

经批准开业的保险公司，应当持批准文件以及经营保险业务许可证，向工商行政管理部门办理登记注册手续，领取营业执照后方可营业。

第三章　分支机构设立

第十五条　保险公司可以根据业务发展需要申请设立分支机构。

保险公司分支机构的层级依次为分公司、中心支公司、支公司、营业部或者营销服务部。保险公司可以不逐级设立分支机构，但其在住所地以外的各省、自治区、直辖市开展业务，应当首先设立分公司。

保险公司可以不按照前款规定的层级逐级管理下级分支机构；营业部、营销服务部不得再管理其他任何分支机构。

第十六条　保险公司以2亿元人民币的最低资本金额设立的，在其住所地以外的每一省、自治区、直辖市首次申请设立分公司，应当增加不少于人民币2千万元的注册资本。

申请设立分公司，保险公司的注册资本达到前款规定的增资后额度的，可以不再增加相应的注册资本。

保险公司注册资本达到人民币5亿元，在偿付能力充足的情况下，设立分公司不需要增加注册资本。

第十七条　设立省级分公司，由保险公司总公司提出申请；设立其他分支机构，由保险公司总公司提出申请，或者由省级分公司持总公司批准文件提出申请。

在计划单列市申请设立分支机构，还可以由保险公司根据本规定第四条第三款指定的分支机构持总公司批准文件提出申请。

第十八条　设立分支机构，应当提出设立申请，并符合下列条件：

（一）上一年度偿付能力充足，提交申请前连续2个季度偿付能力均为充足；

（二）保险公司具备良好的公司治理结构，内控健全；

（三）申请人具备完善的分支机构管理制度；

（四）对拟设立分支机构的可行性已进行充分论证；

（五）在住所地以外的省、自治区、直辖市申请设立省级分公司以外其他分支机构的，该省级分公司已经开业；

（六）申请人最近2年内无受金融监管机构重大行政处罚的记录，不存在因涉嫌重大违法行为正在受到中国保监会立案调查的情形；

（七）申请设立省级分公司以外其他分支机构，在拟设地所在的省、自治区、直辖市内，省级分公司最近2年内无受金融监管机构重大行政处罚的记录，已设立的其他分支机构最近6个月内无受重大保险行政处罚的记录；

(八)有申请人认可的筹建负责人;

(九)中国保监会规定的其他条件。

第十九条 设立分支机构,申请人应当提交下列材料一式三份:

(一)设立申请书;

(二)申请前连续2个季度的偿付能力报告和上一年度经审计的偿付能力报告;

(三)保险公司上一年度公司治理结构报告以及申请人内控制度;

(四)分支机构设立的可行性论证报告,包括拟设机构3年业务发展规划和市场分析,设立分支机构与公司风险管理状况和内控状况相适应的说明;

(五)申请人分支机构管理制度;

(六)申请人作出的其最近2年无受金融监管机构重大行政处罚的声明;

(七)申请设立省级分公司以外其他分支机构的,提交省级分公司最近2年无受金融监管机构重大行政处罚的声明;

(八)拟设机构筹建负责人的简历以及相关证明材料;

(九)中国保监会规定提交的其他材料。

第二十条 中国保监会应当自收到完整申请材料之日起30日内对设立申请进行书面审查,对不符合本规定第十八条的,作出不予批准决定,并书面说明理由;对符合本规定第十八条的,向申请人发出筹建通知。

第二十一条 申请人应当自收到筹建通知之日起6个月内完成分支机构的筹建工作。筹建期间不计算在行政许可的期限内。

筹建期间届满未完成筹建工作的,应当根据本规定重新提出设立申请。

筹建机构在筹建期间不得从事任何保险经营活动。

第二十二条 筹建工作完成后,筹建机构具备下列条件的,申请人可以向中国保监会提交开业验收报告:

(一)具有合法的营业场所,安全、消防设施符合要求;

(二)建立了必要的组织机构和完善的业务、财务、风险控制、资产管理、反洗钱等管理制度;

(三)建立了与经营管理活动相适应的信息系统;

(四)具有符合任职条件的拟任高级管理人员或者主要负责人;

(五)对员工进行了上岗培训;

(六)筹建期间未开办保险业务;

(七)中国保监会规定的其他条件。

第二十三条 申请人提交的开业验收报告应当附下列材料一式三份:

(一)筹建工作完成情况报告;

(二)拟任高级管理人员或者主要负责人简历及有关证明;

(三)拟设机构营业场所所有权或者使用权证明;

(四)计算机设备配置、应用系统及网络建设情况报告;

(五)业务、财务、风险控制、资产管理、反洗钱等制度;

(六)机构设置和从业人员情况报告,包括员工上岗培训情况报告等;

(七)按照拟设地规定提交有关消防证明,无需进行消防验收或者备案的,提交申请人作出的已采取必要措施确保消防安全的书面承诺;

（八）中国保监会规定提交的其他材料。

第二十四条　中国保监会应当自收到完整的开业验收报告之日起30日内，进行开业验收，并作出批准或者不予批准的决定。验收合格批准设立的，颁发分支机构经营保险业务许可证；验收不合格不予批准设立的，应当书面通知申请人并说明理由。

第二十五条　经批准设立的保险公司分支机构，应当持批准文件以及分支机构经营保险业务许可证，向工商行政管理部门办理登记注册手续，领取营业执照后方可营业。

第四章　机构变更、解散与撤销

第二十六条　保险机构有下列情形之一的，应当经中国保监会批准：

（一）保险公司变更名称；

（二）变更注册资本；

（三）扩大业务范围；

（四）变更营业场所；

（五）保险公司分立或者合并；

（六）修改保险公司章程；

（七）变更出资额占有限责任公司资本总额5%以上的股东，或者变更持有股份有限公司股份5%以上的股东；

（八）中国保监会规定的其他情形。

第二十七条　保险机构有下列情形之一，应当自该情形发生之日起15日内，向中国保监会报告：

（一）变更出资额不超过有限责任公司资本总额5%的股东，或者变更持有股份有限公司股份不超过5%的股东，上市公司的股东变更除外；

（二）保险公司的股东变更名称，上市公司的股东除外；

（三）保险公司分支机构变更名称；

（四）中国保监会规定的其他情形。

第二十八条　保险公司依法解散的，应当经中国保监会批准，并报送下列材料一式三份：

（一）解散申请书；

（二）股东大会或者股东会决议；

（三）清算组织及其负责人情况和相关证明材料；

（四）清算程序；

（五）债权债务安排方案；

（六）资产分配计划和资产处分方案；

（七）中国保监会规定提交的其他材料。

第二十九条　保险公司依法解散的，应当成立清算组，清算工作由中国保监会监督指导。

保险公司依法被撤销的，由中国保监会及时组织股东、有关部门以及相关专业人员成立清算组。

第三十条　清算组应当自成立之日起10日内通知债权人，并于60日内在中国保监会指定的报纸上至少公告3次。

清算组应当委托资信良好的会计师事务所、律师事务所，对公司债权债务和资产进行评估。

第三十一条 保险公司撤销分支机构,应当经中国保监会批准。分支机构经营保险业务许可证自被批准撤销之日起自动失效,并应当于被批准撤销之日起15日内缴回。

保险公司合并、撤销分支机构的,应当进行公告,并书面通知有关投保人、被保险人或者受益人,对交付保险费、领取保险金等事宜应当充分告知。

第三十二条 保险公司依法解散或者被撤销的,其资产处分应当采取公开拍卖、协议转让或者中国保监会认可的其他方式。

第三十三条 保险公司依法解散或者被撤销的,在保险合同责任清算完毕之前,公司股东不得分配公司资产,或者从公司取得任何利益。

第三十四条 保险公司有《中华人民共和国企业破产法》第二条规定情形的,依法申请重整、和解或者破产清算。

第五章 分支机构管理

第三十五条 保险公司应当加强对分支机构的管理,督促分支机构依法合规经营,确保上级机构对管理的下级分支机构能够实施有效管控。

第三十六条 保险公司总公司应当根据本规定和发展需要制定分支机构管理制度,其省级分公司应当根据总公司的规定和当地实际情况,制定本省、自治区、直辖市分支机构管理制度。

保险公司在计划单列市设立分支机构的,应当由省级分公司或者保险公司根据本规定第四条第三款指定的分支机构制定当地分支机构管理制度。

第三十七条 分支机构管理制度至少应当包括下列内容:

(一)各级分支机构职能;

(二)各级分支机构人员、场所、设备等方面的配备要求;

(三)分支机构设立、撤销的内部决策制度;

(四)上级机构对下级分支机构的管控职责和措施。

第三十八条 保险公司分支机构应当配备必要数量的工作人员,分支机构高级管理人员或者主要负责人应当是与保险公司订立劳动合同的正式员工。

第三十九条 保险公司分支机构在经营存续期间,应当具有规范和稳定的营业场所,配备必要的办公设备。

第四十条 保险公司分支机构应当将经营保险业务许可证原件放置于营业场所显著位置,以备查验。

第六章 保险经营

第四十一条 保险公司的分支机构不得跨省、自治区、直辖市经营保险业务,本规定第四十二条规定的情形和中国保监会另有规定的除外。

第四十二条 保险机构参与共保、经营大型商业保险或者统括保单业务,以及通过互联网、电话营销等方式跨省、自治区、直辖市承保业务,应当符合中国保监会的有关规定。

第四十三条 保险机构应当公平、合理拟订保险条款和保险费率,不得损害投保人、被保险人和受益人的合法权益。

第四十四条 保险机构的业务宣传资料应当客观、完整、真实,并应当载有保险机构的名称和地址。

第四十五条　保险机构应当按照中国保监会的规定披露有关信息。

保险机构不得利用广告或者其他宣传方式，对其保险条款内容和服务质量等做引人误解的宣传。

第四十六条　保险机构对保险合同中有关免除保险公司责任、退保、费用扣除、现金价值和犹豫期等事项，应当依照《保险法》和中国保监会的规定向投保人作出提示。

第四十七条　保险机构开展业务，应当遵循公平竞争的原则，不得从事不正当竞争。

第四十八条　保险机构不得将其保险条款、保险费率与其他保险公司的类似保险条款、保险费率或者金融机构的存款利率等进行片面比较。

第四十九条　保险机构不得以捏造、散布虚假事实等方式损害其他保险机构的信誉。

保险机构不得利用政府及其所属部门、垄断性企业或者组织，排挤、阻碍其他保险机构开展保险业务。

第五十条　保险机构不得劝说或者诱导投保人解除与其他保险机构的保险合同。

第五十一条　保险机构不得给予或者承诺给予投保人、被保险人、受益人保险合同约定以外的保险费回扣或者其他利益。

第五十二条　除再保险公司以外，保险机构应当按照规定设立客户服务部门或者咨询投诉部门，并向社会公开咨询投诉电话。

保险机构对保险投诉应当认真处理，并将处理意见及时告知投诉人。

第五十三条　保险机构应当建立保险代理人的登记管理制度，加强对保险代理人的培训和管理，不得唆使、诱导保险代理人进行违背诚信义务的活动。

第五十四条　保险机构不得委托未取得合法资格的机构或者个人从事保险销售活动，不得向未取得合法资格的机构或者个人支付佣金或者其他利益。

第五十五条　保险公司应当建立健全公司治理结构，加强内部管理，建立严格的内部控制制度。

第五十六条　保险公司应当建立控制和管理关联交易的有关制度。保险公司的重大关联交易应当按照规定及时向中国保监会报告。

第五十七条　保险机构任命董事、监事、高级管理人员，应当在任命前向中国保监会申请核准上述人员的任职资格。

保险机构董事、监事、高级管理人员的任职资格管理，按照《保险法》和中国保监会有关规定执行。

第五十八条　保险机构应当依照《保险法》和中国保监会的有关规定管理、使用经营保险业务许可证。

第七章　监督管理

第五十九条　中国保监会对保险机构的监督管理，采取现场监管与非现场监管相结合的方式。

第六十条　保险机构有下列情形之一的，中国保监会可以将其列为重点监管对象：

（一）严重违法；

（二）偿付能力不足；

（三）财务状况异常；

（四）中国保监会认为需要重点监管的其他情形。

第六十一条 中国保监会对保险机构的现场检查包括但不限于下列事项:

(一)机构设立、变更是否依法经批准或者向中国保监会报告;

(二)董事、监事、高级管理人员任职资格是否依法经核准;

(三)行政许可的申报材料是否真实;

(四)资本金、各项准备金是否真实、充足;

(五)公司治理和内控制度建设是否符合中国保监会的规定;

(六)偿付能力是否充足;

(七)资金运用是否合法;

(八)业务经营和财务情况是否合法,报告、报表、文件、资料是否及时、完整、真实;

(九)是否按规定对使用的保险条款和保险费率报经审批或者备案;

(十)与保险中介的业务往来是否合法;

(十一)信息化建设工作是否符合规定;

(十二)需要事后报告的其他事项是否按照规定报告;

(十三)中国保监会依法检查的其他事项。

第六十二条 中国保监会对保险机构进行现场检查,保险机构应当予以配合,并按中国保监会的要求提供有关文件、材料。

第六十三条 中国保监会工作人员依法实施现场检查;检查人员不得少于2人,并应当出示有关证件和检查通知书。

中国保监会可以在现场检查中,委托会计师事务所等中介服务机构提供相关专业服务;委托上述中介服务机构提供专业服务的,应当签订书面委托协议。

第六十四条 保险机构出现频繁撤销分支机构、频繁变更分支机构营业场所等情形,可能或者已经对保险公司经营造成不利影响的,中国保监会有权根据监管需要采取下列措施:

(一)要求保险机构在指定时间内完善分支机构管理的相关制度;

(二)询问保险机构负责人、其他相关人员,了解变更、撤销的有关情况;

(三)要求保险机构提供其内部对变更、撤销行为进行决策的相关文件和资料;

(四)出示重大风险提示函,或者对有关人员进行监管谈话;

(五)依法采取的其他措施。

保险机构应当按照中国保监会的要求进行整改,并及时将整改情况书面报告中国保监会。

第六十五条 中国保监会有权根据监管需要,要求保险机构进行报告或者提供专项资料。

第六十六条 保险机构应当按照规定及时向中国保监会报送营业报告、精算报告、财务会计报告、偿付能力报告、合规报告等报告、报表、文件和资料。

保险机构向中国保监会提交的各类报告、报表、文件和资料,应当真实、完整、准确。

第六十七条 保险公司的股东大会、股东会、董事会的重大决议,应当在决议作出后30日内向中国保监会报告,中国保监会另有规定的除外。

第六十八条 中国保监会有权根据监管需要,对保险机构董事、监事、高级管理人员进行监管谈话,要求其就保险业务经营、风险控制、内部管理等有关重大事项作出说明。

第六十九条 保险机构或者其从业人员违反本规定,由中国保监会依照法律、行政法规进行处罚;法律、行政法规没有规定的,由中国保监会责令改正,给予警告,对有违法所得的处以违法所得1倍以上3倍以下罚款,但最高不得超过3万元,对没有违法所得的处以1万元以下罚款；涉嫌犯罪的，依法移交司法机关追究其刑事责任。

第八章　附　　则

第七十条　外资独资保险公司、中外合资保险公司分支机构设立适用本规定；中国保监会之前作出的有关规定与本规定不一致的，以本规定为准。

对外资独资保险公司、中外合资保险公司的其他管理，适用本规定，法律、行政法规和中国保监会另有规定的除外。

第七十一条　除本规定第四十二条和第七十二条第一款规定的情形外，外国保险公司分公司只能在其住所地的省、自治区、直辖市行政辖区内开展业务。

对外国保险公司分公司的其他管理，参照本规定对保险公司总公司的有关规定执行，法律、行政法规和中国保监会另有规定的除外。

第七十二条　再保险公司，包括外国再保险公司分公司，可以直接在全国开展再保险业务。

再保险公司适用本规定，法律、行政法规和中国保监会另有规定的除外。

第七十三条　政策性保险公司、相互制保险公司参照适用本规定，国家另有规定的除外。

第七十四条　保险公司在境外设立子公司、分支机构，应当经中国保监会批准；其设立条件和管理，由中国保监会另行规定。

第七十五条　保险公司应当按照《保险法》的规定，加入保险行业协会。

第七十六条　本规定施行前已经设立的分支机构，无需按照本规定的设立条件重新申请设立审批，但应当符合本规定对分支机构的日常管理要求。不符合规定的，应当自本规定施行之日起 2 年内进行整改，在高级管理人员或者主要负责人资质、场所规范、许可证使用、分支机构管理等方面达到本规定的相关要求。

第七十七条　保险机构依照本规定报送的各项报告、报表、文件和资料，应当用中文书写。原件为外文的，应当附中文译本；中文与外文意思不一致的，以中文为准。

第七十八条　本规定中的日是指工作日，不含法定节假日；本规定中的以上、以下，包括本数。

第七十九条　本规定由中国保监会负责解释。

第八十条　本规定自 2009 年 10 月 1 日起施行。中国保监会 2004 年 5 月 13 日发布的《保险公司管理规定》（保监会令〔2004〕3 号）同时废止。

保险公司设立境外保险类机构管理办法

（2006 年 7 月 31 日中国保险监督管理委员会令 2006 年第 7 号发布　根据 2015 年 10 月 19 日中国保险监督管理委员会令 2015 年第 3 号《关于修改〈保险公司设立境外保险类机构管理办法〉等八部规章的决定》修订）

第一章　总　　则

第一条　为了加强管理保险公司设立境外保险类机构的活动，防范风险，保障被保险人的利益,根据《中华人民共和国保险法》(以下简称《保险法》)等法律、行政法规,制定本办法。

第二条 本办法所称保险公司,是指经中国保险监督管理委员会(以下简称中国保监会)批准设立,并依法登记注册的商业保险公司。

第三条 本办法所称境外保险类机构,是指保险公司的境外分支机构、境外保险公司和保险中介机构。

本办法所称保险中介机构,是指保险代理机构、保险经纪机构和保险公估机构。

第四条 本办法所称设立境外保险类机构,是指保险公司的下列行为:

(一)设立境外分支机构、境外保险公司和保险中介机构;

(二)收购境外保险公司和保险中介机构。

第五条 本办法所称收购,是指保险公司受让境外保险公司、保险中介机构的股权、且其持有的股权达到该机构表决权资本总额20%及以上或者虽不足20%但对该机构拥有实际控制权、共同控制权或者重大影响的行为。

保险公司收购上市的境外保险公司、保险中介机构的,适用本办法。中国保监会另有规定的从其规定。

第六条 保险公司设立境外保险类机构应当遵守中国有关保险和外汇管理的法律、行政法规以及中国保监会相关规定,遵守境外的相关法律及规定。

保险公司收购境外保险公司和保险中介机构,应当执行现行保险外汇资金的有关规定。

第七条 中国保监会依法对保险公司设立境外保险类机构的活动实施监督管理。

第八条 保险公司在境外设立代表机构、联络机构或者办事处等非营业性机构的,适用本办法。

第二章 设立审批

第九条 保险公司设立境外保险类机构的,应当具备下列条件:

(一)开业2年以上;

(二)上年末总资产不低于50亿元人民币;

(三)上年末外汇资金不低于1500万美元或者其等值的自由兑换货币;

(四)偿付能力额度符合中国保监会有关规定;

(五)内部控制制度和风险管理制度符合中国保监会有关规定;

(六)最近2年内无受重大处罚的记录;

(七)拟设立境外保险类机构所在的国家或者地区金融监管制度完善,并与中国保险监管机构保持有效的监管合作关系;

(八)中国保监会规定的其他条件。

第十条 保险公司申请设立境外分支机构、境外保险公司和保险中介机构的,应当向中国保监会提交下列材料:

(一)申请书;

(二)国家外汇管理局外汇资金来源核准决定的复印件;

(三)上一年度经会计师事务所审计的公司财务报表及外币资产负债表;

(四)上一年度经会计师事务所审计的偿付能力状况报告;

(五)内部控制制度和风险管理制度;

（六）拟设境外保险类机构的基本情况说明，包括名称、住所、章程、注册资本或者营运资金、股权结构及出资额、业务范围、筹建负责人简历及身份证明材料复印件；

（七）拟设境外保险类机构的可行性研究报告、市场分析报告和筹建方案；

（八）拟设境外保险类机构所在地法律要求保险公司为其设立的境外保险类机构承担连带责任的，提交相关说明材料；

（九）中国保监会规定的其他材料。

保险公司在境外设立的保险公司、保险中介机构有其他发起人的，还应当提交其他发起人的名称、股份认购协议书复印件、营业执照以及上一年度经会计师事务所审计的资产负债表。

第十一条　保险公司申请收购境外保险公司和保险中介机构的，应当向中国保监会提交下列材料：

（一）申请书；

（二）国家外汇管理局外汇资金来源核准决定的复印件；

（三）上一年度经会计师事务所审计的公司财务报表及外币资产负债表；

（四）上一年度和最近季度经会计师事务所审计的偿付能力状况报告及其说明；

（五）内部管理制度和风险控制制度；

（六）拟被收购的境外保险类机构的基本情况说明，包括名称、住所、章程、注册资本或者营运资金、业务范围、负责人情况说明；

（七）拟被收购的境外保险类机构上一年度经会计师事务所审计的公司财务报表；

（八）收购境外保险类机构的可行性研究报告、市场分析报告、收购方案；

（九）中国保监会规定的其他材料。

拟被收购境外保险类机构为保险公司的，还应当提交其上一年度和最近季度经会计师事务所审计的偿付能力状况报告及说明。

第十二条　中国保监会应当依法对设立境外保险类机构的申请进行审查，并自受理申请之日起20日内作出批准或者不予批准的决定。决定不予批准的，应当书面通知申请人并说明理由。

第十三条　保险公司应当在境外保险类机构获得许可证或者收购交易完成后20日内，将境外保险类机构的下列情况书面报告中国保监会：

（一）许可证复印件；

（二）机构名称和住所；

（三）机构章程；

（四）机构的组织形式、业务范围、注册资本或者营运资金、其他股东或者合伙人的出资金额及出资比例；

（五）机构负责人姓名及联系方式；

（六）中国保监会规定的其他材料。

第十四条　保险公司应当在境外代表机构、联络机构或者办事处等非营业性机构设立后20日内，将境外代表机构、联络机构或者办事处等非营业性机构的下列情况书面报告中国保监会：

（一）登记证明的复印件；

（二）名称和住所；

（三）负责人姓名及联系方式；

(四)中国保监会规定的其他材料。

第三章　境外保险类机构管理

第十五条　保险公司应当对其设立的境外保险类机构进行有效的风险管理,并督促该类机构按照所在国法律和监管部门的相关规定,建立健全风险管理制度。

第十六条　保险公司应当严格控制其设立的境外保险类机构对外提供担保。

保险公司在境外设立的分支机构确需对外提供担保的,应当取得被担保人的资信证明,并签署具有法律效力的反担保协议书。以财产抵押、质押等方式提供反担保协议的,提供担保的金额不得超过抵押、质押财产重估价值的60%。

第十七条　保险公司在境外设立的分支机构,除保单质押贷款外,不得对外贷款。

第十八条　保险公司应当对派往其设立的境外保险类机构的董事长和高级管理人员建立绩效考核制度、期中审计制度和离任审计制度。

第十九条　保险公司设立的境外保险类机构清算完毕后,应当将清算机构出具的经当地注册会计师验证的清算报告,报送中国保监会。

第四章　监督检查

第二十条　保险公司应当按照中国会计制度及中国保监会的规定,在财务报告和偿付能力报告中单独披露其设立的境外保险类机构的经营成果、财务状况和偿付能力状况。

第二十一条　保险公司设立的境外保险类机构按照所在地保险监管机构要求编制偿付能力报告的,保险公司应当抄送中国保监会。

第二十二条　保险公司应当在其设立的境外保险类机构每一会计年度结束后5个月内,将该境外保险类机构上一年度的财务报表报送中国保监会。

第二十三条　保险公司应当在每年1月底之前,将其境外代表机构、联络机构或者办事处等非营业性机构的年度工作报告,报送中国保监会。

境外代表机构、联络机构或者办事处等非营业性机构的年度工作报告应当包括该机构的主要工作和机构变更情况。

第二十四条　保险公司设立的境外保险类机构发生下列事项的,保险公司应当在事项发生之日起20日内书面报告中国保监会:

(一)投资、设立公司的;

(二)分立、合并、解散、撤销或者破产的;

(三)机构名称或者注册地变更的;

(四)董事长和高级管理人员变动的;

(五)注册资本和股东结构发生重大变化的;

(六)调整业务范围的;

(七)出现重大经营或者财务问题的;

(八)涉及重大诉讼、受到重大处罚的;

(九)所在地保险监管部门出具监管报告或者检查报告的;

(十)中国保监会认为有必要报告的其他事项。

第二十五条　保险公司转让其境外保险类机构股权的,应当报经中国保监会批准。

第二十六条　保险公司对其境外保险类机构实施下列行为之一的,应当报经中国保监会批准,并按照本办法第十一条的规定提交材料:

(一)增持境外保险类机构股份的;

(二)增加境外保险类机构的资本金或者营运资金的。

第二十七条　保险公司应当建立控制和管理关联交易的相关制度。保险公司与其境外设立的保险公司和保险中介机构之间发生重大关联交易的,应当在交易完成后15日内向中国保监会报告。

前款规定的重大关联交易是指保险公司与其境外设立的保险公司和保险中介机构之间的下列交易活动:

(一)再保险分出或者分入业务;

(二)资产管理、担保和代理业务;

(三)固定资产买卖或者债权债务转移;

(四)大额借款;

(五)其他重大交易活动。

第二十八条　保险公司向中国保监会报送的境外保险类机构的各项材料,应当完整、真实、准确。

第五章　法律责任

第二十九条　未经中国保监会批准,擅自设立境外保险类机构的,由中国保监会责令改正,并处5万元以上30万元以下的罚款;情节严重的,可以限制业务范围、责令停止接受新业务或者吊销经营保险业务许可证。

第三十条　未按照本办法规定报送有关报告、报表、文件和资料的,由中国保监会责令改正,逾期不改正的,处以1万元以上10万元以下的罚款。

第三十一条　提供虚假的报告、报表、文件和资料的,由中国保监会责令改正,处以10万元以上50万元以下的罚款;情节严重的,可以限制业务范围、责令停止接受新业务或者吊销经营保险业务许可证。

第六章　附　　则

第三十二条　保险集团公司、保险控股公司设立境外保险类机构和境外代表机构、联络机构、办事处等非营业性机构的,适用本办法。中国保监会另有规定的,从其规定。

第三十三条　保险公司在香港、澳门和台湾地区设立保险类机构和境外代表机构、联络机构、办事处等非营业性机构的,适用本办法。

第三十四条　保险公司按照本办法向中国保监会报送的各项报告、报表、文件和材料,应当使用中文。原件为外文的,应当附中文译本。中文与外文表述不一致的,以中文表述为准。

第三十五条　本办法所称的"日"是指工作日,不含节假日。

第三十六条　本办法由中国保监会负责解释。

第三十七条　本办法自2006年9月1日起施行。

中国保监会《关于父母为其未成年子女投保以死亡为给付保险金条件人身保险有关问题的通知》

（保监发〔2015〕90号　2015年9月14日发布）

各保险公司：

为保护未成年人的合法权益，根据《中华人民共和国保险法》第三十三条规定，现就规范父母作为投保人为其未成年子女投保以死亡为给付保险金条件人身保险的有关问题通知如下：

一、对于父母为其未成年子女投保的人身保险，在被保险人成年之前，各保险合同约定的被保险人死亡给付的保险金额总和、被保险人死亡时各保险公司实际给付的保险金总和按以下限额执行：

（一）对于被保险人不满10周岁的，不得超过人民币20万元。

（二）对于被保险人已满10周岁但未满18周岁的，不得超过人民币50万元。

二、对于投保人为其未成年子女投保以死亡为给付保险金条件的每一份保险合同，以下三项可以不计算在前款规定限额之中：

（一）投保人已交保险费或被保险人死亡时合同的现金价值；对于投资连结保险合同、万能保险合同，该项为投保人已交保险费或被保险人死亡时合同的账户价值。

（二）合同约定的航空意外死亡保险金额。此处航空意外死亡保险金额是指航空意外伤害保险合同约定的死亡保险金额，或其他人身保险合同约定的航空意外身故责任对应的死亡保险金额。

（三）合同约定的重大自然灾害意外死亡保险金额。此处重大自然灾害意外死亡保险金额是指重大自然灾害意外伤害保险合同约定的死亡保险金额，或其他人身保险合同约定的重大自然灾害意外身故责任对应的死亡保险金额。

三、保险公司在订立保险合同前，应向投保人说明父母为其未成年子女投保以死亡为给付保险金条件人身保险的有关政策规定，询问并记录其未成年子女在本公司及其他保险公司已经参保的以死亡为给付保险金条件人身保险的有关情况。各保险合同约定的被保险人死亡给付的保险金额总和已经达到限额的，保险公司不得超过限额继续承保；尚未达到限额的，保险公司可以就差额部分进行承保，保险公司应在保险合同中载明差额部分的计算过程。

四、保险公司应在保险合同中明确约定因未成年人死亡给付的保险金额，不得以批单、批注（包括特别约定）等方式改变保险责任或超过本通知规定的限额进行承保。

五、保险公司应积极引导投保人树立正确的保险理念，在注重自身保险保障的基础上，为未成年人购买切合实际的人身保险产品。

六、保险公司应进一步完善未成年人人身保险的有关业务流程，强化投保、核保等环节的风险管控，在防范道德风险的同时，为未成年人提供更加丰富多样的保险保障，保护未成年人合法权益。

七、本通知自2016年1月1日起执行。中国保监会《关于父母为其未成年子女投保以死亡为给付保险金条件人身保险有关问题的通知》（保监发〔2010〕95号）自本通知执行之日起废止。

中华人民共和国道路交通安全法(节录)

(2003年10月28日第十届全国人民代表大会常务委员会第五次会议通过
根据2007年12月29日第十届全国人民代表大会常务委员会第三十一次会议
《关于修改〈中华人民共和国道路交通安全法〉的决定》第一次修正
根据2011年4月22日第十一届全国人民代表大会常务委员会第二十次会议
《关于修改〈中华人民共和国道路交通安全法〉的决定》第二次修正)

第七十五条　医疗机构对交通事故中的受伤人员应当及时抢救,不得因抢救费用未及时支付而拖延救治。肇事车辆参加机动车第三者责任强制保险的,由保险公司在责任限额范围内支付抢救费用;抢救费用超过责任限额的,未参加机动车第三者责任强制保险或者肇事后逃逸的,由道路交通事故社会救助基金先行垫付部分或者全部抢救费用,道路交通事故社会救助基金管理机构有权向交通事故责任人追偿。

第七十六条　机动车发生交通事故造成人身伤亡、财产损失的,由保险公司在机动车第三者责任强制保险责任限额范围内予以赔偿;不足的部分,按照下列规定承担赔偿责任:

(一)机动车之间发生交通事故的,由有过错的一方承担赔偿责任;双方都有过错的,按照各自过错的比例分担责任。

(二)机动车与非机动车驾驶人、行人之间发生交通事故,非机动车驾驶人、行人没有过错的,由机动车一方承担赔偿责任;有证据证明非机动车驾驶人、行人有过错的,根据过错程度适当减轻机动车一方的赔偿责任;机动车一方没有过错的,承担不超过百分之十的赔偿责任。

交通事故的损失是由非机动车驾驶人、行人故意碰撞机动车造成的,机动车一方不承担赔偿责任。

最高人民法院《关于审理道路交通事故损害赔偿案件适用法律若干问题的解释》

(法释〔2012〕19号　2012年9月17日最高人民法院审判委员会第1556次会议通过)

为正确审理道路交通事故损害赔偿案件,根据《中华人民共和国侵权责任法》《中华人民共和国合同法》《中华人民共和国道路交通安全法》《中华人民共和国保险法》《中华人民共和国民事诉讼法》等法律的规定,结合审判实践,制定本解释。

一、关于主体责任的认定

第一条　机动车发生交通事故造成损害,机动车所有人或者管理人有下列情形之一,人民法院应当认定其对损害的发生有过错,并适用侵权责任法第四十九条的规定确定其相应的赔偿

责任:

(一)知道或者应当知道机动车存在缺陷,且该缺陷是交通事故发生原因之一的;

(二)知道或者应当知道驾驶人无驾驶资格或者未取得相应驾驶资格的;

(三)知道或者应当知道驾驶人因饮酒、服用国家管制的精神药品或者麻醉药品,或者患有妨碍安全驾驶机动车的疾病等依法不能驾驶机动车的;

(四)其它应当认定机动车所有人或者管理人有过错的。

第二条 未经允许驾驶他人机动车发生交通事故造成损害,当事人依照侵权责任法第四十九条的规定请求由机动车驾驶人承担赔偿责任的,人民法院应予支持。机动车所有人或者管理人有过错的,承担相应的赔偿责任,但具有侵权责任法第五十二条规定情形的除外。

第三条 以挂靠形式从事道路运输经营活动的机动车发生交通事故造成损害,属于该机动车一方责任,当事人请求由挂靠人和被挂靠人承担连带责任的,人民法院应予支持。

第四条 被多次转让但未办理转移登记的机动车发生交通事故造成损害,属于该机动车一方责任,当事人请求由最后一次转让并交付的受让人承担赔偿责任的,人民法院应予支持。

第五条 套牌机动车发生交通事故造成损害,属于该机动车一方责任,当事人请求由套牌机动车的所有人或者管理人承担赔偿责任的,人民法院应予支持;被套牌机动车所有人或者管理人同意套牌的,应当与套牌机动车的所有人或者管理人承担连带责任。

第六条 拼装车、已达到报废标准的机动车或者依法禁止行驶的其他机动车被多次转让,并发生交通事故造成损害,当事人请求由所有的转让人和受让人承担连带责任的,人民法院应予支持。

第七条 接受机动车驾驶培训的人员,在培训活动中驾驶机动车发生交通事故造成损害,属于该机动车一方责任,当事人请求驾驶培训单位承担赔偿责任的,人民法院应予支持。

第八条 机动车试乘过程中发生交通事故造成试乘人损害,当事人请求提供试乘服务者承担赔偿责任的,人民法院应予支持。试乘人有过错的,应当减轻提供试乘服务者的赔偿责任。

第九条 因道路管理维护缺陷导致机动车发生交通事故造成损害,当事人请求道路管理者承担相应赔偿责任的,人民法院应予支持,但道路管理者能够证明已按照法律、法规、规章、国家标准、行业标准或者地方标准尽到安全防护、警示等管理维护义务的除外。

依法不得进入高速公路的车辆、行人,进入高速公路发生交通事故造成自身损害,当事人请求高速公路管理者承担赔偿责任的,适用侵权责任法第七十六条的规定。

第十条 因在道路上堆放、倾倒、遗撒物品等妨碍通行的行为,导致交通事故造成损害,当事人请求行为人承担赔偿责任的,人民法院应予支持。道路管理者不能证明已按照法律、法规、规章、国家标准、行业标准或者地方标准尽到清理、防护、警示等义务的,应当承担相应的赔偿责任。

第十一条 未按照法律、法规、规章或者国家标准、行业标准、地方标准的强制性规定设计、施工,致使道路存在缺陷并造成交通事故,当事人请求建设单位与施工单位承担相应赔偿责任的,人民法院应予支持。

第十二条 机动车存在产品缺陷导致交通事故造成损害,当事人请求生产者或者销售者依照侵权责任法第五章的规定承担赔偿责任的,人民法院应予支持。

第十三条 多辆机动车发生交通事故造成第三人损害,当事人请求多个侵权人承担赔偿责任的,人民法院应当区分不同情况,依照侵权责任法第十条、第十一条或者第十二条的规定,确定侵权人承担连带责任或者按份责任。

二、关于赔偿范围的认定

第十四条 道路交通安全法第七十六条规定的“人身伤亡”,是指机动车发生交通事故侵害被侵权人的生命权、健康权等人身权益所造成的损害,包括侵权责任法第十六条和第二十二条规定的各项损害。

道路交通安全法第七十六条规定的“财产损失”,是指因机动车发生交通事故侵害被侵权人的财产权益所造成的损失。

(相关资料:裁判文书 1095 篇 相关论文 4 篇)

第十五条 因道路交通事故造成下列财产损失,当事人请求侵权人赔偿的,人民法院应予支持:

(一)维修被损坏车辆所支出的费用、车辆所载物品的损失、车辆施救费用;

(二)因车辆灭失或者无法修复,为购买交通事故发生时与被损坏车辆价值相当的车辆重置费用;

(三)依法从事货物运输、旅客运输等经营性活动的车辆,因无法从事相应经营活动所产生的合理停运损失;

(四)非经营性车辆因无法继续使用,所产生的通常替代性交通工具的合理费用。

三、关于责任承担的认定

第十六条 同时投保机动车第三者责任强制保险(以下简称交强险)和第三者责任商业保险(以下简称商业三者险)的机动车发生交通事故造成损害,当事人同时起诉侵权人和保险公司的,人民法院应当按照下列规则确定赔偿责任:

(一)先由承保交强险的保险公司在责任限额范围内予以赔偿;

(二)不足部分,由承保商业三者险的保险公司根据保险合同予以赔偿;

(三)仍有不足的,依照道路交通安全法和侵权责任法的相关规定由侵权人予以赔偿。

被侵权人或者其近亲属请求承保交强险的保险公司优先赔偿精神损害的,人民法院应予支持。

第十七条 投保人允许的驾驶人驾驶机动车致使投保人遭受损害,当事人请求承保交强险的保险公司在责任限额范围内予以赔偿的,人民法院应予支持,但投保人为本车上人员的除外。

第十八条 有下列情形之一导致第三人人身损害,当事人请求保险公司在交强险责任限额范围内予以赔偿,人民法院应予支持:

(一)驾驶人未取得驾驶资格或者未取得相应驾驶资格的;

(二)醉酒、服用国家管制的精神药品或者麻醉药品后驾驶机动车发生交通事故的;

(三)驾驶人故意制造交通事故的。

保险公司在赔偿范围内向侵权人主张追偿权的,人民法院应予支持。追偿权的诉讼时效期间自保险公司实际赔偿之日起计算。

第十九条 未依法投保交强险的机动车发生交通事故造成损害,当事人请求投保义务人在交强险责任限额范围内予以赔偿的,人民法院应予支持。

投保义务人和侵权人不是同一人,当事人请求投保义务人和侵权人在交强险责任限额范围内承担连带责任的,人民法院应予支持。

第二十条 具有从事交强险业务资格的保险公司违法拒绝承保、拖延承保或者违法解除交强险合同,投保义务人在向第三人承担赔偿责任后,请求该保险公司在交强险责任限额范围内承担相应赔偿责任的,人民法院应予支持。

第二十一条 多辆机动车发生交通事故造成第三人损害,损失超出各机动车交强险责任限额之和的,由各保险公司在各自责任限额范围内承担赔偿责任;损失未超出各机动车交强险责任限额之和,当事人请求由各保险公司按照其责任限额与责任限额之和的比例承担赔偿责任的,人民法院应予支持。

依法分别投保交强险的牵引车和挂车连接使用时发生交通事故造成第三人损害,当事人请求由各保险公司在各自的责任限额范围内平均赔偿的,人民法院应予支持。

多辆机动车发生交通事故造成第三人损害,其中部分机动车未投保交强险,当事人请求先由已承保交强险的保险公司在责任限额范围内予以赔偿的,人民法院应予支持。保险公司就超出其应承担的部分向未投保交强险的投保义务人或者侵权人行使追偿权的,人民法院应予支持。

第二十二条 同一交通事故的多个被侵权人同时起诉的,人民法院应当按照各被侵权人的损失比例确定交强险的赔偿数额。

第二十三条 机动车所有权在交强险合同有效期内发生变动,保险公司在交通事故发生后,以该机动车未办理交强险合同变更手续为由主张免除赔偿责任的,人民法院不予支持。

机动车在交强险合同有效期内发生改装、使用性质改变等导致危险程度增加的情形,发生交通事故后,当事人请求保险公司在责任限额范围内予以赔偿的,人民法院应予支持。

前款情形下,保险公司另行起诉请求投保义务人按照重新核定后的保险费标准补足当期保险费的,人民法院应予支持。

第二十四条 当事人主张交强险人身伤亡保险金请求权转让或者设定担保的行为无效的,人民法院应予支持。

四、关于诉讼程序的规定

第二十五条 人民法院审理道路交通事故损害赔偿案件,应当将承保交强险的保险公司列为共同被告。但该保险公司已经在交强险责任限额范围内予以赔偿且当事人无异议的除外。

人民法院审理道路交通事故损害赔偿案件,当事人请求将承保商业三者险的保险公司列为共同被告的,人民法院应予准许。

第二十六条 被侵权人因道路交通事故死亡,无近亲属或者近亲属不明,未经法律授权的机关或者有关组织向人民法院起诉主张死亡赔偿金的,人民法院不予受理。侵权人以已向未经法律授权的机关或者有关组织支付死亡赔偿金为理由,请求保险公司在交强险责任限额范围内予以赔偿的,人民法院不予支持。

被侵权人因道路交通事故死亡,无近亲属或者近亲属不明,支付被侵权人医疗费、丧葬费等合理费用的单位或者个人,请求保险公司在交强险责任限额范围内予以赔偿的,人民法院应予支持。

第二十七条 公安机关交通管理部门制作的交通事故认定书,人民法院应依法审查并确认其相应的证明力,但有相反证据推翻的除外。

五、关于适用范围的规定

第二十八条 机动车在道路以外的地方通行时引发的损害赔偿案件,可以参照适用本解释的规定。

第二十九条　本解释施行后尚未终审的案件,适用本解释;本解释施行前已经终审,当事人申请再审或者按照审判监督程序决定再审的案件,不适用本解释。

中华人民共和国海商法(节录)

(一九九二年十一月七日第七届全国人民代表大会常务委员会第二十八次会议通过)

第十二章　海上保险合同

第一节　一般规定

第二百一十六条　海上保险合同,是指保险人按照约定,对被保险人遭受保险事故造成保险标的的损失和产生的责任负责赔偿,而由被保险人支付保险费的合同。

前款所称保险事故,是指保险人与被保险人约定的任何海上事故,包括与海上航行有关的发生于内河或者陆上的事故。

第二百一十七条　海上保险合同的内容,主要包括下列各项:

(一)保险人名称;

(二)被保险人名称;

(三)保险标的;

(四)保险价值;

(五)保险金额;

(六)保险责任和除外责任;

(七)保险期间;

(八)保险费。

第二百一十八条　下列各项可以作为保险标的:

(一)船舶;

(二)货物;

(三)船舶营运收入,包括运费、租金、旅客票款;

(四)货物预期利润;

(五)船员工资和其他报酬;

(六)对第三人的责任;

(七)由于发生保险事故可能受到损失的其他财产和产生的责任、费用。

保险人可以将对前款保险标的的保险进行再保险。除合同另有约定外,原被保险人不得享有再保险的利益。

第二百一十九条　保险标的的保险价值由保险人与被保险人约定。

保险人与被保险人未约定保险价值的,保险价值依照下列规定计算:

(一)船舶的保险价值,是保险责任开始时船舶的价值,包括船壳、机器、设备的价值,以及船

上燃料、物料、索具、给养、淡水的价值和保险费的总和;

(二)货物的保险价值,是保险责任开始时货物在起运地的发票价格或者非贸易商品在起运地的实际价值以及运费和保险费的总和;

(三)运费的保险价值,是保险责任开始时承运人应收运费总额和保险费的总和;

(四)其他保险标的的保险价值,是保险责任开始时保险标的的实际价值和保险费的总和。

第二百二十条 保险金额由保险人与被保险人约定。保险金额不得超过保险价值;超过保险价值的,超过部分无效。

第二节 合同的订立、解除和转让

第二百二十一条 被保险人提出保险要求,经保险人同意承保,并就海上保险合同的条款达成协议后,合同成立。保险人应当及时向被保险人签发保险单或者其他保险单证,并在保险单或者其他保险单证中载明当事人双方约定的合同内容。

第二百二十二条 合同订立前,被保险人应当将其知道的或者在通常业务中应当知道的有关影响保险人据以确定保险费率或者确定是否同意承担的重要情况,如实告知保险人。

保险人知道或者在通常业务中应当知道的情况,保险人没有询问的,被保险人无需告知。

第二百二十三条 由于被保险人的故意,未将本法第二百二十二条第一款规定的重要情况如实告知保险人的,保险人有权解除合同,并不退还保险费。合同解除前发生保险事故造成损失的,保险人不负赔偿责任。

不是由于被保险人的故意,未将本法第二百二十二条第一款规定的重要情况如实告知保险人的,保险人有权解除合同或者要求相应增加保险费。保险人解除合同的,对于合同解除前发生保险事故造成的损失,保险人应当负赔偿责任;但是,未告知或者错误告知的重要情况对保险事故的发生有影响的除外。

第二百二十四条 订立合同时,被保险人已经知道或者应当知道保险标的已经因发生保险事故而遭受损失的,保险人不负赔偿责任,但是有权收取保险费;保险人已经知道或者应当知道保险标的已经不可能因发生保险事故而遭受损失的,被保险人有权收回已经支付的保险费。

第二百二十五条 被保险人对同一保险标的就同一保险事故向几个保险人重复订立合同,而使该保险标的的保险金额总和超过保险标的的价值的,除合同另有约定外,被保险人可以向任何保险人提出赔偿请求。被保险人获得的赔偿金额总和不得超过保险标的的受损价值。各保险人按照其承保的保险金额同保险金额总和的比例承担赔偿责任。任何一个保险人支付的赔偿金额超过其应当承担的赔偿责任的,有权向未按照其应当承担赔偿责任支付赔偿金额的保险人追偿。

第二百二十六条 保险责任开始前,被保险人可以要求解除合同,但是应当向保险人支付手续费,保险人应当退还保险费。

第二百二十七条 除合同另有约定外,保险责任开始后,被保险人和保险人均不得解除合同。

根据合同约定在保险责任开始后可以解除合同的,被保险人要求解除合同,保险人有权收取自保险责任开始之日起至合同解除之日止的保险费,剩余部分予以退还;保险人要求解除合同,应当将自合同解除之日起至保险期间届满之日止的保险费退还被保险人。

第二百二十八条 虽有本法第二百二十七条规定,货物运输和船舶的航次保险,保险责任开始后,被保险人不得要求解除合同。

第二百二十九条 海上货物运输保险合同可以由被保险人背书或者以其他方式转让,合同的权利、义务随之转移。合同转让时尚未支付保险费的,被保险人和合同受让人负连带支付责任。

第二百三十条 因船舶转让而转让船舶保险合同的,应当取得保险人同意。未经保险人同意,船舶保险合同从船舶转让时起解除;船舶转让发生在航次之中的,船舶保险合同至航次终了时解除。

合同解除后,保险人应当将自合同解除之日起至保险期间届满之日止的保险费退还被保险人。

第二百三十一条 被保险人在一定期间分批装运或者接受货物的,可以与保险人订立预约保险合同。预约保险合同应当由保险人签发预约保险单证加以确认。

第二百三十二条 应被保险人要求,保险人应当对依据预约保险合同分批装运的货物分别签发保险单证。

保险人分别签发的保险单证的内容与预约保险单证的内容不一致的,以分别签发的保险单证为准。

第二百三十三条 被保险人知道经预约保险合同保险的货物已经装运或者到达的情况时,应当立即通知保险人。通知的内容包括装运货物的船名、航线、货物价值和保险金额。

第三节 被保险人的义务

第二百三十四条 除合同另有约定外,被保险人应当在合同订立后立即支付保险费;被保险人支付保险费前,保险人可以拒绝签发保险单证。

第二百三十五条 被保险人违反合同约定的保证条款时,应当立即书面通知保险人。保险人收到通知后,可以解除合同,也可以要求修改承保条件、增加保险费。

第二百三十六条 一旦保险事故发生,被保险人应当立即通知保险人,并采取必要的合理措施,防止或者减少损失。被保险人收到保险人发出的有关采取防止或者减少损失的合理措施的特别通知的,应当按照保险人通知的要求处理。

对于被保险人违反前款规定所造成的扩大的损失,保险人不负赔偿责任。

第四节 保险人的责任

第二百三十七条 发生保险事故造成损失后,保险人应当及时向被保险人支付保险赔偿。

第二百三十八条 保险人赔偿保险事故造成的损失,以保险金额为限。保险金额低于保险价值的,在保险标的发生部分损失时,保险人按照保险金额与保险价值的比例负赔偿责任。

第二百三十九条 保险标的在保险期间发生几次保险事故所造成的损失,即使损失金额的总和超过保险金额,保险人也应当赔偿。但是,对发生部分损失后未经修复又发生全部损失的,保险人按照全部损失赔偿。

第二百四十条 被保险人为防止或者减少根据合同可以得到赔偿的损失而支出的必要的合理费用,为确定保险事故的性质、程度而支出的检验、估价的合理费用,以及为执行保险人的特别通知而支出的费用,应当由保险人在保险标的损失赔偿之外另行支付。

保险人对前款规定的费用的支付,以相当于保险金额的数额为限。

保险金额低于保险价值的,除合同另有约定外,保险人应当按照保险金额与保险价值的比例,支付本条规定的费用。

第二百四十一条 保险金额低于共同海损分摊价值的,保险人按照保险金额同分摊价值的比例赔偿共同海损分摊。

第二百四十二条 对于被保险人故意造成的损失,保险人不负赔偿责任。

第二百四十三条 除合同另有约定外,因下列原因之一造成货物损失的,保险人不负赔偿责任:

(一)航行迟延、交货迟延或者行市变化;

(二)货物的自然损耗、本身的缺陷和自然特性;

(三)包装不当。

第二百四十四条 除合同另有约定外,因下列原因之一造成保险船舶损失的,保险人不负赔偿责任:

(一)船舶开航时不适航,但是在船舶定期保险中被保险人不知道的除外;

(二)船舶自然磨损或者锈蚀。

运费保险比照适用本条的规定。

第五节 保险标的的损失和委付

第二百四十五条 保险标的发生保险事故后灭失,或者受到严重损坏完全失去原有形体、效用,或者不能再归被保险人所拥有的,为实际全损。

第二百四十六条 船舶发生保险事故后,认为实际全损已经不可避免,或者为避免发生实际全损所需支付的费用超过保险价值的,为推定全损。

货物发生保险事故后,认为实际全损已经不可避免,或者为避免发生实际全损所需支付的费用与继续将货物运抵目的地的费用之和超过保险价值的,为推定全损。

第二百四十七条 不属于实际全损和推定全损的损失,为部分损失。

第二百四十八条 船舶在合理时间内未从被获知最后消息的地点抵达目的地,除合同另有约定外,满两个月后仍没有获知其消息的,为船舶失踪。船舶失踪视为实际全损。

第二百四十九条 保险标的发生推定全损,被保险人要求保险人按照全部损失赔偿的,应当向保险人委付保险标的。保险人可以接受委付,也可以不接受委付,但是应当在合理的时间内将接受委付或者不接受委付的决定通知被保险人。

委付不得附带任何条件。委付一经保险人接受,不得撤回。

第二百五十条 保险人接受委付的,被保险人对委付财产的全部权利和义务转移给保险人。

第六节 保险赔偿的支付

第二百五十一条 保险事故发生后,保险人向被保险人支付保险赔偿前,可以要求被保险人提供与确认保险事故性质和损失程度有关的证明和资料。

第二百五十二条 保险标的发生保险责任范围内的损失是由第三人造成的,被保险人向第三人要求赔偿的权利,自保险人支付赔偿之日起,相应转移给保险人。

被保险人应当向保险人提供必要的文件和其所需要知道的情况,并尽力协助保险人向第三人追偿。

第二百五十三条　被保险人未经保险人同意放弃向第三人要求赔偿的权利,或者由于过失致使保险人不能行使追偿权利的,保险人可以相应扣减保险赔偿。

第二百五十四条　保险人支付保险赔偿时,可以从应支付的赔偿额中相应扣减被保险人已经从第三人取得的赔偿。

保险人从第三人取得的赔偿,超过其支付的保险赔偿的,超过部分应当退还给被保险人。

第二百五十五条　发生保险事故后,保险人有权放弃对保险标的的权利,全额支付合同约定的保险赔偿,以解除对保险标的的义务。

保险人行使前款规定的权利,应当自收到被保险人有关赔偿损失的通知之日起的七日内通知被保险人;被保险人在收到通知前,为避免或者减少损失而支付的必要的合理费用,仍然应当由保险人偿还。

第二百五十六条　除本法第二百五十五条的规定外,保险标的发生全损,保险人支付全部保险金额的,取得对保险标的的全部权利;但是,在不足额保险的情况下,保险人按照保险金额与保险价值的比例取得对保险标的的部分权利。

最高人民法院关于审理海上保险纠纷案件若干问题的规定

(2006年11月13日由最高人民法院审判委员会第1405次会议通过
自2007年1月1日起施行　法释〔2006〕10号)

为正确审理海上保险纠纷案件,依照《中华人民共和国海商法》、《中华人民共和国保险法》、《中华人民共和国海事诉讼特别程序法》和《中华人民共和国民事诉讼法》的相关规定,制定本规定。

第一条　审理海上保险合同纠纷案件,适用海商法的规定;海商法没有规定的,适用保险法的有关规定;海商法、保险法均没有规定的,适用合同法等其他相关法律的规定。

第二条　审理非因海上事故引起的港口设施或者码头作为保险标的的保险合同纠纷案件,适用保险法等法律的规定。

第三条　审理保险人因发生船舶触碰港口设施或者码头等保险事故,行使代位请求赔偿权利向造成保险事故的第三人追偿的案件,适用海商法的规定。

第四条　保险人知道被保险人未如实告知海商法第二百二十二条第一款规定的重要情况,仍收取保险费或者支付保险赔偿,保险人又以被保险人未如实告知重要情况为由请求解除合同的,人民法院不予支持。

第五条　被保险人未按照海商法第二百三十四条的规定向保险人支付约定的保险费的,保险责任开始前,保险人有权解除保险合同,但保险人已经签发保险单证的除外;保险责任开始后,保险人以被保险人未支付保险费请求解除合同的,人民法院不予支持。

第六条　保险人以被保险人违反合同约定的保证条款未立即书面通知保险人为由,要求从违反保证条款之日起解除保险合同的,人民法院应予支持。

第七条 保险人收到被保险人违反合同约定的保证条款书面通知后仍支付保险赔偿,又以被保险人违反合同约定的保证条款为由请求解除合同的,人民法院不予支持。

第八条 保险人收到被保险人违反合同约定的保证条款的书面通知后,就修改承保条件、增加保险费等事项与被保险人协商未能达成一致的,保险合同于违反保证条款之日解除。

第九条 在航次之中发生船舶转让的,未经保险人同意转让的船舶保险合同至航次终了时解除。船舶转让时起至航次终了时止的船舶保险合同的权利、义务由船舶出让人享有、承担,也可以由船舶受让人继受。

船舶受让人根据前款规定向保险人请求赔偿时,应当提交有效的保险单证及船舶转让合同的证明。

第十条 保险人与被保险人在订立保险合同时均不知道保险标的已经发生保险事故而遭受损失,或者保险标的已经不可能因发生保险事故而遭受损失的,不影响保险合同的效力。

第十一条 海上货物运输中因承运人无正本提单交付货物造成的损失不属于保险人的保险责任范围。保险合同当事人另有约定的,依约定。

第十二条 发生保险事故后,被保险人为防止或者减少损失而采取的合理措施没有效果,要求保险人支付由此产生的合理费用的,人民法院应予支持。

第十三条 保险人在行使代位请求赔偿权利时,未依照海事诉讼特别程序法的规定,向人民法院提交其已经向被保险人实际支付保险赔偿凭证的,人民法院不予受理;已经受理的,裁定驳回起诉。

第十四条 受理保险人行使代位请求赔偿权利纠纷案件的人民法院应当仅就造成保险事故的第三人与被保险人之间的法律关系进行审理。

第十五条 保险人取得代位请求赔偿权利后,以被保险人向第三人提起诉讼、提交仲裁、申请扣押船舶或者第三人同意履行义务为由主张诉讼时效中断的,人民法院应予支持。

第十六条 保险人取得代位请求赔偿权利后,主张享有被保险人因申请扣押船舶取得的担保权利的,人民法院应予支持。

第十七条 本规定自2007年1月1日起施行。